CISA® 复习考题及解答手册（第13版）

美国国际信息系统审计协会（ISACA）著

CISA® Review Questions,
Answers & Explanations
Manual, 13th Edition

电子工业出版社
Publishing House of Electronics Industry
北京·BEIJING

Authorized Reprint from the Chinese Language edition, entitled《CISA®复习考题及解答手册》(第13版), published by ISACA Global, Inc., Copyright © 2024 by ISACA.

All Rights Reserved.

CHINESE language edition published by Publishing House of Electronics Industry Co., Ltd., arranged by Beijing ISACA Information Technology Co., Ltd., Copyright © 2024 by Publishing House of Electronics Industry Co., Ltd.

图书在版编目（CIP）数据

CISA 复习考题及解答手册：第 13 版 ／ 美国国际信息系统审计协会（ISACA）著. -- 北京：电子工业出版社，2024. 10（2025. 9 重印）. -- ISBN 978-7-121-48955-6

Ⅰ. F239-44

中国国家版本馆 CIP 数据核字第 202457WK93 号

责任编辑：刘淑敏
印　　刷：河北虎彩印刷有限公司
装　　订：河北虎彩印刷有限公司
出版发行：电子工业出版社
　　　　　北京市海淀区万寿路 173 信箱　邮编：100036
开　　本：880×1230　1/16　印张：18.5　字数：639 千字
版　　次：2019 年 10 月第 1 版（原著第 12 版）
　　　　　2024 年 10 月第 2 版（原著第 13 版）
印　　次：2025 年 9 月第 3 次印刷
定　　价：108.00 元

凡所购买电子工业出版社图书有缺损问题，请向购买书店调换。若书店售缺，请与本社发行部联系，联系及邮购电话：(010) 88254888，88258888。

质量投诉请发邮件至 zlts@phei.com.cn，盗版侵权举报请发邮件至 dbqq@phei.com.cn。

本书咨询联系方式：(010) 88254199，sjb@phei.com.cn。

前言

ISACA 很荣幸能够提供《CISA®复习考题及解答手册》(第 13 版)中的 1000 道复习考题。本手册的目的是为注册信息系统审计师考生提供例题和测试主题,以此帮助学习和准备 CISA 考试。

本手册中包括 1000 道选择题及解答,是根据新修订的 CISA 工作实务领域编排的。这些题目及解答旨在向 CISA 考生介绍可能在 CISA 考试中出现的题目类型。这些题目并不是考试中的真实题目。本手册还包含一份 150 道题目的考试样卷,每个 CISA 工作实务领域相关的题目所占的比例与实际考试相同。

考生还可能想得到旨在提供 CISA 基础知识的《CISA®考试复习手册》(第 28 版)。CISA 复习考题及解答数据库(12 个月订阅期)通过 Web 应用程序提供与本手册相同的内容。最后,考生可能还需要利用 CISA 在线复习课程或讲师指导的培训为考试做准备。

定期进行工作实务研究,以确保 CISA 认证的时效性和相关性。有关新工作实务的更多详情,请参见本手册中的"新版 CISA 工作实务"部分。

ISACA 制作的本手册属培训类资料,用于辅助考生准备 CISA 考试。本手册的制作与 CISA 认证工作组相互独立,因此 CISA 认证工作组不对其内容负责。过往的考题副本并未公开,因而无法将这些考题提供给考生。ISACA 不能保证和担保考生使用本手册以及其他协会出版物就可以通过 CISA 认证考试。

ISACA 祝愿您顺利通过 CISA 考试。您对于信息系统审计、鉴证、安全和控制方面专业人员资格认证的忠诚追求堪称典范。ISACA 欢迎您为本手册的使用以及所涉及的内容提出意见和建议。

致谢

《CISA®复习考题及解答手册》（第13版）是众多志愿者共同努力的成果。ISACA遍布世界各地的成员参与了编写工作，慷慨地贡献他们的智慧和专业知识。这样的国际团队展示出的境界和无私精神正是这本珍贵的手册所有贡献者的真实写照。衷心感谢他们的参与和见解。

新版 CISA 工作实务

从 2024 年起，注册信息系统审计师考试将测试新的 CISA 工作实务。

ISACA 会定期进行全球性的工作实务分析，以保持 CISA 认证计划的有效性。CISA 考试以新工作实务为基础。

工作实务的重点是 CISA 目前的工作任务和使用的知识。ISACA 通过收集 CISA 当前工作实务的证据，确保 CISA 认证计划继续符合全球专业人员资格认证的高要求。

CISA 工作实务分析的结果均经过了仔细考虑，并将直接用于制定新版的测试规范，从而确保 CISA 考试可以反映最新的最佳实务。

新版工作实务反映了要测试的研究领域，下表将其与之前的工作实务进行了比较。

之前的 CISA 工作实务	新版 CISA 工作实务
领域 1：信息系统的审计流程（21%）	领域 1：信息系统审计流程（18%）
领域 2：IT 治理与管理（17%）	领域 2：IT 治理与管理（18%）
领域 3：信息系统的购置、开发与实施（12%）	领域 3：信息系统的购置、开发与实施（12%）
领域 4：信息系统的运营和业务恢复能力（23%）	领域 4：信息系统的运营和业务恢复能力（26%）
领域 5：信息资产的保护（27%）	领域 5：信息资产的保护（26%）

学前测验

如果希望了解自己的强项和弱项，您可以进行学前测验。考试样卷从第 256 页开始，学前样卷答题纸从第 273 页开始。

您可以根据第 276 页的考试样卷参考答案为自己的学前测验打分。

引言

概述

本手册包含 1000 道选择题及解答。

题目和解答按 CISA 工作实务领域分类。CISA 考生能够参阅特定领域的题目，从而评估其对每个领域内所涉及主题的理解情况。这些题目接近 CISA 考题，但不是实际考题。这些题目可帮助 CISA 考生理解《CISA®考试复习手册》(第 28 版) 中的资料并呈现 CISA 考试中的典型题型。本手册提供的 5 个领域部分的大量题目及解答为 CISA 考生提供了最大数量的学习题目。

考试样卷

本手册还提供包含 150 道考题的考试样卷。本样卷按照新版 CISA 工作实务规定的并在 CISA 考试中使用的领域比例安排：

领域1：信息系统审计流程	18%
领域2：IT治理与管理	18%
领域3：信息系统的购置、开发与实施	12%
领域4：信息系统的运营和业务恢复能力	26%
领域5：信息资产的保护	26%

强烈推荐考生使用此模拟测试和提供的答题纸来模拟真实考试状况。许多考生将此考试样卷用于学前测验以确定他们的强项或弱项，或用于学后的最终测验。我们提供了考试样卷答题纸来满足这两种用途。此外，本手册还附带 CISA 考试样卷的答案和参考要点，其中包含考试题目与本手册中的题目的交叉参考，以便学员能够方便地参考正确答案的说明。本手册最好结合《CISA®考试复习手册》(第 28 版) 使用。

《CISA®复习考题及解答手册》(第 13 版) 是为了帮助 CISA 考生学习和准备 CISA 考试。考生使用本手册准备考试时应注意，该考试所涉及的信息系统审计、鉴证、控制和安全方面的问题范围甚广。考生不要认为阅读并解答本手册中的题目后，便可充分应对考试。由于考试题目常常与实践经验有关，因此我们鼓励 CISA 的考生同时参考自己的经验以及《CISA®考试复习手册》（第 28 版）中引用的其他出版物。这些额外的参考资料是获得更多详细信息和说明的绝佳渠道。建议考生衡量自己在哪些工作实务领域比较薄弱或者需要进一步的理解，然后进行有针对性的学习。

本手册采用标准简体中文。

CISA 考试中的题目类型

CISA 考试中的题目是为了衡量和测试实用性知识以及运用一般性概念和标准。考题采用选择题的形式，并且每道考题仅有一个最佳答案。

考生应仔细阅读每道题目。多数情况下，CISA 考试题目会要求考生选择最有可能或最佳的答案，或选择一个先于其他答案执行的实务或程序。无论何时，考生均应仔细阅读题目内容，排除明显错误的答案，然后选出最佳选项。了解提问的试题类型以及如何学会回答这些题有助于考生正确回答这些类型的问题。

每个 CISA 题目均包含一个题干（题目）和四个选项（备选答案）。考生需要从选项中选择最佳答案。题干的形式可能是问句，也可能是不完整的陈述句。

考生准备考试时，他们应认识到信息系统审计和控制是一个全球性的专业，个人的看法和经验可能无法反映全球的状况和环境。由于编写本考试和 CISA 手册时针对的是国际性信息系统审计和控制团体，因此当考生读到与自己的经验相悖的审计或控制状况时，需要进行一定的灵活对待。值得注意的是，CISA 考试题目均由世界各地经验丰富的信息系统审计从业者编写。

考试中的每道题目亦由 ISACA 的 CISA 考题编写工作组和 CISA 认证工作组审阅，两个工作组均由来自世界各地的成员组成。这样的地域分布可确保所有的测试题目在不同国家/地区和语言中的理解相同。

注意

ISACA 考试准备相关出版物是实时文档。随着技术的进步，ISACA 的出版物将得到更新，以尽快囊括这些技术进步。我们鼓励考生确保了解这些技术，即使纸质材料没有立即囊括它们。

如果您对本手册中的内容有任何改进建议或有推荐的参考资料，请通过 ISACA 网站在线提交。

注：每个领域考题的参考答案以黑体字显示。

目录

领域 1　信息系统审计流程（18%） 1
　　　　领域 1 参考答案 19

领域 2　IT 治理与管理（18%） 43
　　　　领域 2 参考答案 60

领域 3　信息系统的购置、开发与实施（12%） 84
　　　　领域 3 参考答案 98

领域 4　信息系统的运营和业务恢复能力（26%） 117
　　　　领域 4 参考答案 145

领域 5　信息资产的保护（26%） 183
　　　　领域 5 参考答案 214

考试样卷 256

考试样卷答题纸 273

考试样卷参考答案 276

首字母缩略词 279

领域 1

信息系统审计流程（18%）

1. 内部审计部门编写了一些脚本，用于持续审计。IT 部门要求获得脚本副本，以用来在关键系统上设立持续监控流程。考虑到信息系统审计师独立、客观地审计 IT 职能的能力，是否应允许共享这些脚本？

   A. 不允许分享脚本，因为这会使 IT 部门能够对系统进行预审计并避开精确、全面的审计
   B. 无论是否削弱审计独立性都需要分享脚本，因为 IT 部门必须能够审查在信息系统上运行的所有程序和软件
   C. 如果 IT 部门认识到审计可能在脚本覆盖范围以外进行，便可以允许分享脚本
   D. 不允许分享脚本，因为编写脚本的信息系统审计师将不被允许审计任何使用该脚本进行监控的信息系统

2. 在信息系统合规性审计的规划阶段，以下哪一项是用于确定收集数据需要范围的**最佳**因素？

   A. 组织运营的复杂性
   B. 上一年度的审计发现和问题
   C. 审计的目的、目标和范围
   D. 审计师对组织的熟悉程度

3. 某信息系统审计师正在针对包含新系统的环境制订一项审计计划。企业管理层希望该信息系统审计师着重关注最新实施的系统。该信息系统审计师应如何去做？

   A. 按管理层的要求审计新系统
   B. 审计去年审计范围以外的系统
   C. 确定风险最高的系统，然后相应地制订计划
   D. 审计去年审计范围以外的系统和新系统

4. 哪一项**最**准确地描述了所收集的信息可能包含信息系统审计期间未发现的实质性错误的风险？

   A. 固有风险
   B. 审计风险
   C. 控制风险
   D. 检测风险

5. 在无法对职责进行适当分离的环境中，信息系统审计师将会考虑以下哪一种控制？

   A. 重叠控制
   B. 边界控制
   C. 访问控制
   D. 补偿性控制

6. 以下哪项是控制自我评估的主要优点？

   A. 管理层在支持业务目标的内部控制方面的所有权得到了强化
   B. 如果评估结果是外部审计工作的输入，审计费用会降低
   C. 欺诈检测会有所改进，因为企业内部人员参与了测试控制
   D. 内部审计师可通过使用评估结果转向咨询式的方法

7. 数据挖掘和审计软件工具应该实现哪项主要需求？该软件工具应该：

   A. 与各种类型的企业资源规划软件和数据库具备接口
   B. 准确地捕捉来自企业系统的数据，而且不产生过多的性能问题
   C. 将审计钩引入企业财务系统，以支持持续审计
   D. 具有可定制性并且支持加入定制编程以便帮助调查分析

8. 一名具有强大技术背景且管理经验丰富的长期 IT 员工申请了信息系统审计部门的空缺职位。除个人经验外，还**最**应该根据以下哪项来确定该职位是否雇用这个人？

   A. 工龄，因为这有助于确保技术能力
   B. 年龄，因为进行审计技术培训可能不实际
   C. IT 知识，因为这将增强审计职能的可信度
   D. 作为信息系统审计师，独立于现有 IT 关系的能力

9. 对于一家交易量巨大的零售企业来说，下面哪项是**最**适合应对新出现的风险的审计技术？

    A. 使用计算机辅助审计技术
    B. 季度风险评估
    C. 交易日志抽样
    D. 持续审计

10. 某信息系统审计师正在审查某应用程序的访问权限，以确定最近添加的账户是否经过适当授权。这是以下哪一项的示例？

    A. 变量抽样
    B. 实质性测试
    C. 符合性测试
    D. 停止或继续的抽样法

11. 信息系统审计师的决定和行动**最**可能影响以下哪种风险？

    A. 固有风险
    B. 检测风险
    C. 控制风险
    D. 业务风险

12. 规划信息系统审计时，以下哪项是**最**关键的步骤？

    A. 查看之前的审计发现
    B. 获得执行管理层对审计计划的批准
    C. 审查信息安全政策和程序
    D. 执行风险评估

13. 一位信息系统审计师正在审查一款以面向服务的架构的原则为基础构建的软件应用程序。**第一步**应该是？

    A. 通过审查服务贮存库文档，来了解服务及其向业务流程的分配
    B. 对以安全断言标记语言为代表的服务安全标准的使用进行抽样
    C. 审查为所有系统提供商设立的服务等级协议
    D. 审计核心服务及其对其他系统的依赖性

14. 一位审查软件使用和许可情况的信息系统审计师发现许多 PC 含有未经授权的软件。该信息系统审计师应采取以下哪项行动？

    A. 删除未经授权软件的所有副本
    B. 建议利用自动化流程来监控软件许可合规性
    C. 报告使用未经授权软件的行为，以及防止这种情况再次发生的必要性
    D. 警告最终用户有关使用非法软件的风险

15. 审计章程应该：

    A. 是动态和变化的，与技术和审计行业不断变化的性质相一致
    B. 明确说明针对维护和审查内部控制的审计目标和授权
    C. 记录用于实现审计目标的审计程序
    D. 概述审计职能部门的整体权限、范围和责任

16. 某信息系统审计师发现，少量用户访问请求未通过正常的预定工作流程步骤和上报规定而获得经理授权。信息系统审计师应该：

    A. 执行额外分析
    B. 将问题报告给审计委员会
    C. 进行安全风险评估
    D. 建议身份管理系统负责人解决工作流程问题

17. 进行符合性测试时，以下哪种抽样方法**最**有用？

    A. 属性抽样
    B. 变量抽样
    C. 分层单位均值抽样
    D. 差异估计抽样

18. 对远程系统的程序变更请求进行测试时，信息系统审计师发现可用于抽样的变更数量无法提供合理水平的鉴证。信息系统审计师**最**好采取以下哪项措施？

    A. 制定替代的测试程序
    B. 向管理层报告这个发现
    C. 对变更管理流程执行浏览审查
    D. 创建额外的样本数据，以测试额外的变更

19. 以下哪种情况可能削弱信息系统审计师的独立性？信息系统审计师：

    A. 在应用程序开发过程中实施了特定功能
    B. 为审计应用设计了嵌入式审计模块
    C. 以应用程序项目团队成员的身份参与，并且没有运营责任
    D. 提供了应用程序良好实践方面的咨询建议

20. 持续性审计方法的**主要**优点是：

    A. 不需要信息系统审计师在系统进行处理时搜集有关系统可靠性的证据
    B. 允许信息系统审计师及时地审查和跟进审计问题
    C. 使安全部门，而非审计承担实施和监控控制的责任
    D. 简化了从多个复杂系统的数据抽取和关联

21. 以下哪项将削弱质量保证团队的独立性？

    A. 确保遵循开发方法
    B. 检查测试假设
    C. 修正测试流程中出现的编码错误
    D. 检查代码以确保正确记录

22. 在规划信息系统审计时，**最**关键的步骤是确定：

    A. 重大风险区域
    B. 审计人员的技能组合
    C. 审计中的测试步骤
    D. 分配给审计的时间

23. 在判断控制措施是否能准确地支持交易处理的运营有效性时，以下哪项审计实践**最**为有效？

    A. 控制设计测试
    B. 实质性测试
    C. 检查相关文档
    D. 实施关于风险防范的测试

24. 在信息系统审计期间，所收集数据的范围应根据以下哪个选项确定？

    A. 关键和必需的信息的可用性
    B. 审计师对环境的熟悉程度
    C. 受审方查找相关证据的能力
    D. 正在执行的审计的目的和范围

25. 在规划信息系统审计时，应该进行风险评估以提供：

    A. 审计工作将涵盖重要项目的合理保证
    B. 审计工作将涵盖重要项目的确切保证
    C. 审计工作将涵盖所有项目的合理保证
    D. 审计工作将涵盖所有项目的充分保证

26. 发现共享用户账户时，信息系统审计师要采取的**最**适当措施是：

    A. 向审计委员会告知潜在的问题
    B. 审查有问题 ID 的审计日志
    C. 记录审计发现并说明使用共享 ID 的风险
    D. 要求从系统中删除这些 ID

27. 信息系统审计师正在进行符合性测试，以确定控制措施是否支持管理政策和程序。测试将有助信息系统审计师确定：

    A. 控制是否有效运营
    B. 控制措施是否在按设计预期运营
    C. 数据控制的完整性
    D. 财务报告控制的合理性

28. 人力资源副总裁要求进行信息系统审计，以确定上一年多付的工资额。在这种情况下，**最佳**的审计技术是什么？

    A. 生成样本测试数据
    B. 通用审计软件
    C. 集成测试设施
    D. 嵌入式审计模块

29. 在 IT 流程的安全审计期间，信息系统审计师发现没有任何文档记录的安全程序。信息系统审计师应该：

    A. 根据惯例创建程序文档
    B. 提出对当前状态的看法，并结束审计
    C. 对可用数据执行符合性测试
    D. 确定并评估现有实务

30. 在风险分析期间，信息系统审计师已确定威胁和潜在影响。接下来，该信息系统审计师应该：

    A. 确保风险评估与管理层的风险评估流程相一致
    B. 确定信息资产和底层系统
    C. 对管理层公开威胁和影响
    D. 确定并评估现有控制

31. 对于信息系统审计师来说，以下哪项通常是**最**可靠的证据？

    A. 从验证账户余额的第三方收到的确认函
    B. 部门管理层对应用程序按设计方式运行所做的保证
    C. 从互联网来源获得的趋势数据
    D. 信息系统审计师根据部门管理层提供的报告所展开的比率分析

32. 在评估某流程中的预防性、检测性或改正性控制的整体效果时，信息系统审计师应意识到以下哪项？

    A. 当数据流过系统时，执行控制的时刻
    B. 只有预防性和检测性控制相关
    C. 改正性控制被视为补偿性的
    D. 信息系统审计师通过分类可确定缺少哪些控制

33. 哪种审计技术可提供 IT 部门中职责分离的最佳证据？

    A. 与管理层进行讨论
    B. 审查组织架构图
    C. 观察和面谈
    D. 测试用户访问权限

34. 审查完某个组织的灾难恢复计划流程后，信息系统审计师请求与组织管理层开会讨论审查发现。以下哪项**最**能描述此次会议的主要目标？

    A. 获得管理层对整改措施计划的批准
    B. 确认审计发现的事实准确性
    C. 协助管理层实施整改措施
    D. 确定问题解决方案的优先级

35. 信息系统审计师审查在线电子资金转账对账程序时，应该确保涵盖：

    A. 核单
    B. 授权
    C. 更正工作
    D. 跟踪

36. 一位信息系统审计师正在执行一项系统配置审查。以下哪个选项是支持当前系统配置设置的**最**佳证据？

    A. 系统管理员导入电子表格的系统配置值
    B. 包含信息系统审计师从系统中抽取的配置值的标准报告
    C. 系统管理员提供的有日期的系统配置设置屏幕截图
    D. 企业主对批准的系统配置值的年度审查

37. 在金融交易的电子数据交换通信过程中，对金额字段计算校验和是为确保：

    A. 完整性
    B. 真实性
    C. 授权
    D. 不可否认性

38. 以下哪种形式的证据会被信息系统审计师认为是**最**可靠的？

    A. 受审方的口头陈述
    B. 外部信息系统审计师执行的测试结果
    C. 内部生成的计算机财务报告
    D. 从外部来源收到的确认函

39. 某信息系统审计师在审查电子数据交换交易期间发现未经授权的交易，该审计师很可能建议改进：

    A. EDI贸易伙伴协议

    B. 终端设备的物理控制

    C. 发送和接收消息的身份认证技术

    D. 程序变更控制程序

40. 信息系统审计师正在验证一项涉及系统生成的异常报告审查的控制措施。以下哪个选项是控制措施有效性的**最佳**证据？

    A. 与审查人员一起对控制的运营进行浏览审查

    B. 审查期间经审查人员签字的系统生成的异常报告

    C. 审查期间的系统生成的异常报告样本，同时提供审查人员注明的跟进行动

    D. 管理层对审查期间控制措施的有效性的确认

41. 某企业最近为整合电子数据交换传输而对采购系统进行了升级。要确保高效的数据映射，应在EDI接口中实施以下哪种控制？

    A. 密钥验证

    B. 一对一检查

    C. 手动重新计算

    D. 功能性确认

42. 以下哪种抽样方法是确定发给供应商的采购订单是否已经根据授权矩阵进行授权的**最有效**方法？

    A. 变量抽样

    B. 分层单位均值

    C. 属性抽样

    D. 不分层单位均值

43. 证明系统税务计算准确性的**最佳**方法是：

    A. 审查并分析计算程序的源代码

    B. 使用通用审计软件重新创建程序逻辑以计算每月总和

    C. 准备模拟交易，以处理结果并与预期结果进行比较

    D. 对计算程序的源代码绘制自动流程图并进行分析

44. 审查应用程序控制的信息系统审计师将评估：

    A. 应用程序的效率是否满足业务流程

    B. 任何已发现的风险暴露的影响

    C. 应用程序所服务的业务流程

    D. 应用程序的优化

45. 受审方在确定可报告的审计发现后立即采取了整改措施。信息系统审计师应：

    A. 将审计发现包含在最终报告中，因为信息系统审计师负责出具包括所有发现的准确报告

    B. 在最终报告中不写入这些审计发现，因为管理层已解决了问题

    C. 不将审计发现包含在最终报告中，因为信息系统审计师可在审计期间验证整改措施

    D. 将审计发现包含在结束会议中，仅用于讨论

46. 内部信息系统审计团队正在审计针对销售退货的控制措施，并关注欺诈风险。以下哪种抽样方法对信息系统审计师**最**有帮助？

    A. 停止或继续的抽样法

    B. 经典的变量抽样

    C. 发现抽样

    D. 概率比例规模抽样

47. 制定基于风险的审计战略时，信息系统审计师应执行风险评估，以确保：

    A. 降低风险所需的控制措施已就位

    B. 识别出漏洞和威胁

    C. 将审计风险考虑在内

    D. 差距分析得当

48. 退出面谈过程中，如果对于审计发现可能产生的影响存在分歧，信息系统审计师应该：

    A. 要求受审方签署豁免协议书并承担全部法律责任

    B. 详细阐述发现的重要性以及不予以纠正可能产生的风险

    C. 将不同意见报告给审计委员会以寻求解决方案

    D. 接受受审方的观点，因为他们才是流程所有者

49. 为确保审计资源为组织创造最大价值，审计项目的**第一步**是：

    A. 安排审计时间，并监控每项审计活动所花的时间
    B. 就组织使用的现有技术对信息系统审计人员进行培训
    C. 根据详细的风险评估来制订审计计划
    D. 监视审计进度，启用成本控制措施

50. 如果信息系统审计师与部门经理对审计发现存在争议，争议期间审计师应**首先**采取以下项行动？

    A. 对控制进行重新测试，以验证审计发现
    B. 邀请第三方对审计发现进行验证
    C. 将审计发现记入报告，同时注明部门经理的意见
    D. 对支持审计发现的证据进行重新验证

51. 在以下情况下，信息系统审计师应使用统计抽样：

    A. 必须客观量化错误的概率
    B. 审计师希望避免抽样风险
    C. 无法使用通用审计软件
    D. 无法确定可容忍误差率

52. 当外包的远程访问监控流程不足，并且管理层因为已经有了入侵检测系统（IDS）和防火墙控制而不同意时，信息系统审计师需要采取的**最佳**措施是什么？

    A. 根据管理层的反馈修改审计报告中的审计发现
    B. 撤销审计发现，因为部署了 IDS 控制
    C. 撤销审计发现，因为已经监控防火墙规则
    D. 在审计报告中记录已确定的审计发现

53. 某组织通过银行处理每周的薪资支付。工时表和薪资调整表（例如，时薪变更和离职）会在完成后提交到银行，从而为分配支票和报表作准备。以下哪种做法能够**最有效**地确保薪资数据的准确性？

    A. 将薪资报表与输入表进行对比
    B. 以手动方式重新计算薪资总额
    C. 将支票与输入表进行对比
    D. 使支票与输出报表保持一致

54. 在电子数据交换环境中，以下哪一项的潜在风险**最大**？

    A. 缺乏交易授权
    B. EDI 传输丢失或重复
    C. 传输延迟
    D. 在建立应用程序控制前后删除或操纵交易

55. 在信息系统审计的规划阶段，信息系统审计师的**主要**目标是：

    A. 达到审计目标
    B. 搜集足够的证据
    C. 指定适当的测试
    D. 尽量少用审计资源

56. 选择审计程序时，信息系统审计师应运用自己的专业性判断，以确保：

    A. 收集充分的证据
    B. 重大缺陷在合理期限内得到纠正
    C. 识别出所有重大漏洞
    D. 将审计成本控制在最低水平

57. 检验磁带库库存记录是否准确的实质性测试是指：

    A. 确定是否安装了条形码读取器
    B. 确定磁带的调动是否经过授权
    C. 对磁带库存进行实地盘点
    D. 检查磁带的收发情况是否已准确记录

58. 为保证电子数据交换系统应用程序中所接收到的订单真实可靠，以下哪种控制比较合适？

    A. 通过确认消息告知收到电子订单
    B. 在填写订单之前对订货数量进行合理性检查
    C. 验证发送者的身份并确定订单是否符合合同条款
    D. 对电子订单进行加密

59. 信息系统审计师与薪资结算人员面谈时，发现该人员的回答与其工作描述和记录在案的工作程序不符。在此情况下，信息系统审计师应该：

    A. 断定控制不充分
    B. 扩大测试范围，从而引入实质性测试
    C. 更多地依赖以往的审计结果
    D. 暂停审计

60. 一名外部信息系统审计师提交了一份审计报告，指出边界网络网关缺乏防火墙保护功能，并推荐了一款特定的供应商产品来消除这一漏洞。信息系统审计师未能发挥：

    A. 专业独立性
    B. 组织独立性
    C. 技术能力
    D. 专业能力

61. 信息系统审计师在审计任务的初期阶段执行职能浏览审查的**主要**原因是：

    A. 了解业务流程
    B. 遵守审计标准
    C. 确定控制弱点
    D. 进行风险评估

62. 在程序变更控制的评估期间，信息系统审计师使用源代码比较软件的目的是：

    A. 在不需要信息系统人员提供信息的情况下，检查源程序的变更
    B. 检测源程序从获得源的副本到比较运行这段时间内所经历的变更
    C. 确认控制副本是当前版本的生产程序
    D. 确保检测到当前源副本中的所有变更

63. 在正式结束审查前，与受审方举行会议的主要目的是：

    A. 确认审计师没有忽略任何重要问题
    B. 就审计发现达成一致意见
    C. 就审计程序是否充分听取反馈意见
    D. 测试最终陈述的结构

64. 在判断自上次进行授权的程序更新后是否存在未经授权的程序变更时，下列哪项审计技术将**最大程度**地帮助信息系统审计师？

    A. 测试数据运行
    B. 代码审查
    C. 自动代码比较
    D. 代码迁移流程审查

65. 编制审计报告时，信息系统审计师应确保审计结果得到下列哪项支持？

    A. 信息系统管理层的声明
    B. 其他审计师的工作底稿
    C. 组织控制自我评估
    D. 充分恰当的审计证据

66. 在某组织中对软件开发实务进行评估期间，信息系统审计师注意到质量保证职能部门向项目管理人员汇报。信息系统审计师**最**关心的问题是：

    A. QA 部门的有效性，因为 QA 职能部门应是项目管理和用户管理间的桥梁
    B. QA 职能部门的效率，因为 QA 职能部门应与项目实施团队进行交互
    C. 项目经理的有效性，因为项目经理应与 QA 职能部门进行交互
    D. 项目经理的效率，因为该 QA 职能部门需要与项目实施团队进行沟通

67. 是否将一项实质性发现写入审计报告的最终决定，应由谁作出？

    A. 审计委员会
    B. 受审方的经理
    C. 信息系统审计师
    D. 首席执行官

68. 在审查敏感的电子版工作底稿时，信息系统审计师注意到它们没有被加密。这可能会危及：

    A. 工作底稿版本管理的审计轨迹
    B. 审计阶段的批准
    C. 对工作底稿的访问权限
    D. 工作底稿的机密性

69. 信息系统审计师获得充分恰当的审计证据的**最重要**目的是：

    A. 遵守监管要求
    B. 为得出合理结论提供依据
    C. 确保审计覆盖范围完整
    D. 根据定义的范围执行审计

70. 经初步调查，信息系统审计师有理由相信可能存在欺诈行为。信息系统审计师应该：

    A. 扩大工作范围，判断是否有必要开展调查
    B. 将该事件报告给审计委员会
    C. 向管理层报告欺诈的可能性
    D. 与外部法律顾问进行磋商，确定应采取的行动方案

71. 信息系统审计师注意到，对核心财务系统的失败登录尝试会被自动记录并由该组织保留一年。此日志记录：

    A. 这是一种有效的预防性控制
    B. 这是一种有效的检测性控制
    C. 这不是一种充分的控制
    D. 这是一种改正性控制

72. 组织的信息系统审计章程应指明：

    A. 信息系统审计业务计划
    B. 信息系统审计业务的目标和范围
    C. 针对信息系统审计人员的详细培训计划
    D. 信息系统审计职能部门的角色

73. 信息系统审计师应使用下列哪种技术/方法来检测发票主文件中是否存在重复的发票记录？

    A. 属性抽样
    B. 计算机辅助审计技术
    C. 符合性测试
    D. 集成测试设施

74. 制定风险管理方案时，**首先**执行以下哪项活动？

    A. 威胁评估
    B. 数据分类
    C. 资产清单
    D. 关键性分析

75. 在评估电子数据交换应用程序的控制时，信息系统审计师应该**主要**关注以下哪种风险？

    A. 交易周转时间过长
    B. 应用程序接口故障
    C. 交易授权不当
    D. 批量处理总数未经验证

76. 以下哪一项对于信息系统审计师访问和分析数字数据以从不同的软件环境中搜集相关审计证据**最有用**？

    A. 结构化查询语言
    B. 应用程序软件报告
    C. 数据分析控制
    D. 计算机辅助审计技术

77. 以下哪种抽样方法**最**适合测试自动发票授权控制，以确保不会对特定用户进行例外处理？

    A. 变量抽样
    B. 判断抽样
    C. 分层随机抽样
    D. 系统化抽样

78. 某位曾参与过组织业务持续计划设计的信息系统审计师被指派审计该计划。信息系统审计师应该：

    A. 拒绝接受任务
    B. 完成审计任务后通知管理层可能存在利益冲突
    C. 开始执行任务前通知 BCP 团队可能存在利益冲突
    D. 开始执行任务前通知审计管理层可能存在利益冲突

79. IT 取证审计的**主要**目的是：

    A. 参与调查企业欺诈行为
    B. 在发生系统违规行为后有计划地搜集和分析证据
    C. 评估组织财务报表的正确性
    D. 保存犯罪活动的证据

80. 某信息系统审计师审查某远程管理服务器某天的日志时，发现了日志记录失败且无法确认备份重启的情况。该信息系统审计师应该怎样做？

    A. 发布审计发现
    B. 向信息系统管理层寻求解释
    C. 审查服务器上的数据分类
    D. 扩大审查的日志样本范围

81. 在某小型组织中，发行经理和应用程序开发人员的职能由同一员工履行。在此场景中，以下哪一项是**最佳**补偿性控制？

    A. 招聘更多员工，从而可以职责分离
    B. 禁止发行经理对程序进行修改
    C. 记录对开发库的变更
    D. 验证是否仅实施经过批准的程序变更

82. 在基于风险的审计中，以下哪一项是 IT 风险评估的**第一**步？

    A. 确定与审计目标相关的所有 IT 系统和控制
    B. 列出审计方案中的所有控制，以选择与审计目标相匹配的控制
    C. 审查风险自我评估的结果
    D. 了解业务、其运营模式和关键流程

83. 一位信息系统审计师发现连接到网络的设备并没有包含在用于确定审计范围的网络图中。首席信息官解释说该图正在进行更新并等待最终批准。信息系统审计师应该首先：

    A. 扩大信息系统审计范围以包括网络图中没有的设备
    B. 评估此未记录设备对审计范围的影响
    C. 将其记录为控制缺陷，因为网络图尚未经过批准
    D. 针对未记录的设备计划跟踪审计

84. 信息系统审计师正在测试员工对大型财务系统的访问权限，并从被审计方提供的当前员工列表中选择一个样本。以下哪项证据能够**最**可靠地支持该项测试？

    A. 系统管理员提供的电子表格
    B. 员工的经理签署的人力资源访问权限文档
    C. 系统生成的包含访问级别的账户列表
    D. 有系统管理员在场的情况下进行的现场观察

85. 在对一家小型银行进行合规性审计时，信息系统审计师发现，IT 职能和会计职能是由财务系统的同一个用户执行的。此用户的主管执行的下列哪一项审查代表**最佳**的补偿性控制？

    A. 显示交易日期和时间的审计轨迹
    B. 含有每笔交易总数量和总金额（美元）的每日报表
    C. 用户账户管理
    D. 显示单个交易的计算机日志文件

86. 系统开发人员转岗到审计部门担任 IT 审计师。当生产系统将由该员工进行审查时，以下哪项将成为**最**重要的关注点？

    A. 该工作可能被视为自我审计
    B. 审计点可能在很大程度上偏向技术方面
    C. 该员工可能没有足够的控制评估技能
    D. 该员工对业务风险的了解可能有限

87. 下列哪一项**最**符合信息系统审计师与受审方就审计发现进行讨论的目的？

    A. 向受审方传达审计结果
    B. 为所提出的建议制定实施时间线
    C. 确认审计发现并建议一系列整改措施
    D. 为已确定的风险确定补偿性控制

88. 在审查风险管理流程中，下列哪一项职责**最**有可能对信息系统审计师的独立性造成危害？

    A. 参与风险管理框架的设计
    B. 为不同的实施技术提供建议
    C. 协助风险意识培训
    D. 对风险管理流程执行尽职调查

89. 如果在审计方案的初始阶段没有建立审计目标，那么以下哪一项**最**令人担忧？

    A. 错误识别关键利益相关方
    B. 控制成本将超出计划的预算
    C. 重要业务风险可能被忽视
    D. 以前审计过的领域可能被无意中包括在内

90. 信息系统审计师要分析关键服务器上的审计轨迹，以检查潜在的用户或系统的异常行为。下列哪一项**最**适合执行该任务？

    A. 计算机辅助软件工程工具
    B. 嵌入式数据收集工具
    C. 趋势/差异检测工具
    D. 启发式扫描工具

91. 在对会计应用程序的内部数据完整性控制执行审计时，信息系统审计师发现在支持会计应用程序的变更管理软件中存在严重的控制缺陷。此时，信息系统审计师**最**适合采取以下哪项操作？

    A. 继续测试会计应用程序控制，并向 IT 经理告知该控制缺陷，提出可能的解决方案
    B. 完成审计，但不报告控制缺陷，因为它不在审计范围之内
    C. 继续测试会计应用程序控制，并在最终报告中说明缺陷
    D. 停止所有审计活动，直到缺陷得到解决

92. 下列哪一项**最**能有效地确定业务应用程序系统中重叠的关键控制？

    A. 审查附加到复杂业务流程的系统功能
    B. 通过集成测试设施提交测试交易
    C. 使用自动审计解决方案替代手动监控
    D. 对控制进行测试以验证控制是否有效

93. 执行风险分析时，信息系统审计师应首先：

    A. 审查数据分类计划
    B. 确定组织的信息资产
    C. 确定系统的固有风险
    D. 对控制执行成本效益分析

94. 确定审计发现后，信息系统审计师应首先：

    A. 就审计发现达成一致意见
    B. 确定审计发现的缓解措施
    C. 通知高级管理层审计发现
    D. 获得修复措施截止日期以结束审计发现

95. 采用控制自我评估技术的组织可获得的一个主要好处是：

    A. 可确定可能在以后需要详细审查的高风险领域
    B. 允许信息系统审计师独立评估风险
    C. 可用来替代传统的审计工作
    D. 使管理层不必承担控制责任

96. 在为内部信息系统年度审计计划创建风险等级评定之前，需要**首先**执行以下哪项工作？

    A. 确定已发现风险的优先级
    B. 定义审计范围
    C. 确定关键控制
    D. 确定测试方法

97. 对于正在审查网络安全实施的信息系统审计师来说，以下哪项**最**可能被视为利益冲突？

    A. 提供网络安全意识培训
    B. 设计网络安全控制
    C. 为网络安全框架提供建议
    D. 进行漏洞评估

98. 信息系统审计师已确定要审计的业务流程。信息系统审计师**接下来**应确定：

    A. 最宝贵的信息资产
    B. 要部署的信息系统审计资源
    C. 要面谈的受审方人员
    D. 控制目标和活动

99. 在规划信息系统审计的范围和目标方面，以下哪项具有最高的优先级？

    A. 适用的法定要求
    B. 适用的企业标准
    C. 适用的行业良好实践
    D. 组织政策和程序

100. 某外部系统审计师发现审计范围内的系统是由某个同事实施的。在这种情况下，信息系统审计管理层应：

    A. 让这位信息系统审计师退出审计业务
    B. 取消审计业务
    C. 向客户披露这一问题
    D. 采取措施恢复这位信息系统审计师的独立性

101. 信息系统审计师正在规划如何评估与自动化记账流程相关的控制设计有效性。以下哪项是审计师可以采用的**最有效**的方法？

    A. 面谈
    B. 问询
    C. 重新执行
    D. 浏览审查

102. 以下哪项是在信息系统审计的规划阶段进行风险评估的**主要**原因？

    A. 确保管理层的顾虑得到解决
    B. 合理保证覆盖实质性项目
    C. 确保审计团队在预算范围内进行审计
    D. 制定执行审计所需的审计方案和程序

103. 在结束会议期间与高级管理层沟通审计发现之前，确保以下哪项**最**重要？

    A. 风险声明包括对业务影响的说明
    B. 审计发现可以明确追溯到证据
    C. 解决审计发现根本原因的建议
    D. 已由责任方提供修复计划

104. 信息系统审计师直接从总账系统提取数据的主要优势是：

    A. 减少支持审计所需的人力资源
    B. 减少取得信息访问权限的时间
    C. 让审计部门拥有更大的灵活性
    D. 更好地保证数据的有效性

105. 信息系统审计师希望确定未经适当批准的采购订单的数量。信息系统审计师应使用以下哪项抽样技术来得出此类结论？

    A. 属性
    B. 变量
    C. 停–走抽样
    D. 判断抽样

106. 信息系统审计师在使用计算机辅助审计技术搜集并分析数据。使用 CAAT 对以下哪项证据属性的影响**最大**？

    A. 实用性
    B. 可靠性
    C. 相关性
    D. 充足性

107. 内部信息系统审计职能部门正在规划一个有关一般信息系统审计的计划。以下哪项活动是规划阶段的**第一步**？

    A. 制定审计方案
    B. 定义范围
    C. 确定关键信息所有者
    D. 执行风险评估

108. 以下哪项是信息系统审计师为了解进行审计的限制而应掌握的**最**重要的技能？

    A. 管理审计员工
    B. 分配资源
    C. 项目管理
    D. 注重细节

109. 相比传统审计，进行控制自我评估的**主要**优势是什么？

    A. 它能够更早地检测到风险
    B. 它能够取代内部审计职能
    C. 它能够减轻审计工作量
    D. 它能够减少审计资源需求

110. 某信息系统审计师正在审查一份项目风险评估报告，并发现由于机密性要求，整体残余风险水平较高。因为项目可能影响的未经授权用户数量，以下哪一种风险通常会变高？

    A. 控制风险
    B. 符合性风险
    C. 固有风险
    D. 残余风险

111. 某信息系统审计师确定了一项潜在的实质性发现。**最佳**行动方案是：

    A. 向业务管理层报告该潜在发现
    B. 与审计委员会讨论该潜在发现
    C. 扩大审计的范围
    D. 进行额外测试

112. 以下哪一项是批准更改审计章程的**最佳**职能机构？

    A. 董事会
    B. 审计委员会
    C. 执行管理层
    D. 内部审计总监

113. 某信息系统审计师正在审查日志监控的流程，想要评估组织的手动审查流程。为达到这一目的，该审计师**最**有可能采取以下哪种审计技术？

    A. 检查
    B. 问询
    C. 浏览审查
    D. 重新执行

114. 某信息系统审计师正在核对生产设备与库存记录。这种测试属于以下哪一项？

    A. 实质性测试
    B. 合规测试
    C. 分析性测试
    D. 控制测试

115. 缺乏充分的控制表示以下哪一项？

    A. 影响
    B. 漏洞
    C. 资产
    D. 威胁

116. 信息系统审计师注意到，每日对账检查访客访问识别卡库存与组织的程序不一致。以下哪一项是审计师的**最佳**行动方案？

    A. 不报告缺乏对账的情况
    B. 建议进行定期实物盘存
    C. 报告缺乏每日对账的情况
    D. 建议实施更安全的访问系统

117. 在审计过程中，信息系统审计师注意到，应用程序开发员还对其他应用程序执行质量保证测试。以下哪一项是审计师**最**重要的行动方案？

    A. 建议补偿性控制
    B. 审查开发员创建的代码
    C. 分析质量保证仪表板
    D. 报告确定的状况

118. 一名信息系统审计师正在审查银行电汇系统的风险和控制。为确保正确应对银行的财务风险，该信息系统审计师最有可能审查以下哪一项？

    A. 对电汇系统的访问特权
    B. 电汇程序
    C. 欺诈监控控制
    D. 员工背景调查

119. 某信息系统审计师正在确定适当的抽样规模，以测试是否存在程序变更批准。之前的审计并未指出任何异常情况，并且管理层已证实未曾针对审查期报告异常情况。在这种情况下，信息系统审计师可以采纳：

    A. 较低的置信系数，这样所需的样本量就较小
    B. 较高的置信系数，这样所需的样本量就较小
    C. 较高的置信系数，这样所需的样本量就较大
    D. 较低的置信系数，这样所需的样本量就较大

120. 为何即使信息系统审计师有多年工作经验，审计经理也要审查该员工的审计报告？

    A. 内部质量要求
    B. 审计指导方针
    C. 审计方法
    D. 专业标准

121. 审计银行电汇系统时，以下哪一项技术**最**适合检测是否存在双重控制？

    A. 交易日志分析
    B. 重新执行
    C. 观察
    D. 约谈员工

122. 在一项基于风险的信息系统审计中，固有风险和控制风险均已被评定为高，信息系统审计师**最**有可能通过额外执行以下哪一项来弥补这种情况？

    A. 停止或继续的抽样法
    B. 实质性测试
    C. 合规测试
    D. 发现抽样

123. 与信息系统审计客户召开审计启动会议的主要目的是：

    A. 讨论审计的范围
    B. 确定审计资源需求
    C. 选择审计方法
    D. 搜集审计证据

124. 信息系统审计章程的**主要**目的是：

    A. 建立审计部门的组织结构
    B. 阐述信息系统审计职能的报告责任
    C. 详细说明审计职能所需的资源要求
    D. 概述信息系统审计职能的职责和权限

125. 信息系统审计师在审计电子商务环境时，**最**重要的是要理解以下哪一项？

    A. 电子商务环境的技术架构
    B. 构成控制环境的政策、程序和实务
    C. 应用系统所支持的业务流程的性质和关键性
    D. 系统可用性和可靠性控制的持续监控

126. 在信息系统审计过程中，信息系统审计师评估 IT 部门内部职责分离落实情况的**最佳**方法是什么？

    A. 与 IT 经理开展讨论
    B. 审查 IT 工作说明
    C. 搜索过去的 IT 审计报告
    D. 评估组织结构

127. 具有多个分支机构的某金融机构具有自动化控制，它要求分支机构经理批准超过一定金额的交易。这种审计控制属于哪种类型？

    A. 检测性
    B. 预防性
    C. 改正性
    D. 指令性

128. 在应用程序软件审查过程中，某信息系统审计师在超出审计范围的相关数据库环境中发现了细小的漏洞。**最佳**选项是：

    A. 包括审查范围内的数据库控制
    B. 记录下来供日后审查
    C. 与数据库管理员共同解决问题
    D. 如实报告漏洞

129. 中央防病毒系统负责在允许 PC 机接入网络之前，确定每台 PC 机是否具有最新的病毒定义文件，并安装最新的病毒定义文件。这个例子属于：

    A. 指导性控制
    B. 改正性控制
    C. 补偿性控制
    D. 检测性控制

130. 由于信息系统审计团队意外的资源限制，无法完成最初批准的审计计划。假定已通过审计报告通报情况，**最**可接受的做法是哪一项？

    A. 测试控制设计的充分性
    B. 测试控制运作的有效性
    C. 专注于高风险领域的审计
    D. 依靠管理层测试控制

131. 以下哪一项能**最**有效地确保会计系统利息计算相关控制的有效性？

    A. 重新执行
    B. 流程浏览审查
    C. 观察
    D. 文档审查

132. 在拟订基于风险的审计计划时，以下哪一项是**最佳**信息来源？

    A. 流程所有者确定关键控制
    B. 系统监管人识别漏洞
    C. 审计团队成员了解以前的审计结果
    D. 高级管理层确定关键业务流程

133. 在审计某第三方 IT 服务提供商时，某信息系统审计师发现未按合同要求进行访问审查。信息系统审计师应该：

    A. 向 IT 管理层报告问题
    B. 与服务提供商讨论该问题
    C. 执行风险评估
    D. 执行访问审查

134. 当信息系统审计师在定期鉴证工作中遇到欺诈情况或迹象时，应该**首先**做什么？

    A. 与审计管理层沟通
    B. 向审计委员会上报此问题
    C. 向有关当局报告欺诈事件
    D. 仔细分析和评估

135. 对风险评估流程进行审计的信息系统审计师首先应该确认：

    A. 已确定对信息资产的合理威胁
    B. 已分析技术与组织漏洞
    C. 已对资产进行标识和等级划分
    D. 已对潜在安全违规的影响进行评估

136. 以下哪个选项是与 IT 员工相关的预防性控制的示例？

    A. 站在服务器机房门口的保安人员
    B. 入侵检测系统
    C. IT 设施的证章进入系统
    D. 服务器机房的灭火系统

137. 以下哪项是控制自我评估方法的特性？

    A. 广泛的利益相关方参与度
    B. 审计师是主要的控制分析人员
    C. 员工参与度有限
    D. 政策驱动

138. 审查金融处理组织的灾难恢复计划的信息系统审计师发现了以下问题：

    - 现有的 DRP 是两年以前由组织 IT 部门的一名系统分析人员利用运营部门的交易流程计划编制的。
    - 该 DRP 已经提交给了代理 CEO 进行审批和正式发布，但仍处于等待审查的阶段。
    - 从未对该 DRP 进行更新和测试，也没有在关键管理层和员工之间传阅该计划，不过面谈表明，每个人都了解当发生破坏性事故时其所处的领域所应采取的行动。

    信息系统审计师应在报告中提出建议：

    A. 指责代理 CEO 未批准该计划
    B. 设立由高级经理组成的小组来审查现有计划
    C. 批准现有计划并在所有关键管理层和员工之间进行传阅
    D. 由一名经理负责在指定的时间期限内协调制订一个新计划或修订的计划

139. 某信息系统审计师发现，关键业务职能的灾难恢复计划没有涵盖所有系统。以下哪一项是信息系统审计师**最**适当的行动方案？

    A. 向管理层发出警告并评估不涵盖所有系统的影响
    B. 取消审计
    C. 完成现有 DRP 所涵盖系统的审计工作
    D. 推迟审计直至将相关系统添加到 DRP 中

140. 对于超过预定阈值的交易，以下哪种是**最**有效的监控工具？

    A. 通用审计软件
    B. 集成测试设施
    C. 回归测试
    D. 交易快照

141. 要确保维持有效的应用控制，以下哪个选项**最**重要？

    A. 异常报告
    B. 管理层监督
    C. 控制自我评估
    D. 同级审查

142. 控制自我评估成功与否很大程度取决于：

    A. 直线经理承担部分控制监控责任
    B. 将控制构建责任分派给管理层
    C. 执行严格的控制政策和规则导向控制
    D. 执行职责分派控制的监督和监控

143. 以下哪个选项可被执行审计的信息系统审计师评估为预防性控制？

    A. 交易日志
    B. 前后图像报告
    C. 表格查找
    D. 跟踪和标记

144. 以下哪一项是在开发在线应用程序系统的过程中嵌入审计模块的主要目的?

A. 在处理交易的过程中搜集证据
B. 降低定期进行内部审计的要求
C. 识别和报告欺诈性交易
D. 提高审计职能的效率

145. 某信息系统审计部门考虑为某跨国零售企业实施持续审计技术,该企业对其关键系统的可用性要求很高。持续审计的**主要**优势是:

A. 强制实施有效的预防性控制
B. 系统完整性有保证
C. 可及时纠正错误
D. 能够更快地探测到欺诈行为

146. 某信息系统审计师想要确定管理用户进出服务器机房的有效性。以下哪项能够提供**最佳**的有效性证据?

A. 查看日志中记录的事件
B. 审查程序手册
C. 约谈管理层
D. 约谈安全人员

147. 作为审计规划的一部分,信息系统审计师正在设计各种数据验证测试,以有效地检测转位和转录错误。以下哪项**最**有助于检测这些错误?

A. 范围检查
B. 有效性检查
C. 重复检查
D. 校验数字位

148. 年度信息系统审计计划的主要目的是:

A. 为审计分配资源
B. 降低审计风险的影响
C. 制订审计师培训计划
D. 最大限度降低审计成本

149. 预期以下哪种角色会批准审计章程?

A. 首席财务官
B. CEO
C. 审计指导委员会
D. 审计委员会

150. 以下哪项是基于风险的审计的主要目的?

A. 首先解决影响较大的领域
B. 高效分配审计资源
C. 首先解决实质性领域
D. 优先解决管理问题

151. 受审方不同意审计发现。以下哪项是信息系统审计师应采取的**最佳**行动方案?

A. 与信息系统审计师的经理讨论审计发现
B. 对控制重新进行测试,以确认审计发现
C. 提高与控制相关的风险
D. 与受审方的经理讨论审计发现

152. 数据所有者负责:

A. 通过创建定期备份来保护数据
B. 数据从生成到销毁的整个生命周期的安全性
C. 通过实时监控数据来保护数据
D. 执行风险评估并实施适当的控制

153. 信息系统审计师意识到,测试特定技术控制所需的熟练人员仅在信息系统审计期间的有限时间内有空;因此,可能无法对所有审计领域进行全面测试。以下哪一项是审计师的**最佳**行动方案?

A. 开展审计,重点关注由熟练人员来测试控制的关键领域
B. 要求审计管理层在整个审计期间拨派熟练人员
C. 除非在整个审计期间都有可用的熟练人员,否则拒绝开展审计
D. 延长审计项目的培训期,以提高审计团队的技能

154. 以下哪一项是信息系统审计师在评估被审计流程时可使用的**最佳**信息来源？

    A. 与 IT 部门抽样员工的面谈
    B. 当前审计计划
    C. 以往的审计报告
    D. 近期控制自我评估

155. 以下哪项是基于风险的审计规划所需的**最重要**信息？

    A. 内部控制和程序描述
    B. 关于往年审计发现的行动报告
    C. 信息安全政策和程序
    D. 资源的可用性和项目时间表

156. 以下哪项应是信息系统审计师在规划审计时**首先**采取的步骤？

    A. 了解内部控制
    B. 执行符合性测试
    C. 搜集信息并制订计划
    D. 执行实质性测试

157. 一名信息系统审计师被要求审查企业网络；但此人对漏洞评估不太得心应手。对于这位审计师而言，以下哪一项是**最佳**方法？

    A. 请求更改范围以排除漏洞评估
    B. 经授权聘请独立专家
    C. 因能力问题而拒绝执行审计
    D. 在技能有限且缺乏所需能力的情况下继续执行漏洞评估

158. 在审查客户端的数据库日志时，信息系统审计师需要验证其在云上的冗余备份。以下哪项是**最佳**策略？

    A. 向云服务提供商告知所需的验证，并获取云日志
    B. 忽略云上的备份，因为它已经是逐字副本
    C. 在审计的下一阶段考虑云备份
    D. 向客户告知对原项目计划进行修改的建议

159. 在对抽样异常交易报告进行审查时，以下哪一项是信息系统审计师从符合性测试转向实质性测试的**最合适**指标？

    A. 控制文档
    B. 日志分析
    C. 系统要求规格
    D. 数据流图

160. 将数据分析纳入审计流程的**主要**好处是什么？

    A. 识别风险评估数据的模式和趋势
    B. 无须审计测试和抽样
    C. 减少审计范围并降低对内部控制的依赖
    D. 增加了审计师学习数据分析工具的工作

161. 信息系统审计师在客户站点执行漏洞评估时发现了潜在的零日漏洞。以下哪项是信息系统审计师应采取的**最佳**方法？

    A. 对发现进行注释，并在审计报告中正确记录
    B. 立即联系客户端系统管理员以更改防火墙规则
    C. 立即联系客户端开发人员以对系统进行修补
    D. 立即与受审方的管理层讨论发现和证据

162. 某企业指定了通过控制自我评估定期验证 IT 资产的政策。对于企业信息系统审计师而言，以下哪项是**最佳**方法？

    A. 信息系统审计师应积极参与 CSA 以验证资产
    B. 信息系统审计师应建议企业为 CSA 活动制定激励措施
    C. 信息系统审计师应审查 CSA 结果，并寻找其他适当的内部控制
    D. 信息系统审计师应以工作重复/冗余为由回避 CSA 活动

163. 对于作为综合审计团队成员评估 IT 相关控制的信息系统审计师而言，以下哪项是**最佳**方法？

    A. 独立执行 IT 审计，并将发现提交给审计经理，以纳入最终报告

    B. 根据企业所实施技术的复杂性确定控制测试的优先级

    C. 在审计报告中纳入由于 IT 控制中发现的弱点而对业务造成的影响

    D. 与审计经理讨论发现，然后将 IT 审计报告提交给受审方的管理层

164. 以下哪项是审计流程质量保证和改进方案的主要目标？

    A. 确保所有审计发现均得到及时的接受、处理和解决

    B. 为评估审计流程的有效性和效率提供依据

    C. 确保审计师经过充分培训、具备资质并有能力执行审计

    D. 为执行审计、分析证据和报告发现制定标准程序

165. 以下哪项是确保新审计质量保证方案成功的**最重要**因素？

    A. 使用系统性的方法来制定方案
    B. 定义清晰且可衡量的目的和目标
    C. 确保将持续改进工作纳入方案中
    D. 获得高级管理层的承诺和支持

领域 1 参考答案

1. A. IT 部门持续地监控和处理 IT 系统问题的能力不会影响信息系统审计进行全面审计的能力。

   B. 可能为了质量保证和配置管理而在政策上需要分享脚本，但是这不会损害审计的能力。

   C. 信息系统审计可能无法审查脚本的有效性，但仍然能够对系统的所有方面进行审计。

   D. 信息系统审计涵盖的范围不仅是脚本中覆盖的控制。

2. A. 组织运营的复杂性是在规划审计时要考虑的因素，但不会对数据收集量的确定产生直接影响。数据收集的范围取决于审计的强度、范围和目的。

   B. 以前的审计发现和问题是在规划审计时要考虑的因素，但不会对数据收集量的确定产生直接影响。必须在之前发现的领域以外进行数据收集。

   C. 信息系统审计期间的数据收集范围与审计的目的、目标和范围直接相关。目的、目标和范围有限的审计所收集的数据很可能会比目的和范围较广的审计要少。统计分析也可能决定数据收集的范围，如样本量或数据收集的方式。

   D. 审计师对组织的熟悉程度是在规划审计时要考虑的因素，但不会对数据收集量的确定产生直接影响。审计必须以足够的控制监控证据为基础，而且不受审计师对组织的熟悉程度的不当影响。

3. A. 审计新系统不能反映基于风险的方法。尽管系统可能包含敏感数据并可能给组织带来数据丢失或泄露的风险，但在未经过风险评估的情况下，仅审计新实施系统的决定不是基于风险所作出的决定。

   B. 审计去年审计范围之外的系统不能反映基于风险的方法。此外，管理层可能清楚新系统存在的问题，并刻意想让审计绕开这一薄弱领域。尽管乍看之下，新系统可能是最具风险的领域，但也必须执行评估，而不能依赖信息系统审计师或 IT 经理的判断。

   C. 最佳措施是执行风险评估并制订审计计划，以涵盖最高风险领域。ISACA 信息系统审计和鉴证标准 1201（规划中的风险评估），主张 1201.1："IT 审计和鉴证职能部门应运用恰当的风险评估方法（即兼顾定量和定性因素的数据驱动方法）和佐证方法来制订总体的 IT 审计计划，并确定有效分配 IT 审计资源的优先顺序。"

   D. 审计计划的制订应与管理层合作进行，并且以风险为基础。信息系统审计师不应擅自决定审计范围。

4. A. 固有风险指在不考虑管理层已实施控制措施的情况下，被审计流程/实体面临的风险水平或风险暴露。
   B. 审计风险是指信息或财务报告包含实质性错误，且审计师可能没有察觉到已发生错误的可能性。
   C. 控制风险是指存在无法通过内部控制系统及时阻止或检测到的实质性错误的风险。
   D. 检测风险是指已经发生但信息系统审计师无法检测到的实质性错误或误报。

5. A. 重叠控制是针对同一控制目标或风险暴露实施的两种控制。因为在无法或没有适当分离职责时不能实施主要控制，因此很难采取重叠控制措施。
   B. 边界控制在计算机系统的目标用户与计算机系统本身之间建立接口，并且是基于个人而非角色的控制。
   C. 对资源的访问控制基于个人而不是角色。如果缺少职责分离，则信息系统审计师预期会发现有人拥有的权限比理想的要高。信息系统审计师需要找到补偿性控制来解决该风险。
   D. 补偿性控制属于内部控制，在无法适当分离职责时，可以降低现有或潜在控制弱点可能带来的风险。

6. **A. 控制自我评估的目标是使企业管理层更加了解内部控制的重要性以及他们在公司治理方面的责任。**
   B. 减少审计费用不是 CSA 的主要优点。
   C. 尽管改进欺诈检测很重要，但其重要性不及控制所有权。它不是 CSA 的首要目标。
   D. CSA 可以丰富内部审计师的见解，使他们发挥更大的咨询作用；但这是一个额外的优点，而不是主要优点。

7. A. 产品必须与企业使用的各种类型的系统具备接口，并为分析提供有意义的数据。
   B. 在对用于审计和数据挖掘的软件工具进行评估时，尽管所有列为答案选项的要求均可取之处，但最关键的要求是该工具能够有效地在被审计企业的系统上运行。
   C. 该工具可能不仅限于在财务系统上运行，而且不一定需要实施审计钩。
   D. 该工具应该很灵活，但不必具有可定制性。它应具有内置分析软件工具。

8. A. 工龄不能确保技术能力。
   B. 根据个人年龄来评估其资质并不是一个好标准，这在世界许多地方都是非法的。
   C. 此员工从事 IT 工作多年并不能保证可信度。应对信息系统部门的需求进行定义，需要对照这些要求对任意候选人进行评估。
   D. 审计师和管理层应持续评估独立性。此评估应考虑的因素包括：人际关系的变化、经济利益以及以前的工作分配和职责。

9. A. 使用计算机辅助审计技术等软件工具分析交易数据的做法可以提供对趋势和潜在风险的详细分析，但其有效性不如持续审计，这是因为在运行软件和分析结果之间可能会有时间差。
   B. 季度风险评估也是不错的技术，但是不如持续审计反应迅速。
   C. 对交易日志抽样是一种有效的审计技术；但是，可能无法从交易日志中捕捉到可能存在的风险，且分析中可能会有时间滞后。
   D. 实现持续性审计能够通过自动报告流程为管理层实时地提供信息，因此管理层可更快地实施整改措施。

10. A. 变量抽样用于评估数值，例如美元价值。
    B. 实质性测试用于证实实际处理（例如财务报表结余）的完整性。实质性测试的进行通常取决于符合性测试的结果。如果符合性测试指出存在充分的内部控制，则可以尽量减少实质性测试。
    C. 符合性测试可确定控制措施是否是按照政策来执行的。这包括用于确定新账户是否经过适当授权的测试。
    D. 停止或继续的抽样法会使测试尽早停止，不适合检查是否已遵循程序。

11. A. 固有风险是在没有有关的内部控制来防止或检测错误的情况下，可能发生实质性错误的风险。固有风险通常不受信息系统审计师影响。
    B. 检测风险直接受到信息系统审计师选择的审计程序和技术的影响。检测风险是审查不能检

测或注意到实质问题的风险。
- C. 控制风险是指存在无法通过内部控制系统及时阻止或检测到的实质性错误的风险。控制风险可通过企业管理层的行动得到缓解。
- D. 业务风险是损失（或收益）的频率和程度都不确定的可能情形。业务风险通常不受信息系统审计师直接影响。

12. A. 审计师可以对之前审计的发现有兴趣，但这不是最关键的步骤。最关键的步骤涉及发现当前问题或高风险领域，而不是查看以往问题的解决方法。对历史审计发现进行查看可能暴露出管理层不解决问题，或建议无效。
- B. 执行管理层不必批准审计计划。它通常由审计委员会或董事会批准。管理层可以建议需要审计的领域。
- C. 审查信息安全政策和程序一般是在现场工作期间，而不是在规划中进行。
- **D. 上述所有步骤中，执行风险评估最为关键。ISACA 信息系统审计和鉴证标准 1201（规划中的风险评估），主张 1201.2 中要求进行风险评估：“IT 审计和鉴证从业者在规划单个业务时应识别并评估与所审查领域相关的风险。”除有标准要求之外，如果没有执行风险评估，则可能无法发现受审方系统或操作中的高风险领域，从而无法实现评估目的。**

13. **A. 面向服务的架构依赖于分布式环境的原则，在分布式环境中，服务将业务逻辑封装为黑箱，并可能有意结合在一起以描述实际业务流程。在详细审查服务之前，信息系统审计师理解业务流程到服务的映射是非常必要的。**
- B. 对以安全断言标记语言为代表的服务安全标准的使用进行抽样，是了解服务及其向业务的分配的重要后续步骤，但不是第一步。
- C. 审查服务等级协议是了解服务及其向业务的分配的重要后续步骤，但不是第一步。
- D. 审计核心服务及其对其他服务的依赖性很可能是审计的一部分，但是信息系统审计师必须首先理解业务流程及系统如何支持这些流程。

14. A. 信息系统审计师不应担当执法人员的角色，也不应亲自参与移除未经授权软件。
- B. 这将检测软件许可的合规性；然而，自动化解决方案不一定是最佳选择。
- **C. 组织应禁止使用未经授权或非法软件。信息系统审计师必须使用户以及管理层确信该风险以及消除该风险的必要性。例如，软件盗版可导致风险暴露和高额罚款。**
- D. 审计师必须向管理层报告实质性发现，以采取行动。向用户告知风险不是信息系统审计师的主要责任。

15. A. 审计章程不应受技术变化的影响，也不应随时间的迁移发生重大变化。章程应由最高管理层批准。
- B. 审计章程会说明审计的权限和报告要求，但不会说明内部控制维护的细节。
- C. 审计章程不会很详细，因此，不会包含具体审计目标或程序。
- **D. 审计章程应说明管理层要求信息系统审计师要肩负的目标以及对其的授权。**

16. **A. 信息系统审计师需要执行实质性测试以及额外分析，以确定审批和工作流程没有按预期生效的原因。在做出任何建议之前，信息系统审计师应充分了解问题范围以及引起该事件的因素。信息系统审计师应确定问题是由于经理未遵守程序而产生，还是由于自动化系统工作流程的问题而导致，或者两者兼有。**
- B. 信息系统审计师此时还没有足够的信息报告题。
- C. 改变信息系统审计的范围或进行安全风险评估需要关于被审查流程和违规的更详细信息。
- D. 信息系统审计师必须首先确定问题的根本原因和影响，此时还没有足够的信息建议修正工作流程问题。

17. **A. 属性抽样是用于符合性测试的主要抽样方法。属性抽样是一种抽样模型，用于估算总体中特定性质（属性）的发生率，并在符合性测试中用于确认该性质是否存在。例如，属性抽样可能检查超过一定的预定美元金额的交易是否经过合适的批准。**
- B. 变量抽样基于对总体中抽出的样本的均值的计算，并使用均值估计总体的特性。例如，一个包含10个项目的样本说明项目的平均价格为10美元。对于包含1000个项目的总体，其总价值可估计为10000美元。这不是衡量对流程的遵守的好方法。

C. 分层单位均值试图确保样本能够代表总体。这不是衡量合规性的有效方法。

D. 差异估计抽样检查方法偏离和异常项目，不是衡量合规性的好方法。

18. **A. 如果给定数据不能满足样本量目标，信息系统审计师将无法保证达到相关测试目标。在这种情况下，信息系统审计师应制定（经审计管理层批准后）替代的测试程序。**

B. 没有足够的证据将发现结果作为缺陷进行报告。

C. 在执行分析以确认能否提供所需鉴证之前，不应启动浏览审查。

D. 对于信息系统审计师来说，为了审计的目的而创建样本数据并不合适。

19. **A. 如果信息系统审计师正在或曾经积极参与了应用程序系统的开发、购置和实施，则独立性可能会被削弱。**

B. 设计嵌入式审计模块不会削弱信息系统审计师的独立性。

C. 信息系统审计师不应审计自己的工作，但是仅以应用程序系统项目团队成员的身份参与不会削弱信息系统审计师的独立性。

D. 信息系统审计师提供有关已知良好实践的建议并不会削弱其独立性。

20. A. 持续性审计方法经常需要信息系统审计师在系统进行处理时搜集有关系统可靠性的证据。

B. 持续审计能够实现及时审计并响应审计问题，因为审计发现几乎是实时收集的。

C. 实施和监控控制的责任主要是管理层的责任。

D. 持续审计的使用不以受监控的系统的复杂性和数量为依据。

21. A. 确保遵循开发方法是有效的质量保证职能。

B. 检查测试假设是有效的QA职能。

C. 代码修正不应当是QA团队的责任，因为这样便无法确保职责分离，从而削弱团队的独立性。

D. 检查代码以确保正确记录是有效的QA职能。

22. **A. 设计基于风险的审计计划时，识别风险最高的区域以确定要审计的区域非常重要。**

B. 在决定和选择审计之前，就应考虑审计人员的技能组合。如果审计人员技能不够，组织应考虑使用外部资源。

C. 在审计规划流程中，审计的测试步骤不如确定应审计的风险区域关键。

D. 分配给审计的时间是根据要审计的领域，并且主要根据进行适当审计的要求在规划流程中决定的。

23. A. 控制设计测试旨在评估控制是不是根据具体控制目标制定的，无法确定控制是否有效运营。

B. 在文档审查、浏览审查等其他方法中，控制测试是评估控制能否准确地为运营有效性提供支持的最有效程序。

C. 控制文档可能并不能始终准确地描述实际流程。因此，依赖文档审查的审计师并不能十分肯定控制的运营符合预期。

D. 实施关于风险防范的测试被视为符合性测试。这种测试用于确定是否遵守政策。

24. A. 在信息系统审计期间，所收集数据的范围应根据审计的范围、目的和要求决定，而不受获取信息的容易性或信息系统审计师对被审计区域的熟悉程度的限制。

B. 信息系统审计师必须客观和彻底，不因根据对所审计区域的熟悉做出预想的预期结果，而遭受审计风险的影响。

C. 搜集所有所需证据是信息系统审计的必备要素，审计的范围不应被受审查找相关证据的能力所限制。如果不能获得现成的证据，则审计师必须确保考虑其他形式的审计，以确保审计区域的合规性。

D. 在信息系统审计期间，所收集数据的范围应直接与审计的范围和目的有关。目的和范围较窄的信息系统审计或只是高层次的审查很有可能比目的和范围较宽的审计所需的数据收集量要少。

25. A. ISACA信息系统审计和鉴证执行准则2201（规划中的风险评估），主张使用的风险评估方法应有助于信息系统审计和鉴证工作的优先级安排和计划流程。风险评估应该为审计兴趣领域和项目的选择过程，以及设计并执行具体的信息系统审计业务的决定过程提供支持。
B. 审计工作期间将涵盖重要项目的确切保证是不切实际的主张。
C. 审计工作将涵盖所有项目的合理保证并非正确答案，因为需要涵盖的是重要项目，而不是所有项目。
D. 充分保证将涵盖所有项目不如确保审计涵盖所有重要项目重要。

26. A. 如果信息系统审计师未执行更详细的审查并向管理层提交结果请求回复，就向审计委员会报告审计发现，这种做法是不恰当的。
B. 审查审计日志没有用，因为共享的 ID 无法明确个人责任。
C. 信息系统审计师的职责是检测并记录审计发现和控制缺陷。审计报告的作用则是，解释发现背后的论据。不建议使用共享 ID，因为此做法无法明确交易责任。信息系统审计师应让管理层决定如何应对所提交的发现。
D. 要求从系统中删除 ID 不是信息系统审计师的职责。

27. A. 有效运营控制很重要，但在这种情况下，目的是要确保控制支持管理政策和程序。因此，重要的问题是控制是否正确运营，从而能够实现控制目标。
B. 符合性测试可用来测试定义的流程的存在和有效性。了解符合性测试的目标非常重要。信息系统审计师希望其所依赖的控制之有效性具有合理保证。有效的控制是符合管理期望和目标的控制。
C. 与数据完整性相关的是实质性测试，而非符合性测试。
D. 确定财务报告控制的合理性是个非常狭窄的答案，因为它限于财务报告。它符合确定控制是否合理的目标，但是并不确保控制正确地运作，从而为管理期望和目标提供支持。

28. A. 测试数据会测试是否存在某种控制可防止多付工资现象，但不会检测先前的具体错误计算。

B. 通用审计软件的功能包括数学计算、分层、统计分析、顺序检查、查重和重新计算。利用通用审计软件，信息系统审计师可设计适当测试来重新计算工资，从而确定是否存在多付工资的现象，以及给哪些人多付了工资。
C. 集成测试设施可帮助发现正在发生的问题，但是不会发现之前的问题。
D. 嵌入式审计模块可支持信息系统审计师评估流程并搜集审计证据，但是不会发现之前的问题。

29. A. 信息系统审计师不应创建文档，因为流程可能不符合管理目标，而这样做会损害他们的独立性。
B. 结束审计和提出看法不能确定潜在风险。审计师应当评估现行的做法。仍然可以建议组织制定书面程序。终止审计可能有碍实现确定潜在风险的基本审计目标。
C. 由于没有文档记录的程序，因此没有测试合规性的基础。
D. 审计的一项主要目标是确定潜在风险；因此，最主动的方法应该是确定并评估组织当前遵循的现有安全实务，并将发现和风险提交管理层，同时建议记录当前控制或实施文档记录的程序。

30. A. 审计风险评估的目的与管理层风险评估流程的目的不同。
B. 如果不先确定受影响的资产，则不可能确定影响，因此，这一定已经完成了。
C. 风险评估完成后，信息系统审计师应该描述对资产的威胁和潜在影响及如何应对风险的建议，并与管理层对其进行讨论。然而，只有确定了控制而且计算了威胁的可能性后才能完成此项行动。
D. 信息系统审计师应确定和评估现有和计划的控制的存在和有效性，以在确定潜在威胁和可能的影响之后计算风险水平。

31. **A. 从独立第三方获得的证据几乎总是被认为比当地管理层提供的保证更为可靠。**
B. 因为管理层不是客观的，可能不了解风险和控制环境，他们只提供应用程序（而非控制）正确运行的证据，管理层的保证达不到审计证据可接受的信任水平。

C. 从互联网收集的数据不一定可信或经过独立验证。

D. 比率分析可确定趋势和偏离基线的情况，但不是可靠的证据。

32. **A. 信息系统审计师应关注当数据流过计算机系统时，执行控制的时间。**

B. 改正性控制也相关，因为它们允许改正错误或问题。

C. 改正性控制会消除或减少错误或违规行为的影响，不应仅被视为一种补偿性控制。

D. 控制的存在和功能很重要，而不是分类。

33. A. 管理层可能不知道 IT 部门每位员工的详细职能以及控制是否得到遵循。因此，与管理层的讨论只能为职责分离提供有限的信息。

B. 组织架构图不会提供员工职能或控制是否正确运作的详细信息。

C. 基于观察和面谈，信息系统审计师可对职责分离进行评估。通过观察执行任务的 IT 员工，信息系统审计师可确定他们是否正在执行任何不兼容的操作。通过与 IT 员工面谈，审计师可获得所执行任务的概况。

D. 测试用户权限可提供有关用户拥有的信息系统权限的信息，但不会提供用户所执行的职能的完整信息。观察也许是更好的选择，因为用户权限可能在审计项目间发生变化。

34. A. 无须管理层批准整改措施计划。管理层可以选择实施其他整改措施计划来应对风险。

B. 会议的目标是确认审计发现的事实准确性，并为管理层提供机会，就整改措施的建议达成认同或做出回应。

C. 整改措施的实施应该在确定审计发现的事实准确性后进行，但实施整改措施的工作通常不会分配给信息系统审计师，因为这会损害审计师的独立性。

D. 对审计发现进行评级可以向管理层提供优先为高风险问题分配资源的指导。

35. A. 核单一般在资金转账期间执行，而不是对账期间。

B. 在线处理时，授权通常在非对账期间由系统自动完成。

C. 更正输入应在对账期间审查；但一般不是由受托进行对账的个人进行的，而且没有跟踪重要。

D. 跟踪是交易对账活动，涉及对交易从原始来源一直到最终目的地的跟随。在电子资金转账交易中，跟踪的方向可能从客户打印的收据副本开始，然后检查系统审计轨迹和日志，最后检查日常交易的主文件记录。

36. A. 并非系统生成信息的证据在提交给信息系统审计师之前可进行修改，因此不如信息系统审计师自己获取的证据那样可靠。例如，系统管理员可以在进行屏幕截图之前变更设置或修改图像。

B. 信息系统审计师直接从来源获得的证据比系统管理员或企业主提供的信息更可靠，因为信息系统审计师对审计的结果没有既得利益。

C. 管理员在进行屏幕截图之前可能已经修改了规则，因此，屏幕截图不是最好的证据。

D. 企业主提供的年度审查可能不会反映当前信息。

37. **A. 根据金额字段计算校验和并包含在电子数据交换通信中，可用于识别未经授权的修改。**

B. 真实性无法通过校验和单独确定，还需要其他控制。

C. 授权无法通过校验和单独确定，还需要其他控制。

D. 通过使用数字签名可确保不可否认性。

38. A. 受审方的口头陈述是审计证据，但不如外部信息系统审计师执行的测试结果可靠。

B. 应始终认为信息系统审计师执行的独立测试是比第三方确认函更可靠的证据来源，因为确认函是对流程进行分析的结果，可能并不以权威的审计技术为依据。审计应包括由信息系统审计师根据风险所确定的检查、观察和问询的组合。这提供了一种标准的方法，并合理保证控制和测试结果是准确的。

C. 内部生成的计算机财务报告是审计证据，但不如外部信息系统审计师执行的测试结果可靠。

D. 应始终认为信息系统审计师执行的独立测试是比第三方确认函更可靠的证据来源，因为确认函是主观的，可能不是权威审计的一部分，或不符合审计标准。

39. A. 电子数据交换贸易伙伴协议会将法律问题的风险降到最低，但不会解决未经授权的交易问题。
    B. 物理控制很重要，也能防止未经授权的人员访问系统，但无法防范授权用户进行的未经授权的交易。
    C. 要最大程度地减少未经授权的交易发生，发送和接收消息的身份认证技术具有重要的作用。
    D. 变更控制程序不能解决未经授权的交易问题。

40. A. 浏览审查能够说明控制措施的预期工作方式，但几乎不能突出控制措施的有效性或流程中的异常或制约情况。
    B. 如果审查人员未就发现的异常情况注明跟进行动，则审查人员签字同意不能证明控制有效性。
    C. 系统生成的报告样本如果带有证明审查人员已跟进异常的证据，是可能证明控制有效运营的最佳证据，因为记录的证据表明审查人员已经审查了异常报告，并根据异常报告采取了措施。
    D. 管理层对控制有效性的确认可能会因缺乏独立性而受到质疑 — 管理层会倾向于认为执行的控制是有效的。

41. A. 密钥验证用于数据加密和保护，但不用于数据映射。
    B. 一对一检查验证交易的准确性和完整性，而不映射数据。
    C. 手动重新计算用于验证处理的正确性，而不映射数据。
    D. 作为电子数据交换交易的审计轨迹，功能性确认是用于数据映射的主要控制之一。

42. A. 实质性测试中则采用变量抽样方法，它涉及交易定量方面（如货币价值）的测试。
    B. 分层单位均值用于变量抽样。
    C. 属性抽样是用于符合性测试的主要抽样方法。在这个场景中评估的是控制的运营，因此，每个采购订单是否经过正确授权的属性将用于确定是否遵从控制。
    D. 不分层单位均值用于变量抽样。

43. A. 源代码审查不是确保正确计算的有效方法。
    B. 重新创建程序逻辑可能导致错误，而每月总和的精确程度不足以确认正确计算。
    C. 准备模拟交易，以将处理结果与预期结果进行比较，这是证明税务计算准确性的最佳方法。
    D. 对源代码绘制流程图和分析并不是解决个人税务计算的准确性问题的有效方法。

44. A. 信息系统审计师审查的是控制的有效性，而不是应用程序满足业务需求的合适性。
    B. 应用程序控制审查包括对应用程序自动化控制的评估，以及对由于控制弱点而产生的任何风险暴露的评估。
    C. 其他选项可能是应用程序审计的目标，但不是局限于审查应用程序控制的审计的一部分。
    D. 应用程序的效率和优化可能是一项需要审查的领域，但不是在此审计中审查的领域。

45. **A. 将审计发现包含在最终报告中是普遍认可的审计行为。如果受审方在审计开始之后结束之前采取某项措施，审计报告应标识审计发现并描述其所采取的整改措施。审计报告应反映该种情况，因为其在审计开始时便存在。受审方采取的所有整改措施都应以书面方式报告。**
    B. 审计报告应包含所有相关发现和管理层的反应，即使发现的问题已经解决。这意味着后续审计可能测试持续的控制解决措施。
    C. 审计报告应包含该发现，以记录该发现，而控制若在审计后移除也会被注意到。
    D. 审计报告应包含该发现和解决措施，这一点可在最终会议上提及。审计报告应列出所有相关发现及管理层的反应。

46. A. 停止或继续的抽样法有助于限制样本量，可让测试尽早停止。
    B. 经典的变量抽样与美元金额相关，其样本基于总体的代表性样本，但不以欺诈为重点。
    C. 当信息系统审计师尝试确定是否发生过某类事件时，可使用发现抽样法。因此，这种方法适合评估欺诈风险，确定是否曾发生过欺诈事件。

D. 概率比例规模抽样法通常与样本中有分组情况的整群抽样有关。该问题并不表示信息系统审计师在寻找欺诈的标准。

47. A. 确定降低风险所需的相应控制是否就位，是审计工作最终要实现的结果。
    B. 在制定基于风险的审计战略时，了解相关风险和漏洞至关重要。它们决定着将要审计的领域和审计的覆盖范围。
    C. 审计风险是审计工作的固有组成部分，直接与审计流程相关，但与待审计环境的风险分析无关。
    D. 差距分析通常用于将实际状态和预期或理想状态进行比较。

48. A. 管理层始终对风险负责。信息系统审计师的职责是告知管理层审计发现及与发现相关的风险。
    B. 如果受审方对审计发现的影响存在不同意见，那么信息系统审计师就有必要对风险和暴露进行详细阐述和解释，因为受审方可能没有完全意识到风险暴露的严重程度。目的是指导受审方或揭示信息系统审计师之前未曾意识到的新信息。如果向受审方传达的事宜带有威胁性色彩，则会妨碍有效的沟通，从而使双方之间的关系受到不利影响，但信息系统审计师也不应该因为与受审方的意见相左而自动顺从受审方的观点。
    C. 审计报告包含信息系统审计师的发现和管理层的反应。接受风险并适当地缓解风险是管理层的责任。审计师的职责是清楚彻底地告知管理层，以做出最佳决策。
    D. 信息系统审计师必须专业、胜任工作并保持独立。他们不能简单地接受管理层的解释或论据，除非用于产生该发现的流程存在缺陷。

49. A. 如果审计的领域不对，则监控审计和花费在审计上的时间就不会有效。最重要的是制订基于风险的审计计划，以确保对审计资源的有效使用。
    B. 信息系统审计师可能有专长或审计团队可能依靠外部专家进行非常专业的审计。就所有的新技术对每位信息系统审计师进行培训是不必要的。
    C. 尽管监控时间安排和审计方案，以及充足的培训都可以提高信息系统审计人员的生产力（效率和绩效），但确保将专门用于审计的资源和精力集中于较高风险领域能为企业创造价值。
    D. 监控审计和启用成本控制措施不能确保对审计资源的有效使用。

50. A. 对控制重新进行测试通常排在重新验证证据之后。
    B. 尽管有时也需要第三方执行专业的审计程序，但信息系统审计师还是应该首先重新验证支持证据，以确定是否需要第三方的参与。
    C. 在将有争议的审计发现或管理层反应记入报告之前，信息系统审计师应审查审计发现中使用的证据以确保审计的准确性。
    D. 信息系统审计师得出的结论应有充分的证据支持，同时也要考虑部门经理指出的补偿性控制或纠正措施。因此，首先要做的应该是，对审计发现的证据进行重新验证。如果，在重新验证或重新测试之后，争议仍然未决，则应将这些问题记入报告。

51. **A. 在给定了预期错误率和置信水平的前提下，统计抽样才是一种客观的抽样方法，因为其有助于信息系统审计师确定样本量并量化错误的概率（置信系数）。**
    B. 抽样风险是指某样本无法代表样本总体的风险。判断样本和统计样本中都存在这种风险。
    C. 统计抽样可使用通用审计软件，但不是必需的。
    D. 对于判断抽样和统计抽样来说，可容忍误差率都必须预先确定。

52. A. 信息系统审计师可将管理层的反应纳入报告，但是这不影响报告审计发现的要求。
    B. 审计发现仍然有效而管理层的反应也会被记录，但是审计可指出需要审查管理层反应的有效性。
    C. 审计发现仍然有效而管理层的反应也会被记录，但是审计可指出需要审查管理层反应的有效性。
    D. 按信息系统审计师独立性要求，应考虑受审方

提供的额外信息。通常情况下，信息系统审计师不会自发撤销或修改审计发现。

53. **A. 当输入由组织提供而输出由银行生成时，确保数据准确性的最佳方法是使用薪资报表的结果来验证数据输入（输入表）。**
    B. 以手动方式重新计算薪资总额只能验证处理是否正确，不能验证数据输入的准确性。
    C. 由于支票包含的是处理后的信息，而输入表包含的是输入数据，所以对比支票和输入表的做法并不可行。
    D. 使支票与输出报表保持一致只能确认按输出报表规定发出支票。

54. **A. 由于各方之间采用电子形式进行交互，所以不会进行固有的身份认证；因此，缺少交易授权是最大的风险。**
    B. 电子数据交换传输的丢失或重复是一种风险，但因为所有交易都会被日志记录，其影响不如未经授权的交易大。
    C. 传输延迟可能使流程终止或错过正常的处理时间，但不会造成数据丢失。
    D. 在建立应用程序控制前后删除或操纵交易是一个风险示例。通过日志记录可检测对数据的任何修改，其影响不如未经授权的交易大。

55. **A. ISACA 信息系统审计和鉴证标准要求信息系统审计师制订的审计工作计划要能够达到审计目标。其他选项中描述的都是为了达到审计目标而采取的行为，因此都是次要的。**
    B. 信息系统审计师在审计的规划阶段并不搜集证据。
    C. 指定适当的测试不是审计规划的主要目标。
    D. 对审计资源的有效（而非最少）使用是审计规划的目标。

56. **A. 程序是指信息系统审计师在执行审计业务时需要遵循的流程。在确定任意具体程序的适当性时，信息系统审计师应运用针对特定状况的专业性判断。专业性判断是指，对审计期间出现的状况进行主观的评估（通常是定性的评估）。专业性判断针对的是不适用二元判定（是/否）的灰色区域，信息系统审计师的过往经验在判断中起关键性作用。在评估所搜集的证据**是否充分时，信息系统审计师应运用专业性判断。ISACA 的准则中描述了如何在进行信息系统审计工作时遵从各种标准的相关信息。
    B. 纠正缺陷是管理层的责任，而不是审计程序选择过程的一部分。
    C. 重大漏洞得以识别是审计规划与执行工作中是否运用了相应的能力、经验以及工作是否彻底的结果，并不是专业性判断的结果。专业性判断并不是解决审计中财务问题的主要途径。审计程序与运用专业性判断并不能保证所有缺陷/漏洞均得以识别和纠正。
    D. 专业性判断可确保审计资源和成本被明智地使用，但这不是审计师选择审计程序时的主要目标。

57. A. 确定是否安装了条形码读取器是符合性测试。
    B. 确定磁带的调动是否经过授权是符合性测试。
    C. 实质性测试涉及收集证据，以评估单个交易、数据或其他信息是否完好（即完整性、准确性和有效性）。对磁带库存进行实地盘点属于一种实质性测试。
    D. 检查磁带的收发情况是否已准确记录是符合性测试。

58. A. 通过确认消息告知收到电子订单是一种很好的做法，但是却无法对客户订单进行身份认证。
    B. 在下订单之前对订货数量进行合理性检查是一种确保订单准确无误的控制，但是却无法确保客户订单的真实性。
    C. 电子数据交换系统不仅会受到计算机系统一般风险暴露的影响，也会受贸易伙伴和第三方服务提供商的潜在控制不力的影响，这使得用户和消息来源的身份认证成为主要的安全关注点。
    D. 对敏感消息进行加密这种做法很好，但是却不能证明接收到的消息的真实性。

59. A. 仅仅根据与薪资结算人员面谈的结果，信息系统审计师无法搜集到足够的证据以断定现有的控制是否充分。
    B. 如果针对信息系统审计师的问题所提供的答案无法从记录在案的工作程序或工作描述中得到证实，那么 IS 审计师应扩大控制测试范

围，引入额外的实质性测试。

C. 更多地依赖以往的审计结果属于不合适的行为，因为这不能提供证明现有的控制是否充分的最新信息。

D. 暂停审计属于不合适的行为，因为这不能提供证明现有的控制是否充分的最新信息。

60. A. 如果信息系统审计师推荐了一个特定的供应商，则审计师的专业独立性受到影响。

B. 组织独立性与审计报告的内容无关，应该在接受业务时予以考虑。

C. 技术能力与独立性的要求无关。

D. 专业能力与独立性的要求无关。

61. A. 了解业务流程是信息系统审计师需要执行的第一步。

B. ISACA IT 审计和鉴证标准鼓励采用必要的审计程序/流程，以便协助信息系统审计师更有效地执行信息系统审计。但标准中并未要求信息系统审计师在履行审计业务的初期进行流程浏览审查。

C. 确定控制弱点并不是浏览审查的主要原因，并且通常发生在审计的后期。

D. 主要原因是要了解业务流程。风险评估应当在了解业务流程之后开展。

62. A. 如果信息系统审计师在不需要信息系统人员提供信息的情况下，通过源代码比较来检查源程序的变更，便可客观、独立且相对完整地保证程序的变更，因为通过源代码比较可识别出变更。

B. 源代码比较发现的是两个版本的软件之间的变更。这不会发现获得软件副本后做出的变更。

C. 这是库管理的功能，不是源代码比较的功能。信息系统审计师可另行保证此项。

D. 源代码比较会发现原程序和变更过的程序之间的所有变更，但该比较不能确保变更已经过充分测试。

63. A. 结束会议会确定审计中的任何误解或错误，但不会确定审计中忽略的任何重要问题。

B. **在正式结束审查前，与受审方举行会议的主要目的是就审计发现和管理层反馈达成一致**

意见。

C. 结束会议可获得管理层对审计实施的评价，但其目的并非正式审查审计程序的充分性。

D. 审计报告的结构和陈述遵循公认的标准和惯例。结束会议可能指出审计或陈述中的错误，但其目的不是测试陈述的结构。

64. A. 审计师通过测试数据运行可验证预选交易的处理，但却无法获得有关程序中未经授权的变更和未运行部分的证据。

B. 代码审查是指读取程序源代码列表的过程，用于判断代码是否符合编码标准或包含潜在错误或低效语句。代码审查可用作代码比较的手段，但用于检测代码变更时效率不高也不可能，特别是对于大程序的代码。

C. 自动代码比较是指比较同一程序的两个版本的过程，用于判断两者是否一致。这项技术之所以高效是因为它是一个自动化程序。

D. 代码迁移流程审查检测不到未经授权的程序变更。

65. A. 信息系统管理层的声明可包含在审计分析中，但就这些声明自身而言，却不能作为发布报告的充分依据。

B. 其他审计师的工作底稿可用于证实和验证审计发现，但应与制作报告的信息系统审计师的工作底稿的更多证据同时使用。

C. 控制自我评估的结果可协助信息系统审计师确定风险和合规性，但其自身不足以支持审计报告。

D. **ISACA 信息系统审计和鉴证报告标准要求信息系统审计师需有充分恰当的审计证据来支持报告的结果。信息系统管理层的声明是就经验性证据无法验证的事项达成一致的依据。即使信息系统审计师能够获得其他审计师的工作底稿，报告也应以审查期间搜集的证据为基础。组织控制自我评估的结果可以作为审计发现的补充。**

66. A. 要有效工作，质量保证职能部门应该独立于项目管理人员来开展工作。否则，项目管理人员可能对 QA 职能部门施压以批准不合格的产品。

B. QA 职能部门的效率不会因为与项目实施团队进行交互而受影响。QA 团队在产品符合 QA 要求前不会发布产品用于实施。

C. 项目经理会响应 QA 团队提出的问题。这不会影响项目经理的有效性。

D. QA 职能部门与项目实施团队的交互不应影响项目经理的效率。

67. A. 审计委员会不应通过影响审计报告应包括哪些内容而伤害信息系统审计师的独立性、专业性和客观性。

B. 信息系统审计师的经理可建议在审计报告中包括或不包括哪些内容，但受审方的经理不应影响报告的内容。

C. 应由信息系统审计师最终决定审计报告中应该包括或排除哪些内容。

D. 首席执行官不得影响审计报告的内容，因为这会破坏审计职能部门的独立性。

68. A. 审计轨迹自身不会影响机密性，但是是要求加密的部分原因。

B. 审计阶段的批准自身不会影响工作底稿的机密性，但是要求加密的部分原因。

C. 对工作底稿的访问权限应仅限于工作需要的人员，但是没有加密会破坏工作底稿的机密性，而不是对工作底稿的访问权限。

D. 通过加密的方式可保证电子版工作底稿的机密性。

69. A. 遵守法规要求对审计来说是重要的，但不是获得充分恰当证据的最重要原因。

B. 信息系统审计的范围由其目标决定。这涉及确定审计范围内的控制弱点。获得充分恰当的证据不仅有助于审计师确定控制弱点，还有助于对其进行记录和验证。

C. 确保覆盖范围对进行信息系统审计来说是重要的，但不是获得充分恰当证据的最重要原因。获得证据的原因是确保审计结论有事实根据而且准确。

D. 在定义的范围执行审计对审计来说是重要，但不是获得充分恰当证据的原因。

70. **A. 对于检测欺诈行为，信息系统审计师的职责包括评估欺诈迹象、决定是否有必要采取额外措**施或是否应该建议展开调查。

B. 只有在判断出欺诈迹象明显到足以建议展开调查时，信息系统审计师才应该通知组织内的相关机构。

C. 只有在证据足以展开调查时，信息系统审计师才应该将欺诈的可能性报告给高级管理层。这可能受管理层是否可能涉入欺诈的影响。

D. 信息系统审计师通常无权与外部法律顾问进行磋商。

71. A. 生成活动日志不是一种预防性控制，因为它不能防止不当访问。

B. 生成活动日志不是一种检测性控制，因为它不能帮助检测不当访问，除非经过适当人员审查。

C. 生成活动日志本身并不是一种控制，对此类日志进行审查使得该活动成为一项控制（即生成日志加审查等于控制）。

D. 生成活动日志不是一种改正性控制，因为它不能改正不当访问带来的影响。

72. A. 规划由审计管理层负责。

B. 每次信息系统审计的目标和范围应在业务约定书中议定。审计章程应指明审计职能部门的目标和范围，而不是单个业务的目标和范围。

C. 基于审计计划的培训计划应由审计管理层制订。

D. 信息系统审计章程应确立信息系统审计职能部门的角色。章程应对审计职能部门的整体权限、范围和责任予以说明。章程应由最高管理层或审计委员会（如果存在）审批。

73. A. 属性抽样可以帮助识别符合特定条件的记录，但却无法通过将一个记录与另一个记录进行比较来确定重复现象。为了检测是否存在重复的发票记录，信息系统审计师应检查所有满足条件的记录，而不是若干记录组成的样本。

B. 计算机辅助审计技术能让信息系统审计师审查整个发票文件，以寻找满足选择条件的那些项。

C. 符合性测试用于确定是否遵循控制程序。使用 CAAT 是更好的选择，因为它最有可能更高效地搜索出重复的发票记录。

D. 有了集成测试设施，信息系统审计师便能够通过生产系统测试交易，但却无法通过比较记录来识别重复现象。

74. A. 首先需要确认资产。列出可对这些资产产生影响的威胁属于该流程中稍后进行的步骤。
    B. 在定义访问控制和进行关键性分析时需要进行数据分类，但在分类前需要对资产（包括数据）进行确认。
    C. 在制定风险管理方案期间，第一步是确定要保护的资产。
    D. 关键性分析是该流程中确认资产之后进行的步骤。

75. A. 交易周转时间过长是有不便，但不是严重风险。
    B. 应用程序接口故障是一种风险，但不是最严重的问题。该问题一般是临时性的且容易解决。
    C. 在与电子数据交换相关的风险中，最严重的是交易授权不当。由于与各方的交互采用的是电子形式，因此本身并没有身份认证环节。认证不当可导致财务损失的严重风险。
    D. EDI 交易的完整性很重要，但没有未经授权的交易风险大。

76. A. 结构化查询语言为审计师提供了根据审计目标查询数据库特定表的选项。但是，查询特定数据库需要技能，并且用户必须能够理解记录结构才能访问数据。
    B. 来自应用程序软件的报告可能很有用，但它们不如计算机辅助审计技术那么有用。
    C. 数据分析控制可能是用于控制测试的一种很好的技术，但它们并不像 CAAT 那样全面。
    D. CAAT 是用于访问来自不同的软件环境、记录格式等电子数据的工具。CAAT 可作为根据审计目标搜集和评估审计证据的有用工具，并且可提高搜集此类证据的效率。

77. A. 变量抽样用于实质性测试，以确定总体特征的货币或容量影响。在此案例中，它并非最适合的方法。
    B. 在判断抽样中，专业人员对于样本可能有失偏颇（例如，所有抽样单位都超过一定值，都针对特定类型的异常或都为否定项）。判断性样本并非基于统计学，并且因为样本不太可能代表总体，其结果不应该用于推断总体结果。
    C. 分层是将总体划分为具有明确定义的相似特征的子总体的过程，每个抽样单位只属于一个层次。这种抽样方法可确保每个子组中的所有抽样单位都具有已知的非零选择机会。在此案例中，它是最适合的方法。
    D. 系统抽样涉及使用固定的选择间隔来选择抽样单位，其中第一间隔具有随机起点。在此案例中，它并非最适合的方法。

78. A. 只有经过管理层批准，或向管理层、审计管理层或其他利益相关方披露之后，才可以拒绝接受任务。
    B. 应在开始执行任务前获得批准，而不是在完成任务后。
    C. 开始执行任务前通知业务持续计划团队可能存在利益冲突不正确，原因是 BCP 团队无权决定此类事宜。
    D. 潜在利益冲突有可能影响信息系统审计师的独立性，应在开始执行任务之前就提请管理层注意。

79. A. 取证审计并不仅限于企业欺诈。
    B. 在发生系统违规行为后有计划地收集和分析证据是对取证审计的最佳描述。收集的证据随后可被分析并用于司法程序。
    C. 评估组织财务报表的正确性不是取证审计的主要目的。
    D. 取证是调查与犯罪或不良行为有关的证据。保存证据属于取证过程，但不是主要目的。

80. A. 在这个阶段，发布审计发现还为时过早。向管理层寻求解释是可行的，但更好的做法是搜集额外证据来正确评估该情况的严重性。
    B. 如果不收集关于此事故及其发生频率的更多信息，则很难从管理层获得有意义的解释。
    C. 备份故障（此时尚未确定）如果牵涉到关键数据将非常严重。但是，问题并不在于检测到问题的服务器上的数据是否重要，而在于是否存在影响其他服务器的系统性控制故障。
    D. 信息系统审计和鉴证标准要求信息系统审计师需搜集充分恰当的审计证据。该信息系统审计师发现了一处潜在问题，现在需要确定它到

底是个别事故，还是系统性控制故障。

81. A. 建立职责分离并非补偿性控制；它是预防性控制。在小型组织中，雇用新员工可能并不可行，这正是可能需要进行补偿性控制的原因。
    B. 由于发行经理履行双重职责，因此阻止他们对程序进行修改不可行；而且，在小型组织中，职责分离也可能不可行。
    C. 记录对开发库的更改不能检测出对生产库的变更。
    D. 如果适当的控制不可行或不实际，则补偿性控制可用于缓解风险。在小型组织中，雇用新员工可能并不可行，这正是可能需要进行补偿性控制的原因。验证程序变更的效果与完全职责分离的预期效果大致相同。

82. A. 首先了解业务环境；然后了解 IT 环境。
    B. 列出控制并将其与审计目标进行匹配并非风险评估的第一步。此步骤在了解业务环境和 IT 系统之后。
    C. 风险自我评估是可选的，适用于某些类型的审计业务。
    D. 基于风险的审计必须基于对业务、运营模式和环境的了解。这是在基于风险的审计中进行 IT 风险评估的第一步。

83. A. 信息系统审计师务必不要立即假定网络图中的所有内容均会提供与影响网络/系统的风险有关的信息。记录和更新网络图需要经过一定的流程。
    B. 在基于风险的信息系统审计方法中，审计范围由该设备对审计所产生的影响决定。如果未记录的设备对审计范围没有影响，可将其排除在当前审计业务之外。网络图上提供的信息可能按说明的内容而不同——例如，网络层和交叉连接。
    C. 在这种情况下，只是开始信息系统审计的时间与完成审批流程的时间不匹配。并无控制缺陷需要报告。
    D. 是否对未记录设备进行跟踪审计，取决于未记录设备在实体符合审计范围的能力方面是否存在风险。

84. A. 系统管理员提供的电子表格可能不完整或不准确。应该搜集书面证据来支持受审方的电子表格。
    B. 经理签署的人力资源访问权限文档是不错的证据；但这些不如系统生成的访问权限列表客观，原因在于访问权限可能已经发生改变，或该文档在签字时有误。
    C. 系统生成的访问权限列表最可靠，因为在与所选样本进行比较时，这是最客观的证据。这个证据很客观，因为是系统生成的，而不是个人所为。
    D. 观察是了解内部控制结构的良好证据；然而，如果用户数量较多，那么观察并不是很有效。对于实质性测试来说，观察不够客观。

85. A. 交易日期和时间的审计轨迹不足以补偿由同一用户执行多种职能的风险。
    B. 对财务摘要报告的审查无法补偿职责分离的问题。
    C. 主管对用户账户管理进行审查可以起到良好的控制作用；然而，这种审查无法发现一人执行多种职能时的不当活动。
    D. 计算机日志会记录各用户在访问计算机系统或数据文件时的活动，而且会记录所有异常活动，如财务数据的修改或删除。

86. **A. 由于该员工曾经是开发人员，因此建议审计范围应排除该员工开发过的系统，以避免任何利益冲突。**
    B. 由于该员工具有技术背景，因此审计发现可能倾向于关注技术问题。但这通常会在对生产执行审计前的审查流程中得到纠正。
    C. 由于审计是该员工的新角色，因此他们可能没有足够的控制评估技能。但这可以通过在职培训来解决，并不像潜在的利益冲突问题那么大。
    D. 由于该员工之前曾在组织的 IT 部门工作，因此可以基于员工当前对业务的理解，弥补知识方面存在的任何差距。

87. A. 确认审计发现后，信息系统审计师将根据讨论结果形成最终报告，并将报告递交给相应级别的高级管理层。但是，这个讨论应制定审计发现修复措施的时间表。

B. 这个讨论向管理层告知审计发现。根据讨论，管理层可能同意为所提出的建议制订实施计划及时间线。
C. **在将审计结果传达给高级管理层之前，信息系统审计师应该与受审方讨论审计发现。进行此讨论的目标是确定审计发现的准确性，并建议一系列整改措施。**
D. 在报告草案阶段，信息系统审计师可推荐各种控制以缓解风险，但是会议的目的是与管理层验证审计发现。

88. **A. 参与风险管理框架的设计涉及设计控制，这会对审计风险管理流程的信息系统审计师的独立性造成危害。**
B. 为不同的实施技术提供建议不会危害信息系统审计师的独立性，因为信息系统审计师不参与决策过程。
C. 协助风险意识培训不会妨碍信息系统审计师的独立性，因为审计师不参与决策过程。
D. 尽职调查是通常与并购相关的一种审计。

89. A. 在某些情况下，如果没有正确识别利益相关方，则可能难以讨论审计发现，从而推迟审计发现的传达。但是，这并不像重要业务风险未纳入审计范围那样令人担忧。
B. 决定控制成本的因素有许多。因此，很难说只有审计目标才能决定控制成本。但这不及未发现关键风险那么重要。
C. 如果没有审计范围，则无法进行适当的风险评估，因此审计师可能无法审核组织内风险最高的领域。
D. 审计以前审计过的区域不是高效利用资源的做法；但这并不像未发现关键风险问题那么大。

90. A. 计算机辅助软件工程工具用来协助软件开发。
B. 嵌入式（审计）数据收集软件（如系统控制审计复核文件或系统审计审查文件）用来提供抽样和生产统计数据，但不进行审计日志分析。
C. 趋势/差异检测工具会查找用户或系统的异常行为，如发票号码不断增大的发票。
D. 启发式扫描工具是一类用来指示可能受感染的数据传输的病毒扫描工具。

91. A. 信息系统审计师不应认为 IT 经理会跟进口头通知而解决变更管理的控制缺陷，并且也不宜针对审计过程中发现的问题提供咨询服务。
B. 虽然理论上讲不属于审计范围，但是信息系统审计师有责任报告在审计过程中找到的可能对控制的有效性造成重大影响的发现。
C. 信息系统审计师有责任报告可能会对控制的有效性造成重大影响的发现，无论是否属于审计范围。
D. 要求在执行或完成审计前完成 IT 工作并不是信息系统审计师的责任。

92. A. 与复杂程度较低的业务领域相比，高度复杂的业务流程通常具有更多的关键控制；然而，确定无疑的是，不必要的控制并不总是出现在复杂的领域。如果从一开始就建立了一套成熟的关键控制结构，就不可能发现关键控制方面的任何重叠。
B. 集成测试设施是一种用来测试应用程序系统中流程准确性的审计技术。该技术可能会找出应用程序系统中的控制缺陷，但是很难发现关键控制中的重叠。
C. 在尽力实现持续审计管理的过程中，很多情况下都会引入自动监控和审计解决方案。需要明确地调整所有关键控制才能完成系统性实施；因此，分析人员可能会在现有系统中发现不必要或重叠的关键控制。
D. 信息系统审计师可通过对控制进行测试来验证控制的有效性，从而确定是否存在重叠控制；然而，实施自动审计解决方案的过程更有助于确定重叠控制。

93. A. 在确定业务目标和底层系统之后，应将风险管理工作最大程度地应该集中在那些包含被视为对组织最敏感的数据的资产上。数据分类计划可帮助信息系统审计师确定这些资产。
B. 风险评估流程的第一步是确定支持业务目标的系统和流程，因为这些流程的风险会影响业务目标的实现。
C. 固有风险是不考虑管理层已经或可能采取的措施情况下面临的风险。风险评估的目的是识别漏洞，以便能够建立缓解控制。但是，必须首先了解业务及其支持系统，以便有效地确定需要最多风险评估工作的系统。

　　D. 只有在采取上述步骤后,才能设计和实施控制以降低关键系统的固有风险。

94. **A. 如果审计发现未得到双方的同意和确认,那么在签字同意最终审计报告或与管理层讨论审计发现时可能存在问题。与受审方达成一致即表示已了解审计发现并且可以确定明确的行动计划。**
    B. 尽管审计师可能会建议缓解措施,但将由组织作为一项风险管理职能,最终决定并实施缓解策略。
    C. 在通知高级管理层之前,审计师必须通知受审方并就审计发现达成一致,以正确沟通风险。
    D. 获得修复措施截止日期以结束审计发现并非传达审计发现的第一步。

95. **A. 控制自我评估以审查高风险领域为前提,而该区域需要及时关注或在以后进行更彻底的审查。**
    B. CSA 需要信息系统审计师和部门管理层的共同参与。内部审计职能部门可将部分控制监控职责转移到各职能领域。
    C. CSA 并不能代替传统审计。CSA 并不是要取代审计的责任,而是要增强这些责任。
    D. CSA 不允许管理层放手其控制职责。

96. A. 定义审计范围后,信息系统审计师才可以根据风险对审计范围所涵盖的组织的不同运营领域的整体影响,确定风险的优先级。
    B. 在基于风险的审计方法中,信息系统审计师根据业务的性质识别组织所面临的风险。要规划年度审计周期,必须对风险类型进行等级评定。要对风险类型进行等级评定,审计师必须首先要在考虑 IT 战略计划、组织结构和授权矩阵的基础上定义审计范围。
    C. 用于缓解高风险领域所面临风险的控制通常是关键控制,具有高度的有效性,能够保证风险得到缓解。但如果不对风险类型进行等级评定,则无法实现这一点。
    D. 测试方法取决于风险等级评定。

97. A. 提供网络安全意识培训通常是一项运营责任,但它并不像审计师设计控制然后对这些控制进行审查的利益冲突那么大。
    B. 如果由审计师设计控制,则审计师在审计过程中处理缺陷时的中立性会产生利益冲突。这将违反 ISACA 道德规范。
    C. 信息系统审计师的部分职责可以是为网络安全框架提供建议,只要这些建议没有达到设计审计师稍后将要审查的具体控制的程度。
    D. 进行漏洞评估可能是信息系统审计师的责任,不会产生利益冲突。

98. A. 所有的资产都需要确定,而不仅仅是信息资产。要确定要审计哪些关键信息资产,信息系统审计师应首先确定应验证哪些控制目标和关键控制活动。只有与控制目标和关键控制活动相关的信息资产才与界定审计范围相关。
    B. 只有在确定要验证哪些控制和相关信息资产之后,信息系统审计师才能确定应针对审计部署哪些关键信息系统审计资源(及相关技能组合)。
    C. 只有在确定要验证哪些关键控制活动之后,信息系统审计师才能确定应与哪些相关流程人员面谈。
    D. 确定业务流程之后,信息系统审计师应首先确定在审计中应验证的业务流程相关的控制目标和活动。

99. **A. 在规划信息系统审计时,必须考虑适用法定要求的效力。信息系统审计师在法定要求方面别无选择,因为法定要求可能没有相关的范围限制。**
    B. 法定要求始终优先于企业标准。
    C. 行业良好实践有助于规划审计,但良好实践并不具有强制性,为了达到组织目标,可以不采用良好实践。
    D. 组织政策和程序非常重要,但法定要求的优先级始终最高。组织政策必须符合定要求。

100. A. 除非像在某些国家那样存在法规限制,否则没必要让信息系统审计师退出审计项目。
    B. 如果经过适当披露且被接受,则不需取消审计业务。
    C. 如果信息系统审计师在其独立性受到损害的情况下继续参与审计,应在报告中并向相关的

管理层披露与信息系统审计师的独立性问题有关的事实。

D. 这不是一个可行的解决方案。在信息系统审计师继续参与审计的情况下，其独立性无法恢复。

101. A. 面谈不能提供与观察或浏览审查一样有力的证据。此外，如果员工知道自己正在进行审计面谈，可能会给面谈带来一些偏见。
   B. 只有在和证据验证配合使用时，问询才可以用于了解流程中的控制。但受访者如果知道自己正在接受审计，可能会有偏见。
   C. 重新执行用于评估控制的运作有效性而非控制设计。
   D. 浏览审查针对业务流程控制结合使用问询和证据检查。这是评估控制设计最有效的依据，因为它确认实际存在的控制。

102. A. 管理层的顾虑与风险评估流程无关。如果管理层有顾虑并希望审计师专注于某个领域，审计师应确保分配充分的时间来解决该顾虑。
   B. 风险评估有助于使审计程序侧重于审计范围内风险最高的领域。合理保证的概念同样非常重要。
   C. 执行风险评估以确定在何处安排时间和人力资源，而预算限制仅限于时间资源。
   D. 风险评估并不用于制定审计方案和程序。但风险评估可用于为审计分配资源。

103. A. 拥有充分阐述的风险声明非常重要；但如果审计发现不准确，则它可能无关紧要。
   B. 如果没有充分的证据，则审计发现无凭无据；因此，在沟通审计发现之前必须对此进行验证。
   C. 解决审计发现的根本原因很重要，并且可能未包括在报告中。但如果审计发现不准确，则它们可能无关紧要。
   D. 在某些情况下，高级管理层可能希望在审计发现的汇报过程中看到修复计划；但应首先证明审计发现的准确性。

104. A. 尽管由信息系统审计师直接提取数据可以减少人力资源在支持审计方面的工作量，但这种好处不及提高数据的有效性重要。
   B. 这不一定会减少取得信息访问权限的时间，因为需要安排时间进行培训和授予访问权限。
   C. 信息系统审计师在调整数据调取以满足各种审计要求时可能会有更大的灵活性；但这不是主要的好处。
   D. 如果由信息系统审计师提取数据，可以更好地保证提取标准不会妨碍所需的完整性，从而搜集到所需的所有数据。请求 IT 部门提取数据可能会面临审计师应看到的异常情况被滤除掉的风险。此外，如果由信息系统审计师搜集数据，则可以了解与各种数据表/要素相关联的所有内部参考，而这有助于揭示对确保整个审计活动的完整性和准确性至关重要的要素。

105. **A. 属性抽样用于测试交易的合规性，在这种情况下，即为交易经过了适当的批准。**
   B. 变量抽样在实质性测试情况下使用，用于处理会发生变化的总体特征，如货币价值和重量。
   C. 当预期发生率极低时使用停止或继续的抽样法。
   D. 判断抽样与此毫不相关。它是用于确定样本量和样本元素选择标准的一种主观方法。

106. A. 通过计算机辅助审计技术得出的审计证据的实用性是由审计目标决定的，使用 CAAT 不会对实用性产生直接影响，但会直接影响可靠性。
   B. 由于数据由信息系统审计师直接搜集，所以在报告审计发现时可以重点强调在系统中生成和维护的记录的可靠性。所用信息来源的可靠性将为生成的审计发现提供进一步的保证。
   C. 通过 CAAT 得出的审计证据的关联性是由审计目标决定的，使用 CAAT 不会对关联性产生直接影响，但会影响可靠性。
   D. 通过 CAAT 得出的审计证据的充分性是由流程和制作数据的人员决定的，使用 CAAT 不会对充分性产生任何影响。

107. A. 风险评估的结果将影响审计方案的制定。
   B. 风险评估的输出有助于定义范围。
   C. 在确定关键信息所有者之前，风险评估必须执行完成。关键信息所有者通常并不会直接参与审计规划阶段。

D. 应执行风险评估以确定如何分配内部审计资源，以保证所有重大风险事项都会得到审计。

108. A. 管理审计员工并非进行审计的唯一方面。
   B. 分配资源（如时间和员工）是总体项目管理技能所需的。
   C. 审计通常涉及资源管理、交付成果、日程计划安排和期限，与项目管理良好实践类似。
   D. 需要注重细节，但这并非进行审计的限制。

109. **A. 控制自我评估要求员工评估其自身职能的控制水平。CSA 有助深化对业务风险和内部控制的理解。由于执行 CSA 的频率高于审计，因此有助更加及时地确定风险。**
   B. CSA 不能取代内部审计职能，仍然需要进行审计以确保控制到位。
   C. CSA 不能减轻审计的工作量，两种方法之间没有显著差异。
   D. CSA 不影响对审计资源的需求。尽管 CSA 的结果可以用作审计流程的参考点，但它们不影响需要进行的审计工作的广度或深度。

110. A. 控制风险可能较高，但其原因不是未识别、评估或测试内部控制，也不是受影响的用户或业务领域的数量。
   B. 合规风险是当前或将来不遵守法律法规所带来的后果，不会受到受影响用户和业务领域数量的影响。
   C. 固有风险通常会因为可能受影响的用户和业务领域的数量而变高。固有风险是不考虑管理层已经或可能采取的措施的风险水平或风险暴露。
   D. 残余风险是在管理层实施风险应对措施之后残余的风险，它不基于受影响的用户或业务领域的数量。

111. A. 应当在向管理层报告之前，对该项目进行额外的测试。
   B. 应当在与审计委员会进行讨论之前，通过额外测试对该项目加以确认。
   C. 用于确认潜在发现的额外测试应当在业务的商定范围之内。扩大范围可能需要更多所需的审计资源，并可能面临风险蔓延。
   D. 信息系统审计师应当进行额外的测试，以确保

其确实是一项发现。如果后来发现不合理或不准确，审计师会很快失去信誉。

112. A. 董事会不需要批准审计章程；最好呈送审计委员会批准。
   B. 审计委员会是董事会的下属机构。审计部门应当对审计委员会负责，并且审计章程应当由该委员会批准。
   C. 执行管理层无须批准审计章程，也没有批准章程的独立性。审计委员会是批准该章程的最佳职能机构，因为它是独立的高级群体。
   D. 尽管内部审计总监可以起草该章程和进行修改，但审计委员会应当对该章程具有最终批准权。

113. A. 检查只是浏览审查的一个组成部分，其本身并不能提供充分的信息，以全面了解整个流程并确定潜在的控制弱点。
   B. 问询只提供有关如何执行控制的一般信息。它并不一定能让信息系统审计师确定控制执行者是否对控制有深入的了解。
   C. 浏览审查程序通常包括对相关记录的问询、观察和检查组合和对控制的重新执行。对手动日志审查流程的浏览审查自始至终跟踪手动日志审查流程，以全面了解整个流程和确定潜在的控制弱点。
   D. 对控制的重新执行由 IS 审计师实施，并不提供受审方能力的鉴证。

114. **A. 实质性测试可获取审计期间有关活动或交易的完整性、准确性或存在性的审计证据。**
   B. 符合性测试是为检验企业是否遵循控制程序而搜集的证据。这与实质性测试不同，实质性测试中搜集的证据用于评估单个交易、数据或其他信息的完整性。
   C. 分析测试评估两组数据之间的关系，并辨别该关系之中的不一致之处。
   D. 控制测试与符合性测试是一样的。

115. A. 影响用来衡量威胁事件的可能后果（包括财务损失、声誉受损、失去客户信任）。
   B. 缺乏充分的控制就表示存在漏洞，这将使敏感信息和数据暴露在风险中，易受到因黑客入侵、员工失误、环境威胁或设备故障导致的恶

意破坏、攻击或未经授权的访问。这可能导致丢失敏感信息、经济损失、法律惩罚或其他损失。

C. 资产是具有有形价值或无形价值的、值得保护的东西，包括员工、系统、基础设施、财务和声誉。

D. 威胁是不希望发生的事故的潜在原因。

116. A. 实地盘点不存在差异只能证实未造成任何影响，但不能成为忽视控制运转失败的理由。应当报告这个问题，原因在于未遵循控制。

B. 尽管信息系统审计师可以在某些情况下建议改变程序，但其主要目的是进行观察，并在当前流程存在缺陷时进行报告。

C. 信息系统审计师应当将缺乏每日对账作为一种异常情况进行上报，原因在于实物盘存只能提供某个时间点的鉴证，而现行的做法不符合管理层规定的活动。

D. 尽管信息系统审计师可以在某些情况下推荐更安全的解决方案，但其主要目的是进行观察，并在当前流程存在缺陷时进行报告。

117. A. 尽管补偿性控制可能是个好主意，但在这种情况下的主要反应应当是报告这种状况，因为此情况应报告给审计报告的用户。

B. 在这种情况下，评估应用程序开发员创建的代码不是适当的反应。信息系统审计师可以评估一份变更样本，以确定开发员是否测试自己的代码，但主要反应应当是报告这种情况。

C. 分析质量保证仪表板有助评估缺乏职责分离的实际影响，但并不能解决潜在的风险。主要反应应当是报告这种状况。

D. 软件质量保证的角色应当是独立的，并且与开发和开发活动相分离。同一个人不能担任两个角色，因为这样会导致职责分离的问题。一旦确定，信息系统审计师应当报告这种状况。

118. A. 访问特权，如管理员权限，是管理用户账户所需要的权限，不应当授予最终用户。最好审查电汇程序这项控制，以确保最终用户职责分离，预防欺诈。

B. 电汇程序包含职责分离控制。这可以禁止同一个人发起、批准和发送电汇，从而有助预防内部欺诈。因此，信息系统审计师应当审查这些程序，因为它们与电汇系统有关。

C. 欺诈监控属于检测性控制，并不能预防经济损失。职责分离是预防性控制，是电汇程序的一部分。

D. 尽管与背景核查有关的控制非常重要，与电汇程序中包含的职责分离有关的控制更加关键。

119. **A. 内部控制较强时，可以采纳较低的置信系数，这样所需的样本量就较小。**

B. 置信系数越高，所需的样本量越大。

C. 在此例中，无须采纳较高的置信系数，因为内部控制较强。

D. 置信系数越低，所需的样本量越小。

120. A. 内部质量要求可能存在，但为遵守专业标准的监督要求所取代。

B. 审计准则存在的目的是为如何实现符合专业标准提供指导。例如，它们可能阐述监督的目的，并举例说明如何执行监督职责以实现符合专业标准。

C. 审计方法是指为了达到审计目标而精心配置的流程/程序。尽管审计方法是一种非常有用的工具，但监督通常是为了符合专业标准而实施。

D. ISACA 内部审计师协会（Institute of Internal Auditors, IIA）和国际会计师联合会（International Federation of Accountants, IFA）提供的专业标准要求对审计人员进行监督，以达到审计目的、遵守能力、业务熟练和记录的要求，等等。

121. A. 交易日志分析有助显示双重控制是否到位，但并不一定能够保证持续遵循此流程。因此，观察是更适合的检测技术。

B. 尽管重新执行可以保证双重控制有效，但对信息系统审计师而言，在银行重新执行电汇交易不可取。

C. 双重控制要求双人完成一项操作。观察技术有助查明是否确有两个人参与执行操作和是否存在监督元素。如果一个人在伪装和担负第二个人的角色，是显而易见的。

D. 约谈员工有助于确定操作者的认知和理解水

平。但它并不能提供双重控制确实存在的直接证据，因为提供的信息不足以准确反映正在执行的流程。

122. A. 停止或继续的抽样法适用于信息系统审计师认为将在样本总体中发现少量错误的情形，因此并非在本案例中执行的最佳测试类型。
   B. 由于在本案例中，固有风险和控制风险均为高，因此需要额外测试。实质性测试可获取审计期间有关活动或交易的完整性、准确性或存在性的审计证据。
   C. 符合性测试是为检验企业是否遵循控制程序而搜集的证据。尽管执行符合性测试很重要，但在本案例中，执行额外的实质性测试更为合适。
   D. 发现抽样是属性抽样的一种形式，用于确定在样本总体中至少找出一个样例（属性）的指定概率，通常用于测试欺诈或其他违规行为。在本案例中，额外进行实质性测试是更好的选项。

123. **A. 与审计客户召开启动会议的主要目的是帮助定义审计的范围。**
   B. 确定信息系统审计的资源需求通常在项目的早期规划阶段，而不是在启动会议上，由信息系统审计管理层完成。
   C. 选择审计方法通常不是启动会议的目的。
   D. 对于多数审计，搜集审计证据在业务的过程中执行，并且通常不在启动会议期间搜集。

124. A. 信息系统审计章程不阐述信息系统审计部门的组织结构。章程是创建信息系统审计职能的指令性文件。
   B. 信息系统审计章程未规定信息系统审计部门的报告要求。章程阐述信息系统审计职能的目的、职责、权限和义务。
   C. 资源由审计而不是章程来决定。
   D. 信息系统审计章程的主要目的是阐述信息系统审计职能的目的、职责、权限和义务。章程文件代表董事会和组织利益相关方授予审计职能权限。

125. A. 理解电子商务环境的技术架构很重要，但关键是要充分理解电子商务应用系统所支持的业务流程的性质和关键性。
   B. 尽管构成内部控制环境的政策、程序和实务需要与电子商务环境相一致，但这并非信息系统审计师需要理解的最重要因素。
   C. 电子商务应用系统促成业务交易的执行。因此，务必理解电子商务应用系统所支持的业务流程的性质和关键性，以确定需要审查的具体控制。
   D. 电子商务环境的可用性很重要，但这只是需要考虑的有关电子商务应用系统所支持的业务流程的一个方面。

126. **A. 与IT经理讨论职责分离的落实情况，是确定部门内部如何分配职责的最佳办法。**
   B. 工作说明也许并非最佳信息来源，原因在于它们可能过时，或者工作说明中记录的内容与执行情况不尽相同。
   C. 过去的信息系统审计报告也许并非最佳信息来源，原因在于它们可能并未如实说明IT职责的分配情况。
   D. 通过组织结构评估发现的IT职责分配情况可能有限。职责可能随着时间的推移而发生变化。

127. A. 检测性控制在事后识别事件。在本案例中，分支机构经理的行动可以预防事件发生。
   B. 让经理负责批准超过一定金额的交易被视为预防性控制。
   C. 改正性控制用于弥补通过检测性控制发现的问题。在本案例中，分支机构经理的行动属于预防性控制。
   D. 指令性控制是一种人工控制，通常包含指定需采取何种行动的政策或程序。在本案例中，自动控制可以预防事件发生。

128. A. 不建议超范围执行审计和审查。在本案例中，发现的漏洞被视为小问题，报告问题并在日后加以解决就足够了。
   B. 在本案例中，发现的漏洞被视为小问题。信息系统审计师应当如实正式报告该漏洞，而不是记录下来，以便在日后的审计过程中加以解决。
   C. 信息系统审计师不宜与数据库管理员共同解

决问题。

D. 发现的任何漏洞均应报告，即使它在当前的审计范围之外。需要向管理层报告在应用程序软件审查过程中发现的漏洞。

129. A. IT 政策和程序之类的指令性控制不适用于本案例，原因在于这是一种自动化控制。

B. 改正性控制旨在检测到错误、遗漏、未经授权的使用及受到入侵时，进行改正。本措施提供恶意事件发生后的检测及改正机制。

C. 补偿性控制用于其他控制不足以保护系统的情形。在本案例中，落实的改正性控制将有效预防通过未安装修补程序的设备访问系统。

D. 检测性控制用于即时检测和报告发生的错误、遗漏以及未经授权的使用或输入。

130. A. 测试控制设计的充分性不是最佳做法，因为这不能确保控制按设计有效运作。

B. 测试控制运作有效性无法确保审计计划重点关注风险最高的领域。

C. 缩小范围并重点关注审计高风险领域是最佳做法。

D. 依靠管理层测试控制不能客观地验证控制环境。

131. **A. 若要确保控制的有效性，完成重新执行最有效。若由独立个人执行后得到相同的结果，则能提供最有力的鉴证。**

B. 流程浏览审查可能有助审计师更好地了解控制；但它可能不如对交易样本完成重新执行管用。

C. 观察是验证操作员是否在正确使用系统的一种有效的审计方法；但完成重新执行是更好的方法。

D. 文档审查对了解控制环境也许有些价值；但完成重新执行是更好的方法。

132. A. 尽管应当咨询流程所有者以确定关键控制，但高级管理层是确定业务流程的更好、更重要的来源。

B. 系统监管人是更好地了解适用于具体应用程序的风险与控制的良好来源；但高级管理层是确定业务流程的更好、更重要的来源。

C. 审查以前的审计结果是审计规划流程的一个信息来源；但如果以前的审计重点关注有限或受限的范围，或如果关键业务流程已经发生变化和/或引入了新的业务流程，则它有助于拟订基于风险的审计计划。

D. 拟订基于风险的审计计划必须始于识别关键业务流程，它将确定和识别需要加以解决的风险。

133. **A. 在审计过程中，若存在值得关注的实质性问题，则需要在审计报告中报告给管理层。**

B. 信息系统审计师可以和服务提供商讨论问题；但正确的答案是向 IT 管理层报告问题，因为他们是最终责任人。

C. 此问题可以作为日后风险评估的一个信息来源，但无论信息系统审计师是否认为存在显著风险，均应向管理层报告违规问题。

D. 信息系统审计师可在审计过程中执行访问审查以确定是否存在错误，但不得代表第三方 IT 服务提供商。在审计报告中向管理层报告该问题更为重要。

134. A. 信息系统审计师可以在运用应有的职业谨慎后与审计管理层沟通，以获取他们的建议。

B. 在执行进一步的分析和评估后，审计管理层应与审计委员会沟通以考虑下一步行动，尤其是在存在重大欺诈迹象或事件的情况下。

C. 在运用应有的职业谨慎并咨询审计管理层和审计委员会后，应向有关当局报告。

D. 在将问题视为欺诈事件之前，信息系统审计师必须保持应有的职业谨慎并开展进一步的分析和评估。

135. A. 应根据资产对组织的价值来分析各组织资产所面临的威胁。但这应是对资产进行标识和等级划分之后的事情。

B. 在没有缓解控制的情况下，分析这些弱点如何影响组织的信息资产是确定资产和弱点之后的事情。

C. 通过确定信息资产并对其分级（例如，数据重要性、敏感性、资产所在位置），可以按照资产在组织中的价值来确定风险评估的基调或范围。

D. 安全违规的影响取决于资产的价值、威胁、漏洞和缓解控制的有效性。对弱点进行攻击的影响应加以明确,以便对控制进行评估,从而确定这些措施是否能有效缓解该弱点的影响。

136. A. 保安人员是威慑性控制。
  B. 入侵检测系统是检测性控制。
  C. 预防性控制用于降低不良事件的可能性。证章门禁系统会阻止未经授权的人员进入设施。
  D. 灭火系统是改正性控制。

137. **A. 控制自我评估方法强调在制定和监控组织业务流程控制方面的管理和责任。CSA 的属性包括获得授权的员工、持续改进、广泛的员工参与和培训,所有这些都是广泛的利益相关方参与度的具体表现。**
  B. 信息系统审计师是传统审计方式中主要的控制分析师。CSA 涉及许多利益相关方,而不仅仅是审计师。
  C. 有限的员工参与度是传统审计方法的特性。
  D. 政策驱动是传统审计方法的特性。

138. A. 指责代理 CEO 对当前情况没有积极作用,而通常这也并不是信息系统审计师的建议范畴。
  B. 设立小组对已过期两年的灾难恢复计划进行审查可得到更新的 DRP,但这似乎不会在短期内完成;在未确保现有 DRP 切实可行的情况下便对其进行发布很不明智。
  C. 当前的 DRP 可能无效或不可接受,建议批准此 DRP 是不可取的。在短时间内制订出 DRP 的最佳方法是安排一个有经验的经理负责在指定的时间期限内对其他经理的知识进行整合,生成正式的文件。
  D. 主要关心的事是制订一个能够反映当前处理量及切实可行的 DRP,以保护组织免受任何破坏性事故的影响。

139. **A. 信息系统审计师应该让管理层了解到灾难恢复计划中遗漏了部分系统。信息系统审计师应该继续审计工作,同时还应评估 DRP 不涵盖所有系统的影响。**
  B. 取消审计不合适。
  C. 忽略有些系统没有被涵盖的事实违反了报告所有实质性发现的审计标准,是不合适的。
  D. 推迟审计不合适。审计应根据最初的范围进行,并向管理层指出有些系统没有被涵盖的风险。

140. **A. 通用审计软件是一种数据分析工具,可用于过滤大量数据。**
  B. 集成测试设施测试数据的处理情况,无法用于监控实时交易。
  C. 回归测试用于测试新版软件,以保证之前的变更和功能不会被新的变更意外覆写或禁用。
  D. 仅通过快照搜集信息是不够的。GAS 将协助分析数据。

141. A. 异常报告只关注错误或问题,不会保证控制仍然在起作用。
  B. 管理层监督虽然重要,但与控制自我评估相比,可能不是一个连续或定义明确的过程。
  C. 控制自我评估指通过正式的书面协作流程对业务目标和内部控制进行审查。它涉及测试自动应用控制的设计。
  D. 同级审查没有审计专家和管理层的直接参与。

142. **A. 控制自我评估方案的主要目标是通过将部分控制监控责任转移到职能领域生产管理层身上,以充分利用内部审计职能。CSA 方案能否成功主要取决于直线经理承担控制责任的程度。这让直线经理能够及时发现和响应控制错误。**
  B. CSA 要求经理参与对控制的监控。
  C. 执行严格的控制无法保证控制正确地进行。
  D. 更好的监督是一种补偿性和检测性控制,可帮助确保控制的有效性,但与正式流程如 CSA 一起使用更好。

143. A. 交易日志记录属于检测性控制,可提供审计轨迹。
  B. 前后图像报告可用于跟踪各交易对计算机记录的影响。这也属于检测性控制。
  C. 表格查找是指根据预定义的表检查输入数据,属于预防性控制,可以预防输入尚未定义的数据。
  D. 跟踪和标记虽然可用于测试应用程序系统和控制,但其本身不属于预防性控制。

144. **A. 在处理大量交易的应用程序中嵌入持续审计模块能够在交易过程中及时搜集审计证据,这**

是主要目的。持续性审计方法允许信息系统审计师通过计算机持续监控系统的可靠性，并搜集选择性的审计证据。

B. 嵌入式审计模块能够确保及时得到必要的证据，从而提高内部审计的效率。它也许不能降低定期进行内部审计的要求，但将提高它们的效率。另外，问题涉及新应用程序系统的开发流程，而不是其后的内部审计。

C. 审计模块搜集可能有助识别欺诈性交易的交易数据，但并不识别欺诈性交易。

D. 尽管提高效率也许能够增强嵌入式审计模块的优势，但这并非主要目的。

145. **A. 持续监控本质上是探测性的，因此不一定要协助信息系统审计师监控预防性控制。该方法将探测和监控已经出现的错误。此外，持续监控将减少对审计资源的使用并及时报告错误和矛盾，从而有利于内部审计职能。**

B. 系统完整性通常与输入控制和质量保证审查之类的预防性控制有关。这些控制通常不能给实施持续监控的内部审计职能带来好处。持续监控之所以有利于内部审计职能，是因为它能减少对审计资源的使用。

C. 持续审计会检测出错误，但不能纠正错误。纠正错误是组织的管理层而不是内部审计职能部门的职能。持续监控之所以有利于内部审计职能，是因为它能够减少对审计资源的使用，让审计职能变得更加有效。

D. 持续审计技术通过持续搜集证据帮助审计职能减少对审计资源的使用。这种方法有助于信息系统审计师及时识别欺诈行为，并允许审计师集中关注相关数据。

146. **A. 查看重设员工安全进出服务器机房权限的流程以及随后这一事件的日志记录可以为物理安全控制的充分性提供最佳证据。**

B. 尽管审查程序手册有助于全面了解流程，但并不能作为控制执行有效性的证据。

C. 尽管约谈管理层有助于全面了解流程，但并不能作为控制执行有效性的证据。

D. 尽管约谈安全人员有助于全面了解流程，但并不能作为控制执行有效性的证据。

147. A. 范围检查只能确保数据落在预定范围内，但无法检测转录错误。

B. 有效性检查通常依照预定标准对数据有效性进行程序化检查。

C. 重复检查分析用于测试已定义或选定的主键中是否存在重复的主键值。

D. 校验数字位是一个经过算术计算的数值，可将其添加到数据，以确保原始数据不被更改或虽有效匹配但发生了错误。校验数字位控制在检测转位和转录错误时非常有效。

148. **A. 由于信息系统审计任务需要在有限的时间和人力资源下完成，因此审计的日程计划安排和优先级由信息系统审计管理层决定。**

B. 审计风险是所有审计所固有的，并且日程计划安排与审计风险的影响无关。

C. 制订审计师培训计划很重要，但这不是信息系统审计计划的主要目的。

D. 最大限度降低审计成本可能是年度信息系统审计计划的目标之一。但是，这将是确保有效使用审计资源的结果。

149. A. 首席财务官不批准审计章程，但可能负责分配资金以支持审计章程。CFO也可能是审计委员会或审计指导委员会的成员，但不会独自批准章程。

B. CEO不负责批准审计章程。CEO可能会收到通知，但他们独立于审计委员会。

C. 指导委员会很可能由高级管理层的各个成员组成，其目的是在审计章程的框架下工作，但不批准章程本身。

D. 审计委员会的主要职能之一是创建和批准审计章程。

150. A. 影响较大不一定表示高风险。风险还应考虑概率。

B. 尽管基于风险的审计方法确实涉及资源分配，但这不是基于风险的审计方法的主要职能。

C. 根据风险水平评定对重大风险进行审计，从而使审计团队能够首先关注高风险领域。

D. 管理问题可能与高风险领域并不一致。

151. **A. 与审计师的经理讨论分歧是最好的行动方案，因为其他行为可能会削弱受审方与审计师的**

关系。
- B. 这可能会不必要地耗费人力和时间资源。审计经理应确定是否需要对控制进行重新测试。
- C. 提高风险不会解决分歧。
- D. 通常，最好在将问题上报给受审方经理之前咨询审计经理。这可能成为一种对抗行动。

152. A. 数据所有者通常不会创建备份，而是定义数据备份的要求。
- **B. 数据所有者主要负责保护其拥有的数据。**
- C. 数据所有者通常不会监控数据通信，而是为保管员或其他责任人员定义数据监控要求。
- D. 数据所有者通常不会执行风险评估，而是定义风险管理要求。

153. **A. 在可用资源有限的情况下，审计师可在高风险审计领域使用熟练人员的服务，以确保对高风险领域的控制进行尽可能多的测试。**
- B. 审计师可以将问题上报给审计管理层，然而，在资源不可用的情况下，最好首先关注高风险领域。
- C. 拒绝开展审计可能不是合理的解决方案，并且会导致高风险领域的控制失效或弱点仍无法被发现。
- D. 帮助审计团队增加知识和技能是有益的；然而，此选项对于受审方管理层而言可能不合理。

154. A. 与一些员工的面谈将帮助信息系统审计师更好地了解流程并捕获控制自我评估中遗漏的项目。然而，这并不是最好的信息来源。
- B. 审计计划是在了解审计范围内的业务风险后制订的。因此，它无助于确定高风险流程。
- C. 以往的审计报告可以是另一个信息来源。然而，自上次审计以来，企业可能发生了变化。因此，最近完成的控制自我评估将是信息系统审计师审查的最佳信息来源。
- **D. CSA 由相关部门的员工和管理层执行。信息系统审计师可使用此评估来确定风险较高的流程，然后将其链接到正在使用的应用程序。**

155. **A. 尽管所有选项对于基于风险的审计规划都是有用的，但内部控制和程序的描述是最重要的信息，以根据要减轻的风险规划控制测试。风

险越高，所需的测试就越详细。这将有助于确定审计领域的优先级。**
- B. 以往审计报告中的重复发现可能代表着更高的风险；然而，这些信息更有助于报告，而非规划。
- C. 安全政策和程序有助于确定在安全审计规划期间要测试的安全控制，但可能无法直接支持基于风险的审计规划。
- D. 基于风险的审计规划需要资源的可用性和审计项目时间表。这些信息有助于为优先审计领域配备熟练人员，但这不是所需的最重要信息。

156. A. 了解内部控制是在搜集信息之后进行的。
- B. 合规性和实质性测试在审计期间进行。
- **C. 规划审计的第一步是搜集信息以了解业务和行业（例如，上一年的审计、最近的财务信息、固有风险评估）。**
- D. 合规性和实质性测试在审计期间进行。

157. A. 排除漏洞评估将缩小范围，并妨碍审计目标的实现，因此这不是一个可行的选项。
- **B. 如果从业者不具备执行审计业务所需的全部或部分能力，则应在获得签署审计章程的负责人同意的情况下寻求独立专家的帮助。**
- C. 拒绝执行审计或要求将其分派给另一位审计师也是一种选项，但其效果不如聘请独立专家。
- D. 在缺乏所需技能和能力的情况下执行漏洞评估是违反职业道德的行为。

158. A. 云服务提供商需要客户端的身份认证。
- B. 在验证前，云备份不能被视为逐字副本。
- C. 应同时比较本地和远程日志。
- **D. 在审计业务过程中，应根据需要对审计业务项目计划作出更新和变更（经过 IT 审计和鉴证管理层的适当批准）。**

159. A. 控制可能有详尽的记录，但这并不能意味着它将落实到位。
- **B. 对异常交易的过账和批准进行日志分析可能会导致控制缺失或无效，这可能需要进一步进行实质性抽样。**
- C. 系统要求规格记录了功能性和非功能性要求，

但也需要验证。

D. 数据流图不如日志分析有效，因为它们不一定能确定和评估所有控制问题。

160. **A. 将数据分析纳入审计流程支持审计人员高效且有效地分析大量数据。使用数据分析的主要好处之一是能够识别数据的模式和趋势，这可以为风险评估提供宝贵的见解。通过分析数据，审计师可以检测异常，评估控制的有效性，并确定潜在的风险或不合规领域。将数据分析纳入审计流程可带来诸多好处，但关键好处之一是增强决策能力。**

B. 虽然数据分析可以增强审计流程，但并不能消除审计测试和抽样的需要。

C. 数据分析不会直接缩小审计范围，而是帮助审计师将精力集中在风险较高、意义重大的领域。

D. 虽然数据分析可以增强审计流程，但它并不能用自动化工具取代审计师。使用数据分析工具可能要求审计师进行一些学习；然而，从长远来看，它可能会减少工作量。

161. A. 在报告前，信息系统审计师应与受审方协商并制订针对零日漏洞的修复计划。

B. 在对网络和系统进行任何更改前，需要确定根本原因，并通知受审方的管理层。

C. 在对系统进行任何更改前，需要确定根本原因，并通知受审方的管理层。

D. 信息系统审计师应与受审方管理层讨论发现，以达成一致并商定整改措施。

162. A. 审计师应该充当协助者，而不是审计参与者。

B. 控制自我评估不应被视为额外活动，也不应与金钱利益挂钩以获取激励。

C. 仅依赖 CSA 可能会被误认为是取代了审计职能；因此，必须制定内部控制，而信息系统审计师必须寻找内部控制。

D. CSA 不能取代审计职能。

163. A. IT 审计可以独立进行；然而，描述业务影响将有助于审计经理编制有意义且全面的审计报告。

B. 与仅仅关注所实施技术的复杂性相比，根据业务风险确定控制测试的优先级是更好的方法。

C. 综合审计的目标之一是为受审方提供附加值，并提高审计流程的整体质量。描述由于 IT 相关控制弱点而造成的业务影响，最有助于受审方管理层将 IT 部署与业务联系起来。

D. 与审计经理讨论发现可能是适当的做法；然而，除非用商业术语描述了影响，否则它可能无效。

164. A. 尽管确保审计发现得到及时处理和解决是质量保证的一个重要方面，但并不是其主要目标。

B. 审计流程的 QA 和改进方案旨在评估审计流程的有效性和效率，并确定有待改进之处。这可以通过各种活动来实现，例如执行内部审查和评估、参照行业标准进行基准测试，以及征求利益相关方的反馈。审计流程的 QA 和改进方案的主要目标是确保审计活动一致、准确且高效地进行。这涉及确认审计流程符合专业标准、监管要求以及企业的政策和目标。

C. 确保审计师接受充分的培训并具备资质很重要，但不是质量保证和改进方案的主要目标。

D. 制定标准程序很重要，但不是质量保证和改进方案的主要目标。

165. A. 使用系统性的方法是制定质量保证方案的因素之一，但最重要的因素是企业高级管理层的承诺。

B. 识别目标是制订质量保证计划的因素之一，但最重要的因素是企业高级管理层的承诺。

C. 持续改进是制订质量保证计划的一个重要因素，但最重要的因素是企业高级管理层的承诺。

D. 任何质量保证计划的成功都取决于高级管理层的承诺。如果没有高级管理层的支持，方案就不太可能成功。高级管理层必须提供方案成功所需的资源，并创造支持持续改进的文化。保证新审计质量保证计划成功的最关键因素是高级管理层的承诺和支持。

领域 2

IT 治理与管理（18%）

1. 组织要求员工每年进行强制性休假主要是想要确保：

   A. 在各职能部门之间进行充分的交叉培训
   B. 通过提高士气，建立有效的内部控制环境
   C. 通过临时替换发现潜在的处理违规
   D. 降低发生处理失误的风险

2. 某信息系统审计师在审核 IT 政策时发现，一些政策并未经过管理层的批准（政策要求须经审批），但员工却严格遵守这些政策。信息系统审计师**首先**应该做什么？

   A. 忽视管理层未批准这一事实，因为员工遵守了这些政策
   B. 建议将这些政策立即提交管理层审批
   C. 强调管理层批准的重要性
   D. 提交报告，指出缺少批准文件

3. 在审查 IT 项目与项目管理的优先次序和协调事宜时，对信息系统审计师而言，**主要**考虑因素是什么？

   A. 项目与组织战略相一致
   B. 识别的项目风险得到监控和缓解
   C. 与项目规划和预算编制相关的控制是适当的
   D. 准确报告 IT 项目指标

4. 在审查组织的人力资源政策和程序时，信息系统审计师应对以下哪项的缺失给予**最大**关注？

   A. 要求定期岗位轮换
   B. 正式的离职面谈流程
   C. 离职检查清单
   D. 要求新员工签订保密协议

5. 评估 IT 治理实施的有效性时，以下哪一个因素**最**关键？

   A. 确保定义了鉴证目标
   B. 确定利益相关方的要求和参与
   C. 确定相关风险及相关机会
   D. 确定相关驱动因素及其适用性

6. 以下哪个选项是实施政策对 IT 员工兼职就业设置条件的**最佳**原因？

   A. 预防滥用公司资源
   B. 预防利益冲突
   C. 预防员工绩效问题
   D. 预防 IT 资产遭到窃取

7. 一位信息系统审计师被指派审查某组织的信息安全政策。以下哪个问题表现出的潜在风险**最高**？

   A. 政策已超过一年未更新
   B. 政策不含任何修改记录
   C. 政策由安全管理员批准
   D. 组织未设立信息安全政策委员会

8. 信息系统审计师应运用应有的职业谨慎，其**主要**原因是什么？

   A. 合理保证信息系统控制设计良好且有效
   B. 消除与信息系统审计相关的固有、控制和检测风险
   C. 检测并报告信息系统中的错误、错报或欺诈交易
   D. 确保信息系统审计期间搜集的证据适当且充分

9. 在审计组织内现有的 IT 治理框架和 IT 风险管理实践时，信息系统审计师发现一些与 IT 管理和治理角色相关的职责未定义。以下哪项建议**最**适用？

   A. 审查 IT 与企业的战略一致性
   B. 在企业内实行问责制
   C. 确保定期执行独立的信息系统审计
   D. 在企业中创建首席风险官角色

10. 某信息系统审计师正在审查组织的软件质量管理流程。**第一**个步骤应当：

    A. 核查组织对标准的遵守情况
    B. 确定并报告现有控制
    C. 审查质量评估指标
    D. 要求获得组织采用的所有标准

11. 某信息系统审计师发现，组织最近采用的企业架构具有充分的当前状态描述。但该组织又启动了一个独立的项目来确立未来状态的描述。信息系统审计师应该：

    A. 建议尽快完成此独立项目
    B. 将此问题作为审计发现写入审计报告
    C. 建议采用 Zachmann 框架
    D. 调整审计范围以将该独立项目包括在当前审计中

12. 一位信息系统审计师正在审查管理层对信息系统进行的风险评估。该信息系统审计师应该**首先**审查：

    A. 现有控制
    B. 控制的有效性
    C. 风险监控机制
    D. 影响资产的威胁/漏洞

13. 企业架构举措的**主要**好处是：

    A. 使企业的投资能够用于最合适的技术
    B. 确保在关键平台上实施安全控制
    C. 允许开发团队更快地响应业务要求
    D. 赋予业务部门更大的自主权，以选择符合其需求的 IT 解决方案

14. 软件第三方保存协议会涉及处理以下哪种情况？

    A. 系统管理员要求访问软件以执行灾难恢复
    B. 用户请求将软件重新加载到替换硬盘
    C. 定制软件供应商倒闭
    D. 信息系统审计师要求访问组织编写的软件代码

15. 信息系统审计师审查组织架构图的**主要**目的是：

    A. 理解组织结构的复杂性
    B. 调查各个沟通渠道
    C. 了解个人的职责和权限
    D. 调查连接员工的网络

16. 在下列哪一种风险管理方法中，分担风险是一个重要因素？

    A. 转移风险
    B. 容忍风险
    C. 终止风险
    D. 处理风险

17. 一个团队在执行风险分析时，难以推断某种风险可能造成的经济损失。要评估潜在的影响，该团队应当：

    A. 计算相关资产的摊销
    B. 计算投资回报率
    C. 采用定性方法
    D. 花费相应的时间来确定准确的损失金额

18. 在审查质量管理系统时，信息系统审计师应当**主要**注重搜集证据，以表明：

    A. 质量管理系统遵循良好实践
    B. 正在监控持续改进目标
    C. 每年更新标准操作程序
    D. 定义了关键绩效指标

19. 某信息系统审计师发现，实施了未经指导委员会批准的多个基于 IT 的项目。该信息系统审计师**最需要**关注什么？

    A. IT 部门的项目资金不足
    B. IT 项目不遵循系统开发生命周期流程
    C. IT 项目未必一直得到正式的批准
    D. IT 部门未朝着共同的目标而努力

20. 可通过以下哪一项**最**有效地实现从 IT 向业务的价值传递？

    A. 使 IT 战略与企业战略协调一致
    B. 在企业中落实问责制
    C. 提供积极的投资回报率
    D. 确立企业风险管理流程

21. 在针对外包IT处理的可行性分析过程中，下列哪一项对信息系统审计师审查供应商的业务持续计划很重要：

    A. 评估供应商可在突发情况下提供的服务级别是否充分
    B. 评估服务单位的财务稳定性及其履行合同的能力
    C. 审查供应商员工的经验
    D. 测试业务持续计划

22. 某信息系统审计师正在评估某组织新制定的一项IT政策。该信息系统审计师认为以下哪一项因素在政策实施后对促进合规性**最**重要？

    A. 促成合规性的现有IT机制
    B. 政策与业务战略相一致
    C. 当前和将来的技术措施
    D. 政策中定义的监管合规性目标

23. 如果高级管理层未针对IT战略规划承担相关义务，**最**有可能产生的影响是：

    A. 缺少技术投资
    B. 缺少系统开发方法
    C. 技术与组织目标不一致
    D. 缺少技术合同控制

24. 以下哪个选项是IT指导委员会的职能？

    A. 监控由供应商控制的变更控制和测试
    B. 确保信息处理环境中的职责分离
    C. 批准和监控IT计划状态及预算
    D. 在IT部门与最终用户之间协调沟通

25. 信息系统审计师正在审查某组织的治理模型。以下哪一项应该是审计师的**最**大顾虑？

    A. 高级管理层未对信息安全政策进行定期审查
    B. 未制定旨在确保系统及时安装补丁的政策
    C. 审计委员会未审查组织的使命宣言
    D. 未制定与信息资产保护相关的组织政策

26. 高级管理层的参与对制定以下哪一项**最**重要？

    A. 战略计划
    B. IT政策
    C. IT程序
    D. 标准和准则

27. 有效的IT治理将确保IT计划与组织的哪项计划保持一致？

    A. 业务计划
    B. 审计计划
    C. 安全计划
    D. 投资计划

28. 确定可接受风险的等级是谁的责任？

    A. 质量保证管理层
    B. 高级业务管理层
    C. 首席信息官
    D. 首席安全专员

29. IT治理主要是谁的责任？

    A. CEO
    B. 董事会
    C. IT指导委员会的任务
    D. 审计委员会

30. 从控制角度来看，工作说明的关键要素是：

    A. 提供如何实施工作和定义权限的说明
    B. 即时更新，记录在案，并可随时提供给员工
    C. 传达管理层的具体工作绩效期望
    D. 确定员工行为的责任和义务

31. 以下哪个选项**最**能保证新员工的诚信？

    A. 背景筛查
    B. 参考资料
    C. 绑定
    D. 简历上列出的各种资格

32. 当员工离职时，**最**重要的工作是：

    A. 将员工的所有文件移交给另一位指定员工
    B. 完成对员工工作的备份
    C. 将此解约通知给其他员工
    D. 禁用该员工的逻辑访问

33. 某业务部门已选用新的会计应用，但并未在选择流程中提前咨询 IT 部门。主要风险是：

    A. 该应用的安全控制可能不符合要求
    B. 该应用可能不符合业务用户的需求
    C. 该应用的技术可能与企业架构不一致
    D. 该应用可能给 IT 部门带来不可预见的支持问题

34. 许多组织都强制要求员工休假（度假）一周或更久，其目的在于：

    A. 确保员工保持良好的生活质量，从而提高生产效率
    B. 减少员工发生不当操作或非法操作的机会
    C. 为另一名员工提供合适的交叉培训
    D. 消除因某位员工一次休一天假而可能引起的中断

35. 局域网管理员通常不应承担以下哪项责任？

    A. 负有最终用户责任
    B. 向最终用户经理报告工作
    C. 承担编程责任
    D. 负责 LAN 安全管理

36. 决策支持系统用于帮助高级管理层：

    A. 解决高度结构化问题
    B. 合并决策模型与预定标准的使用
    C. 根据数据分析和互动模型做出决策
    D. 仅支持结构化决策任务

37. 在审计过程中，信息系统审计师发现，HR 部门用云应用程序来管理其员工记录。HR 部门越过正常的供应商管理流程参与一份合同，并自行管理应用程序。以下哪一项**最**值得关注？

    A. 未在合同中定义最长的可接受停机时间指标
    B. IT 部门不管理与云供应商之间的关系
    C. 服务台呼叫中心驻在不同的国家，需遵守不同的隐私要求
    D. 组织定义的安全政策不适用于云应用程序

38. 在实施 IT 平衡计分卡之前，组织必须：

    A. 提供有效且高效的服务
    B. 定义关键绩效指标
    C. 为 IT 项目提供商业价值
    D. 控制 IT 费用

39. 为支持组织的目标，IT 部门应具有：

    A. 低成本理念
    B. 长期和短期计划
    C. 领先的技术
    D. 采购新硬件和软件的计划

40. 在审查 IT 短期（战术）计划时，信息系统审计师应确定：

    A. IT 和业务人员是否参与项目
    B. 是否明确定义 IT 使命和愿景
    C. 是否采用战略信息技术规划计分卡
    D. 该计划是否使业务目标与 IT 目的和目标相关联

41. 信息系统审计师会认为以下哪项工作与 IT 部门短期规划的关联性**最**大？

    A. 分配资源
    B. 适应不断变化的技术
    C. 进行控制自我评估
    D. 评估硬件需求

42. 组织的战略计划预期会有以下哪项目标？

    A. 新软件测试的结果
    B. 对信息技术需求执行评估
    C. 新规划系统的短期项目计划
    D. 组织所提供产品的获批供应商

43. 当评估组织的 IT 战略时，信息系统审计师会认为以下哪一选项**最**重要？该战略：

    A. 已得到直线管理层的批准
    B. 与 IT 部门的初步预算相同
    C. 符合采购程序
    D. 支持组织的业务目标

44. 某组织已与供应商就一套用于电子收费系统的即用型解决方案签订合同。供应商在解决方案中提供了其拥有的专有应用软件。该合同应要求：

    A. 存在能使用最新数据运行 ETCS 操作的备用服务器
    B. 存在装载着所有相关软件和数据的备用服务器
    C. 组织的系统员工接受培训以处理各类事件
    D. ETCS 应用程序的源代码交由第三方保管

45. 审查 IT 战略时，信息系统审计师可通过确定 IT 是否具备以下哪项特征，**最**好地评估该战略是否支持组织的业务目标？

    A. 具有所需的所有员工和设备
    B. 计划与管理战略一致
    C. 能够有效且高效地使用其员工和设备
    D. 完全有能力应对不断变化的走向

46. 某大型组织的信息系统审计师正在审查 IT 部门中的角色和职责情况，并发现有若干个人担任多重角色。以下哪种角色组合应**最**令信息系统审计师关注？

    A. 网络管理员负责质量保证工作
    B. 系统管理员是应用程序开发人员
    C. 终端用户担任关键应用程序的安全管理员
    D. 系统分析师担任数据库管理员

47. 以下哪项是针对数据和系统所有权的政策定义不充分所带来的**最大风险**？

    A. 不存在用户管理协调
    B. 无法确定明确的用户责任
    C. 未经授权的用户可能获得修改数据的权限
    D. 审计建议可能不会实施

48. 信息系统审计部门正规划尽量减少短期员工的风险。有助于实现这一目标的活动包括记录程序、知识共享、交叉培训，以及：

    A. 接班计划
    B. 员工岗位评估
    C. 责任定义
    D. 员工奖励方案

49. 信息系统审计目标**主要**关注：

    A. 确保遵守商业法律和监管要求
    B. 确保信息系统控制能够将业务风险降至可接受水平并按预期运营
    C. 审查信息系统一般控制的目标，以及这些控制是否有效运作
    D. 确定组织的信息系统资产是否存在潜在风险，并找到将风险降至最低的方法

50. 如果信息系统审计师发现并不是所有员工都了解公司的信息安全政策。信息系统审计师可断定：

    A. 缺乏该知识会导致员工无意中泄露敏感信息
    B. 信息安全不是对所有职能都很重要
    C. 信息系统审计应对员工进行安全培训
    D. 审计发现将导致管理层对员工进行持续培训

51. 以下哪项负责批准信息安全政策？

    A. IT 部门
    B. 安全委员会
    C. 安全管理员
    D. 董事会

52. 在审查组织的 IT 治理流程时，信息系统审计师发现公司最近实施了 IT 平衡计分卡。实施已完成，但信息系统审计师注意到无法对绩效指标进行客观衡量。这种情况的主要风险是什么？

    A. 关键绩效指标未报告给管理层，因此管理层无法确定 BSC 的有效性
    B. IT 项目可能受到成本超支的影响
    C. 可能是将误导性 IT 绩效指标提供给管理层
    D. IT 服务等级协议可能不准确

53. 下面哪项应包含在组织的信息安全政策中？

    A. 需要保护的关键 IT 资源的清单
    B. 访问控制授权的基础
    C. 敏感安全资产的标识
    D. 相关软件安全功能

54. 以下哪一项是创建防火墙政策的第一步？

    A. 根据成本效益分析保护应用程序的方法
    B. 确定可被外部访问的网络应用程序
    C. 确定与外部访问网络应用程序相关的漏洞
    D. 创建应用程序流量矩阵说明保护方法

55. 以下哪个选项是决策支持系统过程中的实施风险？

    A. 管理控制
    B. 半结构化维度
    C. 无法指定目标和使用模式
    D. 决策过程中的变化

56. 以下哪项对成功实施和维护安全政策**最**重要？

    A. 由所有相关方同化书面安全政策的框架和目的
    B. 管理层支持并批准安全政策的实施和维护
    C. 通过对任何违反安全规则的行为实施处罚以强化安全规则
    D. 通过访问控制软件严格执行、监控和实施安全专员制定的规则

57. 全面有效的电子邮件政策可解决的问题应该包括电子邮件结构、政策实施、监控和：

    A. 恢复
    B. 保留性
    C. 重建
    D. 重复使用

58. 某组织正考虑作出大笔投资进行技术升级。以下哪一项是需要考虑的**最**重要因素？

    A. 成本分析
    B. 当前技术的安全风险
    C. 与现有系统的兼容性
    D. 风险分析

59. 要求指导委员会监督 IT 投资的主要好处是以下哪一项？

    A. 进行可行性分析，以证明 IT 的价值
    B. 确保根据业务需求进行投资
    C. 确保强制落实适当的安全控制
    D. 确保实施标准的开发方法

60. 信息系统控制目标对于信息系统审计师来说非常有用，因为它们为审计师了解以下哪个方面奠定了基础？

    A. 实施特定控制程序的预期结果或目的
    B. 与特定实体相关的最佳信息系统安全控制实务
    C. 保证信息安全的技术
    D. 安全政策

61. 在确立信息安全方案时，第一步是：

    A. 制定和实施信息安全标准手册
    B. 由信息系统审计师执行全面的安全控制审查
    C. 采用企业信息安全政策声明
    D. 购买安全访问控制软件

62. 如果已将服务外包，下列哪一项是 IT 管理层要执行的**最**重要的职能？

    A. 确保为提供商开具发票
    B. 与提供商一同参与系统设计
    C. 重新商谈提供商的酬金
    D. 监督外包提供商的表现

63. 某组织购买了一款第三方应用程序并对其进行了重大的修改。在审计这一面向客户的关键应用程序的开发流程时，信息系统审计师注意到供应商开展业务的时间才只有一年。以下哪项有助于缓解持续支持应用程序有关的风险？

    A. 对供应商进行生存能力研究
    B. 软件托管协议
    C. 对供应商进行财务评估
    D. 签署未来增强方面的合同协议

64. 信息系统审计师在审查 IT 设施的外包合约时，希望其中规定了：

    A. 硬件配置
    B. 访问控制软件
    C. 知识产权的所有权
    D. 应用程序开发方法

65. 对服务提供商进行审计时，信息系统审计师发现，该服务提供商已将部分工作外包给了其他提供商。由于此工作涉及机密信息，因此，信息系统审计师应当**首先**考虑：

    A. 保护信息安全的要求可能会受到影响
    B. 合同有可能被终止，因为事先未获得外包商许可
    C. 提供部分外包工作的其他服务提供商不需要接受审计
    D. 外包商将直接与其他服务提供商进行接触，以便进一步开展工作

66. 开放式系统架构的优点是其：

    A. 促进不同系统内的互操作性
    B. 便于集成专有组件
    C. 将成为设备供应商提供批量折扣的基础
    D. 考虑了设备将要实现更大的规模经济

67. 以下哪种电子邮件政策**最**有可能降低与搜集电子证据相关的风险？

    A. 破坏政策
    B. 安全政策
    C. 存档政策
    D. 审计政策

68. 风险管理流程所产生的结果可以作为制定以下哪一项的依据？

    A. 业务计划
    B. 审计章程
    C. 安全政策决策
    D. 软件设计决策

69. 一名信息系统审计师受聘请对电子商务的安全性进行审查。信息系统审计师首先执行的任务是检查现有的每个电子商务应用程序，从而确定是否存在漏洞。信息系统审计师的下一个任务是什么？

    A. 立即向首席信息官和首席执行官报告风险
    B. 检查正在开发的电子商务应用程序
    C. 确定威胁和发生概率
    D. 检查可用于风险管理的预算

70. 审查 IT 组织的信息系统审计师**最**关注的是 IT 指导委员会是否：

    A. 负责项目批准以及优先级的确定
    B. 负责开发长期的 IT 计划
    C. 将 IT 项目状况向董事会报告
    D. 负责确定业务目标

71. 某信息系统审计师应要求审查针对某数据中心服务候选供应商的合同。确定签署合同后是否遵守合同条款的**最佳**途径是什么？

    A. 要求供应商提供月度状况报告
    B. 与客户IT经理定期召开会议
    C. 对供应商进行定期审计检查
    D. 要求在合同中说明性能参数

72. 以下哪一项对战略性IT举措的决策过程**最**有价值？

    A. 项目管理流程的成熟度
    B. 监管环境
    C. 以往审计发现
    D. IT项目组合分析

73. 信息系统审计师应审查访问控制政策，以便：

    A. 预防未经授权的组织数据泄露
    B. 确保实现职责分离的组织目标
    C. 将事故的影响降到最低
    D. 确保灾难发生后的业务连续性

74. 以下哪一项是IT绩效衡量流程的**主要**目标？

    A. 将错误量减至最少
    B. 搜集绩效数据
    C. 建立性能基准
    D. 优化绩效

75. 作为信息安全治理的成果，战略一致性可提供：

    A. 由企业需求驱动的安全性要求
    B. 遵循良好实践的基线安全性
    C. 制度化和商品化的解决方案
    D. 对风险暴露的了解

76. 审查信息安全政策时，以下哪个选项令信息系统审计师**最**为关注？该政策：

    A. 由IT部门的目标驱动
    B. 已经公布，但没有要求用户阅读
    C. 没有包含信息安全程序
    D. 政策已经一年多未更新

77. 以下哪一项IT治理良好实践会提高战略一致性？

    A. 对供应商与合作伙伴带来的风险进行管理
    B. 建立关于客户、产品、市场和流程的知识库
    C. 提供有利于创建和分享业务信息的结构
    D. 由高级管理层对业务要求与技术要求进行协调

78. 要实现有效的IT治理，组织的结构和流程应确保：

    A. 风险维持在IT管理可接受的水平
    B. 业务战略源自IT战略
    C. IT治理与总体治理分离，且有所不同
    D. IT战略是对组织的战略和目标的扩展

79. 评估信息技术风险时，**最好**通过以下哪项来完成？

    A. 评估现有IT资产和IT项目相关的威胁和漏洞
    B. 利用组织以前积累的实际损失经验来确定目前的风险暴露
    C. 审查类似组织发布的损失统计数据
    D. 审查审计报告中确定的IT控制弱点

80. 如果IT支持人员和最终用户之间存在职责分离问题，则以下哪一项适合作为补偿性控制？

    A. 限制对计算设备进行物理访问
    B. 对交易和应用程序日志进行审查
    C. 在聘用IT员工之前执行背景调查
    D. 在特定的一段时间无活动后，将用户会话锁定

81. 采用自上而下的方法来制定运营政策有助于确保：

    A. 这些政策在整个组织内保持一致
    B. 将这些政策作为风险评估的一部分来实施
    C. 所有政策都得到遵守
    D. 定期对这些政策进行审查

82. 信息系统审计师在审查采用交叉培训实务的组织时，应评估以下哪种风险？

   A. 依赖单个人
   B. 接班计划不充分
   C. 一个人了解系统的所有部分
   D. 运营中断

83. 信息系统审计师在审查外部IT服务提供商的管理时，应**主要**关注以下哪项？

   A. 将所提供服务的成本降至最低
   B. 禁止提供商转包服务
   C. 评估向IT部门转移知识的流程
   D. 确定是否按合同提供服务

84. 以下哪一项**最**有可能表明，客户数据仓库应设置在内部而不是外包给海外公司？

   A. 时区差异可能会妨碍IT团队间的交流
   B. 第一年的电信成本可能要高得多
   C. 隐私法律可能禁止信息跨境传输
   D. 软件开发可能需要更详细的规范

85. 审查组织批准的软件产品列表时，以下哪一个是所要验证的**最**重要事项？

   A. 对与产品使用相关的风险进行定期评估
   B. 为每个产品列出最新的软件版本
   C. 由于许可问题，列表不包含开源软件
   D. 提供非工作时间支持

86. 在审查信息安全政策的制定时，信息系统审计师的**主要**关注点是保证这些政策：

   A. 与全球接受的行业良好实践一致
   B. 经过董事会和高级管理层的批准
   C. 在业务与安全要求之间取得平衡
   D. 为实施安全程序提供指引

87. 在确定信息资产的适当保护等级时，信息系统审计师应当**主要**关注以下哪一个因素？

   A. 风险评估的结果
   B. 业务的相对价值
   C. 漏洞评估的结果
   D. 安全控制的成本

88. 从IT治理的角度来说，董事会的主要职责是什么？确保IT战略：

   A. 具有成本效益
   B. 具有前瞻性和创新思维
   C. 与业务战略相一致
   D. 分配有适当的优先级

89. 以下哪项对于成功实施IT治理**最**为重要？

   A. 实施IT计分卡
   B. 确定组织策略
   C. 执行风险评估
   D. 制定正式的安全政策

90. 为了帮助管理层实现IT与业务保持一致性的目标，信息系统审计师应当建议使用：

   A. 控制自我评估
   B. 业务影响分析
   C. IT平衡计分卡
   D. 业务流程再造

91. 为确定供应商满足关于某关键IT安全服务的服务等级协议要求的能力，信息系统审计师**最好**参考以下哪一项？

   A. 主合同合规性
   B. 商定的关键绩效指标
   C. 业务连续性测试的结果
   D. 独立审计报告的结果

92. 为了应对操作人员不执行日常备份所带来的风险，管理层要求系统管理员签字认可日常备份。这种风险属于：

    A. 回避
    B. 转移
    C. 缓解
    D. 接受

93. 密码选择不当以及通过未受保护的通信线路进行未加密的数据传送属于一种：

    A. 漏洞
    B. 威胁
    C. 概率
    D. 影响

94. 某信息系统审计师被指派对最近外包给各个提供商的IT结构和活动进行审查。该信息系统审计师**首先**应确定以下哪个选项？

    A. 所有合同中均包含审计条款
    B. 每份合同的服务等级协议均通过相应的关键绩效指标进行了证实
    C. 提供商的合同担保支持组织的业务需求
    D. 在合同终止时，每位外包商均保证为新外包任务提供支持

95. 要了解组织在IT资产投资方面的规划和管理是否有效，信息系统审计师应当审查：

    A. 企业数据模型
    B. IT平衡计分卡
    C. IT组织结构
    D. 历史财务报告

96. 关于IT服务外包，以下哪种情况应**最**令信息系统审计师担忧？

    A. 为组织提供差异化优势的核心活动被外包了
    B. 外包合同中没有明确指出需定期进行重新商议
    C. 外包合同没有涵盖该业务所需执行的各项行动
    D. 将类似的活动外包给多个供应商

97. 数据分析在信息系统审计中**最**有帮助的是什么？

    A. 确保信息系统审计流程能按时、准确地完成
    B. 自动化审计流程并检查大量数据
    C. 提高审计质量并减少人为干预
    D. 检测组织信息系统控制的潜在问题

98. 要求休假或岗位轮换的**主要**控制目的是：

    A. 通过交叉培训培养员工
    B. 帮助保持员工士气
    C. 发现员工的不当或非法行为
    D. 提供竞争性员工福利

99. 对IT战略计划流程进行审查时，信息系统审计师应当确保该计划：

    A. 融入了最新的技术
    B. 解决了所需的运营控制问题
    C. 明确表述了IT使命和愿景
    D. 说明了项目管理实务

100. 某小型组织只有一个数据库管理员和一个系统管理员。DBA对运行数据库应用程序的UNIX服务器拥有根访问权限。在这种情况下如何实现职责分离？

     A. 雇用第二个DBA，并在两个人之间分离职责
     B. 撤回DBA对所有UNIX服务器的根访问权限
     C. 确保DBA的所有操作都记录在案以及所有日志都备份到可移动介质
     D. 确保将数据库日志转发到DBA没有根访问权限的UNIX服务器上

101. 审计电子资金转账系统时，信息系统审计师**最**应关注以下哪种用户配置文件？

     A. 能够获取并验证自己信息的3个用户
     B. 能够获取并发送自己信息的5个用户
     C. 能够验证其他用户并发送自己信息的5个用户
     D. 能够获取并验证其他用户的信息，并发送他们自己信息的3个用户

102. 当进行信息系统审计时，信息系统审计师首先应参考以下哪一项？

    A. 实施的程序
    B. 批准的政策
    C. 内部标准
    D. 记录的实践

103. 某企业选择了一家供应商来开发和实施新软件系统。要确保该企业在软件方面的投资受到保护，以下哪一项是主服务协议中应包含的**最**重要的安全条款？

    A. 责任限制
    B. 服务水平要求
    C. 软件托管
    D. 版本控制

104. 在组织中实施 IT 治理框架时，**最**重要的目标是：

    A. IT 与业务保持一致
    B. 问责制
    C. 利用 IT 实现价值
    D. 提高 IT 投资回报

105. 解决安全风险的措施应该：

    A. 解决所有的网络风险
    B. 依照 IT 战略计划进行持续跟踪
    C. 考虑整个 IT 环境
    D. 确定对漏洞的容忍程度

106. IT 治理的最终目的是：

    A. 促使 IT 得到最佳利用
    B. 降低 IT 成本
    C. 分散整个组织内的 IT 资源
    D. 集中控制 IT

107. 在审查与外部 IT 服务提供商的服务等级协议时，信息系统审计师**最**需要考虑的是：

    A. 付款条款
    B. 正常运行时间保证
    C. 赔偿条款
    D. 违约的解决办法

108. 实施公司治理的**主要**目标是：

    A. 指明战略方向
    B. 控制业务运营
    C. 使 IT 与业务保持一致
    D. 实施良好实践

109. 实施风险管理方案时，应**首先**考虑以下哪一项？

    A. 了解组织中存在的威胁、弱点及风险预测
    B. 了解风险暴露和潜在的危害后果
    C. 确定基于潜在后果的风险管理优先级
    D. 足以使风险所产生的后果保持在可接受水平的风险缓解策略

110. 在有效的信息安全治理的情况下，价值交付的**主**要目标是：

    A. 优化安全方面的投资，以支持业务目标的实现
    B. 实施一套标准的安全做法
    C. 制定基于标准的解决方案
    D. 建立一种持续改进的文化氛围

111. 作为 IT 治理的推动因素，信息技术成本、价值和风险的透明度主要通过以下哪一项来实现？

    A. 绩效衡量
    B. 战略一致性
    C. 价值交付
    D. 资源管理

112. 在实施 IT 治理的情况下确定需要优先治理的领域时，应**主要**考虑以下哪个因素？

    A. 流程成熟度
    B. 绩效指标
    C. 业务风险
    D. 鉴证报告

113. IT 治理的责任在于：

    A. IT 战略委员会
    B. 首席信息官
    C. 审计委员会
    D. 董事会

114. 下列哪一项通常是首席信息安全官的责任？

    A. 定期审查和评估安全政策
    B. 执行用户应用程序、软件测试及评估
    C. 授予和撤销对 IT 资源的用户访问权限
    D. 批准对数据和应用程序的访问

115. 开发正式的企业安全方案时，**最**关键的成功因素是：

    A. 建立一个审查委员会
    B. 创建一个负责安全的单位
    C. 来自执行发起人的有效支持
    D. 安全流程所有者的选择

116. 审查组织的 IT 战略计划时，信息系统审计师应该期望发现：

    A. 该组织的应用程序组合与业务目标的一致性评估
    B. 降低硬件采购成本的措施
    C. 已批准的 IT 合同资源的供应商的列表
    D. 针对该组织的网络边界安全的技术体系架构的描述

117. 开发安全架构时，**首先**应该执行下列步骤中的哪个步骤？

    A. 开发安全程序
    B. 定义安全政策
    C. 指定访问控制方法
    D. 定义角色和职责

118. 信息系统审计师的以下哪项建议能**最**有效地使 IT 项目组合与战略性的组织优先级保持一致？

    A. 为测量绩效定义一个平衡计分卡
    B. 考虑关键绩效指标中的用户满意度
    C. 根据业务效益和风险选择项目
    D. 修改用于定义项目组合的年度流程

119. 将安全方案作为安全治理框架的一部分实施**主要**好处在于：

    A. 使 IT 活动与信息系统审计建议保持一致
    B. 落实安全风险管理
    C. 实施首席信息安全官的建议
    D. 降低 IT 安全的成本

120. 某组织具有完善的风险管理流程。以下哪项风险管理实务**最**有可能会使组织面临最大的合规性风险？

    A. 风险降低
    B. 风险转移
    C. 风险规避
    D. 风险缓解

121. 拥有高度机密信息访问权限的某个员工已辞职。离职时，应**首先**进行以下哪一项？

    A. 与员工进行离职面谈
    B. 确保已制订接任计划
    C. 取消该员工对所有系统的访问权限
    D. 审查该员工的工作历史记录

122. 某个组织已经外包了其服务台活动。信息系统审计师在审查该组织与供应商之间的合同及相关服务等级协议时，**最**应关注的是以下哪个选项的规定？

    A. 关于员工背景调查的文档
    B. 独立审计报告或完全的审计访问权限
    C. 报告逐年递增的成本降低
    D. 报告员工流失、发展或培训

123. 信息系统审计师发现，某个组织的财务部门和销售部门有关产品收益率的报告分别给出了不同的结果。通过进一步的调查发现，这两个部门所使用的产品定义不同。信息系统审计师应该建议使用什么？

    A. 在发布到生产之前，所有报告都会进行用户验收测试
    B. 实施组织的数据治理实务
    C. 针对报告开发使用标准软件工具
    D. 管理层对新报告的要求签字认可

124. 以下哪个选项能够**最佳**地支持新 IT 项目的优先性？

    A. 内部控制自我评估
    B. 信息系统审计
    C. 投资组合分析
    D. 业务风险评估

125. 组织将客户信用审查系统外包给第三方服务提供商时，以下哪个选项是信息系统审计中需要考虑的**最**重要事项？供应商：

    A. 声称符合或超越行业安全标准
    B. 同意接受外部安全审查
    C. 在服务和经验方面有良好的市场声誉
    D. 遵守组织的安全政策

126. 两个组织合并后，将用新的公共平台替换这两个公司自行开发的多个旧版应用程序。以下哪一项是**最大**的风险？

    A. 由外部顾问主导的项目管理办公室同时负责项目管理和进度报告
    B. 替换工作由多个独立项目组成，未将资源分配整合到组合管理方法中
    C. 由于这两个组织正在熟悉对方的旧版系统，双方的资源分配效率都很低
    D. 新平台将迫使这两个组织的业务领域更改其工作流程，这将导致大量的培训需求

127. 在审计过程中，信息系统审计师注意到某个中等规模组织的信息技术部门不具备单独的风险管理职能，并且该组织的运营风险文档中仅包含几类泛泛而谈的信息技术风险。在这种情况下，以下哪个选项是**最**适当的建议？

    A. 设立一个 IT 风险管理层，并且在外部风险管理专家的帮助下建立一个 IT 风险框架
    B. 使用通用的行业标准辅助程序将现有风险文档分为多个单独的风险类型，以便更易于处理。
    C. 无须任何建议，因为当前的方法适合中等规模的组织
    D. 定期召开 IT 风险管理会议以确定和评估风险，并制订一个缓解计划投入该组织的风险管理流程中

128. 特定威胁的总体量化业务风险可表示为：

    A. 影响的可能性和影响大小的乘积（如果威胁成功利用漏洞）
    B. 影响的大小（如果威胁源成功利用漏洞）
    C. 特定威胁源利用特定弱点的可能性
    D. 风险评估团队的集体判断

129. 对涉及保密信息的政府项目的服务提供商进行审计时，信息系统审计师发现，该服务提供商已将部分信息系统工作外包给了其他分包商。以下哪个选项**最**能确保保护信息机密性的要求都得以满足？

   A. 分包商的 IS 经理参加月度委员会会议
   B. 管理层每周审查来自分包商的报告
   C. 取得政府机构对外包合同的准许
   D. 对外包给分包商的工作进行定期独立审计

130. 审计期间，对于将信息系统流程大量外包给专用网络的组织而言，以下哪一项**最**令人担忧？

   A. 合同未包含对第三方的审计权条款
   B. 信息安全主题专家未能在合同签署前进行审查
   C. 信息系统外包准则未经董事会批准
   D. 缺少明确定义的信息系统绩效评估程序

131. 有效设计信息安全政策**最**重要的因素是：

   A. 威胁情形
   B. 以前的安全事故
   C. 新兴技术保持一致
   D. 企业风险偏好

132. 迫于盈利压力，一家企业的高级管理层决定将信息安全投资维持在不充分的水平上。以下哪项是对信息系统审计师的**最佳**建议？

   A. 使用云提供商提供低风险运营
   B. 修改合规性实施流程
   C. 要求高级管理层接受风险
   D. 推迟低优先级安全程序

133. 以下哪种保险类型针对因员工欺诈行为造成的损失？

   A. 业务中断
   B. 忠诚保险
   C. 错误和疏漏
   D. 额外支出

134. 审计程序中的错误**主要**影响哪类风险？

   A. 检测风险
   B. 固有风险
   C. 控制风险
   D. 业务风险

135. 以下哪一项是审查信息资产的分类等级时**最**重要的？

   A. 潜在损失
   B. 财务成本
   C. 潜在威胁
   D. 保险成本

136. 以下哪一项是信息系统审计师在审查组织的风险战略时**最**感兴趣的？

   A. 所有风险均得到有效缓解
   B. 实施控制后的残余风险为零
   C. 所有可能的风险均已确定并评级
   D. 组织使用既定的风险框架

137. 企业希望从一个高度成熟的云供应商那里获得云托管服务。审计师要想确保与企业的安全要求持续保持一致，以下哪一项**最**重要？

   A. 供应商提供最新的第三方审计报告以供验证
   B. 供应商提供最新的内部审计报告以供验证
   C. 供应商同意实施与企业保持一致的控制
   D. 供应商在合同中同意提供年度外部审计报告

138. 信息系统审计师正在评估组织的 IT 治理框架。以下哪一项是**最大**的担忧？

   A. 高级管理层的参与有限
   B. 未计算投资回报率
   C. IT 成本的分摊不一致
   D. 风险偏好未量化

139. 组织完成作为风险评估一部分的威胁和漏洞分析之后，最终的报告建议在主要互联网网关安装入侵防御系统，而且应通过代理防火墙分离所有业务部门。以下哪项是确定是否应采取控制的**最佳**方法？

    A. 成本效益分析
    B. 年预期损失计算
    C. IPS 和防火墙成本与业务系统成本的对比
    D. 业务影响分析

140. 某信息系统审计师正在审查合同管理流程，以确定一个关键业务应用程序的软件供应商的财务能力。信息系统审计师应确定被考察的供应商是否：

    A. 能够交付即期合同
    B. 与组织的财务状况相似
    C. 有巨大的财务责任可能为组织带来不利因素
    D. 能为组织提供长期支持

141. 以下哪项是确保组织政策符合法律要求的**最佳**方式？

    A. 在每项政策中包含全面法律声明
    B. 由主题专家定期审查
    C. 每年由高级管理层对组织政策签署
    D. 根据最严格的法规调整政策

142. 一名信息系统审计师正在审查风险管理流程。以下哪项是审查期间**最**重要的考虑事项？

    A. 根据成本效益分析实施控制
    B. 风险管理框架基于全球标准
    C. 风险响应批准流程得到贯彻
    D. 以业务术语注明 IT 风险

143. 一家企业在公司内部建立了数据中心，而将主要的财务应用程序的管理外包给了一家服务提供商。下列哪一项控制能够**最**有效地确保服务提供商的员工遵守安全政策？

    A. 要求所有用户在企业安全政策上签字表示保证遵守
    B. 将赔偿条款加入与服务提供商签订的合同中
    C. 强制要求所有用户接受安全意识培训
    D. 应该由第三方用户修改安全政策，以满足其合规性

144. 公司的呼叫中心 IT 政策要求为所有用户指定独一无二的用户账户。如果发现并非所有当前用户均符合此要求，**最**适当的建议是什么？

    A. 让营运管理层批准当前配置
    B. 确保现有的所有账户都有审计轨迹
    C. 为所有员工实施独立的用户账户
    D. 修改 IT 政策以允许使用共享账户

145. 下列哪个原因能够**最佳**地描述强制休假政策的目的？

    A. 保证员工能够相应地获得多种职能的交叉培训
    B. 提升员工士气
    C. 识别业务过程中的潜在错误或不一致情况
    D. 作为一种节省成本的方法

146. 审查企业的项目组合时，信息系统审计师**最**应关心的事宜为：

    A. 不超出现有的 IT 预算
    B. 与投资战略保持一致
    C. 获得 IT 指导委员会的批准
    D. 与业务计划保持一致

147. 某信息系统审计师了解到，某企业将软件开发工作外包给了一家初创的第三方组织。要确保该企业在软件方面的投资受到保护，此信息系统审计师应提出以下哪种建议？

　　A. 应对软件供应商进行尽职调查
　　B. 应对供应商设施进行季度审计
　　C. 应签署源代码第三方托管协议
　　D. 应在合同中包含较高的违约罚金条款

148. 企业的风险偏好**最好**由以下哪项确定？

　　A. 首席法务官
　　B. 安全管理
　　C. 审计委员会
　　D. 董事会

149. 某金融服务企业设有一个小规模的IT部门，从而需要单个员工身兼数职。以下哪种做法带来的风险**最大**？

　　A. 开发人员将代码应用到生产环境中
　　B. 业务分析人员编写相关需求并执行功能性测试
　　C. IT经理同时执行系统管理工作
　　D. 数据库管理员同时执行数据备份

150. 某金融企业在明确划分IT策略委员会和IT指导委员会的职责时遇到困难。以下哪种职责**最有可能**分配给其IT指导委员会？

　　A. 批准IT项目计划和预算
　　B. 使IT与业务目标保持一致
　　C. 针对信息技术合规风险提出意见
　　D. 推广IT治理实务

151. 以下哪个选项能够成为保证业务和IT之间策略一致性的**最佳**促成元素？

　　A. 成熟度模型
　　B. 目标和指标
　　C. 控制目标
　　D. 执行人、责任人、咨询人、被通知人图

152. 指导委员会应该：

　　A. 成员包括来自不同部门的各级员工
　　B. 确保信息安全政策和程序已正确执行
　　C. 维护委员会的会议记录，并及时向董事会汇报
　　D. 由供应商在每次会议上对新趋势和产品做简短介绍

153. 以下哪一项**最**能促进成功实施与IT相关的框架？

　　A. 记录与IT相关的政策和程序
　　B. 确保在信息技术框架中适当体现业务
　　C. 遵循最新的行业最佳实践来实施框架
　　D. 成立委员会来监督框架的实施

154. 谁**最终**负责数据分类和保护？

　　A. 数据管理员
　　B. 数据保管员
　　C. 数据所有者
　　D. 数据控制者

155. 一家自动化制造工厂委托一名信息系统审计师对其分布式控制、监督控制和数据采集系统进行基于风险的审计。以下哪项应该是该审计师的主要任务？

　　A. 评估通信架构和连接接口
　　B. 评估监控终端设备、传感器和执行器的功能
　　C. 评估SCADA系统的总体拥有成本
　　D. 为企业工程师评估自动化控制的可用性

156. 在审计期间，信息系统审计师观察到用户可以登录以过账交易，然后更改角色以授权该交易。以下哪一项是信息系统审计师的**最佳**行动步骤？

　　A. 要求系统管理员暂停该用户的访问权限
　　B. 寻找合适的补偿性控制
　　C. 要求数据库管理员将两个角色合并为一个角色
　　D. 将发现记录在审计报告中

157. 以下哪项是企业架构框架的主要目标?

    A. 提供开发和实施 IT 系统和应用程序的业务案例
    B. 管理 IT 相关风险并确保遵守法律和监管要求
    C. 确保 IT 资源和能力得到高效、有效的利用
    D. 确保 IT 与业务目标和战略保持一致,并推动决策和创新

158. 以下哪项**最**有助于检测存储在具有不当授权或安全控制的企业硬盘驱动器上的敏感信息?

    A. 入侵检测系统
    B. 数据丢失防护
    C. 入侵防御系统
    D. 传输层安全协议

159. 以下哪项**最**准确地描述了数据丢失防护解决方案的主要目标?

    A. 预防企业内部发生任何数据丢失事故
    B. 检测并响应企业内的数据丢失事故
    C. 降低企业内数据丢失事故的风险
    D. 对企业内部的数据进行加密,预防未经授权的访问

160. 在审计师看来,以下哪项对使用数据丢失防护解决方案有效保护数据**最**为重要?

    A. 确保由一名管理员维护 DLP,以预防数据泄露
    B. 确保正确配置和实施 DLP 解决方案
    C. 确保企业 DLP 政策和程序的有效性
    D. 确保加密和去识别化技术的有效性

161. 以下哪项是预防员工意外造成数据丢失的**最**有效方法?

    A. 阻止对所有外部网站和电子邮件域的访问
    B. 加密企业内所有存储设备上的所有敏感数据
    C. 定期开展用户意识培训计划
    D. 实施严格的访问控制,以限制员工对敏感数据的访问

162. 信息系统审计师在一名员工的电脑上发现了一个加密货币矿机,该矿机与其账户相关联。这违反了 IT 政策。以下哪项**最**有助于企业更快地发现这些问题?

    A. 审查计算机资源可用性和活动报告
    B. 实施软件认证政策以控制软件安装
    C. 定期为用户举办 IT 政策意识研讨会
    D. 使用自动日志监控解决方案监控应用程序日志

163. 在制定绩效指标时,以下哪一项是 IT 管理层要考虑的**最**重要因素?

    A. 风险管理和监管合规
    B. 关键 IT 流程,包括解决方案和服务交付
    C. 业务贡献,包括财务贡献
    D. 关键流程到位以满足客户要求

164. 以下哪项**最**准确地描述了信息系统审计师在审计企业架构时的重点?信息系统审计师应该:

    A. 遵循总体 EA 并将其作为主要的信息来源
    B. 使用 EA 组织要求作为审计标准,以评估 EA 是否符合这些要求
    C. 确保信息系统符合 EA 并满足企业目标
    D. 审查 EA 文档,以评估 EA 是否符合企业要求

领域 2 参考答案

1. A. 交叉培训是一种良好实践,但不要求休假也可以完成。
   B. 高昂的员工士气和高水平的员工满意度是值得实现的目标,但不应将其视为实现高效内部控制体系的方法。
   C. 应该要求组织内执行关键及敏感职能的员工适当休假,这样有助于确保检测到违规和欺诈行为。
   D. 虽然员工轮休有利于减少处理失误,但这通常不是强制要求休假的原因。

2. A. 没有管理层的批准是一项重大(实质性)发现,虽然目前由于员工对未批准政策的遵守尚未构

成合规性问题，但以后可能会有问题，所以应当予以解决。

B. 虽然信息系统审计师很可能建议尽快批准这些政策，还可能提醒管理层此问题的重要性，但第一步应是将此问题报告给利益相关方。

C. 第一步是就此发现进行报告，然后再提供建议。

D. 信息系统审计师必须报告该发现。未经批准的政策即使得到遵守，也可能为组织带来潜在风险，因为在某些情况下，这种技术性问题可能会妨碍管理层实施政策，并可能引发法律问题。例如，如果某位员工因违反组织政策而遭解雇，随后发现该政策并未经过批准，那么组织可能会面临诉讼。

3. **A. IT 项目的主要目标是增加对企业的价值，因此它们必须与业务战略相一致才能实现预期结果。因此，信息系统审计师应当首先着重确保这种一致性。**

B. 流程足以监控和缓解识别的项目风险很重要；但战略一致性有助于评估用业务术语识别的风险。

C. 在预定时间和预算内完成项目很重要；但项目管理的重点应当放在实现与业务战略相一致的、希望达到的项目结果上。

D. 准确报告项目状况很重要，但不一定有助于提供项目交付成果的战略视角。

4. A. 岗位轮换是确保持续性运作的一种有用的控制方法，但不是最严重的人力资源政策风险。

B. 在可能获得反馈的情况下举行离职面谈是可取的，但不是重大风险。

C. 离职清单对于确保企业的逻辑安全和物理安全至关重要。除预防分发到员工的企业财产遭受损失以外，还要考虑到有心怀不满的离职员工进行未经授权的访问、窃取知识产权，甚至进行蓄意破坏的风险。

D. 签订保密协议是一种被推荐的人力资源实务，但没有 NDA 不是所列各项中最严重的风险。

5. A. 利益相关方的需求和参与构成了确定 IT 治理实施范围的基础，并用于定义鉴证目标。

B. 审计 IT 治理实施情况时，需要考虑的最关键因素是利益相关方的需求和参与。这将推动项目取得成功。据此确定保证的范围和目标。

C. 相关风险及相关机会由鉴证目标确定和驱动。

D. 将依据保证目标考虑 IT 治理实施的相关驱动因素及其适用性。

6. A. 滥用企业资源是一个必须解决的问题，但不一定与兼职有关。

B. 强制实行管理兼职就业的政策主要是希望预防利益冲突。应制定政策控制寻求兼职的 IT 员工泄露敏感信息或为竞争性组织工作。利益冲突可能会造成重大风险，例如欺诈、窃取知识产权或其他不当行为。

C. 如果员工工作超量或休息时间不足，员工绩效肯定会有问题，但这应通过管理职能解决，而不是制定兼职政策的主要原因。

D. 窃取资产是一个问题，但不一定与兼职有关。

7. A. 信息安全政策是应当定期更新，但具体时间视组织情况而定。虽然每年都进行政策审查是一种良好实践，但更新政策的频率可以略低，这并不影响其相关性和有效性。较旧的政策仍可以实行，但未经合理批准的政策却绝不能实行。

B. 没有与信息安全政策文档相关的修改记录是一个问题，但不如获得管理层的批准重要。例如，一项新政策可能就没有任何修订记录。

C. 信息安全政策应具有一名所有者，由其来管理安全政策的制定、审查、批准和评估。安全管理员通常是员工级（非管理级）岗位，因此无权批准政策。此外，还应由地位更独立的个人来审查该政策。在未经管理层合理批准的情况下，强制实行政策可能造成诸多麻烦，导致合规或安全问题。

D. 虽然政策委员会最好是由合适的组织人选组成，以便制定出更好的政策，但好政策也可以由一人制定，不设委员会本身并不是问题。

8. **A. 运用应有的职业谨慎有助于信息系统审计师获得合理但非绝对的保证，即审计风险已降低，并且搜集的有关信息系统控制设计和有效性的证据是适当且充分的。**

B. 风险无法消除，但可以降低到可接受水平。

C. 与信息系统审计相关的检测风险是无法避免

的。

D. 搜集的证据应适当且充分，以帮助为信息系统控制的设计和有效性提供合理保证。

9. A. 虽然IT与企业的战略一致性很重要，但其与本例所述情况并无直接关系。

   B. IT风险是通过在企业中建立问责制来管理的。信息系统审计师应建议实行问责制，以确保明确企业内的所有责任。请注意，本题问的是最佳建议——而不是审计发现本身。

   C. 如果不明确定义并实行问责制，再频繁地执行信息系统审计也没有用。

   D. 如果不明确定义和实行问责制度，即使建议设立新职位（例如，首席风险官）也不会有帮助。

10. A. 审计师需要知道组织所采用的标准，然后再检查对这些标准的遵守情况。确定组织对标准的遵守情况是在了解标准之后的事情。

    B. 第一步是了解该组织的标准和强制实施的政策和程序，第二步是记录这些控制并检查其遵守情况。

    C. 审计师在取得对指标进行说明或要求的标准副本前无法审查这些指标。

    D. 审计是检查对组织标准的遵守情况，因此审查软件质量管理流程的第一步应该是确定评估标准，在形式上表现为组织所采用的标准。信息系统审计师在确定出有哪些现行标准之前，无法评估组织对自有标准的遵守情况。

11. A. 信息系统审计师通常不会在项目进度方面提出建议，而是会针对当前环境作出评估。在本例中，最重要的问题是企业架构正在变动，所以信息系统审计师应最关注对此问题的报告。

    B. EA中涉及未来状态是非常重要的，因为当前状态与未来状态之间的差距将决定IT策略及战略计划。如果EA不包含对未来状态的描述，那么它是不完整的，应将此问题作为审计发现上报。

    C. 组织可以任意选择EA框架，信息系统审计师不应推荐某种特定框架。

    D. 虽然可能需要跟踪审计，但不需调整审计范围以将第二个项目包括在当前审计中。

12. A. 除非信息系统审计师了解控制旨在应对的威胁和风险，否则控制并不重要。

    B. 控制的有效性必须相对控制旨在应对的风险（基于资产、威胁和漏洞）来衡量。

    C. 在审查风险监控的机制之前，第一步必须是确定被管理的风险。

    D. 在评估信息系统的风险时，要考虑的重要因素之一是系统（资产）的价值和影响这些资产的威胁和漏洞。应该独立于已实施的控制来评估与信息资产的使用有关的风险。

13. **A. 企业架构的主要关注点是确保技术投资与IT组织的平台、数据和开发标准相一致；因此，EA的目标是帮助组织实施最有效的技术。**

    B. 确保在关键平台上实施安全控制很重要，但这不是EA的职能。EA可能关注安全控制的设计；但EA无助于确保实施安全控制。EA的主要关注点是确保技术投资与IT组织的平台、数据和开发标准相一致。

    C. 尽管EA流程可能促使开发团队变得更加高效，因为他们是在基于使用标准编程语言和方法的标准平台上创建解决方案，但EA更重要的好处是为所有类型的IT投资提供指导，其涵盖的内容远不止软件开发。

    D. EA的主要关注点是定义标准平台、数据库和界面。进行技术投资的业务部门需要选择符合其业务要求，并且兼容企业EA的IT解决方案。可能存在这样一种情况，即建议的解决方案更符合某个业务部门，但不兼容企业EA，因此需要折中处理，以确保该应用得到IT部门的支持。大体上，在企业单位想要实施的潜在IT系统方面，EA对其能力有所限制。在本案例中，支持要求不受影响。

14. A. 对软件的访问应由内部管理的软件库来管理。托管是指将软件存放在第三方，而非内部库。

    B. 向用户提供软件的备份拷贝不是托管。托管要求将拷贝存放在受信任的第三方。

    C. 软件托管是软件供应商与客户之间的法律协议，用于担保对源代码的访问权限。根据合同规定，应用程序源代码由受信任的第三方持有。当出现以下情况时需要用到此协议：软件供应商倒闭，与客户发生合同纠纷，或软件供应商未按照软件许可协议中的承诺维持软件

更新。

D. 软件托管用于保护由一个组织开发并销售给另一个组织的软件的知识产权。它不适用于审计师正在审查的、由其所在的组织编写的软件。

15. A. 理解组织结构的复杂性不是审查组织结构图的主要原因，因为结构图并不一定反映复杂性。
    B. 组织结构图是审计师理解员工职能和责任及汇报关系的关键工具，但不用于检查沟通渠道。
    C. 组织架构图提供了组织中个人的职责和权限的相关信息。这有助于信息系统审计师了解是否存在合理的职能划分。
    D. 网络图将提供不同沟通渠道的使用情况信息，并显示用户与网络的连接。

16. **A. 转移风险（例如购买保险）是一种分担风险的方式。**
    B. 容忍风险是指接受风险，但不是分担风险。
    C. 终止风险不涉及分担风险，因为组织已经决定终止与风险相关的流程。
    D. 有几种处理或控制风险的方法，它们可能涉及降低或分担风险，但作为答案，这不如转移风险准确。

17. A. 摊提用在损益表中，而不用于计算潜在损失。
    B. 有可预测的节约或收益（可以与实现该收益所需的投资进行比较）时才计算投资回报率。
    C. 难以计算经济损失时，通常的做法都是采用定性方法，即受到风险影响的管理层根据加权因子来确定影响（例如，1 表示对业务影响非常小，而 5 表示对业务影响非常大）。
    D. 花费相应的时间来准确定义总金额通常都是一种错误的做法。如果很难预计潜在的损失（例如，因黑客攻击而使组织公众形象受损，从而造成损失），那么这种情况不太可能发生改变，结果也无法进行良好的评估。

18. A. 良好实践通常根据业务要求采用，因此遵循良好实践不一定是业务要求。
    B. 对质量管理系统而言，持续和可衡量的质量改进是实现业务目标的主要要求。
    C. 更新操作程序是实施 QMS 的一部分；但它必须是变更管理的一部分，而不是年度活动。
    D. 关键绩效指标可在 QMS 中定义，但若不加以监控，则它们没有多大价值。

19. A. 项目资金可通过不同的预算加以解决，并且可能不需要指导委员会批准。主要关注是要确保项目能实现企业目标。
    B. 尽管要求指导委员会批准可能是系统开发生命周期流程的一部分，但更主要关注的是项目是否能实现公司目标。未经指导委员会批准，则难以确定这些项目是否能实现公司目标。
    C. 尽管具有正式批准流程很重要，对指导委员会而言，最主要的关注应当是它为项目指明公司方向。
    D. 指导委员会指明方向并提供项目控制，以确保企业作出适当的投资。未经批准，项目未必能朝着企业的目标迈进。

20. **A. 通过协调 IT 战略与企业战略推动 IT 向业务的价值传递。**
    B. 在企业中落实问责制能够促进风险管理（公司治理的另一个要素）。
    C. 尽管投资回报率很重要，但不是评估 IT 价值的唯一标准。
    D. 企业风险管理对 IT 治理至关重要；但单凭其自身并不能保证 IT 能够向业务传递价值，除非 IT 战略与企业战略协调一致。

21. **A. 在成功的外包环境中，一个关键因素是供应商面对突发情况和继续支持组织处理要求的能力。**
    B. 财务稳定性与供应商的业务持续计划无关。
    C. 供应商员工的经验与其 BCP 无关。
    D. 在可行性分析期间审查供应商的 BCP，不是测试供应商的 BCP 的方法。

22. **A. 组织应当能够在实施后遵守政策。评估新政策时，最重要的考虑因素应当是促使组织及其员工遵守政策的现行机制。**
    B. 政策应当与业务战略相一致，但这不影响组织在实施后遵守政策的能力。
    C. 当前和未来的技术措施应当以业务需求为动力，并且不影响组织遵守政策的能力。
    D. 监管合规性目标可在 IT 政策中定义，但这不会促进政策合规性。定义目标只能促使组织了解所需的状况，但无助实现合规性。

23. A. 缺少管理层的支持几乎肯定会影响投资，但主要损失是 IT 战略与业务战略缺乏协调。
    B. 系统开发方法是一种与流程相关的职能，不是管理层主要关注的问题。
    C. 应设立指导委员会来确保 IT 策略支持组织目标。没有信息技术委员会或不是由高级管理层组成的委员会，说明缺乏高级管理层的承诺。这种情况会增加 IT 与组织战略不一致的风险。
    D. 合同批准是一种业务流程，可通过财务流程控制进行控制。合同控制在此不适用。

24. A. 供应商变更控制属于采购类问题，应由 IT 管理层监控。
    B. 确保信息处理环境中的职责分离是 IT 管理层的职责。
    C. IT 指导委员会通常负责重大 IT 项目的综合审查，不应介入日常运营活动；因此，其职能之一是批准和监控重大项目，如 IT 计划状态及预算。
    D. 在 IT 部门与最终用户之间协调沟通是各相关方的职能，不是委员会的责任。

25. **A. 数据安全政策应每年审查/更新一次，以反映组织环境方面的变化。政策是组织治理结构的基本内容，因此最值得关注。**
    B. 尽管未制定与系统补丁安装相关的政策确实值得关注，但更值得关注的是高级管理层未对信息安全政策进行定期审查。
    C. 使命宣言倾向于有长期性，因为其具有战略意义，并且是由董事会和管理层制定的。这不是信息系统审计师最应关注的问题，因为适当的治理监督有助于达成组织使命宣言的目标。
    D. 尽管未制定与信息资产保护相关的政策确实值得关注，但更值得关注的是高级管理层未对安全政策进行定期审查，因为高层支持是信息安全治理的基础。

26. **A. 战略计划为确保企业实现其目的和目标提供了基础。高级管理层的参与对于确保计划能够实现所确立的目的和目标起着至关重要的作用。**
    B. IT 政策由 IT 管理和信息安全部门制定和实行。其目的是为整体战略计划提供支持。
    C. 制定 IT 程序是为了向 IT 政策提供支持。高级管理层不参与程序制定。
    D. 制定标准和准则是为了向 IT 政策提供支持。高级管理层不参与标准、基准和准则的制定。

27. **A. 要有效治理 IT，IT 和业务的目标应该相同，这要求 IT 计划与组织的业务计划保持一致。**
    B. 审计计划不是 IT 计划的一部分。
    C. 安全计划不是 IT 部门的责任，不需要与 IT 计划一致。
    D. 投资计划不是 IT 计划的一部分。

28. A. 质量保证关注流程的可靠性和一致性。QA 团队不负责确定可接受的风险水平。
    B. 应该由高级管理层来确定可接受风险的等级，因为作为业务流程的高级管理层，他们最终负责组织的有效和高效运营。此人可以是 QA 经理、首席信息官或首席安全官（如果他们是企业管理人员）。确定可接受风险的等级是企业管理人员的责任。
    C. 确定可接受风险的等级是高级业务管理层的责任。CIO 是企业负责 IT 倡议，协调 IT 与业务战略，为 IT 服务的交付、信息和相关人力资源的部署进行规划、筹集资源和进行管理的最高官员。CIO 极少决定可接受的风险水平，因为这样会有利益冲突，除非 CIO 是高级业务流程所有者。
    D. 确定可接受风险的等级是高级业务管理层的责任。除非 CIO 是业务流程经理，否则由 CSO 负责实施高级管理团队的决定。

29. A. CEO 按照董事会指示在实施 IT 治理期间行使职责。
    B. IT 治理主要是管理层及股东（以董事会为代表）的责任。
    C. IT 指导委员会监控并协助部署具体项目的 IT 资源，以支持业务计划。IT 指导委员会代表董事会实施治理。
    D. 审计委员会向董事会报告，执行与治理相关的审计。审计委员会应对审计建议的实施情况进行监督。

30. A. 提供如何实施工作和定义权限的说明可解决工作管理及流程方面的问题，属于管理层的责任。工作说明是与 HR 相关的职责，主要用于说明工作要求和责任。
    B. 工作说明是即时更新，记录在案的并且可随时提供给员工，这一点非常重要，但其本身并不是工作说明的关键要素。工作说明是与 HR 相关的职责，主要用于说明工作要求和责任。
    C. 传达管理层的具体工作绩效期望不一定要包含在工作说明中。
    D. 从控制角度来看，工作描述应确定责任和义务。这有助于确保按照定义的工作职责为用户分配系统访问权限，并由其对该权限的使用负责。

31. **A. 背景筛查是确保未来职员诚信的主要方法。具体可能包括犯罪历史核查、驾照摘要、财务状况检查、学历验证等。**
    B. 推荐很重要，但需要进行核实，并且不如背景筛查可靠，因为推荐本身的可信度可能没有验证。
    C. 绑定指的是适当调查合规性，不能保证诚信。
    D. 简历上列出的资格可表明员工业务熟练，但不能说明诚信。

32. A. 离职员工的所有工作都需要移交给指定员工；但这没有取消离职员工的访问权限重要。
    B. 离职员工的所有工作都需要备份；但这没有取消离职员工的访问权限重要。
    C. 需要将解约通知给其他员工；但这没有取消离职员工的访问权限重要。
    D. 离职员工有可能滥用访问权限；因此，最重要和最紧迫的工作是禁止离职员工的逻辑访问。

33. A. 尽管安全控制应当是针对任何应用程序的要求，企业架构的主要关注点是确保新应用程序符合企业标准。尽管采用符合标准的技术可能更加安全，但这并非 EA 的主要好处。
    B. 选择应用时，必须考虑业务需求以及应用是否适合 IT 环境。如果业务部门绕过 IT 部门选择其应用，则他们更有可能选择最适合其业务流程的解决方案，而不太看重该解决方案在企业内部的兼容性和支持性，但这不是个问题。
    C. EA 的主要关注点是确保技术投资与 IT 组织的平台、数据和开发标准相一致。EA 定义标准平台的使用、数据库或编程语言等领域当前及未来的状态。如果某业务单位选择的业务应用不使用 EA 之内的数据库或操作系统，这会增加解决方案的成本和复杂度，并最终减少给业务带来的价值。
    D. 尽管实施任何新的软件都可能带来支持问题，EA 的主要好处是确保 IT 解决方案给业务带来价值。降低支持成本也许是 EA 的一种好处，但在本案例中，缺少 IT 参与不会影响支持要求。

34. A. 保持良好的生活质量很重要，但强制休假的主要原因是查找是否有欺诈或错误。
    B. 通常强制要求敏感职位员工休假一周或更久时，在此期间由其他员工（非正式员工）执行休假员工的工作职能，这样做可以减少发生不当操作或非法操作的机会。在此休假期间可以发现发生的任何欺诈行为。
    C. 提供交叉培训是一种重要的管理职能，但强制休假的主要原因是查找是否有欺诈或错误。
    D. 实行一次强制休假一周的规定是一项管理决策，但与强制休假政策无关。强制休假的主要原因是查找是否有欺诈或错误。

35. A. 虽然不是理想情况，但局域网管理员可承担最终用户责任。
    B. LAN 管理员可以向信息处理设施总监报告，或以分散操作的方式向最终用户经理报告。
    C. LAN 管理员不应承担编程责任，因为这样意味着允许修改生产程序，而没有正确的职责分离，但局域网管理员可承担最终用户责任。
    D. 在小型组织中，LAN 管理员还可能会负责 LAN 的安全管理。

36. A. 决策支持系统的目的是解决结构化程度较低的问题。
    B. DSS 将模型和分析技术的使用与传统的数据访问和检索功能相结合，但不受预定标准的限制。
    C. DSS 通过数据分析和使用交互模型（而非固定标准）突出了管理层决策方式的灵活性。

D. DSS 持半结构化的决策任务。

37. A. 最长的可接受停机时间是合同中用于确保应用程序可用性的良好指标；但 HR 应用通常不属任务关键型，因此最长的可接受停机时间并非本情景中最显著的关注点。
    B. 需指定个人或服务管理团队负责管理与第三方之间的关系；但这些个人或团队无须归属于 IT 部门。
    C. 组织定义的安全政策可确保服务台工作人员不具有个人数据的访问权限，这属于安全政策的范围。最关键的问题是，应用程序是否遵守安全政策。
    D. 云应用程序应当遵守组织定义的安全政策，以确保云端数据像内部应用程序一样得到保护。其中包括但不仅限于密码政策、用户访问管理政策和数据分类政策。

38. A. 平衡计分卡是一种描述和衡量策略结果达成情况的方法。它会考察有效和高效服务的交付情况，但组织在使用 BSC 之前可能没有得到这样的服务。
    B. 因为 BSC 是一种绩效衡量方式，所以需要在实施 IT BSC 前定义关键绩效指标。
    C. BSC 衡量的是 IT 对业务的价值，而不是相反情况。
    D. BSC 可衡量 IT 绩效，但控制 IT 费用不是实施 BSC 的关键要求。

39. A. 低成本理念虽然也是一个目标，但更重要的是成本-效益和 IT 投资成本与企业战略之间的关系。
    B. 要推动组织总体目标的实现，IT 部门应具有短期计划和长期计划，这些计划要与组织层面上较大范围的战略性计划相一致以便实现组织的目标。
    C. 领先的技术也是一个目标，但应有 IT 计划以保证这些计划与组织目标的一致性。
    D. 采购新硬件和软件的计划可以是整体计划的一部分，但仅当实现组织目标需要硬件或软件时才需要。

40. **A. IT 和业务人员参与项目是一个运营问题，在审查短期计划时应该对此进行考虑。战略计划为 IT 短期计划提供框架。**
    B. 明确定义 IT 使命和愿景是战略计划的内容。
    C. 战略信息技术规划计分卡是战略计划的内容。
    D. 与 IT 目的和目标相关联的业务目标是战略计划的内容。

41. **A. IT 部门应具体考虑在短期内分配资源的方式。信息系统审计师要保证资源得到恰当管理。**
    B. IT 投资需要与高层管理战略一致而非与短期规划相关，并侧重于技术。
    C. 开展控制自我评估不如 IT 部门在短期规划中分配资源那样重要。
    D. 评估硬件需求不如 IT 部门在短期规划中分配资源那样重要。

42. A. 新会计软件包的结果是一个战术性或短期的目标，不会出现在战略计划中。
    B. 评估信息技术需求是衡量绩效的一种方式，但不是战略计划中的目标。
    C. 短期项目计划是以项目为导向的目标实施方法，但其本身不是一项目标。目标应是改善项目管理—新系统是如何实现该目标。
    D. 经批准的产品供应商是用于确定业务总体方向的战略业务目标，因此，是组织战略计划的一部分。

43. A. 战略计划是高级管理层的责任，会听取直线经理的意见，但不会由他们批准。
    B. 预算不应与计划不同。
    C. 采购程序属于组织控制方式，但不属于战略计划。
    D. 战略计划落实公司或部门的目标。长期和短期战略计划应该与组织层面上较大范围的计划及业务目标一致，以便实现这些目标。

44. A. 具有装载着最新数据的备用服务器虽然很重要，但不如确保源代码的可用性重要。
    B. 具有装载着相关软件的备用服务器虽然很重要，但不如确保源代码的可用性重要。
    C. 进行员工培训虽然很重要，但不如确保源代码的可用性重要。
    D. 无论何时购买专有应用软件，合同都应包含源代码第三方托管协议。此协议可确保采购方组织在供应商停业的情况下仍能修改该软件。

45. A. 拥有员工和设备是满足 IT 战略的重要条件，但不能确保 IT 战略能支持业务目标。
    B. 了解 IT 战略是否满足业务目标的唯一方式是确定 IT 计划是否与管理战略一致，并使 IT 规划与业务计划相关。
    C. 有效且高效地使用其员工和设备是确定 IT 职能正确管理的有效方法，但不能确保 IT 战略与业务目标一致。
    D. 完全有能力应对不断变化的走向对于具备应对组织变动的灵活性很重要，但其本身不是一种确保 IT 与业务目标一致的方式。

46. A. 理想情况下，网络管理员不应负责质量保证，因为这样他们可以批准他们自己的工作。但这没有一人同时担任系统管理员和应用程序开发人员的问题严重，因为这样便是允许不受限制的权力滥用。
    B. 如果个人承担多个角色，这表明出现了职责分离问题，同时也带来了相关的风险。系统管理员不应担任应用程序开发人员，因为两个职位的权限具有相关性。个人如果同时具备系统和编程权限，则几乎可对系统进行任何操作，包括创建后门。其他两种职责的兼任从职责分离的角度看是有效的。
    C. 在某些分布式环境中，特别是员工数量少的情况下，用户也可以进行安全管理。
    D. 虽然数据库管理员是一个很有特权的职位，但与系统分析师的职责不冲突。

47. A. 最大的风险是未获授权的用户可以修改数据。用户管理很重要，但不是最大的风险。
    B. 用户责任很重要，但不如未经授权用户的行为风险大。
    C. 如果没有政策来定义负责授予具体系统的访问权限的责任人，则未经授权的人员获得（被授予）系统访问权限的风险将增加。未经授权的用户可修改数据的风险大于授权用户账户控制不当的风险。
    D. 没有执行审计建议是一个管理问题，但不如未经授权用户可以修改数据的问题严重。

48. **A. 接班计划可确保发现和培养有潜力担任组织关键岗位的内部人员。**
    B. 岗位评估是指，确定组织中各个岗位的相对价值，以此为基础建立公平公正的薪酬体系的过程。
    C. 员工职责定义对角色和工作职责详加定义；但两者均不可最大限度地降低对关键个人的依赖程度。
    D. 员工奖励方案可提供激励；但不能最大程度地减少对关键个人的依赖。

49. A. 为了确保降低合规风险并保护信息资产，应审查相关信息系统控制的目标和有效性。
    B. 信息系统审计目标的主要关注点是确认信息系统控制是否设计良好且有效，可以将业务风险降低到可接受水平。
    C. 信息系统审计目标包括审查不同类型的信息系统控制（不仅是一般控制）及其目标和有效性。
    D. 风险管理流程的主要重点是确定潜在风险。信息系统审计目标侧重于为将业务风险降低到可接受水平而实施的信息系统控制，以及这些控制是否有效并按预期运营。

50. **A. 所有员工都应该对企业的信息安全政策有所了解，以预防无意中泄露敏感信息。培训是一种预防性控制。安全意识方案可预防员工无意中把敏感信息泄露给外部人员。**
    B. 信息安全是每个人的事情，所有员工都需要参与如何正确处理信息的培训。
    C. 提供安全意识培训不是信息系统（IS）审计的职能。
    D. 管理层可同意或拒绝审计发现。如果管理层不了解审计发现的影响，信息系统审计师不能确定管理层会根据审计发现采取行动；因此审计师必须上报缺乏安全意识相关的风险。

51. A. IT 部门负责执行该政策，无权制定政策。
    B. 安全委员会也根据董事会制定的广泛性安全政策行使职能。
    C. 安全管理员负责实施、监控和执行管理层建立并授权的安全规则。
    D. 批准信息系统安全政策通常是高级管理层或董事会的责任。

52. A. 如果绩效指标不可客观衡量，则最大的风险是将误导性绩效结果报告给管理层。这可能会导致产生鉴证错觉，从而导致错误地分配 IT 资源，或者基于错误的信息制定战略决策。无论绩效指标是否正确定义，结果都应该报告给管理层。

B. 未正确定义的绩效指标可能引发项目管理问题，但将误导性绩效报告给管理层是更大的风险。

C. IT 平衡计分卡用于衡量 IT 绩效。为了衡量绩效，必须定义足够多的绩效推动因素（关键绩效指标），并且随着时间的推移进行度量。没有客观的 KPI，可能导致随意、有误导性的主观措施，并导致不合理的决策。

D. 未正确定义的绩效指标可能引发与服务等级协议相关的绩效管理问题，但将误导性绩效报告给管理层是更大的风险。

53. A. 需要保护的关键 IT 资源的清单相比政策内容过于详细。

B. 安全政策提供由高级管理层制定和批准的广泛性安全框架。安全政策包括定义可授予访问权限的人员和授予访问权限的依据。

C. 敏感安全资产的标识相比政策内容过于详细。

D. 相关软件安全功能列表相比政策内容过于详细。

54. A. 确定用于保护已发现漏洞的方法及其对比成本效益分析是第三步。

B. 第一步应确定整个网络中需要的应用程序。确定完之后，根据这些应用程序在网络和网络模型中的物理位置，负责人即可了解控制对这些应用程序的访问的需求和可行方法。

C. 确定可被外部访问的应用程序后，下一步是确定与网络应用程序相关的漏洞（弱点）。

D. 第四步是分析应用程序流量并创建矩阵说明如何保护各类流量。

55. A. 管理控制不是一种风险，而是决策支持系统的一种特性。

B. 半结构化维度不是一种风险，而是 DSS 的一种特性。

C. 无法指定目标和使用模式是开发人员需要在实施 DSS 时预先考虑到的风险。

D. 决策过程中的变化不是一种风险，而是 DSS 的一种特性。

56. **A. 让所有级别的管理层和系统用户熟悉书面安全政策框架和目的，对于成功实施和维护安全政策至关重要。如果一项政策没有落实到日常行为中，便不会有效。**

B. 毫无疑问，管理层的支持和承诺很重要，但要成功实施和维护安全政策，最重要的是让用户了解安全的重要性。

C. 政策的执行需要处罚措施，但处罚不是成功实行的关键。

D. 通过访问控制软件严格执行、监督和实施安全规则以及对违反安全规则的行为实施处罚很重要，但这仍依赖于管理层和用户的支持及对安全重要性的教育。

57. A. 电子邮件政策应解决电子邮件保留的业务和法律要求问题。在电子邮件政策中解决保留问题可为其恢复提供方便。

B. 除了作为良好实践，法规可能要求组织保留对财务报告有影响的信息。由于电子邮件通信常常在诉讼中被视为与传统的纸质正式信件具有同样的效力，因此企业电子邮件保留政策成为必需。在组织的硬件上生成的所有电子邮件都归组织所有，电子邮件政策应解决消息保留的问题，这要考虑已知的和不可预见的诉讼。该政策还应解决在指定时间后销毁电子邮件的问题，以保护消息本身的特性和机密性。

C. 电子邮件政策应解决电子邮件保留的业务和法律要求问题。解决电子邮件的保留问题可为其修复提供方便。

D. 电子邮件政策应解决电子邮件保留的业务和法律要求问题。电子邮件的重复使用不是政策问题。

58. A. 信息系统应当具有成本效益，但这不是最重要的方面。

B. 当前技术的安全风险是风险分析的一部分，其本身并非最重要的因素。

C. 与现有系统的兼容性是考虑因素之一；但新系统可能是不兼容现有系统的一种重大升级，因此并非最重要的考虑因素。

D. 在实施新技术之前，组织应当进行风险评估，然后将其提交业务单位管理层供其审阅和验收。

59. A. 指导委员会可能在审查中使用可行性分析，但它并不负责实施/执行此项分析。
    B. 指导委员会由来自业务和IT部门的代表组成，负责确保根据业务目标而不是IT优先级进行IT投资。
    C. 指导委员会不负责强制落实安全控制。
    D. 指导委员会不负责开发方法的实施。

60. **A. 信息系统控制目标的定义是：在特定IS活动中实施控制程序所要达到的预期结果或目的的说明。**
    B. 控制目标为控制的实施提供了实际目标，但不一定基于良好实践。
    C. 技术是实现目标的方式，但与了解技术本身相比，更重要的是要知道控制的原因和目的。
    D. 安全政策可强制要求进行信息系统控制，但控制不可用来了解政策。

61. A. 安全方案由政策驱动，标准由计划驱动。第一步是制定政策并保证方案以政策为基础。
    B. 对计划相关的控制进行审计和监督是方案制定之后的事情。
    C. 政策声明反映了执行管理层希望获得相应安全性的意向以及所提供的支持，并且确立了制定安全方案的起始点。
    D. 访问控制软件是重要的安全控制，但需要先制定政策和方案。

62. A. 开具发票属于财务职能，需要按照合同要求完成。
    B. 参与系统设计是监督外包提供商绩效的附带结果。
    C. 重新协商费用一般为一次性活动，没有监督供应商的绩效重要。
    D. 在外包环境中，企业依赖于服务提供商的绩效。因此，必须对外包提供商的绩效进行监控，以确保按要求向企业提供服务。

63. A. 尽管对供应商进行生存能力研究在一定程度上能够保证供应商为该组织提供服务的长期可用性，但在这种情况下，组织拥有源代码的相关

权利更为重要。
    B. 考虑到供应商开展业务的时间仅有一年，最大的问题是供应商的财务稳定性或生存能力以及供应商倒闭的风险。应对这一风险的最佳方式是针对应用程序的源代码签署软件第三方托管协议，以便该实体可以在供应商倒闭时访问源代码。
    C. 考虑到供应商开展业务的时间仅有一年，对供应商进行财务评估没有多大价值，并且不能保证供应商可为该组织提供长期的服务。在这种情况下，组织拥有源代码的相关权利更为重要。
    D. 合同协议虽然具有约束力，但在供应商倒闭后将无法执行或仅有有限的价值。

64. A. 如果功能性、可用性和安全性会受到影响，硬件配置通常就无关紧要，这些在合同中有具体的规定。
    B. 如果功能性、可用性和安全性会受到影响，访问控制软件通常就无关紧要，这些在合同中有具体的规定。
    C. 合同中必须明确规定知识产权（IP，即被处理的信息和应用程序）的所有者。IP的所有权成本巨大，也是需要在外包合同中规定的重要方面。
    D. 开发方法在外包合同中不是真正需要考虑的问题。

65. **A. 许多国家/地区均制定了相关法规，用来保护其国家/地区内维护的信息的机密性和/或保护与其他国家/地区交换的信息的机密性。当服务提供商将部分服务外包给其他服务提供商时，有对信息的机密性造成危害的潜在风险。**
    B. 可能会因为违反合同条款而终止合同，但这与确保信息安全无关。
    C. 外包商不需要接受审计可能是个问题，但这与确保信息安全无关。
    D. 外包商直接与其他服务提供商进行接触以便进一步开展工作，这根本不是信息系统审计师需要关心的问题。

66. **A. 在开放式系统的供应商所提供的组件中，组件接口是由公共标准定义的，因此便于在不同供**

应商提供的系统之间实现互操作性。

B. 封闭式系统组件是基于专有标准构建的，因此，其他供应商的系统无法与现有系统进行连接。

C. 批量折扣是通过大宗购买或从主要供应商取得，而不是通过开放式系统架构取得。

D. 开放式系统可能比专有系统便宜，具体取决于供应商，但开放式系统架构的主要好处是供应商之间的互操作性。

67. A. 电子邮件保留政策包括对电子邮件的销毁或删除。这必须符合保留电子邮件的法律要求。

B. 安全政策的层次过高，不能解决没有充分保留电子邮件或在需要时不能访问电子邮件的风险。

C. 借助要求对电子邮件记录进行精心存档的政策，可以依据法律要求对特定的电子邮件记录进行访问或检索。

D. 审计政策不会满足提供电子邮件作为电子证据的法律要求。

68. A. 制订业务计划不是风险管理流程的目标。

B. 风险管理有助于制订审计计划，但无助于制定审计章程。

C. 风险管理流程针对的是制定安全相关的特定决策（如可接受的风险水平）。

D. 风险管理会推动软件的安全控制设计，但对安全政策的影响更重要。

69. A. 只有在记录所有威胁、发生概率和漏洞后才可确定风险。

B. 第一步是确定现有应用程序的风险水平，然后将其应用于开发中的应用程序。只有在威胁和发生概率确定之后才能认定风险。

C. 为确定与电子商务相关的风险，信息系统审计师必须先识别资产、确定是否存在漏洞，然后再确定威胁和发生概率。

D. 可用于风险管理的预算在此时不相关，因为风险尚未确定。

70. A. IT 指导委员会负责项目批准以及优先级的确定。

B. IT 指导委员会负责监督长期 IT 计划的制订。

C. IT 指导委员会就 IT 发展状况向董事会提供建议。

D. 负责确定业务目标的是高级管理层，而不是 IT 指导委员会。IT 应支持业务目标并受业务的驱动—而不是相反。

71. A. 尽管提供月度状况报告也许能够表明供应商遵守合同条款，但若不进行独立验证，这些数据也许并不可靠。

B. 与客户 IT 经理定期召开会议有助了解目前与供应商之间的关系，但会议可能不包含定期审计检查需考虑的供应商审计报告、状况报告和其他信息。

C. 对供应商进行定期审查可确保合同中的协议以令人满意的方式履行。若在签署合同后不进行日后的审计检查，供应商可能不太看重服务等级协议以及客户的安全控制要求，并且效果可能打折。定期审计检查允许客户检查供应商目前的状况，以确保该供应商是其想要继续合作的人选。

D. 要求在合同中说明性能参数很重要，但只有进行定期审查才能确保达到性能参数。

72. A. 相比执行战略规划，项目管理流程的成熟度在管理 IT 的日常运转经营更为重要。

B. 监管要求可推动某些技术和举措方面的投资；但必须符合监管要求通常不是 IT 和业务战略的主要关注点。

C. 过去的审计发现可推动某些技术和举措方面的投资；但必须针对过去的审计发现采取修复措施通常不是 IT 和业务战略的主要关注点。

D. 组合分析为战略 IT 举措规划的相关决策过程提供最有价值的信息。IT 组合分析提供有关已规划的举措、项目和正在进行的 IT 服务的可比信息，有助 IT 战略与业务战略保持一致。

73. A. 保密原则（而不是访问控制政策）预防未经授权地泄露组织数据。

B. 组织访问控制政策可确保满足职责分离的组织目标，预防欺诈或错误，并满足最大限度降低未经授权访问风险的政策要求。

C. 访问控制政策有助于最大限度地减少错误，但并不能最大限度地降低事故的影响。

D. 业务连续性政策（而不是访问控制政策）涉及

74. A. 最大限度减少错误只是绩效的一个方面，但不是绩效管理的主要目标。
    B. 搜集绩效数据是衡量 IT 绩效的必要工作，但不是该流程的目的。
    C. 绩效衡量流程将实际绩效与基线进行比较，但这不是该流程的目的。
    D. IT 绩效衡量流程可用于优化性能、衡量和管理产品/服务、确保实施问责制度以及制定预算决策。

75. **A. 信息安全治理如果实施得当，应产生 4 个基本成果：战略一致性、价值实现、风险管理和绩效衡量。战略一致性为由企业需求所驱动的信息安全要求提供了依据。**
    B. 战略一致性保证信息安全与业务目标相一致。提供一套标准的信息安全实务操作（例如，遵循良好实践的基线安全性，或制度化和商品化的解决方案）是价值实现的一部分。
    C. 价值实现针对的是实施方案的有效性和效率，但不是战略一致性的结果。
    D. 风险管理是 IT 治理的主要目标之一，但战略一致性不关注对风险暴露的识别。

76. **A. 业务目标驱动着信息安全政策，而信息安全政策驱动着 IT 部门目标的选择。由 IT 目标驱动的政策存在着与业务目标不一致的风险。**
    B. 各种政策应以书面形式记录，这样用户就可以了解每项政策，员工应能够非常方便地获取这些政策。用户没有阅读政策不是最大的问题，因为他们可能仍然遵守政策。
    C. 政策中不应包含程序。制定程序是为了帮助政策的实施和遵守。
    D. 政策应当每年审查一次，但除非环境发生重大变化，例如有新的法律、规定或规定公布，否则不一定需要每年更新。

77. A. 管理供应商与合作伙伴风险属于风险管理方面的良好实践，但不是战略职能。
    B. 建立有关客户、产品、市场和流程的知识库是 IT 价值实现的良好实践，但不能确保战略一致性。
    C. 提供有利于创建和共享业务信息的基础设施是 IT 价值实现和风险管理的良好实践，但不如高级管理层参与业务和技术协调工作更有效。
    D. 高级管理层对业务与技术要求进行协调是 IT 战略一致性的良好实践。

78. A. 风险接受度由高级管理层而非 IT 管理层决定。
    B. 业务战略驱动 IT 战略，而不是相反。
    C. IT 治理不是孤立的规范，必须成为企业总体治理不可或缺的一部分。
    D. 要实现有效的 IT 治理，董事会和执行管理层需要将治理扩展到 IT 领域，并且提供相应的领导层、组织结构和流程，用来确保组织的 IT 能够维持并扩展组织的战略和目标，同时还确保该战略与业务战略保持一致。

79. **A. 要评估 IT 风险，需要使用定性或定量的风险评估方法对威胁和漏洞进行评估。**
    B. 如果基于对过往的损失进行评估，将无法充分反映组织在 IT 资产、项目、控制和战略环境方面的新威胁或必然变化。可供评估的损失数据对应的范围和质量也可能存在问题。
    C. 类似组织在 IT 资产、控制环境和战略环境方面与本组织有所不同。因此，不能直接使用其损失经验来对组织的 IT 风险进行评估。
    D. 在审计流程中确定的控制弱点与评估组织是否暴露在威胁中相关，并且可能需要执行进一步分析才能判断组织是否会受到威胁。视审计覆盖范围而定，目前可能只对部分重要的信息技术资产和项目进行了审计，并且可能还未对战略性信息技术风险进行充分评估。

80. A. IT 支持人员一般需要物理访问计算设备以执行其工作职能。删除此访问权限是不合理的。
    B. 对交易和应用程序日志进行审查便可直接处理因职责分离不当而造成的威胁问题。此类审查可以检测不当行为，并阻止滥用行为，因为有不良企图的人员会意识到其可能会被逮到。
    C. 进行背景调查是很有用的控制，可以确保 IT 员工值得信赖并且足以胜任，但并不能直接解决缺少最佳职责分离的问题。
    D. 在特定的一段时间无活动后锁定用户会话的作用是预防未经授权的用户获得系统访问权

限，但缺少职责分离的问题主要是正式授予的访问特权被有意或无意滥用的问题。

81. A. 根据企业政策得出较低级别的政策（自上而下的方法），有助于确保这些政策在整个组织内保持一致，并且与其他政策也保持一致。
    B. 政策应受风险评估的影响，但使用自上而下的方法的主要原因是确保政策在整个组织内保持一致。
    C. 自上而下的方法本身不能确保对政策的遵从。
    D. 自上而下的方法本身不能确保对政策的审查。

82. A. 交叉培训有助于降低对单个人的依赖性。
    B. 交叉培训对接班计划有利。
    C. 交叉培训是指对多个员工进行培训，以使其执行具体工作或流程的程序。然而，使用这种方法之前需谨慎，应评估目标员工了解系统所有部分将会带来的风险，以及可能面临的与特权滥用相关的风险暴露。
    D. 有人缺勤时，交叉培训可以提供备岗人员，从而保证运营的连续性。

83. A. 尽量降低成本（如果适用且可实现，具体取决于客户需求）在传统上并不是信息系统审计师工作的一部分。这项工作通常由IT部门管理层完成。此外，在审计期间才尽量降低现有提供商安排的成本已为时过晚。
    B. 转包提供商可以作为一个关注点，但不是主要关注点。这个问题应在合同中加以解决。
    C. 在特定情况下，向内部IT部门转移知识是可取的，但不应该是信息系统审计师审计IT服务提供商及其管理时的主要关注点。
    D. 从信息系统审计师的角度来看，审计服务提供商管理水平的主要目标应该是确定要求的服务的提供方式是否可接受、无缝且符合合同协议。

84. A. 时区差异对于外包方案是可以管理的问题。
    B. 更高的电信成本是成本效益分析的一部分，通常不是在内部保留数据的原因。
    C. 隐私法律可禁止个人可识别信息跨境传输，因而使得包含本地客户信息的数据仓库无法设在其他国家/地区。
    D. 软件开发在离岸操作时一般要求更详细的规范，但这不是禁止外包方案的因素。

85. **A. 由于供应商周围的业务条件可能会发生变化，因此组织对供应商软件列表进行定期的风险评估十分重要。最好将其纳入信息技术风险管理流程。**
    B. 组织可能没有使用产品的最新版本。
    C. 视业务需求和相关风险的情况，列表可能包含开源软件。
    D. 支持可由内部或外部提供，技术支持的安排应视软件的关键性而定。

86. A. 组织不需要以行业良好实践作为其IT政策的基础。政策必须以组织的文化和业务要求为基础。
    B. 政策必须获得批准；但这不是政策制定期间的主要关注点。
    C. 由于信息安全政策必须与组织的业务和安全目标保持一致，因此在审查信息安全政策的制定时，这是信息系统审计师的主要关注点。
    D. 政策如果与业务要求不一致，则不能提供指引。

87. **A. 资产的适当保护等级由资产相关风险确定。因此，风险评估的结果是信息系统审计师应当审查的主要信息。**
    B. 资产对于业务的相对价值是风险评估的考虑因素之一；单凭此项并不能确定需要的保护等级。
    C. 漏洞评估的结果有助于创建风险评估；但这并非主要关注点。
    D. 安全控制的成本并非主要考虑因素，原因在于，这些控制的开支取决于受保护信息资产的价值。

88. A. IT战略应当具有成本效益，但必须与业务战略相一致才能有效。
    B. IT战略应当具有前瞻思维和创新性，但必须与业务战略相一致才能有效。
    C. 董事会负责确保IT战略与业务战略相一致。
    D. IT战略应当得到适当优先考虑；但它首先必须与业务战略相一致，然后才能得到优先考虑。

89. A. 计分卡是在良好治理基础上实施方案的一个优秀工具，但实施治理的最重要因素是与组织战略的一致性。

B. **IT 治理方案的主要目标是对业务提供支持,因此,确定组织战略对于确保 IT 与公司治理保持一致极为必要。如果不确定组织战略,即使实施其余选项,也不会起作用。**

C. 风险评估对于确保安全方案关注最高风险领域很重要,但风险评估必须以组织战略为基础。

D. 政策是实施安全方案的关键内容,但政策却必须以组织战略为基础。

90. A. 控制自我评估可用于增强对安全控制的监控,但不用于使 IT 与组织目标保持一致。

B. 在发生影响业务运营的事故时,业务影响分析可用来计算其对业务的影响,但不用于使 IT 与组织目标保持一致。

C. **IT 平衡计分卡在 IT 目标与业务目标之间充当桥梁,它通过对客户满意度、内部流程以及创新能力进行评估的措施对传统的财务评估进行补充。**

D. 业务流程再造是审查和改进业务流程的优秀工具,但其重点不是确保 IT 与组织目标保持一致。

91. A. 主合同通常包含条款、条件和成本,但通常不包含服务等级。

B. **关键绩效指标提供了衡量绩效方法。服务等级协议是有关预期服务水平的说明。例如,某互联网服务提供商可能保证,其服务可用的时间将达到 99.99%。**

C. 如果服务适用,业务连续性测试的结果通常为尽职调查的一部分。

D. 独立审计报告组织的财务状况或控制环境。对审计报告的审查通常是尽职调查的一部分。审计也必须按照一套标准或指标来验证合规性。

92. A. 风险规避策略只是说明了不要执行某些可带来风险的特定活动或流程。

B. 风险转移策略规定与合作伙伴分担风险,或购买保险。

C. **风险缓解策略提供了应对所述风险的控制及其实施方法。要求系统管理员对备份的完成情况进行签字是可验证遵从情况的一种管理**

控制。

D. 风险接受战略正式承认存在风险但未采取措施减少风险,并对其进行监控。

93. A. **漏洞表示可能会被威胁利用的信息资源的弱点。因为这些弱点可由安全专家解决,所以属于漏洞。**

B. 威胁是指可能会对信息资源造成损害的环境或事件。威胁一般超出安全专家的控制。

C. 概率表示发生威胁的可能性。

D. 影响表示某种威胁在利用漏洞后所产生的结果或后果。

94. A. 所有其他选项都很重要,但第一步是要保证合同对业务的支持,在这之后审计流程才有意义。

B. 所有服务等级协议都应当是可以测量的,并通过关键绩效指标来加强——但第一步是保证 SLA 与业务要求一致。

C. **对外包供应商所提供的服务的主要要求是满足业务需求。**

D. 对合同终止有适当的控制很重要,但首先信息系统审计师必须关注供应商满足业务需要的要求。

95. A. 企业数据模型是定义组织数据结构和数据关联方式的文档。虽然该模型很有用,但不提供 IT 资产投资方面的信息。

B. **IT 平衡计分卡是一种工具,它将 IT 目标与业务目标联系在一起,通过增加用于评估客户满意度、内部流程和创新能力的衡量标准,对传统的财务评估进行补充。通过这种方式,审计师可衡量 IT 投资和战略是否成功。**

C. IT 组织结构概述了 IT 实体内的职能关系和报告关系,但不能保证 IT 投资的有效性。

D. 历史财务报告不提供有关规划的信息,并且缺少充分的详细信息,无法使人们完全了解有关 IT 资产的管理活动。过去的成本不一定能体现价值,而数据等资产也不显示在账簿上。

96. A. **通常,不应将组织的核心活动外包,因为这是组织最擅长的事情;这种情况应该令信息系统审计师担忧。**

B. 信息系统审计师不需关注外包合同中的定期重新商议,因为这取决于合同条款。

C. 不能期望外包合同中涵盖各方面应该执行的每项行动和细节，但应包含业务需求。
D. 外包多个供应商是减少与单点故障相关的风险的可接受的方式。

97. A. 与任何其他项目一样，信息系统审计应遵循范围、时间和成本的限制，并应准确无误，以评估信息系统控制的目标和有效性。
B. 自动化审计流程可为审计师腾出时间，以专注于审计目标的关键方面，如降低风险。检查适当且充分的证据有助于评估信息系统控制的目标和有效性。
C. 准确性、搜集真实的信息进行证据分析以及减少审计中的人为错误有助于判断信息系统控制是否有效并按预期运营。
D. 信息系统审计是一个基于风险的流程，应能检测信息系统控制中的潜在问题，并得出这些控制是否设计良好且有效的结论。

98. A. 尽管交叉培训也是保持业务持续性的良好实践，但它不是通过强制休假实现的。
B. 它是保持员工士气高昂的良好实践，但这不是制定强制休假政策的主要理由。
C. 让其他人来执行工作职能是发现可能的违规行为或欺诈的一种控制方法。
D. 休假也是一项很有竞争力的福利，但它同样不是控制手段。

99. A. 计划不需要解决最新技术的问题；是否实施新技术取决于风险和管理战略方法。
B. 计划不需要解决运营控制的问题，因为这对于战略计划而言过于细节化。
C. IT 战略计划中必须明确表述 IT 使命和愿景。
D. 计划的实施应有适当的项目管理，但计划不需要解决项目管理实务的问题。

100. A. 雇用额外员工来确保实现职责分离成本较高。
B. 数据库管理员需要数据库服务器的根访问权限来安装升级或补丁程序。
C. 管理员可以在介质备份事件之前修改或擦除日志。
D. 通过创建 DBA 无法清除或修改的日志，实现职责分离。

101. **A. 单个用户能够同时获取并验证信息表明分离不充分，这是因为信息会被认为是正确的并看似已经通过验证。不应允许发送信息的人验证信息。**
B. 用户可以发送信息，但不能够验证其自己的信息。
C. 这是职责分离的示例。一个人可发送自己的信息，但只能验证其他用户的信息。
D. 能够获取并验证其他用户的信息，并只能发送他们自己的信息是可以接受的。

102. A. 程序根据政策实施。
B. 政策是反映组织的企业理念的高级别文档。内部标准、程序和实务均服从于政策。
C. 标准服从于政策。
D. 实务服从于政策。

103. A. 责任限制条款保护组织的财务风险暴露，但不保护其软件投资。
B. 服务水平要求中规定了未满足标准的经济处罚，但无法解决供应商破产的问题。
C. 合同中的软件托管条款可确保软件源代码在供应商出现问题（例如破产和版权问题）时，组织仍可使用软件源代码。
D. 版本控制与软件开发生命周期有关，而不是软件投资。

104. **A. IT 治理的目标是提高 IT 绩效、提供最佳的业务价值并确保合规性。要支持这些目标，关键是使 IT 与业务在战略上保持一致。为了实现一致性，需要将其他所有选项与企业实务和战略相关联。**
B. 问责制很重要，但 IT 治理最重要的目标是确保 IT 投资和监督与业务要求一致。
C. IT 必须显示其对组织的价值，但该价值取决于 IT 对业务要求的一致性和支持能力上。
D. 提高回报是 IT 治理框架的一项要求，但该要求只能通过使 IT 与业务要求一致来显现。

105. A. 解决安全风险的措施不应只限于网络风险，更要侧重于关键性最高的那些领域，目的是以尽可能低的成本来最大程度地降低风险。
B. IT 战略计划不足以精确地提供相应的措施。必须根据可衡量的目标来对目标指标进行持续跟踪；因此，通过将今天的结果与上周、上个月和上个季度的结果进行比较,可以使风险管理得到增强。风险解决措施将对网络上的资产进行描述,以便客观地衡量漏洞风险。

C. **评估 IT 安全风险时,考虑整个 IT 环境非常重要。**

D. 安全风险措施不能确定对漏洞的容忍程度。

106. A. **IT 治理的目的是引导 IT 活动以确保 IT 执行情况足以实现 IT 与企业目标保持一致并实现所承诺效益等目标。因此,创造业务价值并降低与 IT 相关的风险,可以实现 IT 的最佳利用。**

B. 对于企业来说,降低 IT 成本可能不是最佳的 IT 治理成果。

C. 尽管在分布式环境中可能需要分散组织内的 IT 资源,但并不总是如此。

D. 也不总是需要对 IT 进行集中控制。举例来说,如果企业想要与客户进行单点联系,也许就需要这类控制。

107. A. 付款条款一般在主协议中,而不是在服务等级协议中。

B. **SLA 最重要的内容是可测量的绩效条款,例如正常运行时间协定。**

C. 赔偿条款一般在主协议中,而不是在服务等级协议中。

D. 违约的解决办法只有在 SLA 违约的情况下才适用;因此更重要的是审查 SLA 的绩效状况。

108. A. **公司治理是管理层采取的一系列做法,用以指明整个组织的战略方向,从而确保目标可以实现、妥善地处理风险以及合理地利用组织资源。因此,公司治理的主要目标是指明战略方向。**

B. 业务运营的指导和控制均基于战略方向。

C. 公司治理是将战略规划、监督和问责推行到整个组织,而不仅仅是 IT。

D. 治理是通过运用良好实践来实现的,但这不是公司治理的目的。

109. A. **作为有效的信息安全治理的成果之一,实施风险管理首先需要全面了解组织中存在的威胁、漏洞及风险概况。**

B. 只有在了解组织中的威胁、漏洞及风险概况之后,才能了解风险暴露和潜在的危害后果。

C. 只有在确定并评估了组织中的威胁、漏洞及风险概况之后,才能制定基于潜在后果(影响程度)和发生概率的风险管理优先级。

D. 风险缓解优先级是以风险概况、风险接受度水平和潜在缓解控制为基础的。这些要素为制定足以使风险所产生的后果保持在可接受水平的风险缓解策略提供了依据。这是风险评估流程最后一步的一部分。

110. A. **信息安全治理旨在为安全活动指明战略方向并确保实现业务目标。因此,在有效的信息安全治理的情况下,实施价值交付是为了确保优化安全方面的投资,以支持业务目标的实现。**

B. 实施价值交付的工具和方法包括实施一套标准的安全做法;但标准的实施是实现支持价值交付的目标的一种方法,而不是目标本身。

C. 价值交付可使用基于标准的解决方案来予以支持,但使用基于标准的解决方案不是价值交付的目标。

D. 与安全方案相关的持续改进的文化是一个过程,不是目标。

111. A. 绩效衡量包括对以下内容的可衡量目标进行设置和监控:IT 过程需要交付的内容(流程输出)以及交付方式(流程能力和性能)。透明度主要通过绩效衡量来实现,因为后者可为利益相关方提供有关与目标比较的企业表现情况的信息。

B. 战略一致性主要侧重于确保业务与 IT 计划的关联而非透明度。

C. 价值交付涉及在整个交付周期内执行价值主张。价值交付确保 IT 投资交付所承诺的价值,但不确保投资的透明度。

D. 资源管理涉及关键 IT 资源的最佳投资和恰当管理,但不确保 IT 投资的透明度。

112. A. 流程成熟水平会随着 IT 治理方案的实施而提高,并进入决策过程。应该优先治理那些代表企业所面临的真实风险的领域。

B. 流程的绩效水平会反映方案的有效性,但不是确定治理优先级的方法。应该优先治理那些代表企业所面临的真实风险的领域。

C. **应根据发生概率和影响程度,优先考虑企业运**

营中面临实际风险的业务领域。
D. 鉴证（审计）报告为治理实施的有效性提供保证，但不能决定方案的优先级。应该优先治理那些代表企业所面临的真实风险的领域。

113. A. IT 战略委员会对于成功实施企业内部 IT 治理起着重要作用，但最终责任在于董事会。
B. 首席信息官对于成功实施企业内部 IT 治理起着重要作用，但最终责任在于董事会。
C. 审计委员会对于监督企业内部 IT 治理的成功实施起着重要作用，但最终责任在于董事会。
D. 公司治理是指董事会和执行管理层肩负的一系列责任和实务，旨在指明战略方向，确保实现目标，确定妥善管理风险以及验证企业的资源是否被合理使用。

114. **A. 首席信息安全官的任务是确保公司的安全政策和控制足以预防在未经授权的情况下访问企业资产，如数据、程序和设备。**
B. 用户应用程序和其他软件的测试及评估通常是被分配进行开发与维护工作的人员的责任。
C. 授予和撤销对 IT 资源的访问权限通常是系统、网络或数据库管理员的职能。
D. 批准对数据和应用程序的访问是数据或应用程序所有者的责任。

115. A. 没有高级管理层的明确支持，建立审查委员会是无效的。
B. 创建安全单位在没有高级管理层的明确支持下是没有效果的。
C. 执行主管负责支持该组织的战略性安全方案，并帮助指导该组织的总体安全管理活动。因此，来自执行管理层的支持是最关键性成功因素。
D. 选择安全流程所有者在没有高级管理层的明确支持下是没有效果的。

116. **A. 该组织的应用程序产品组合对该组织的业务目标支持程度的一致性评估，是总体 IT 战略规划过程的关键组成部分。该评估将推动 IT 规划的需求方面，并且会转换为一组战略性 IT 意图。然后，可以对整个 IT 组织（包括应用程序、基础架构、服务、管理流程等）对业务目标的支持程度做出进一步的评估。IT 战略计**
划的目的是阐明将如何使用 IT 以达到或支持组织的业务目标。
B. 经营效率方面的提议，包括降低采购和系统维护活动成本，属于战术计划，而非战略规划。
C. 已批准的 IT 合同资源供应商的列表与战术性计划相关，而非与战略性计划相关。
D. IT 战略计划中通常不会包含特定技术体系架构的详细内容。

117. A. 政策用于为程序、标准和基准指标提供指引。因此，只有在确定安全政策后，才可以制定安全程序。
B. 为信息和相关技术定义安全政策是构建安全架构过程中的第一个步骤。安全政策向用户、管理层和技术人员传达协调一致的安全标准。安全政策通常会提供一个框架，指明企业需要的工具和程序。
C. 明确访问控制方法是一种实施方面的问题，只有在制定安全政策后才可执行。
D. 只有在安全政策制定后才可定义角色和责任。

118. A. 平衡计分卡之类的措施很有用，但这些措施不能保证项目与业务战略一致。
B. 关键绩效指标有助于监控和测量 IT 绩效，但不能保证项目与业务战略一致。
C. 根据项目对企业的预期效益和相关风险来确定项目的优先顺序，是使项目组合与组织的战略性优先级保持一致的最佳措施。
D. 修改用于定义项目组合的年度流程会改善情况，但只有在组合定义流程与组织战略密切相关时才如此。

119. A. 信息系统审计师的建议通常被视为安全方案中的增值项，但这并不是实施安全方案的主要好处。
B. 实施安全方案的主要好处是，管理层可以对风险进行评估、将其降低至适当级别，并对残余风险进行监控。
C. 首席信息安全官的建议和意见通常包含在安全方案中，但这并不是将安全方案作为安全治理框架的一部分实施的主要好处。
D. 实施安全方案对 IT 安全成本的影响是不确定的。它可能会也可能不会减少。

120. A. 风险降低与风险缓解具有相同的意思。风险降低旨在应对风险（包括合规风险），并将其降低到与组织风险偏好相称的水平。
  B. **风险转移将部分或全部风险转移给第三方（例如，通过保险或外包），或利用多个团队的资源来对冲可能的损失，从而分散风险。风险转移通常旨在解决财务风险，但并不一定能解决合规风险。**
  C. 风险规避让组织免于合规性风险暴露，因为不再使用或完全消除会导致固有风险存在的业务做法。
  D. 风险缓解仍然会使组织面临一定程度的风险，但可将风险（包括合规风险）降低到与组织风险偏好相称的水平。

121. A. 与员工进行离职面谈很重要；但这并非员工离职时为保护信息机密性而采取的第一个步骤。
  B. 接任计划对于预防运营中断来说非常重要。这将解决信息可用性而不能保护信息的机密性。
  C. **如果员工负责处理高度机密的信息，则第一步是取消其对所有系统的访问权限，以限制其对机密信息的访问，从而预防数据泄露。**
  D. 审查员工的工作经历对于确定此人所执行的职能固然重要，但其在信息保密方面的有效性可能有限。

122. A. 虽然必需记录员工背景调查已经执行的事实，但这只是应有的审计条款之一。
  B. **当 IT 部门的职能被外包时，信息系统审计师应确保为涵盖所有必要领域或外包方具有完全审计访问权限的独立审计报告制定相关条款。**
  C. 财务措施（例如逐年递增的成本降低）在某个服务等级协议中是可取的；但是，成本降低与独立审计报告或完全审计访问权限的可用性相比是次要的。
  D. SLA 可以包括人际关系措施（如资源规划、员工流失、发展或培训），但是与独立审计报告或外包组织的完全审计访问权限的需要相比，这是次要的。

123. A. 用户验收测试旨在确保系统已做好投入生产的准备并满足所有书面要求。建议在发布到生产之前对所有报告进行用户验收测试并不能解决所述问题的根本原因。
  B. **数据治理可直接解决该问题。需要一种组织范围内的方法，以实现对数据资产和报告标准的有效管理。其中包括执行数据元素的标准定义，这是数据治理举措中的一部分。**
  C. 使用标准软件工具是实现不同报告一致性的一种方法，并便于支持已实施的报告。因此，针对报告开发建议使用标准软件工具不能从根本上解决所述的问题。
  D. 管理层的签字同意表明，他们相信所有要求、功能和特性都已被识别并记录在案。建议管理层对新报告的要求签字认可不能从根本上解决所述问题。

124. A. 内部控制自我评估可以强调违反当前政策之处，但未必是用于推动 IT 项目优先化的最佳方法。
  B. 与内部 CSA 相似，信息系统审计很大程度上是一种检测性控制，仅能部分实现 IT 项目优先化进程。
  C. **最可取的方法是进行投资组合分析，该分析不仅清楚地显示投资战略的关注点，而且还为终止不良 IT 项目提供论据。**
  D. 业务风险分析是投资组合分析中的一部分，但是，仅依靠业务风险分析并非是确定 IT 项目优先顺序的最佳方法。

125. A. 符合安全标准很重要，但不经过独立审查将无法验证或证明情况是否属实。
  B. **能够对外包供应商进行独立的安全审查是至关重要的，因为客户信用信息将保存在该供应商处。**
  C. 虽然长期的业务经验和良好的声誉是评估服务质量的重要因素，但不能将业务外包给安全控制薄弱的提供商。
  D. 遵守组织的安全政策很重要，但不经过独立审查将无法验证或证明情况是否属实。

126. A. 在合并后的整合方案中，通常都会成立项目管理办公室（一般由外部专家组成），以确保规划和报告结构中的信息标准化且具有可比性，并集中处理项目交付成果或资源的依赖关系。

B. 应将这些工作合并在一起，以确保与合并后的新公司总体战略保持一致。如果未能集中管理资源分配，单独的项目可能会过高估计内部开发的旧版应用程序的关键知识资源可用性。

C. 开发新的综合性系统需要一定的原来系统的知识，以了解每个业务流程。

D. 大多数情况下，合并会导致应用程序更改并因此导致培训需求，因为组织和流程都需要进行变更以获得该合并所预期的协同效应。

127. A. 由于资源有限，中等规模的组织通常不会设立单独的信息技术风险管理层。此外，通常无须外部专家的帮助即可管理 IT 风险。

B. 虽然行业标准可以涵盖常见的风险，但无法解决某个组织在特定情况下的具体问题。不在组织内进行详细评估，将不会发现具体的风险类型。将一个风险状况分为多个风险状况不足以管理 IT 风险。

C. 审计师应建议开展正式的 IT 风险管理工作，因为业务风险文件中包含的几类泛泛而谈的 IT 风险是不够的。未能证明负责任的 IT 风险管理可能会成为组织的责任。

D. **定期召开 IT 风险管理会议是在中等规模的组织中确定和评估与 IT 相关的风险、解决相应的管理责任问题以及保持风险登记和缓解计划处于最新状态的最佳方法。**

128. A. **定量风险分析方法使用数值来描述风险的可能性和影响。因此，整体业务风险可以用威胁利用漏洞的可能性和影响程度来表示，并为资产风险提供了最佳的衡量方法。**

B. 威胁源是指故意利用漏洞的意图和方法，或者可能意外触发漏洞的情况和方法。威胁是指可能造成不良后果或影响的事件或情况。风险的计算必须考虑利用了漏洞的威胁（不是威胁源）的影响和可能性。

C. 在确定业务风险时，需要考虑威胁（而不是威胁源）的可能性和影响，而不仅仅是可能性。

D. 风险评估团队的集体判断是定性风险评估的一部分，但必须结合对业务影响的计算以确定总体风险。

129. A. 委员会例行会议是监控委派任务的不错办法；但是，独立审查能够提供更好的保证。

B. 管理层不应仅仅依赖子承包商自己报告的信息。

C. 取得政府机构的准许与保证信息的机密性没有关系。

D. **定期独立审计可合理保证没有违反信息机密性的要求。**

130. A. **如果外包给专用网络，组织应确保第三方实施了最低限度的 IT 安全控制并且它们正在有效地运营。合同中缺少审计权条款会影响信息系统审计师执行信息系统审计的能力。因此，信息系统审计师最担心这种情况。**

B. 让信息安全主题专家审查合同是一种良好实践，但并非所有行业均要求如此。

C. 董事会批准信息系统外包准则是一种良好的治理实践，而缺少批准是一个审计问题。但它不会影响信息系统审计师执行信息系统审计的能力。

D. 缺少明确定义的程序将无法对信息系统绩效进行客观的评估，这是一个审计问题。但是，它不会导致重大风险或影响，也不会影响信息系统审计师执行信息系统审计的能力。

131. A. 威胁趋势是动态的。在制定政策时应该考虑到，但它并非主要因素，因为政策不会像威胁趋势那样频繁变化。

B. 以前的安全事故可提供对风险偏好声明的深入了解；但是，它们更有可能影响安全标准和程序。

C. 新兴技术是不断发展的。在制定政策时应该考虑这些技术，但它们并非主要因素，因为政策不会像技术那样频繁变化。

D. **风险偏好是指一个实体在追求其使命以实现其战略目标时愿意接受的宽泛层面的风险量。信息安全政策的目的是将信息风险控制在可接受水平，以使该政策大体与风险偏好保持一致。**

132. A. 云计算具有成本效益，因为其不需要通常用于购买软件和硬件的成本。然而，需要密切监控其他成本，如数据传输成本、云使用成本、迁移成本和业务流程再造成本。因此，使用云提供商未必能节省成本或降低风险。
B. 识别高水平残余风险的合规性实施流程应按预期工作,不应进行修改。
C. 高级管理层负责确定资源分配。在确定安全水平不足的情况下,高级管理层必须接受其决策带来的风险。
D. 信息系统审计师不应建议推迟任何程序。这是一项管理决策,管理层应首先接受风险。

133. A. 业务中断保险针对组织运营中断导致的利润损失。
B. 忠诚保险针对因员工不诚实或欺诈行为造成的损失。
C. 错误和遗漏保险在由于专业从业者的不当行为而给客户造成经济损失时提供法律责任保护。
D. 额外支出保险旨在覆盖组织中发生灾难/中断后继续运营的额外成本。

134. **A. 检测风险是审计风险的组成部分,指审计程序未能检测到存在实质性错误或欺诈的可能性。**
B. 审计中的固有风险是指与业务或交易的性质有关的风险。它不受人为错误的影响,是审计风险的组成部分。
C. 控制风险是审计风险的组成部分,指存在无法通过内部控制体系加以避免或及时检测到的实质性错误的风险。
D. 业务风险是一个宽泛的类别,包括战略风险、合规风险、运营风险和声誉风险。它适用于任何有可能妨碍企业实现其业务目标或目的但不属于审计风险的事件或情况。

135. **A. 资产分类的最佳基础是了解资产受到损害时可能给企业带来的总损失。通常,评估这些损失时还需要审查财务成本之外的关键性和敏感性,例如运营和战略。**
B. 资产的价值可能大于其货币成本,例如对声誉和品牌的影响。
C. 资产分类不会因潜在的威胁而变化。
D. 保险将根据资产分类获得。

136. A. 缓解所有现有风险是不可能的。然而,在实施有效的缓解措施前,需要对风险进行识别和排序。

B. 残余风险不太可能为零,但可以降低。一定程度的风险总会存在。这被称为残余风险。
C. 应确定可能影响组织的风险,对其进行排序,并作为风险战略的一部分进行记录。不了解风险,就不存在风险战略。
D. 使用既定的风险框架不及识别和评级所有可能的风险以便能够加以解决那样重要。

137. A. 尽管供应商提供最新的第三方审计报告供审查,但没有以合同方式协定供应商持续提供年度报告以供验证和审查。
B. 尽管供应商提供最新的内部审计报告供审查,但没有以合同方式协定供应商持续提供年度报告以供验证和审查。
C. 如果没有合同中的条款,同意实施控制并不能保证控制的实施持续与企业保持一致。
D. 要确保当前和未来的任何潜在风险得到缓解,唯一方法是在合同中加入条款,要求供应商未来提供外部审计报告。如果没有审计条款,供应商可能会选择放弃未来的审计。

138. **A. 为确保有效落实 IT 治理框架,高级管理层必须 参与其中并了解其角色和责任。因此,在评估 IT 治理的健全性时,必须确保高级管理层的参与。**
B. 管理投资回报率并由此创造业务价值是 IT 治理框架目标之一。因此,它并不是验证 IT 治理健全性的有效方式。
C. 引入成本分摊制度,以便于向相关的业务部门收取 IT 成本,是 IT 治理框架的目标之一。因此,它并不是验证 IT 治理健全性的有效方式。
D. 估计风险偏好非常重要,但同时,管理层应确保落实控制。因此,仅确定风险偏好并不能验证 IT 治理的健全性。

139. **A. 在成本效益分析中,会相对于预期总收益确定总采购和运营/支持成本以及所有活动的预期定性值的权重,以便选择技术最佳、最盈利、成本最低或风险可接受的选项。**
B. 年化预期损失是针对一年期以上资产估算的预期金钱损失。它是确定控制必要性时应引入的有用的计算,但只进行这种计算并不够。
C. 应比较硬件资产的成本和资产所保存的信息

的总价值，包括数据所在的系统和数据传输所涉及的系统的成本。作为成本效益分析的一部分，这种比较很有用，但其本身不足以确定是否应实施控制。

D. 业务影响分析预测业务职能和流程中断的后果，并搜集制定恢复战略所需的信息。BIA 只是成本效益分析的一部分。

140. A. 为企业提供支持的组织，其实力不应局限于短期合同执行期内。财务评估目标不应限定在短期合同以内，而是应该在长期基础上提供可持续性鉴证。

B. 供应商是否与采购商的财务状况相似与本审查无关。

C. 供应商不应有可能为组织带来财务责任的不利因素；财务责任一般是采购商对供应商的。

D. 供应商的长期财务能力对于组织获得最大价值极其重要—财力雄厚的供应商更可能长期经营，因此更可能有能力为组织购买的产品提供长期支持。

141. A. 在每项政策中包含全面法律声明以遵守所有适用法律法规的做法无效，因为政策的读者（内部员工）不会知道哪些声明适用或要求的具体性质。这会导致相关人员因缺少相关知识而无法执行为实现法律合规性而需要执行的活动。

B. 由了解相关法律法规要求的人员定期审查政策能够最好地确保组织政策符合法律要求。

C. 每年由高级管理层签字确认组织政策有助于在高层确定工作基调，但并不能确保政策符合法律法规要求。

D. 根据最严格的法规调整政策可能会给组织带来无法接受的财务负担，这将导致对低风险系统实施与包含敏感客户数据和其他信息的系统同等程度的保护。

142. A. 必须根据成本效益分析实施风险缓解控制，但成本效益分析只有在以业务术语注明 IT 风险时才有效。

B. 基于全球标准的风险管理框架有助于确保完整性，但组织必须根据具体的业务要求对其进行调整。

C. 风险响应的批准在流程的后期进行。

D. 为了使风险管理富有成效，必须根据业务目标调整 IT 风险。这可通过采用所有人都可明白的术语来实现，最佳的方式便是以业务术语注明 IT 风险。

143. A. 要求用户在政策上签字是一种良好实践；但这只是要求个人用户遵守政策，而非组织。

B. 让服务提供商签署赔偿条款可以确保遵守企业的安全政策，因为只要发现任何违规行为，服务提供商都需要承担财务责任。这还可以提醒企业密切监控安全违规行为。

C. 安全意识培训是一种极好的控制方法，但不能保证服务提供商的员工遵守政策。

D. 修改安全政策无法保证用户遵守政策，除非能够将政策适当地传达给用户并得到执行，而且提供安全意识培训。

144. A. 建议批准当前配置不符合公司自身的政策，且不符合良好实践。

B. 对现有的共享账户保有审计轨迹不能解决问责性问题或不遵守政策的问题。

C. 在当前给定的情况下，独立的用户账户能明确交易责任，因此应该是最重要的建议措施。

D. 共享用户账户无法为交易提供问责制，也不能反映良好实践。

145. A. 确保员工能够适当地获得多种职能的交叉培训能够提高员工技能，有利于接班规划，但不是强制休假的主要目的。

B. 提升员工士气有利于缓解员工疲劳，但不是强制休假的主要原因。

C. 强制休假有助于发现潜在的错误或不一致情况。确保有权访问敏感内部控制或流程的人每年进行强制性休假通常是一项监管要求，最重要的是，这是发现欺诈行为的好方法。

D. 强制休假不一定是节省成本的方法，这要视企业的具体情况而定。节省成本并不是该政策的主要目的。

146. A. 在商定的预算范围内管理项目组合非常重要，并且应确定项目组合是否超出 IT 预算。然而，其重要性不如确保它与业务计划一致。

B. 项目组合调整应具有明确的指示和战略目标，

使现有项目与业务战略保持一致,并确保持续调整以继续投资于适当调整的项目和组合。项目组合应与投资战略保持一致,但更重要的是与业务计划一致。

C. 项目组合应当得到适当批准。但不是每家企业都有 IT 指导委员会,而且这也没有保证项目与业务计划的一致性重要。

D. 项目组合管理应综合考虑企业整体 IT 策略,因此应与业务策略保持一致。业务计划可为项目组合中各个项目的实施提供充分的理由,而这正是信息系统审计师应该予以考虑的主要内容。

147. A. 供应商尽职调查是组织在建立合同关系前审查其供应商以发现潜在危险信号的方式。虽然尽职调查是良好实践,但不能保证供应商破产时源代码的可用性。

B. 每季度对供应商设施进行审计是持续评估供应商的良好实践,但不能保证初创供应商倒闭时源代码的可用性。

C. 源代码托管的目的是确保软件支持和维护的持续可用性。因此,要保护企业在软件方面的投资,建议采用这种方法,因为源代码将经由可靠的第三方实现可用性,并且即使这家初创供应商停业,依然可以收回源代码。

D. 处罚条款对违反合同条款的违约方处以罚款。尽管将其纳入合同是一种良好实践,但在供应商破产时,它无法提供保护或保证源代码的可用性。

148. A. 首席法务官负责确保将企业的法律风险降至最低。虽然 CLO 能够为政策提供法律方面的指导,但仍无法决定公司的风险偏好。

B. 安全管理涵盖保护组织资产(包括计算机、员工、建筑物和其他资产)免受风险的各个方面。因此,安全管理小组主要关注的是安全状况的管理,无法决定安全状况。

C. 审计委员会的主要目的是监督财务报告流程、审计流程、公司内部控制体系以及法律法规的遵守情况。审计委员会不负责设定企业的风险承受能力或偏好。

D. 风险偏好由董事会确定,并应与企业希望实现的战略目标保持一致。更难以实现的战略目标和/或雄心勃勃的目标通常需要更高的风险偏好。

149. **A. 有权访问生产环境的开发人员可能会运行未经授权的代码,或将未经测试的代码迁移到生产环境,从而导致系统不可用。**

B. 在尚未设有专门测试小组的情况下,业务分析人员通常也可以执行测试工作,因为分析人员通过编写相关需求可以了解系统运行方面的详细信息。

C. 在小规模的团队中,如果 IT 经理不同时参与代码开发,便允许其执行系统管理工作。

D. 数据库管理员的主要职责是为企业实施、维护、优化和管理数据库结构。因此,执行数据备份可以是 DBA 的部分职责。

150. **A. 通常,IT 指导委员会肩负多种多样的职责,其中包括批准 IT 项目计划和预算。与企业目标、风险和治理相关的问题通常均属于分配给 IT 战略委员会的职责,因为该委员会需要向董事会提供建议和意见。**

B. 使 IT 与业务目标保持一致通常是 IT 战略委员会的任务。指导委员会更多的是参与单个项目和预算的批准和监督。

C. 与 IT 合规风险相关的问题一般是分配给 IT 战略委员会的任务。指导委员会更多的是参与单个项目和预算的批准和监督。

D. IT 治理一般是分配给 IT 战略委员会的任务。指导委员会更多的是参与单个项目和预算的批准和监督。

151. A. 成熟度模型用于评估当前流程能力,因此可用于改善流程和衡量一致性流程的成熟度,但无法直接促成与战略能够保持一致。

B. 目标和指标可确保 IT 目标基于业务目标而定,这才是保证策略一致性的最佳促成元素。

C. 控制目标是关于组织如何有效管理风险的陈述。因此,控制目标可根据业务需求促进控制在相关流程中的实施。

D. 执行人、责任人、咨询人、被通知人图可用于为主要职能分配职责,但无法保证战略的一致性。

152. A. 根据其战略使命,此委员会只可由高级管理层或高级职员组成。每名成员都应在各自领域的团队内拥有决策权。

B. 确保信息安全政策和程序的正确执行不是 IT 指导委员会的责任，是 IT 管理层和安全管理员的责任。

C. 重要的是要保存详细的 IT 指导委员会会议记录，以记录 IT 指导委员会的决定和活动。应及时向董事会报告这些决策。

D. 只有在适当的时候才可邀请供应商参加会议。

153. A. 记录 IT 相关政策和程序是框架实施的一部分；它并不能保证成功的实施。

B. 确保在信息技术框架中适当体现业务，是使信息技术框架与业务保持一致的最佳途径。

C. 无论选择何种框架，与业务流程的一致性都是成功实施的关键。

D. 创建委员会来监督框架的实施是一项良好实现，但如果无法代表业务，该框架就不会成功。

154. A. 数据保管员负责存储和保护数据，包括系统分析师和计算机操作员等信息安全人员。

B. 数据保管员是组织内的监督或数据治理角色，负责确保组织数据资产（包括这些数据资产的元数据）的质量和适用性。

C. 数据所有者负责数据分类和保护。他们的安全职责包括：授予访问权限、确保访问规则在人员发生变动时得到更新，以及定期对其负责的数据进行访问规则审查。

D. 数据控制者决定数据处理的目的和方式。

155. **A. 互联网上的通信通道（甚至是气隙系统中的 USB 接口）都会增加恶意软件侵害的风险（例如 Stuxnet）。**

B. 在基于风险的审计中，评估监控器、传感器和执行器的重要性不如评估通信系统。

C. 与恶意软件侵害相比，总体拥有成本/成本效益的评估并不是信息系统审计师最关心的问题。

D. 可用性评估是在基于风险的审计中较少用到的评估。

156. A. 信息系统审计师不能建议暂停用户的访问权限。

B. 如果发现了违反职责分离的情况，信息系统审计师应首先寻找补偿性控制，然后再记录发现。

C. 信息系统审计师不会建议将两个角色合并为一个角色，因为这违反了 SOD。

D. 信息系统审计师应在记录发现前确定并评估所有控制。

157. A. 为开发和实施 IT 系统提供蓝图是企业架构的一个重要方面，但不是其主要目标。

B. 尽管 EA 也能帮助管理 IT 相关风险并确保遵守法律和监管要求，但这并不是 EA 框架的主要目标。

C. 确保高效、有效地利用 IT 资源和能力也是 EA 的一个重要方面，但不是其首要目标。

D. EA 提供企业 IT 架构的整体集成视图，并确保 IT 与其业务目标和战略保持一致。EA 的主要目标是通过提供对企业 IT 能力和资源的全面、最新了解，以及如何利用这些能力和资源来支持企业的目标，从而推动决策、创新和敏捷性。

158. A. 入侵检测系统使用为此目的而构建的签名来识别某些敏感信息，但它们在检测敏感信息方面的有效性不如数据丢失防护系统。

B. 数据丢失防护系统可识别存储在端点系统上或通过网络传输的敏感信息。

C. 入侵防御系统使用为此目的而构建的签名来预防敏感信息。然而，它们无法识别端点上或传输中的敏感信息。

D. 传输层安全是一种用于保护敏感信息的网络加密协议，但它不具备识别敏感信息的任何能力。

159. A. 数据丢失防护解决方案无法预防所有数据丢失事故，因为尽管实施了 DLP 控制，某些数据丢失事故仍可能发生。

B. DLP 有助于预防无意或恶意的数据丢失事故，及时检测并响应事故，并最大限度地减少数据丢失事故对企业的影响。

C. DLP 解决方案的主要目标是通过实施一系列预防性和检测性控制（例如访问控制、数据分类、加密、监控和响应程序）来降低数据丢失事故的风险。这些控制有助于预防无意或恶意的数据丢失事故，及时检测并响应事故，并最大限度地减少数据丢失事故对企业的影响。

D. DLP 不会加密企业数据；相反，它通过实施适当的控制来缓解数据丢失事故的风险。

160. A. 数据丢失防护应用不同的控制来帮助保护企业的敏感数据，并且不需要由一名刚管理员进行管理。

B. DLP 解决方案的有效性取决于其配置和实施。如果 DLP 解决方案配置不当，则可能无法检测或预防敏感数据泄露。此外，如果 DLP 解决方案实施不当，则可能无法有效执行数据保护政策。

C. 信息系统审计师最关心的是确定数据丢失防护解决方案是否已正确配置和实施，以满足企业 DLP 政策和程序的要求。

D. DLP 的目的不是对数据进行加密或去识别化；它通过实施适当的控制来缓解数据丢失事故。

161. A. 阻止对所有外部网站和电子邮件域的访问并不能预防所有意外数据丢失，例如按照错误程序进行的数据备份。预防此类事故的最有效方法是对员工进行教育和培训，让他们了解数据保护政策和程序的重要性。此外，阻止对外部网站和电子邮件域的访问可能不利于业务运营和生产力。

B. 对于所有类型的数据，在所有存储设备上对所有敏感数据进行加密可能不切实际，也没有必要。

C. 员工意外造成的数据丢失在许多企业中屡见不鲜。定期培训和安全意识计划可以帮助员工了解其在保护敏感数据方面的角色和责任，确定潜在风险和漏洞，并采取适当措施以预防数据丢失事故。员工培训和安全意识对于任何数据保护策略都至关重要。员工需要了解其所处理的信息的价值、数据丢失的后果，以及他们在数据保护中的作用。应定期举办培训和安全意识课程，向员工传授处理和保护数据的最佳实践。

D. 严格的访问控制可以帮助预防未经授权地访问敏感数据，但可能无法解决授权用户造成的意外数据丢失风险。

162. A. 加密货币挖矿消耗大量计算资源；因此，定期审查计算资源的可用性和活动报告将有助于检测未经授权的活动。

B. 执行软件认证政策是一种预防性控制，可以预防将来发生类似事件，但无法检测到已安装的工具。

C. 安全意识培训可预防未来事故，但无助于发现事故。

D. 虽然日志监控有助于检测，但本例中该工具未获得授权；因此，日志监控工具可能无法搜集加密货币挖矿情况。

163. A. 风险和合规性是绩效指标的维度之一。

B. 关键 IT 流程（包括解决方案和服务交付）是绩效指标的维度之一。

C. 业务贡献（包括财务贡献）是绩效指标的维度之一。

D. 确定关键流程以满足客户要求是制定绩效指标的最重要方面之一。其他方面则包括从既定流程中识别具体、可量化的工作成果，并制定可对成果进行评分的目标。

164. A. 应从企业架构中搜集不同类型的证据，以评估其与企业要求的一致性。

B. 审计标准应基于并源自企业的要求，以评估 EA 是否与之吻合。

C. 对 EA 进行审计的目的是了解信息系统是否与企业架构相符，以及是否满足企业的目标。

D. EA 文档是信息系统审计师用来搜集适当且充分的符合性证据的众多信息来源之一。

领域 3

信息系统的购置、开发与实施（12%）

1. 已定义和完成了系统交付成果以保证新业务系统应用程序的成功完成和实施，该交付成果应由谁审查和批准？

   A. 用户管理人员
   B. 项目指导委员会
   C. 高级管理层
   D. 质量保证员工

2. 下列哪一项**最**有助于安排各项目活动的优先顺序和确定项目的时间线？

   A. 甘特图
   B. 挣得值分析
   C. 计划评审技术
   D. 功能点分析

3. 一位正在审查一系列已完成项目的信息系统审计师发现，实现的功能常常超出原本需要且多数项目大幅超出预算。组织项目管理流程中的哪个环节**最**有可能引发这一问题？

   A. 项目范围管理
   B. 项目时间管理
   C. 项目风险管理
   D. 项目采购管理

4. 一名信息系统审计师正在审查某组织的软件开发流程。下列哪项职能适合由最终用户执行？

   A. 程序输出测试
   B. 系统配置
   C. 程序逻辑说明
   D. 性能调整

5. 一位信息系统审计师正在审查某个具有生产和测试两种应用环境的医疗组织的系统开发。面谈期间，审计师注意到生产数据被用于测试环境中以测试程序变更。在这种情况下，**最大**的潜在风险是什么？

   A. 测试环境可能没有充分的控制机制来确保数据准确性
   B. 由于使用生产数据，测试环境可能产生不准确的结果
   C. 测试环境中的硬件可能与生产环境中的硬件不同
   D. 测试环境可能没有实现充分的访问控制来确保数据机密性

6. 信息系统审计师正在审查最近完成的向新企业资源规划系统的转换的项目。在转换过程的最后阶段，最初30天旧系统和新系统同时运行，然后才独立运行新系统。使用这种策略的**最大**优点是什么？

   A. 比其他测试方法节省更多成本
   B. 确保运行速度更快的新硬件与新系统兼容
   C. 保证新系统满足功能性要求
   D. 提高并行处理时间的弹性

7. 以下哪种软件应用程序测试被视为测试的最终阶段，并且通常包括开发团队以外的用户参与？

   A. Alpha 测试
   B. 白箱测试
   C. 回归测试
   D. Beta 测试

8. 组织应在软件应用程序测试的哪个阶段执行架构设计的测试？

   A. 验收测试
   B. 系统测试
   C. 集成测试
   D. 单元测试

9. 以下哪项是集成测试设施的优点？

    A. 使用实际主文件或虚拟数据，信息系统审计师不必审查交易的来源
    B. 定期测试不需要单独的测试流程
    C. 它可验证应用系统，并确保系统的正确运行
    D. 无须准备测试数据

10. 某组织正在将内部开发的薪资管理程序替换为一个商业企业资源规划系统的相关子系统。以下哪项表现出的潜在风险**最高**？

    A. 某些项目变更的批准未记录
    B. 历史数据从旧系统到新系统的迁移出错
    C. ERP 子系统标准功能的测试不完整
    D. 新 ERP 子系统上的现有薪资管理权限重复

11. 某企业正在制定一项策略，以将其数据库软件升级到更新版本。信息系统审计师可以执行下列哪一项任务而不会对信息系统审计功能的客观性造成损害？

    A. 对新数据库软件采用哪些应用程序控制提供建议
    B. 为项目团队将来所需的许可费用提供评估
    C. 向项目经理提出关于如何提高迁移效率的建议
    D. 在执行验收测试之前，审查验收测试个案文档

12. 在实施后审查期间，应执行以下哪项活动？

    A. 用户验收测试
    B. 投资回报率分析
    C. 激活审计轨迹
    D. 更新企业架构图的状态

13. 对有明确项目结束时间以及固定的测试执行时间的项目，以下哪一项是确保实现了充分的测试覆盖的**最佳**方法？

    A. 根据重要性和使用频率对需求进行测试
    B. 测试覆盖率应限制在功能要求之内
    C. 应使用脚本执行自动测试
    D. 只重测缺陷修复，以减少所需的测试数量

14. 通过对照能力成熟度模型来评估应用开发项目，信息系统审计师应可以确定：

    A. 产品的可靠性是否得到保证
    B. 编程人员的效率是否提高
    C. 是否制定了安全规定
    D. 是否遵从了可预测的软件流程

15. 某信息系统审计师正在对某组织的系统进行实施后审查，并确定了会计应用内部的输出错误。该信息系统审计师判定这是由输入错误造成的。该信息系统审计师应当向管理层建议采取以下哪一项控制？

    A. 重新计算
    B. 极限检查
    C. 运行到运行的汇总
    D. 对账

16. 由于重组，一个业务应用程序系统将扩展到其他部门。以下哪一项**最**令信息系统审计师关注？

    A. 未确定流程所有者
    B. 未确定记账成本分摊方法
    C. 应用程序存在多个所有者
    D. 没有培训方案

17. 当审计购置新计算机系统的提议时，信息系统审计师应**首先确保**：

    A. 管理层已批准清晰的业务案例
    B. 符合企业安全标准
    C. 用户将参与到实施计划中
    D. 新系统将具备所有所需的用户功能

18. 以下哪种风险是在软件即服务环境下**最**可能遇到的？

    A. 没有遵守软件许可协议
    B. 因互联网交付方法而导致性能问题
    C. 因软件许可要求而导致成本增加
    D. 因需要升级到兼容硬件而导致成本增加

19. 信息系统未能满足用户需求的最常见原因是：

    A. 用户需求不断变化
    B. 未能准确预测系统需求的增长
    C. 硬件系统限制并发用户数
    D. 用户参与定义系统要求的程度不够

20. 许多 IT 项目会由于开发时间和/或资源需求估计不足而遇到问题。在估计项目持续时间时，以下哪项技术可提供**最**大程度的协助？

    A. 功能点分析
    B. 计划评审技术图
    C. 快速应用开发
    D. 面向对象的系统开发

21. 一名信息系统审计师正在审查一家大型企业的 IT 项目，并且想确定在指定年份实施的 IT 项目是否已被该企业指定为优先级最高的项目，以及是否会创造最大的商业价值。以下哪一项**最**相关？

    A. 能力成熟度模型
    B. 组合管理
    C. 配置管理
    D. 项目管理知识体系

22. 在新系统的设计过程中，建立停止点或冻结点是为了：

    A. 预防对进行中的项目进行进一步变更
    B. 指示要完成设计的点
    C. 要求对该点后的变更评估其成本效益
    D. 为项目管理团队提供对项目设计的更多控制权

23. 正在使用原型设计开发的业务应用系统的变更控制会因以下哪个因素而变得复杂？

    A. 原型设计的迭代性质
    B. 需求和设计快速修改
    C. 对报告和屏幕的强调
    D. 缺乏集成工具

24. 信息系统审计师正在审查一个重要软件开发项目，发现即使软件开发人员计划外的加班时间很多，项目仍然按进度和预算进行。信息系统审计师应该：

    A. 得出项目按计划进行的结论，因为它满足期限要求
    B. 进一步询问项目经理，以确认加班成本是否得到了准确跟踪
    C. 得出编程人员故意工作缓慢以挣取额外的加班工资
    D. 进一步调查，以确定项目计划是否不准确

25. 一个项目开发团队正在考虑在测试程序中使用生产数据。在将数据载入测试环境之前，该团队将其中的敏感数据脱敏。对于这种做法，信息系统审计师应额外关注下列哪一项？

    A. 将不会测试全部功能
    B. 生产数据被引入测试环境
    C. 需要专门的培训
    D. 项目可能超出预算

26. 评估新会计应用采购的业务案例时，以下哪一项考虑因素**最**重要？

    A. 应用的总拥有成本
    B. 实施所需要的资源
    C. 企业的投资回报率
    D. 安全需求的成本和复杂度

27. 一项应用程序开发工作外包给了离岸供应商。以下哪一项应是信息系统审计师的**最**大担忧？

    A. 合同中未包括审计权利条款
    B. 未建立业务案例
    C. 没有源代码第三方托管协议
    D. 合同中没有变更管理程序

28. 在新开发的系统中实施控制之前，管理层主要应当确保这些控制：

   A. 满足解决某项风险的要求
   B. 不会降低生产力
   C. 以成本收益分析为基础
   D. 具有检测性和纠正性

29. 用于检测来自用户工作站的未经授权输入的信息**最好**通过哪种方式提供？

   A. 主机控制台日志打印输出
   B. 交易日志
   C. 自动暂记文件列表
   D. 用户错误报告

30. 以下哪项对应用程序系统的成功实施影响**最大**？

   A. 原型设计应用程序开发方法
   B. 符合适用的外部要求
   C. 组织整体环境
   D. 软件再工程技术

31. 在以下哪个位置和时间执行对远程站点中输入的数据的编辑/验证**最**有效？

   A. 运行应用系统后的中央处理站点
   B. 应用系统运行期间的中央处理站点
   C. 远程处理站点，数据传输到中央处理站点后
   D. 远程处理站点，数据传输到中央处理站点前

32. 对于信息系统审计师审查组织的 IT 项目组合来说，主要考虑的是：

   A. IT 预算
   B. 现有的 IT 环境
   C. 业务计划
   D. 投资计划

33. 进行回归测试**主要**是为了确保：

   A. 系统功能符合客户要求
   B. 新系统可以在目标环境中运行
   C. 适用的开发标准得到贯彻
   D. 应用的变更未引入新的错误

34. 推荐的交易处理应用程序将涉及许多数据获取资源以及书面和电子形式的输出。为了确保交易不在处理过程中丢失，信息系统审计师应建议执行：

   A. 验证控制
   B. 内部可信度检查
   C. 员工控制程序
   D. 自动系统均衡

35. 发现信息系统项目范围发生变化而未执行影响分析时，**最**令信息系统审计师关注的是以下哪一项？

   A. 该变化导致的时间和成本影响
   B. 回归测试失败的风险
   C. 用户不同意该变化
   D. 项目团队不具备作出必要变更的技能

36. 某信息系统审计师正在审查已采用敏捷方法的某组织的软件开发能力。该信息系统审计师**最**关注的是：

   A. 某些项目迭代是否产生包括交付成果和未完成代码的概念证明
   B. 应用功能和开发流程是否未广泛记录在案
   C. 软件开发团队是否不断重新规划其重大项目的每一步
   D. 项目经理是否不管理其项目资源，而将其交由项目团队成员负责

37. 以下哪种数据验证编辑能有效检测易位和抄写错误？

   A. 范围检查
   B. 校验数字位
   C. 有效性检查
   D. 重复检查

38. 在一项重要应用实施两个月后，管理层认为项目进展得很好，便要求信息系统审计师对已完成的项目进行审查。这位信息系统审计师应**主要**关注以下哪个方面？

    A. 确定用户对系统的反馈是否进行了文档记录
    B. 评估是否正对计划的成本收益进行测量、分析和报告
    C. 审查系统的内置控制，确保其运行符合设计要求
    D. 审查后续的程序变更请求

39. 以下哪种风险可能是由软件项目的基准指标不充分引起的？

    A. 签字延迟
    B. 违反软件完整性
    C. （项目）范围偏离
    D. 控制不充分

40. 某组织实施了一个分布式会计系统，信息系统审计师正在进行实施后审查，以提供数据完整性控制的鉴证。该审计师应当**首先**执行以下哪一项？

    A. 审查用户访问
    B. 评估变更请求流程
    C. 评估对账控制
    D. 审查数据流程图

41. 在审计购置的软件包过程中，信息系统审计师发现，该软件包的购置依据是来自于网络信息，而并不是基于对需求请求书的理解反馈。信息系统审计师应该**首先**：

    A. 测试该软件与现有硬件的兼容性
    B. 执行差距分析
    C. 审查软件许可权使用政策
    D. 确保该程序已通过批准

42. 在以下哪个测试阶段出错会对新应用程序软件的实施造成**最大**影响？

    A. 系统测试
    B. 验收测试
    C. 集成测试
    D. 单元测试

43. 以下哪项**最**有可能是实施标准化基础设施的好处？

    A. 提高 IT 服务交付和运作支持的成本效益
    B. 提高 IT 服务交付中心的安全性
    C. 降低在 IT 基础设施方面的投资
    D. 减少未来对应用程序变更进行测试的需要

44. 以下哪个选项是数据仓库设计中**最**重要的因素？

    A. 元数据的质量
    B. 交易的速度
    C. 数据的波动
    D. 系统的漏洞

45. 理想情况下，压力测试应在以下哪个环境中执行？

    A. 采用测试数据的测试环境
    B. 采用实时工作量的生产环境
    C. 采用实时工作量的测试环境
    D. 采用测试数据的生产环境

46. 在系统开发项目中，流程所有权的分配至关重要，原因是它：

    A. 利于跟踪开发完成的百分比
    B. 优化用户验收测试案例的设计成本
    C. 最大限度缩小要求与功能之间的差距
    D. 确保系统设计基于业务需求

47. 针对正在考虑购置的新应用程序软件包，信息系统审计师评估其控制规范的**最佳**时间是在：

    A. 内部实验室测试阶段
    B. 测试中和用户接受之前
    C. 需求搜集期间
    D. 实施阶段

48. 系统开发生命周期项目的阶段和交付成果应在以下哪一阶段确定？

    A. 在项目的最初规划阶段
    B. 在完成早期规划之后，开始工作之前
    C. 整个工作阶段，视风险和漏洞而定
    D. 仅在已确定所有风险和漏洞并且信息系统审计师已建议相应控制之后

49. 管理层发现，在多阶段实施之初，就有落后计划和超出预算的情况。在进行下一阶段之前，信息系统审计师针对后实施阶段工作重点的**首要**建议应是：

    A. 评估是否正对计划的成本收益进行测量、分析和报告
    B. 审查控制差额，验证系统能否正确处理数据
    C. 审查第一阶段期间程序变更对项目剩余部分的影响
    D. 确定是否已达到系统的目标

50. 在实施应用程序软件包时，以下哪一项会带来**最大的风险**？

    A. 不受控制的多个软件版本
    B. 与目标代码不同步的源程序
    C. 参数设置错误
    D. 编程错误

51. 以下哪一项是原型设计的优点？

    A. 成品系统通常具有强大的内部控制
    B. 原型系统能够显著地节省时间和成本
    C. 原型系统的变更控制通常较为简单
    D. 原型设计可确保功能或附加物不会被添加到指定系统

52. 执行事后审查的**主要**目标是提供一个机会，以：

    A. 改进内部控制流程
    B. 将网络强化到行业良好实践标准
    C. 向管理层强调事故响应管理的重要性
    D. 提高员工对事故响应流程的意识

53. 在测试数据中使用清理过的实时交易的优点是：

    A. 包含所有交易类型
    B. 可以测试每一个错误条件
    C. 评估结果无须使用特殊例程
    D. 测试交易是典型的实时处理

54. 当应用程序开发人员想要使用前一天的生产交易文件副本来做容量测试时，信息系统审计师的**主要**担忧是：

    A. 用户可能更愿意在测试时使用编造的数据
    B. 可能导致敏感数据遭到未经授权的访问
    C. 错误处理和信誉检查可能没有充分验证
    D. 未必能测试新程序的全部功能

55. 以下哪一项是执行并行测试的**主要**目的？

    A. 确定系统是否具有成本效益
    B. 实现综合单元及系统测试
    C. 找出含文件的程序接口中的错误
    D. 确保新系统满足用户要求

56. 专家系统的知识库使用问卷调查的方式引导用户做出一系列选择，直到得出结论，这样的方法被称为：

    A. 规则
    B. 决策树
    C. 语义网
    D. 数据流图

57. 与自上而下测试法相比，使用自下而上软件测试法的优点是：

    A. 能够提早发现接口错误
    B. 能够提早树立对系统的信心
    C. 能够提早检测出关键模块中的错误
    D. 能够提早测试主要功能和处理

58. 通常要在系统开发中的以下哪个阶段做好用户验收测试计划的准备？

    A. 可行性分析
    B. 需求定义
    C. 实施计划
    D. 实施后审查

59. 通过使用面向对象的设计和开发技术将**最**有可能：

    A. 促进重复使用模块的能力
    B. 改善系统性能
    C. 提高控制效能
    D. 缩短系统开发生命周期

60. 以下哪个选项应包括在某个项目实施电子数据交换过程而进行的可行性研究中？

    A. 加密算法格式
    B. 详细的内部控制程序
    C. 必要的通信协议
    D. 提议的受信任的第三方协议

61. 若要在短时间内实施新系统，**最**重要的是：

    A. 完成用户手册的编写
    B. 执行用户验收测试
    C. 将最新的功能增强添加到功能中
    D. 确保代码已存档并已审查

62. 组织在完成其所有关键运营的业务流程再造后，信息系统审计师**最**有可能重点审查：

    A. 业务流程再造前的流程图
    B. BPR 后的流程图
    C. BPR 项目计划
    D. 持续改进和监督计划

63. 信息系统审计师发现，开发中的某个系统链接了 12 个模块，并且每个数据项可以承载最多 10 个可定义属性字段。该系统每年可处理数百万次交易。信息系统审计师可以使用以下哪项技术估算开发工作量？

    A. 计划评审技术
    B. 功能点分析
    C. 对源代码行进行计数
    D. 白箱测试

64. 某组织已与一家外部咨询机构签订合同，旨在用一套商业财务系统替换其内部开发的现有系统。在审查所提议的开发方法时，应**着**重关注以下哪项内容？

    A. 验收测试由用户管理
    B. 合同规定的交付成果中不包括质量计划
    C. 系统实施初期并无法实现所有业务功能
    D. 使用原型设计能够确保系统满足业务需求

65. 在准备业务案例以支持电子数据仓库解决方案的需求时，以下哪一项对在决策过程中协助管理层**最**重要？

    A. 讨论单一解决方案
    B. 考虑安全控制
    C. 证明可行性
    D. 咨询审计部门

66. 功能性是与整个软件产品生命周期内的质量评估相关的特性，将其描述为与以下哪项有关的一组属性**最**为恰当？

    A. 存在一系列功能及其特定属性
    B. 软件从一个环境迁移到另一个环境的能力
    C. 软件在规定条件下维持其性能水平的能力
    D. 软件性能与所用资源量之间的关系

67. 在开发某应用程序期间，质量保证测试和用户验收测试被合并。信息系统审计师在审查项目时**最**关心的问题是：

    A. 维护工作加重
    B. 测试记录不正确
    C. 程序验收不正确
    D. 问题未及时解决

68. 以下哪项描述了信息系统审计师在改善质量保证方面的作用？

    A. 内部审计师
    B. 审查人
    C. 研讨会协助者
    D. 顾问

69. 信息系统审计师在审查建议的应用软件购置时应当确保：

    A. 当前使用的操作系统与现有硬件平台兼容
    B. 对计划的 OS 更新安排要尽量减小对企业需求的负面影响
    C. OS 具有最新版本和更新
    D. 产品与当前或计划的操作系统兼容

70. 在对客户关系管理系统迁移项目进行审计时，信息系统审计师**最**应关注以下哪项？

    A. 技术迁移安排在长周末前的周五进行，时间窗口对于完成所有任务来说过短
    B. 对系统执行实验测试的员工担心新系统中的数据表示法与旧系统完全不同
    C. 计划单一实施，直接弃用旧系统
    D. 在目标日期前五周，新系统软件的打印功能仍存在大量缺陷

71. 以下哪种测试能够确定新系统或改良系统能否在其目标环境中运行，并且不会对其他现有系统产生不利影响？

    A. 并行测试
    B. 实验测试
    C. 接口/集成测试
    D. 社交性测试

72. 在软件开发的测试阶段末期，信息系统审计师发现有一个间歇性软件错误尚未纠正，并且也没有采取任何措施来解决该错误。信息系统审计师应该：

    A. 将该错误作为发现写入报告，由受审方自行作进一步调查
    B. 尝试解决该错误
    C. 建议深入解决该问题
    D. 因无法获取软件错误的客观证据而忽略该错误

73. 对于应用系统控制的有效性，以下哪项措施带来的风险**最大**？

    A. 去除手动处理步骤
    B. 程序手册不充分
    C. 员工之间互相勾结
    D. 某些合规性问题无法解决

74. 某组织正通过实施新系统来替换旧系统。以下哪种转换方式可能带来**最大**的风险？

    A. 实验
    B. 并行
    C. 直接切换
    D. 分阶段

75. 在提议的企业资源规划系统的需求定义阶段，项目发起人要求链接采购与应付账款模块。**最好**执行以下哪一种测试方法？

    A. 单元测试
    B. 集成测试
    C. 社交性测试
    D. 质量保证测试

76. 在企业资源管理系统的实施后审查期间，信息系统审计师**最**可能：

    A. 审查访问控制配置
    B. 评估接口测试
    C. 审查详细的设计文档
    D. 评估系统测试

77. 某组织最近部署内部开发的一个客户关系管理应用系统。确保应用系统按设计意图操作的**最佳**选择是以下哪一项？

    A. 用户验收测试
    B. 项目风险评估
    C. 实施后审查
    D. 管理层批准系统

78. 在在线交易处理系统中，维护数据完整性的方法是确保交易完全完成，或者完全未完成。这一数据完整性原则指：

    A. 隔离性
    B. 一致性
    C. 原子性
    D. 持久性

79. 某组织为采用一种客户直销的新方法而实施业务流程再造项目。对于新流程，信息系统审计师应**最**关注以下哪一项？

    A. 是否存在保护资产和信息资源的关键控制
    B. 系统是否符合公司客户要求
    C. 系统能否满足绩效目标
    D. 系统是否支持职责分离

80. 某组织实施了一套新的客户端-服务器企业资源规划系统。各地方分支机构会将客户订单传送到中央生产设备。以下哪一项能够**最**有效地确保准确处理这些订单并生产相应的产品？

    A. 对照客户订单验证生产
    B. 将所有客户订单记入 ERP 系统
    C. 在订单传送过程中使用散列总计
    D. 在生产之前批准（生产监督人员）订单

81. 当两个或多个系统集成在一起时，信息系统审计师必须在以下方面审查输入/输出控制：

    A. 接收其他系统输出的系统
    B. 向其他系统发送输出的系统
    C. 发送和接收数据的系统
    D. 两个系统之间的接口

82. 某信息系统审计师建议于信用卡交易捕获应用程序中加入初始验证控制。该初始验证过程**最**有可能：

    A. 检查并确保交易类型适用于信用卡类型
    B. 检查所输入数字的格式并在数据库中将其定位
    C. 确保输入的交易不超出持卡人的信用额度
    D. 确认信用卡未在主文件中显示为丢失或被盗

83. 某小型公司不能将其开发流程与变更控制功能分离开来。确保经过测试的代码是转入生产的代码的**最佳**途径是什么？

    A. 发行管理软件
    B. 手动代码比较
    C. 生产前回归测试
    D. 管理层批准变更

84. 以下哪个选项将能**最**有效地确保业务应用程序的离岸开发取得成功？

    A. 执行严格的合同管理实务
    B. 详细且正确应用的规范
    C. 了解文化和政策上的差异
    D. 实施后审查

85. 为了限制项目持续时间而计划增添任务人手时，应**首先**重新核验以下哪项？

    A. 项目预算
    B. 项目的关键路径
    C. 剩余任务的时长
    D. 分配到其他任务的员工

86. 以下哪一项**最**有助于组织优化审计资源并提高审计质量？

    A. 对审计工作的独立审查
    B. 综合审计方法
    C. 全球审计标准
    D. 基于风险的审计方法

87. 以下哪个选项是时间段管理的特征？

    A. 不适用于原型设计或快速应用开发
    B. 消除对质量过程的需求
    C. 预防成本超支和交付延迟
    D. 分离系统和用户验收测试

88. 以下哪种情况**最**适合使用软件开发的瀑布生命周期模型？

    A. 相关要求及要运行系统的业务环境已得到充分了解并将保持稳定
    B. 相关要求已得到充分了解，项目时间紧迫
    C. 项目计划采用面向对象的设计和编程方法
    D. 该项目将涉及新技术的使用

89. 为测试新的或修改过的应用系统的逻辑而创建数据时，下列哪一项**最**关键？

    A. 每个测试案例的数据充足
    B. 数据能够代表实际处理中可能出现的状况
    C. 如期完成测试
    D. 从实际数据中随机抽样

90. 要了解多个项目的管理控制是否有效，信息系统审计师应该审查下列哪项？

    A. 项目信息
    B. 政策文档
    C. 项目组合信息
    D. 方案组织

91. 在 IT 开发项目中使用的业务案例文档应该保留到什么时候？

    A. 系统生命周期结束
    B. 项目已通过批准
    C. 用户验收系统
    D. 系统投入生产

92. 在审查基于 Web 的软件开发项目期间，某信息系统审计师发现编码标准未得到贯彻执行而且代码审查也很少执行。这些问题**最**有可能增加成功完成以下哪项攻击的可能性？

    A. 缓冲溢出
    B. 穷举攻击
    C. 分布式拒绝服务攻击
    D. 战争拨号攻击

93. 为了确保可以尽快识别内部应用程序接口错误，下列哪种测试方法**最**合适？

    A. 自下而上的测试
    B. 社交性测试
    C. 自上而下的测试
    D. 系统测试

94. 在审查输入控制时，某信息系统审计师发现根据企业政策，程序允许监督人员覆盖数据验证编辑。信息系统审计师应该：

    A. 不予重视，因为可能存在其他补偿性控制来减轻风险
    B. 确保覆盖操作被自动记录并可接受审查
    C. 验证是否所有此类覆盖操作均提交高级管理层批准
    D. 建议禁止覆盖操作

95. 为了尽量降低软件项目的成本，质量管理技术的使用应该：

    A. 尽量接近所编制的内容（即起始点）
    B. 主要用在项目启动阶段，确保项目按照组织治理标准建立
    C. 持续项目的整个过程，并且主要通过测试将重点放在查找和修复缺陷上，从而最大限度地提高缺陷检出率
    D. 主要用在项目结束阶段，以便将吸取到的经验教训用于日后的项目

96. 要想通过提供奖金的方式鼓励项目提前完成，则应根据哪种活动判断出多长时间算是较短的项目完成时间？

    A. 活动时间的总和为最短
    B. 松弛宽放时间为 0
    C. 允许最长的可能完成时间
    D. 松弛宽放时间的总和为最短

97. 一名信息系统审计师受指派审计某软件开发项目，该项目完成了 80% 以上，但是已经超时 10%，超出成本 25%。该信息系统审计师应采取以下哪项行动？

    A. 对组织未进行有效的项目管理进行报告
    B. 建议更换项目经理
    C. 审查 IT 治理结构
    D. 审查业务案例和项目管理

98. 在对组织的大型支付系统进行信息系统审计期间，审计师注意到在代码覆盖测试过程中，质量保证团队使用日志记录和跟踪工具分析了非生产环境。由于此操作，**最**有可能遗漏以下哪个代码问题？

    A. 竞态条件
    B. 边界检查
    C. 输入验证
    D. 指针操作

99. 下列哪种系统和数据转换策略导致的冗余**最大**？

    A. 直接切换
    B. 实验研究
    C. 分阶段方法
    D. 并行执行

100. 在软件开发项目的需求定义阶段，应制定以下哪项来确保软件测试的各方面？

    A. 涵盖了关键应用程序的测试数据
    B. 详细的测试计划
    C. 质量保证测试规范
    D. 用户验收测试规范

101. 系统开发项目完成后，项目后审查工作中应该囊括以下哪一项？

    A. 评估可能在产品发布之后导致停机的风险
    B. 总结可应用到未来项目中的经验教训
    C. 检验所交付系统中的控制是否正常运转
    D. 确保已删除测试数据

102. 某信息系统审计师受邀参加一个关键项目的项目启动会议。该信息系统审计师的**主要**关注点应该是：

    A. 是否已分析项目的复杂性和风险
    B. 是否已确定整个项目所需的资源
    C. 是否已确定技术交付成果
    D. 是否已制定好外部各方参与项目所需的合同

103. 从风险管理的角度看，实施庞大而复杂的 IT 基础设施时**最好**的方法是：

    A. 概念验证后进行大规模部署
    B. 原型设计和单阶段部署
    C. 根据已排好顺序的各阶段执行部署计划
    D. 部署前对新基础设施进行模拟

104. 在审查一个进行中的项目时，信息系统审计师注意到由于预期收益有所减少且成本有所增加，因此业务案例不再有效。信息系统审计师应建议：

    A. 中断项目

    B. 更新业务案例并采取可行的整改措施

    C. 将项目退回项目发起人进行重新批准

    D. 继续完成项目，日后再更新业务案例

105. 下列哪项是自上而下的软件测试方法的优点？

    A. 及早发现接口错误

    B. 可以在所有程序完成之前便开始测试

    C. 比其他测试方法更有效

    D. 可以很快检测到关键模块中的错误

106. 在应用程序开发项目的系统测试阶段，信息系统审计师应该审查：

    A. 概念设计规范

    B. 供应商合同

    C. 错误报告

    D. 程序变更请求

107. 为减少软件开发项目中出现的缺陷数目，下列哪项建议**最**具成本效益？

    A. 增加分配给系统测试的时间

    B. 实施正式的软件检查

    C. 增加开发人员数量

    D. 要求交付所有项目成果时签字

108. 受邀参加项目开发会议的信息系统审计师发现，没有对任何项目风险进行存档记录。当该信息系统审计师提出这一问题时，项目经理回答说，现在确定风险尚早，而且如果风险确实开始影响到项目，将会聘用一名风险经理。该信息系统审计师应如何作出合适的回应？

    A. 强调在项目的此阶段花费时间来考虑和记录风险，并制订应急计划的重要性

    B. 接受项目经理的观点，因为项目经理才是项目成果的负责人

    C. 任命了风险经理后主动提出与之合作

    D. 通知项目经理，信息系统审计师会在项目的需求定义阶段结束后进行风险审查

109. 交易审计轨迹的**主要**目的是：

    A. 减少存储介质的使用

    B. 为处理过的交易确立问责制并确定责任人

    C. 帮助信息系统审计师跟踪交易

    D. 为容量规划提供有用信息

110. 某组织正在实施企业资源规划应用程序。为确保项目按计划进行并取得预期结果，谁应该对项目的监督工作负**主要**责任？

    A. 项目发起人

    B. 系统开发项目团队

    C. 项目指导委员会

    D. 用户项目团队

111. 旧版薪资应用程序被迁移到了新的应用程序中。以下哪个利益相关方应在上线之前对数据的准确性和完整性的审查和签字负**主要**责任？

    A. 信息系统审计师

    B. 数据库管理员

    C. 项目经理

    D. 数据所有者

112. 某组织从旧系统迁移到企业资源规划系统。审查该数据迁移活动时，信息系统审计师**最**关心的问题是确定：

    A. 迁移的数据在两个系统间是否存在语义特性方面的关联

    B. 迁移的数据在两个系统间是否存在算术特性方面的关联

    C. 进程在两个系统间是否存在功能特性方面的关联

    D. 进程在两个系统间是否存在相对效率

113. 通常情况下，在项目启动阶段，下面哪一利益相关方必须参与？

    A. 系统所有者
    B. 系统用户
    C. 系统设计者
    D. 系统开发者

114. 某项目按计划需要 18 个月的时间，其项目经理宣称项目的财务状况良好，因为六个月过去了，仅花费预算的六分之一。信息系统审计师应**首先**确定：

    A. 与项目时间表相比所取得的进展
    B. 是否可以减少项目预算
    C. 项目是否能提前完成
    D. 是否可以将预算结余用于扩大项目范围

115. 基于组件的开发方法的**主要**优点是：

    A. 能够管理各种各样的数据类型
    B. 实现对复杂关系进行建模
    C. 能够满足不断变化的环境需求
    D. 支持多种开发环境

116. 白箱测试的具体优点是：

    A. 能够检查程序是否可与系统的其他部分一起正常运行
    B. 在不考虑程序内部结构下确保程序的功能性操作有效
    C. 能够确定程序准确性或某程序的特定逻辑路径的状态
    D. 通过在限制访问主机系统的严格受控或虚拟环境中执行程序功能性而对其进行检查

117. 遵照良好实践，开发实施新信息系统的正式计划应在下面的哪个阶段？

    A. 开发阶段
    B. 设计阶段
    C. 测试阶段
    D. 部署阶段

118. 信息系统审计师正在审查使用敏捷软件开发方法的项目。该信息系统审计师会希望看到以下哪种情况？

    A. 能力成熟度模型的使用
    B. 根据日程定期监控任务级进度
    C. 广泛使用软件开发工具以最大限度地提高团队生产力
    D. 执行迭代后审查，总结可应用到未来项目中的经验教训

119. 某组织在其安全的网站上在线销售书籍和音乐产品。交易每隔一小时都会转移到会计和交付系统进行处理。以下哪种控制**最**能保证在安全网站上处理的销售业务能够传输到两个系统？

    A. 在销售系统中每日记录交易的全部信息。每天都对销售系统的总计进行搜集和汇总
    B. 自动对交易进行数字排序。对序列进行检查并对连续性中断予以说明
    C. 处理系统检查重复的交易号。如果交易号出现重复（该编号已经存在），将拒绝交易
    D. 使用中心时间服务器每隔一小时对系统时间进行一次同步。所有交易都有一个日期/时间戳

120. 某企业正在开发一种新的采购系统,但进度落后于预定计划。因此,有人提议将测试阶段的原定时间缩短。项目经理向信息系统审计师询问如何降低测试时间缩短可能带来的风险。以下哪种风险缓解策略较为合适?

A. 测试并发布功能被简化的试用系统

B. 针对最严重的功能性缺陷进行修复及重新测试

C. 取消开发团队计划进行的测试,直接进行验收测试

D. 使用一种测试工具自动进行缺陷跟踪

领域 3 参考答案

1. **A. 用户管理人员承担项目和目标系统的所有权相关责任,为团队指派合格的代表,并积极参与系统需求定义、验收测试和用户培训。应由用户管理人员对已定义、完成或实施的系统交付成果进行审查和批准。**

    B. 项目指导委员会将提供整体指导,确保主要利益相关方的利益在项目成果中得到了适当体现,定期审查项目进度,根据需要举行紧急会议等。项目指导委员会为所有的交付成果、项目成本和进度最终负责。

    C. 高级管理层就项目做出承诺,并批准提供项目完成所需要的资源。高级管理层的承诺将有助于确保完成项目所需的人员一定会参与项目。

    D. 质量保证员工审查各个阶段内取得的成果和交付内容,并在每个阶段结束时就其是否符合标准和要求进行确认。审查时机取决于系统开发生命周期、采用方法的潜在偏差会造成的影响、系统的结构和大小,以及潜在偏差带来的影响。

2. A. 甘特图是一种简单的项目管理工具,通常显示项目中每项任务的时间表、状态和负责人。它有助于满足优先级要求,但有效性不如计划评审技术。

    B. 挣得值分析是一种跟踪项目成本与项目交付成果之间关系的技术,但是对于安排任务的优先顺序却没有帮助。它有助于明确和控制相关活动,并支持项目经理及早响应问题。

    C. 计划评审技术的原则是,根据三种可能情况(最坏、最好、一般)下的项目事件划分出项目时间线。时间线是通过预先定义的公式进行计算得出的,它可用于确定优先执行的关键活动关键路径。

    D. 功能点分析是一种标准化方法,通常用作软件工程中的估算技术。它可用于衡量输入和输出的复杂程度,对安排项目活动的优先顺序没有帮助。

3. **A. 最有可能带来预算问题的是未能有效管理项目范围,因为实现的功能比所需功能多。项目范围管理的定义是,确保项目中包括且仅包括完成项目所必需的所有工作的一系列流程。**

    B. 项目时间管理的定义是,确保项目按时完成所需的一系列流程。本题中的问题并没有提及项目是否按时完成,所以这不是最可能的原因。

    C. 项目风险管理的定义是,对项目风险进行识别、分析和响应的一系列相关流程。尽管上述预算超支现象代表着一种形式的项目风险,但是实际上是由于实现了过多的功能造成的,这与项目范围的关联更为紧密。

    D. 项目采购管理的定义是,从组织之外进行物品和服务采购所需的一系列流程。尽管购买过于昂贵的物品和服务会造成预算超支,但在此题中,问题的关键是实现的功能比实际需要的多,这与项目范围更为相关。

4. **A. 用户可以通过检查程序输入并将其与系统输出进行对比来测试程序输出。尽管此任务通常由编程人员完成,但是由用户来完成同样有效。**

    B. 系统配置通常技术性过强,无法由用户完成,这种情况会导致安全和职责分离问题。

    C. 程序逻辑说明是一项技术含量非常高的任务,通常由编程人员执行。用户执行此任务可能会导致职责分离问题。

    D. 性能调整同样需要高水平的专业技能,因而无法由用户有效地完成。用户执行此任务可能会导致职责分离问题。

5. A. 如果测试环境中使用的数据代表生产环境,这

些数据的准确性就不需要特别关注。

B. 在测试环境中使用生产数据不会导致测试结果不准确；它具有相反的效果。使用生产数据会提高测试过程的准确性，因为这些数据最能反映生产环境。尽管如此，但测试环境中数据泄露或未经授权访问的风险仍然非常大；因此，不应在测试环境中使用生产数据。

C. 测试环境中的硬件应反映生产环境以确保测试的可靠性。然而，这与在测试环境中使用实时数据的风险无关，并且不是正确的答案。

D. 在很多情况下，测试环境中配置的访问控制与生产环境中启用的访问控制不同。例如，编程人员可能具有测试环境的访问特权（用于测试目的），但没有生产环境的访问特权。如果测试环境没有充分的访问控制，则生产数据存在未经授权的访问和/或数据泄露的风险。这是所列选项中最重大的风险，在医疗组织中尤其重要，因为患者数据的机密性非常重要，许多国家/地区的隐私法律规定对滥用这些数据的行为实行严厉处罚。

6. A. 并行运行通常成本高昂，不会比大多数其他测试方法节省成本。在许多情况下，并行运行是成本最高的系统测试形式，因为这需要双重数据输入、两套硬件、双重维护和双重备份。并行运行的工作量是运行一个生产系统的两倍，因此将花费更多的时间和资金。

B. 硬件兼容性应在转换项目早期确定和测试，并且不是并行运行的优点。兼容性通常根据应用程序已发布的规范和实验室环境中的系统测试来确定。并行运行旨在测试应用程序的有效性和应用程序数据的完整性，并非硬件兼容性。通常来说，硬件兼容性与操作系统的相关程度比与特定应用程序的相关程度更高。尽管系统转换中的新硬件必须在实际生产负荷下进行测试，但没有并行系统也可以完成此测试。

C. 并行运行可较好地将新系统的功能和旧系统做比较，保证新系统完全满足功能要求，因此，新系统能满足其功能性要求。这是最安全的系统转换测试形式，因为如果新系统发生故障，旧系统仍然可供生产使用。此外，这种测试形

式使应用程序开发人员和管理员可在两个系统上同时运行操作任务（例如，批量作业和备份），从而确保在关闭旧系统前新系统稳定可靠。

D. 并行处理期间提高弹性是这种情况的合理结果，但所带来的好处是暂时和次要的，因此这不是正确答案。

7. A. Alpha 测试是 Beta 测试的前一测试阶段。Alpha 测试通常由编程人员和业务分析人员执行，而不是由用户来执行。Alpha 测试用于识别可以在由外部用户参与的 Beta 测试开始前修复的缺陷或故障。

B. 白箱测试在软件开发生命周期中比 Alpha 或 Beta 测试执行得更早。白箱测试用于评估软件程序逻辑的有效性，其中测试数据用于确定被测程序的准确性。此测试阶段确定程序是否按预期的方式在某个功能级上运行。白箱测试通常不涉及外部用户。

C. 回归测试是指重新运行测试场景的一部分，以确保更改或修正不会引入更多错误（即在多次连续的程序变更后运行相同的测试，以确保一个问题的修复不会破坏程序的另一部分）。回归测试不是测试的最后阶段，通常不涉及外部用户。

D. Beta 测试是测试的最终阶段，并且通常包括开发团队以外的用户。Beta 测试是一种用户验收测试，通常涉及有限数量的开发工作以外的用户。

8. A. 验收测试在系统人员完成初始系统测试后执行，用于确定解决方案是否满足业务需求。此测试包括质量保证测试和用户验收测试，但二者并不合并进行。

B. 系统测试与测试团队或系统维护人员执行的一系列测试相关，用于确保修改后的程序与其他组件正确交互。系统测试将参考系统的功能要求。

C. 集成测试用于评估将信息从一个区域传递到另一个区域的两个或多个组件的连接情况。其目标是利用单元测试过的模块，从而根据设计构建一个集成的结构。

D. 单元测试参考系统的详细设计，并使用一系列侧重于程序设计控制结构的案例来确保程序的内部操作按照规范执行。

9. A. 集成测试设施测试一项测试交易，将其视作真实交易并验证交易处理的正确进行。它与审查交易的来源无关。
   B. **ITF 在数据库中创建了一个虚拟实体，以便与实时输入同时处理测试交易。其优点是定期测试并不需要单独的测试流程。但是，周密的规划是有必要的，并且测试数据必须与生产数据分离。**
   C. ITF 确实会证实应用程序中的交易的正确运行，但是它不确保系统的正确运行。
   D. ITF 基于测试数据到一般流程的整合，因此仍然需要测试数据。

10. A. 未记录的变更（范围偏离）是一种风险，但最大的风险是数据从旧系统迁移到新系统时失去数据完整性。
    B. **工资系统转换后的最大风险是失去数据完整性，导致组织不能够及时准确地向员工支付工资。数据完整性的丧失也可能导致过往付款记录的错误。因此，迁移时保持数据完整性和准确性至关重要。**
    C. 缺少测试始终是一种风险；但在本题中，新的工资系统是现有可用商用系统（因此很可能经过仔细测试）的一个子系统。
    D. 建立新系统，包括访问权限和薪资数据，始终会有某种程度的风险；但最大的风险是数据从旧系统到新系统迁移相关的风险。

11. A. 如果信息系统审计师建议采用特定的应用控制，则会损害其独立性。
    B. 如果信息系统审计师审计将来用于支持业务案例的需经管理层批准的项目费用估算，则会损害其独立性。
    C. 就有关如何提高迁移效率向项目经理提供建议可能会对信息系统审计师的独立性造成损害。
    D. **审查测试案例有利于实现成功迁移的目标并确保进行了适当的测试。信息系统审计师可就测试案例的完整性提供建议。**

12. A. 用户验收测试旨在确保系统已做好投入生产的准备并满足所有书面要求。用户验收测试应在实施前（可能在开发期间）执行，而不是实施后。
    B. **实施后，应重新执行成本效益分析或投资回报率分析以验证是否实现了原始业务案例效益并创造了业务价值。**
    C. 审计轨迹是数据库或系统活动的详细记录。审计轨迹应在应用程序实施期间（而非实施后审查期间）被激活。
    D. 尽管更新企业架构图是一种良好实践，但该做法不是实施后审查的一部分。

13. A. **这种方法通过专注于系统最重要的方面，并专注于用户可接受的由于缺陷所引发最大风险的领域，来使测试效用最大化。该方法的进一步扩展是，同时考虑需求的技术复杂程度，因为复杂程度会增大缺陷的可能性。**
    B. 仅测试功能要求的问题在于，可用性和安全性等对系统整体质量至关重要的非功能要求领域遭到忽略。
    C. 通过执行自动化测试来提高测试效率是一个不错的想法。但是，就这种方法本身来说，它无法保证测试覆盖率的适当目标，因此不是一个有效的替代方案。
    D. 仅重测缺陷修复会带来相当大的风险，因为这样将不会检测缺陷修复可能导致系统回归的实例（即在之前工作正常的系统的某些部分引入了错误）。因此，最佳实践是在缺陷修复实施之后执行正式的回归测试。

14. A. 尽管软件流程的成熟度越接近最优水平，成功概率就越高，但成熟的流程并不能保证可靠的产品。
    B. 能力成熟度模型不能评估技术流程，例如编程效率。
    C. CMM 不能评估安全要求或其他应用控制。
    D. **通过对照 CMM 评估组织的开发项目，信息系统审计师可以确定该开发组织是否遵守了稳定且可预测的软件开发流程。**

15. A. 可以手动重新计算交易的样本，以确保该处理可完成预期任务。在输出阶段之后执行重新计算。

B. 处理控制应当尽可能靠近数据输入点实施。极限检查是一种输入验证检查，它提供预防性控制，以确保无法输入无效数据，因为数据值必须在预定限值范围之内。

C. 运行到运行的汇总提供在整个应用处理阶段验证数据值的能力。分步合计验证确保读取到计算机中的数据被接受并随后应用到更新流程。在输出阶段之后执行运行到运行的汇总。

D. 应当在日常工作中执行文件总数的对账。对账可以通过使用手动维护的账户、文件控制记录或独立的控制文件来执行。在输出阶段之后执行对账。

16. A. 当一个应用程序扩展到多个部门时，确保流程所有者和系统功能之间的对应非常重要。如果没有指定的流程所有者，在监控或授权控制方面可能会有问题。

B. 成本分摊是企业所有者为财务报告目的计算盈利能力的方法。与确定流程所有者相比，应用程序使用的记账成本分摊方法并不那么重要。

C. 如果已确定了流程所有者，那么信息系统审计师就不会担心存在多个应用程序所有者的问题，因为流程所有者负责特定的流程。

D. 缺乏培训方案只是信息系统审计师要考虑的小问题。

17. A. 信息系统审计师的首要关注点是确保提议满足业务需求。这应该通过明确的业务案例来确立。

B. 符合安全标准很重要，但为时过早，不是信息系统审计师在采购流程中的首要考虑。

C. 让用户参与实施计划很重要，但为时过早，不是信息系统审计师在采购流程中的首要考虑。

D. 满足用户需要很重要，这一点应包括在提交管理层批准的业务案例中。

18. A. 软件即服务是按使用量提供的，而用户数量由 SaaS 提供商监控；因此不应该存在不遵守软件许可协议的风险。

B. SaaS 环境中最有可能遇到的风险是速度和可用性问题，因为 SaaS 依赖互联网的连接性。

C. 作为服务合同的一部分，SaaS 方案的成本应是固定的，应在提交管理层以批准方案的业务案例中考虑。

D. 多数 SaaS 因开放式设计和互联网连接性而能够运行在任何类型的硬件上。

19. A. 虽然用户需求不断变化对许多项目的成败有影响，但核心问题一般是在项目开始时未能确定正确的初始要求。

B. 项目可能因用户需求增加而失败；但这可通过更好的变更控制程序得到缓解。

C. 如果在项目开始时正确记录了需求，硬件限制几乎不会影响项目的可用性。

D. 缺少充分的用户参与（尤其在系统需求阶段），通常会导致系统无法完全或充分满足用户的需求。只有用户才能定义其需求，进而才可定义系统应当实现的功能。

20. A. 功能点分析是根据功能点数确定开发任务规模的技术。功能点数包括输入、输出、查询、内部逻辑站点等因素。虽然这有助于确定个人活动的规模，但对确定项目持续时间没有帮助，因为有许多重叠的任务。

B. 计划评审技术方法的原则是，根据三种可能情况（最坏、最好、一般）下的项目事件划分出项目时间线。时间线是通过预先定义的公式进行计算得出的，它可用于确定优先执行的关键活动关键路径。在所有活动以及与这些活动相关的工作为已知后，PERT 图将有助于确定项目持续时间。

C. 快速应用开发这种方法，可以使组织在减少开发成本和保障质量的同时更快地开发具有战略重要性的系统。

D. 面向对象的设计是一种系统开发方法，它建议使用系统对象来构建新系统和重建旧系统。面向对象开发的一个重要目标是改变传统软件开发的本质（即从零开始设计和编写模型），并转变为通过组装可重复使用的软件对象来构建系统。面向对象的系统开发是方案规范和建模的过程，但对计算项目持续时间没有帮助。

21. A. 能力成熟度模型是用于评估组织内 IT 流程的相对成熟度的一种方法：从级别 0（不完整——未实施流程或流程未能实现其目的）到级别 5

（优化——指标已定义和衡量，并具备持续改进技术）。它无助于确定资本项目的最佳组合，因为它评估的是流程的成熟度。

B. 组合管理用于在对给定组织中的一组项目进行定义、确定优先级、批准和运行时提供帮助。这些工具可用来获取数据、规划工作流和方案，这有助于从一整套构想来确定一组可在给定预算内实施的最佳项目。

C. 配置管理数据库（用于存储 IT 系统的详细配置信息）是 IT 服务交付，特别是变更管理的重要工具。配置管理数据库可能提供影响项目优先级的信息，但并非为此目的而设计。

D. 项目管理知识体系是一种对项目进行管理和交付的方法，它不会在优化项目组合方面提供特定的指导或帮助。

22. A. 停止点是为了对变更提供更强的控制，而不是预防变更。

B. 停止点用于项目控制，而不是建立一个人为的固定点来要求停止项目设计。

C. 项目通常有扩展的趋势，尤其在需求定义阶段。这种扩展经常发展到一个临界点，在该点后，最初预期的成本效益会由于项目成本的提高而相应降低。发生这种情况时，建议停止或冻结项目，以便审查所有成本收益和投资回收期。

D. 停止点用于控制需求，而非项目设计。

23. A. 迭代性质是原型设计的特性之一，但它不会对变更控制产生不利影响。

B. 需求和设计更改的频率非常高，因此很少进行存档记录或批准。

C. 对报告和屏幕的强调是原型设计的特性之一，但它不会对变更控制产生不利影响。

D. 缺乏集成工具是原型设计的特性之一，但它不会对变更控制产生不利影响。

24. A. 尽管项目按时、按预算进行，项目计划也可能因为需要大量计划外加班而出现问题。

B. 项目经理有可能隐瞒了一些成本让项目看起来更好；但真正的问题在于，项目计划是否符合实际，而不仅仅是会计账目。

C. 编程人员有可能利用了时间安排，但如果确实需要加班来让项目赶上进度，更可能是项目的时间线和预期不合实际。

D. 虽然关键项目完成的日期很重要，但如果需要异常的计划外加班来实现工期要求，则项目计划可能出现问题。在大部分案例中，项目计划是基于一定量的小时数制订的，要求编程人员大量加班显然不是良好实践。尽管加班成本可能是计划有问题的一个指标，但在许多组织中，编程人员可能是受薪员工，而加班成本可能不会直接记录。

25. **A. 在测试程序中使用生产数据的主要风险在于，如果没有满足要求的数据，则不会测试全部的交易或功能。**

B. 如果已经清除敏感元素，那么在测试环境下使用生产数据不成问题。

C. 根据生产数据创建试验台无须具备专门知识，因此这也不是问题。

D. 项目超出预算的风险始终是一个令人关心的问题，但与在测试环境中使用生产数据没有关系。

26. A. 应用的总拥有成本对于了解短期和长期资源和预算需求是很重要的；但决策应当基于此项投资所实现的效益。因此，投资回报率是最重要的考虑因素。

B. 实施应用所需要的资源很重要；但决策应当依据此项投资所实现的效益。因此，应当慎重考虑 ROI。

C. 提出的 ROI 以及可测量的目标或指标是业务案例最重要的方面。在审查业务案例过程中，应当验证提出的 ROI 是可以实现的，不作不合理的假设，并且可以衡量其成功度。（效益实现应当超越项目周期，从长考虑新系统整个生命周期的总体效益和总体成本。）

D. 安全系统的成本和复杂度是重要的考虑因素，但它们需要对照提出的应用效益加以衡量。因此，ROI 更加重要。

27. A. 没有审计权利条款是组织的风险；但该风险没有缺少业务案例的后果严重。

B. 由于未建立业务案例，所以应用程序开发外包的业务理由、风险和风险缓解策略可能没有全面评估，也没有向高级管理层提供适当的信息

以取得正式批准。这种情形给组织带来的风险最大。

C. 如果源代码由提供商持有且没有提供给组织，没有源代码托管确实是组织的风险；但此风险没有缺少业务案例的后果严重。

D. 没有变更管理程序确实是组织的风险，特别是对任何必要变更进行额外收费的可能性；但此风险没有缺少业务案例的后果严重。

28. **A. 控制的目的是缓解风险；因此选择控制时的主要考虑是，控制能有效地缓解某一明确的风险。设计控制时，有必要考虑所提供选项的所有方面。在理想情况下，能够实现以上所有目标的控制将是最佳控制。但实际上，不可能设计出考虑到所有方面的控制，而且成本可能过高；因此，需要考虑主要与组织中现有风险处理相关的控制。**

B. 控制经常会影响生产力和绩效；但这种影响必须由实施控制所获得的好处来平衡。

C. 控制最重要的原因是缓解风险——对控制的选择一般基于成本效益分析，而不是选择成本最低的控制。

D. 好的控制环境包括预防性、检测性和改正性控制。

29. A. 主机控制台日志打印输出不是最佳来源，因为其不会记录来自特定终端设备的活动。

B. 交易日志会记录所有交易活动，然后可将交易日志与经授权的原始文件进行比较，以识别任何未经授权的输入。

C. 自动暂记文件列表仅列出发生编辑错误的交易活动。

D. 用户错误报告只列出导致编辑错误的输入，不会记录错误的用户输入。

30. A. 通过采用速度更快、允许用户在短期内查看建议系统工作情况的高层次视图的开发工具，原型设计应用程序开发技术可大幅缩短系统部署时间。任何一种开发方法对项目成功的影响都是有限的。

B. 符合适用的外部要求对顺利实施也有影响，但是不如组织的整体环境影响大。

C. 组织整体环境对应用程序系统的顺利实施影响最大。它包括 IT 与业务的一致性，开发流程的成熟度，和变更控制与其他项目管理工具的使用。

D. 软件再工程技术是一个通过提取、重新使用设计和程序组件来更新现有系统的过程。在组织运营方式出现重大变化时，它能够提供支持。相对于组织的整体环境，它对应用程序系统的顺利实施影响较小。

31. A. 由于在向中央处理站点传输数据的过程中可能会出现错误，因此在中央处理站点收到数据后，最好重新进行验证。然而，这并不是最有效的方法，因为无效数据可能已被传输和处理。

B. 由于在向中央处理站点传输数据的过程中可能会出现错误，因此在中央处理站点收到数据后，最好重新进行验证。然而，这并不是最有效的方法，因为中央处理站点可能已传输和处理了无效数据。

C. 在传输后验证数据不是有效的控制方法。

D. 将从远程站点输入的数据传输到中央处理站点前，对这些数据进行编辑和验证非常重要。

32. A. IT 预算对于确保资源的最佳利用很重要，但相比审查业务计划的重要性属于次要方面。

B. 现有的 IT 环境很重要，可用于决定差距分析，但对于审查业务计划的重要性则属于次要方面。

C. 在确定要投资的项目时，最需要重点考虑的因素之一就是该项目能够在多大程度上满足组织的战略目标。项目组合管理会综合考虑公司的整体 IT 战略。IT 战略应与业务战略保持一致，因此，应重点考虑业务计划的审查。

D. 投资计划对于确定项目优先级很重要，但相比审查业务计划的重要性属于次要方面。

33. A. 验证测试用于根据详细的系统功能需求做测试，以确保软件建设符合客户要求。

B. 社交测试用于测试系统是否可以在目标环境下运行，并且不会对现有系统产生不利影响。

C. 软件质量保证和代码审查用于确定开发标准是否得到贯彻。

D. 回归测试用于测试在应用变更后是否在系统中引入了新的错误。

34. A. 验证控制可以检查必填字段、数据格式和类型，以及将数据提交到服务器之前必须满足的其他条件。这有助于确保数据的准确性和完整性，并确保应用程序能正确处理这些数据。因此，输入和输出验证控制是有效的控制，但不会检测和报告丢失的交易。
    B. 内部可信度检查是检测处理过程中错误的有效控制，但不能检测和报告丢失的交易。
    C. 虽然员工控制程序可用于总结和比较输入和输出，但执行自动化流程更不易出错。
    D. **自动系统均衡是确保交易不会丢失的最佳方法，因为任何输入总量与输出总量之间的不均衡情况都会被报告，以供调查和更正。**

35. A. **任何的范围变化都会对项目工期和成本造成影响；这就是执行影响分析、告知客户变化对计划和成本方面的可能影响的原因。**
    B. 范围变化并不一定影响回归测试失败的风险。
    C. 影响分析不决定用户是否同意范围的变化。
    D. 进行影响分析可以确定资源的缺乏，例如项目团队缺乏实施变化所必需的技术；但这只是范围变化对项目总时间线和成本影响的一部分。

36. A. **敏捷软件开发方法是一种迭代流程，其间的每一次迭代（冲刺）均产生功能代码。如果开发团队在生成用于演示的代码，这将是个问题，因为项目的后续迭代是构建在之前的冲刺中开发的代码之上的。**
    B. 敏捷方法的一个重点是，更多地依赖团队知识，并快速产生功能代码。这些特征导致文档不太广泛，或文档嵌入代码本身。
    C. 每一次冲刺后，敏捷开发团队重新规划项目，以便根据需要重新执行未完成的任务和重新分配资源。不断重新规划是敏捷开发方法的关键组成部分。
    D. 敏捷软件开发的管理有别于传统的开发方法，其中，领导人充当引导者，允许团队成员确定如何管理其自身的资源，以完成每一次冲刺。由于团队成员正在执行同一工作，他们很清楚完成一次冲刺需要多少时间/努力。

37. A. 范围检查可检查数据是否符合预定的允许值范围。
    B. **校验数字位是一个经过算术计算的数值，可将其附加到相应数据以确保原始数据不被更改（例如被不正确但有效的值替换）。此项控制在检测转位和转录错误时非常有效。**
    C. 有效性检查则可检查数据有效性是否符合预定标准。
    D. 重复检查过程中，应将新交易与之前输入的交易进行匹配，以确保系统中不是已经包含这些新交易。

38. A. 信息系统审计师应检查用户反馈是否已提供，但这不是审计的最重要的内容。
    B. 评估项目有效性也很重要；但确保生产环境在实施后得到适当控制却是需要考虑的首要问题。
    C. **因为管理层认为实施得很好，信息系统审计师的主要关注点是测试应用的内置控制，确保其运行符合设计要求。**
    D. 审查更改要求是个不错的想法，但是在发现应用程序出现问题时，这样做更加合适。

39. A. 签字延迟可能是由软件基准不充分造成的，但最有可能是由范围偏离造成的。
    B. 违反软件完整性可能是由硬件或软件故障、恶意入侵或用户错误造成的。软件基准指标并不能帮助预防违反软件完整性。
    C. **软件基准是系统设计和开发中的截止点。超过该点后，对范围的额外要求或修改必须根据业务成本效益分析经过正式、严格的批准程序。如果未能通过基准指标来适当地管理系统，可能会导致在项目范围内发生无法控制的变更，并可能导致超出时间和预算。**
    D. 控制不充分最有可能出现在从系统开发之初便未适当考虑信息安全的情况下，通过软件基准并不能充分解决这些风险。

40. A. 审查用户访问很重要；但关于数据完整性，最好审查数据流程图。
    B. 缺乏充分的变更控制流程可能影响数据的完整性；但首先应当对系统进行记录，以确定交易是否流向其他系统。
    C. 评估对账控制有助于确保数据完整性；但更重要的是要了解应用的数据流程，以确保对账控制位于正确部位。

D. 信息系统审计师应当审查应用的数据流程图，以了解应用内部及流向其他系统的数据流。这将使得信息系统审计师能够评估数据完整性控制的设计和有效性。

41. A. 因为软件包已经采购，非常可能已经在用，因此可以得知其与现有硬件兼容。而信息系统审计师的首要责任是确保采购程序经过了批准。

B. 因为没有需求请求书，可能没有与产品需求有关的文件档案，所以无法执行差距分析。信息系统审计师的首要责任是确保采购程序经过了批准。

C. 应审查许可政策以确保已得到适当的许可，但只能在检查采购程序后进行。

D. **如果既定程序执行过程中发生偏差，信息系统审计师应首先确保购置软件的程序与业务目标保持一致，并已通过适当的管理层批准。**

42. A. 系统测试由开发团队承担，以确定软件的合并单元是否协调和软件规格是否满足用户要求。系统测试出错的代价很大，但要比在测试后期发现的错误更容易修正。

B. **验收测试是软件安装投入使用前的最后阶段。软件在验收测试阶段出现错误将会对实施产生最大影响，因为这将导致延迟及成本超支。**

C. 集成测试将各单元/模块作为一个集成系统进行检查。集成测试出错的代价很大，且需要对模块进行返工，但代价不会大于在正要实施时发现的问题。

D. 单元测试检查软件的各个单元或组件。集成测试出错的代价很大，且需要对模块进行返工，但代价不会大于在正要实施时发现的问题。系统、集成及单元测试均由开发人员在开发的不同阶段执行；与在验收测试阶段出现错误相比，在这些阶段出现错误所造成的影响相对较小。

43. A. **标准化 IT 基础设施可为整个组织提供一套一致的平台和操作系统。这种标准化有助于减少管理一套不同的平台和操作系统所需的时间和精力。此外，增强型运作支持工具（如密码管理工具、修补程序管理工具和用户访问自动配置）的实施也会得到简化。这些工具可以帮助组织降低 IT 服务交付和运作支持成本。**

B. 标准化基础设施会提高环境的同构性，而这更容易受到攻击。

C. 虽然标准化可以降低支持成本，但是过渡到使用标准化工具包可能需要巨额的投资，所以 IT 基础设施投资的整体水平不太可能会降低。

D. 标准化基础设施可以简化变更的测试，但并不会减少对这种测试的需要。

44. A. **元数据的质量是数据仓库设计中最重要的因素。数据仓库是针对查询和分析而进行结构化的交易数据副本。元数据是对数据仓库中数据的描述，目标是提供存储信息的目录。已建立数据仓库的组织一致认为元数据是数据仓库最重要的组成部分。**

B. 数据仓库用于分析和研究，而非生产操作，因此交易速度是不相关的。

C. 数据仓库中的数据常常来自许多来源，每小时或每天都会收到大量的信息。除非为了确保充分的存储能力，否则这不是设计师主要关心的问题。

D. 数据仓库可能含有敏感信息，或可被用于分析敏感信息，因此数据仓库的安全很重要。但这不是设计师主要关心的问题。

45. A. 应始终使用测试环境以避免破坏生产环境，但仅采用测试数据测试不能充分测试系统的所有方面。

B. 测试绝不可在生产环境中进行。

C. **执行压力测试是为确保系统能够应付生产工作量。采用生产级工作量进行测试有助于保证系统进入生产后时能够有效运营。**

D. 在生产环境中进行压力测试是不可取的。此外，如果只使用测试数据，不能确定系统压力测试的充分性。

46. A. 流程所有权分配不具备跟踪交付成果完成百分比的功能。

B. 是否优化测试案例的设计成本不取决于流程所有权的分配。它具有一定程度的帮助；但测试案例的设计涉及许多因素。

C. 为最大限度地缩小差距，需部署和应用具体的需求分析框架；但可能在设计与依样建造的系统之间发现差距，进而导致系统功能不符合要求。这将在用户验收测试期间识别。流程所有权本身并不具备最大限度缩小要求差距的能力。

  D. **流程所有者的参与将确保系统功能根据业务流程的要求来设计。流程所有者必须在设计上签字认可，然后才能开始开发。**

47. A. 在测试期间，信息系统审计师会确保安全需求得到满足。此时不是评估控制规范的时间。
  B. 控制规范会驱动包含在合同内的安全要求，应在产品购置和测试之前进行评估。
  C. 信息系统审计师参与的最佳时间是开发的需求定义或应用软件购置之初，这可以为审查供应商及其产品提供最大的机会。信息系统审计师的早期参与也会最大程度地减少对给定解决方案的业务承诺的可能性，而其方案随着流程的继续可能会不充分且更难以克服。
  D. 在实施阶段期间，信息系统审计师可检查控制是否启用；但此时不是评估控制要求的时间。

48. **A. 在项目初期就合理计划项目并确定具体阶段和交付成果是极为重要的。这样可以实现项目跟踪和资源管理。**
  B. 确定项目的交付成果和时间线是项目早期规划工作的一部分。
  C. 需求可能随着项目生命周期而变动，但初始交付成果应自项目开始时便进行文档记录。
  D. 风险管理是一个永不结束的流程，因此项目规划不能等到所有风险都已确定之时。

49. A. 虽然所有选项都有道理，但后实施的重点和主要目标应是了解第一阶段的问题对项目剩余部分的影响。
  B. 审查中应当评估控制是否工作正常，但重点应是导致项目超出预算和期限的问题。
  C. 因为管理层知道项目出了问题，审查后续影响将为项目问题的类型和潜在原因提供意见。该意见将有助于确定 IT 是否已为解决后续项目中的这些问题而做好充分的计划。
  D. 保证系统正常工作是信息系统审计师一个主要目标，但在此例中，因为项目规划出现了问题，信息系统审计师应着重关注问题的原因和影响。

50. A. 有多个版本是一个问题，但如果实施了正确的版本，实施过程中最大的风险是程序参数设置错误。
  B. 源代码与目标代码之间的不同步是后期维护编译后的程序时的重大风险，但这不会影响其他类型的程序，也不是实施时的最大风险。
  C. 实施应用程序软件包时，错误的参数设置最令人担忧。参数设置错误是可能导致系统出错、故障或违规的迫切问题。
  D. 编程错误应在测试期间发现，而不是实施之时。

51. A. 原型设计的内部控制一般较弱，因为其重点主要是功能性而非安全性。
  B. 原型系统通过更好的用户交互和快速适应不断变化的需要的能力，能够显著地节省时间和成本；但也有几个不足，包括失去总体安全重点、项目监督和尚未准备好生产的原型实施。
  C. 原型设计的变更控制要复杂得多。
  D. 原型设计通常导致原本没有打算添加的功能或附加物被添加到系统中。

52. **A. 事后审查会检查事故的起因以及对其做出的响应。从审查中吸取的教训可用于改进内部控制。了解事后审查与跟进程序的目的和结构使信息安全经理可以持续改进安全方案。根据事故审查来改进事故响应计划是一种内部（改正性）控制。**
  B. 事后审查可以促进控制改进，但其主要目的不是强化网络。
  C. 事后审查的目的是保证有机会从事故中吸取教训。而不是一种教育管理层的讨论会。
  D. 事故可以被用于强调事故响应的重要性，但这不是事后审查的目的。

53. **A. 清理过的生产数据可能不包含所有交易类型。可能需要修改测试数据以保证呈现所有的数据类型。**
  B. 并非所有错误类型都一定会被测试，因为大多数生产数据只含有特定类型的错误。
  C. 结果可用正常例程测试，但这不是使用清理过的实时数据的主要优点。

D. 测试数据可代表实时处理；但实时交易文件中所有的敏感信息都需要清理，以预防不当的数据泄露，这是很重要的。

54. A. 生产数据更易于用户在比较时使用。
    B. 除非数据经过清理，否则将有泄露敏感数据的风险。
    C. 存在之前的生产数据可能不会测试出所有的错误例程的风险；但这没有泄露敏感数据的风险大。
    D. 使用生产数据的副本可能测试不了全部功能，但这没有泄露敏感数据的风险大。

55. A. 通过并行测试可能会发现旧系统比新系统成本更低，但这并不是执行该测试的主要目的。
    B. 单元及系统测试是在并行测试之前完成的。
    C. 对含文件的程序接口的错误测试是在系统测试期间进行的。
    D. 并行测试的目的是，通过比较旧系统与新系统的结果以保证正确处理，从而保证新系统的实施满足用户要求。

56. A. 规则是指通过使用"if-then"关系来表达陈述性知识。
    B. 决策树使用问卷调查的方式引导用户做出一系列选择，直到得出结论。
    C. 语义网由一张以节点代表实体或概念对象并以弧来描述节点间关系的图形组成。
    D. 数据流图用于映射通过系统的数据进度，并进行检查逻辑、错误处理和数据管理。

57. A. 接口错误要到测试过程的后期（集成测试或系统测试时）才能被发现。
    B. 对系统的信心只有在测试完成后才能获得。
    C. 自下而上软件测试法先从程序或模块等基本单元开始测试，然后由下而上直到完成整个系统测试。使用自下而上软件测试法的优点是，能够提早发现关键模块中的错误。
    D. 自下而上软件测试法测试的是单个组件，主要功能和处理在系统和集成测试完成前不能得到充分的测试。

58. A. 可行性分析对于如此深入的用户参与为时太早。

    B. 在需求定义阶段，项目团队将与用户合作，一起定义其确切目标及功能需求。用户应与团队共同考虑并记录测试系统功能的方式，以确保其能够满足用户指定的需求。信息系统审计师需了解应在何时计划用户测试，方可确保其效率和效能。
    C. 实施计划阶段是进行测试之时。此时在流程中制订测试计划太晚。
    D. 用户验收测试应在实施前完成。

59. **A. 面向对象的设计和开发的一个主要好处是其重复使用模块的能力。**
    B. 面向对象设计的目的不是用作改善系统性能的方法。
    C. 控制效能不是面向对象设计的目的，这种方法还可能降低控制效能。
    D. 使用面向对象的设计可能会在未来项目中通过模块重用来缩短系统开发生命周期，但不会加快初始项目的开发速度。

60. A. 加密算法相对于本阶段过于详细。仅会对其进行概述，并显示其对成本或性能方面的影响。
    B. 内部控制程序相对于本阶段过于详细。仅会对其进行概述，并显示其对成本或性能方面的影响。
    C. 通信协议必须包括，因为涉及新硬件和软件时会产生重大的成本影响，且当涉及对组织而言新的技术时将会带来风险。
    D. 第三方协议相对于本阶段过于详细。仅会对其进行概述，并显示其对成本或性能方面的影响。

61. A. 完成用户手册的编写没有充分测试系统重要。
    B. 完成用户验收测试以确保要实施的系统能够正常工作，这一点是最为重要的。
    C. 添加另一个增强功能会增加完成项目的时间，因为必须冻结代码并完成测试，然后再进行任何其他更改以作为未来的增强功能。
    D. 存档和审查代码是恰当的，但仅在完成验收测试后才能保证系统能够正确工作并满足用户要求。

62. A. 信息系统审计师必须按照当前（而不是过去）的情况审查流程。

B. 信息系统审计师的任务是确认并确保关键控制已集成到重组过程中。

C. 业务流程再造项目计划是 BPR 项目内的一步。

D. 持续改进和监督计划是 BPR 项目内步骤。

63. A. 计划评审技术是用于系统项目的规划和控制的项目管理技术。

B. 功能点分析是根据功能点数量确定开发任务工作量的技术。功能点包括输入、输出、查询、内部逻辑站点等因素。

C. 源代码行数可直接衡量程序规模，但无法顾及因拥有多个链接模块以及各种输入和输出所产生的复杂性。

D. 白箱测试涉及对程序代码行为进行详细审查，是在开发的设计和构建阶段适用于简单应用程序的质量保证技术。

64. A. 因为新系统必须满足用户的要求，因此系统验收通常由用户所在部门进行管理。

B. 质量计划是所有项目的核心要素。要求签订合同的提供商制订这一计划是非常重要的。与建议的开发合同相对应的质量计划应当全面，并涵盖所有开发阶段，内容包括将会涉及的业务功能及其相应时间。

C. 如果是大型系统，则分阶段实施应用程序是一种合理的做法。

D. 原型设计是确保系统满足业务需求的一种有效方法。

65. A. 业务案例应当讨论某个特定问题的所有可能的解决方案，这样才能让管理层选择最佳方案。其中包括不实施项目的选项。

B. 如果安全性对解决方案非常重要并将解决问题，在业务案例中包含安全考虑因素也许很重要；但无论哪种问题，可行性都更加重要并且是必需的。

C. 业务案例应当证明对任何潜在项目的可行性。通过在业务案例中包含可行性分析以及成本效益分析，管理层可作出明智的决定。

D. 尽管准备业务案例的人员可咨询组织的审计部门，但这需视情而定，并且不必纳入业务案例之中。

66. A. 功能性是与一系列功能及其指定属性是否存在相关的一组属性。系统的功能性代表了系统在实现其目标（例如支持一项业务需求）过程中的任务、操作和目的。

B. 软件从一个环境迁移到另一个环境的能力指的是移植性。

C. 软件在规定条件下维持其性能水平的能力指的是可靠性。

D. 软件性能与所用资源量之间的关系指的是效率。

67. A. 所使用的测试方法不会影响系统的维护。

B. 质量保证和用户验收测试通常根据已制订的测试计划由业务代表主导。这两个测试的合并不会影响文档记录。

C. QA 测试和 UAT 合并的主要风险是，即使没有达到 QA 标准，用户也可能实施压力来验收满足其要求的程序。

D. 测试方法不会影响解决问题的时间线。

68. A. 内部审计师的职责是提供独立鉴证，确保组织的风险管理、治理和内部控制流程有效运营。该鉴证是通过执行审计来实现的，审计是质量控制，不一定与质量保证相关。

B. 审查主要是一种质量控制活动。

C. 信息系统审计师可以作为顾问举办研讨会，以改善质量保证，这是规划活动的一部分。

D. 审查主要是一种质量控制活动；然而，审计师可以通过指导控制有效性来帮助组织改善质量保证。这就是顾问的角色。

69. A. 如果操作系统当前正在使用，则必定与现有硬件平台兼容；如果不兼容，那么 OS 将不能正常运行。

B. 对计划的 OS 更新的安排要尽量减小对组织的负面影响，但在考虑购置新软件时这不是问题。

C. 已安装的 OS 应具有最新版本和更新（以及详尽的历史记录和稳定性）。由于 OS 已经安装，这不是考虑购置新软件时需要考虑的问题。

D. 在审查建议的应用时，审计师应确保要购买的产品与当前或计划的 OS 兼容。

70. A. 周末可用作时间缓冲，这样新系统在周末后正常运行的概率会更大。

B. 数据表示法不同并不意味着前端的数据表示法也不同。即使这样，此问题也可以通过充足的培训和用户支持来解决。

C. 重大系统迁移应包括一个并行运行的阶段或阶段切换，以降低实施风险。如果新系统无法正确运行，弃用或处置旧系统会使回退策略变得复杂。

D. 打印功能通常是新系统中要测试的最后几项功能之一，因为在任何业务事件中打印几乎都是最后执行的步骤。因此，只有在软件的所有其他部分均测试成功后，才能进行有意义的测试和相应的错误修复。

71. **A. 并行测试是将数据送入改良系统和备用系统，然后对二者的结果进行比较。使用此方法时，新旧系统将同时运行一段时间并执行相同的处理功能。这样可以在不影响现有系统的情况下对新系统进行测试。**

    B. 实验测试先在一个位置上进行，然后再扩展到其他位置。目的是在将新系统实施到其他地点之前，检验其能否在某个地点良好运行。大多数情况下，切换到新系统会禁用现有系统。

    C. 接口/集成测试是一种硬件或软件测试，用于评估将信息从一个区域传递到另一个区域的两个或多个组件之间的连接情况。其目标是采用经过单元测试的模块来构建集成结构。它不会在真实的生产环境中测试。

    D. 社交性测试的目的是，确认新系统或改良系统可以在其目标环境中运行，并且不会对现有系统产生不利影响。此测试不仅包括执行主要应用处理的平台以及与其他系统之间的接口，而且还应包括在客户端/服务器或 Web 开发中对桌面环境所做的变更。

72. A. 将其记为一个小错误并留给受审方自行处理的做法不恰当。应在应用程序进入生产环境之前采取措施。

    B. 信息系统审计师无权解决该错误。

    C. 当信息系统审计师发现此类情况时，最好将其完整地通知受审方，并建议尝试深入解决该问题，包括必要时的问题上报流程。

    D. 忽略错误说明信息系统审计师没有采取措施深入调查引发问题的逻辑根源。

73. A. 在可能的情况下，自动化应替代手动处理。这样做的唯一风险是取消了手动安全控制而没有用自动化控制来替代。

    B. 缺少手册是许多系统的问题，但在多数情况下不是严重风险。

    C. 互相勾结是员工共同合作来绕开控制（如职责分离）的一种主动攻击。这种违规行为会难以识别，因为即使精心设计的应用程序控制也会被绕过。

    D. 无法解决的合规性问题是一种风险，但它不能用来衡量控制的有效性。

74. A. 试点实施是在单一地点或地区实施系统，然后在应用和实施计划被证明在试点地点运行正常后将系统推广到组织的其余部分。

    B. 并行测试要求新旧系统同时并行运行一段时间。此测试可以发现新旧系统之间的任何问题或不一致。

    C. 直接切换指立即转换到新系统，在发生问题时通常不具备恢复到旧系统的能力。这种方法风险最高，且可能对组织造成重大影响。

    D. 分阶段的方式是按阶段或部分来实施系统，因为一次只影响一部分，从而降低了整体的风险。

75. A. 单元测试是用于测试特定程序或模块内部程序逻辑的一种技术，不能具体解决软件模块之间的链接问题。集成测试是最佳答案。

    B. 集成测试是一种硬件或软件测试，用于评估将信息从一个区域传递到另一个区域的两个或多个组件之间的连接情况。其目标是采用经过单元测试的模块并构建满足设计要求的集成结构。

    C. 社交性测试确认新系统或修改后的系统可在其目标环境中运转，而不会对现有系统造成不良影响，不具体解决软件模块之间链接问题。集成测试是最佳答案。

    D. 质量保证测试主要用于确保应用的逻辑正确，不具体解决软件模块之间链接问题。集成测试是最佳答案。

76. **A. 要确定安全措施是否已于系统中合理应用，审查访问控制配置应是执行的第一个任务。**

B. 由于实施后审查是在用户验收测试和实际实施之后进行的，因此信息系统审计师不会评估接口测试。评估接口测试是实施过程的一部分。

C. 由于系统通常是含用户手册的供应商文件包，所以对这些文档的审查一般与企业资源管理系统不相关。此外，因为系统已经实施，信息系统审计师只会在系统设计和功能性之间存在差异时检查详细设计。

D. 系统测试应在最后用户签字同意之前执行。信息系统审计师不需在实施后审查系统测试。

77. A. 用户验收测试验证系统功能是否被系统最终用户视为可以接受；但 UAT 审查不证实系统是否按设计意图运转，原因在于可能是对系统功能子集执行 UAT。UAT 是实施后审查的组成部分。

B. 尽管风险评估强调系统风险，但它不包含验证系统是否按设计意图操作的分析。

C. 实施后审查的目的是评估项目结果符合最初的目标、目的和交付成果的成功度。实施后审查同时还评估项目管理实务在多大程度上有效确保项目正常运作。

D. 管理层对系统的批准可能基于简化的功能，但并不验证系统是否按设计意图操作。管理层批准是实施后审查的组成部分。

78. A. 隔离性保证了每项交易与其他交易相隔离；因此每项交易只能访问没有被另一进程同时访问或修改的数据。

B. 一致性确保每笔交易都符合数据库中的所有完整性条件。

C. 原子性原则要求交易完全完成或完全未完成。如果出现错误或中断，则在该时间点之前所做的全部变更都将被取消。

D. 持久性确保在交易以完成状态回报给用户后，产生的数据库更改能够承受在此之后的硬件或软件故障。

79. **A. 审计团队必须建议实施关键控制，并核实这些控制是否在执行新流程前准备就绪。**

B. 系统必须满足所有客户的要求，而不仅仅是公司客户的要求。这不是信息系统审计师主要关心的内容。

C. 系统必须满足性能要求，但这是确保存在关键控制后次要的关注问题。

D. 职责分离是一项关键控制——但这只是保护组织资产的控制中的一种。

80. **A. 验证生产的产品将能确保其符合订单系统中的订单。**

B. 日志记录虽然可以用来检测错误，但不能保证处理过程的正确性。

C. 散列总计将确保订单的准确传送，但不能确保准确的集中处理。

D. 生产监督人员批准是非常耗时的手动过程，而且不能保证起到良好的控制作用。

81. A. 负责的控制是保护下游系统免受上游系统的感染。这要求发送数据的系统对其输出进行检查，接收数据的系统对其输入进行检查。

B. 向其他系统发送数据的系统应保证其发送的数据的正确，但该验证不会使接收数据的系统免受传输错误之害。

C. 由于一个系统的输出是另一个系统的输入，所以两个系统都必须进行输入/输出控制的审查。

D. 接口必须正确设置并提供错误控制，但好的做法是在发送前和接收后对数据进行审查。

82. A. 初始验证不会被用于检查交易类型，而只会检查卡号的有效性。

B. 初始验证应用于确认信用卡的有效性。这种有效性是通过用户输入的卡号和个人识别码来建立的。

C. 初始验证是为了证明输入卡号的有效性——只有卡号有效后才可检查交易金额以获得银行批准。

D. 对银行卡未被报失或偷盗的验证只有在验证卡号正确输入后才可进行。

83. **A. 自动化发行管理软件无须任何手动干预可以将代码转入生产，预防未经授权的变更。**

B. 手动代码比较可以检测是否已将错误的代码转入生产；但代码比对无法预防移植代码，这种控制不如使用发布管理软件。此外，手动代码比较并非总是有效，并且需要高技能员工。

C. 回归测试确保变更不破坏当前的系统功能，或无意间覆盖之前的变更。回归测试无法预防未经测试的代码转入生产。

D. 尽管管理层应当批准每一项生产变更，但批准无法预防将未经测试的代码移植到生产环境之中。

84. A. 合同管理实务尽管很重要，但如果规范错误，则不能保证开发取得成功。

B. 涉及离岸运作时，制定详细的规范是必不可少的。语言差异、开发人员与地理位置较远的最终用户之间缺乏交流可能会造成沟通不足，导致无法充分传达相关的设想和修改意见。规范错误不容易改正。

C. 文化和政策差异尽管很重要，但不会影响良好产品的交付。

D. 实施后审查尽管很重要，但在流程中对于保证项目的成功交付来说太晚，而且对项目的成功没有那么关键。

85. A. 如果不在关键路径上的一些其他任务尚有松弛宽放时间，则资源分配应以影响交付日期的项目部分为基础。

B. 添加资源可能会改变关键路径。必须重新评估关键路径，以确保额外的资源能够缩短项目工期。

C. 如果不在关键路径上的一些其他任务尚有松弛宽放时间，则其他任务的时长等因素不一定会受到影响。

D. 视所需或可用资源的技能水平而定，增加资源可能不会缩短时间线。因此，第一步是检查满足关键路径的时间要求需要什么资源。

86. A. 对审计工作的独立审查有助于提高未来审计的质量，但可能无助于优化资源。

B. 综合审计方法侧重于同时结合不同类型的审计；不同审计范围的结果可以共享，以提供有针对性的高质量审计报告。

C. 全球审计标准有助于提高审计质量，但可能无助于优化资源。

D. 基于风险的审计方法侧重于将资源分配给高风险领域，以提高审计的有效性，但可能无法优化资源。

87. A. 时间段管理非常适合原型设计和快速应用开发。

B. 时间段管理不排除对质量过程的需求。

C. 就本质而言，时间段管理可以设置特定时间和成本范围。在确保每个项目部分都被分为小的可控时间段的情况下，可以有效控制成本和交付时间。

D. 时间段管理综合了系统和用户验收测试。

88. A. **历史上，瀑布生命周期模型一直最适合稳定的状况和定义明确的要求。**

B. 当需要交付的系统及其将要使用的状况的不确定性上升时，瀑布模型很难成功。对于这些情况，可以使用各种形式的迭代开发生命周期来打破待交付的整个系统范围，使要求更加集中，设计活动更易管理。迭代式开发生命周期能更早地交付可运行的软件，从而减小不确定性，而且可能提前获得收益。

C. 选择的设计和编程方法本身不能决定适用的软件开发生命周期类型。

D. 在项目中使用新技术引入了巨大的风险元素。迭代开发形式，特别是着重于实际工作软件早期开发的敏捷或探索性方法，很可能是管理这种不确定性的更好选择。

89. A. 每个测试案例的数据量不如让测试案例拥有所有类型的操作状况重要。

B. 选择合适的数据是测试计算机系统的关键。数据不只应该包括有效和无效数据，还应代表实际处理过程，并且数据质量比数量更重要。

C. 而测试数据量充足又比如期完成测试更重要。

D. 从实际数据中随机抽样无法涵盖所有可能出现的测试状况，也不能如实地反映实际数据。

90. A. 项目信息中可能包含单个具体项目的控制有效性信息，还包含与该单个项目的当前状态有关的各种参数的更新。

B. 项目管理的政策文档为项目的设计、开发、实施和监控指明了方向。

C. 项目组合信息是项目组合管理的基础。数据库中含有所有者、日程、目标、项目类型、状态和成本等相关项目数据。项目组合管理要求形成具体的项目组合报告。

D. 方案组织是实现项目交付目标所需的团队（指导委员会、质量保证人员、系统人员、分析人员、编程人员、硬件支持人员等）。

91. **A. 业务案例应在产品的整个生命周期中使用。业务案例作为新管理层熟悉工作的基石，有助于保持重点并在对比估计与实际情况时提供有价值的信息。还可用于回答"执行某项工作的原因"、"本意是什么"和"我们的计划完成得怎么样"等问题，有助于吸取教训用于未来的业务案例设计。**

    B. 业务案例即使在项目批准后也应该保留，以在项目实施时可审查和验证业务案例。

    C. 业务案例应该在整个系统开发生命周期中保留，以便以后参考和验证。

    D. 一旦系统投入生产就可以验证业务案例，以确保承诺的成本和效益的正确性。

92. **A. 编写不良的代码通常会遭到使用缓冲溢出技术的黑客利用，尤其在基于 Web 的应用程序中更是如此。**

    B. 穷举攻击用于破解密码，但这与编码标准无关。

    C. 分布式拒绝服务攻击会用大量数据包将目标淹没，以阻止其对合法请求作出响应。这与编码标准无关。

    D. 战争拨号攻击使用调制解调器扫描工具来攻入专用分组交换机或其他电子通信服务。

93. A. 自下而上的测试方法先从程序或模块等基本单元开始测试，然后由下而上直到完成整个系统测试。

    B. 社交性测试在开发阶段的后期进行。

    C. 自上而下的测试方法可以确保及早发现接口错误，也可以确保主要功能的测试及早执行。

    D. 系统测试在开发阶段的后期进行。

94. A. 信息系统审计师不应假设存在补偿性控制。

    B. 如果输入程序允许重写数据验证和编辑，应该执行自动日志记录，并由未启动覆盖的管理层审查该日志。

    C. 日志可由其他经理审查，但不要求高级管理层批准。

    D. 如果重写操作符合政策，就不需要高级管理层进行批准或全面禁止。

95. A. 质量保证应尽早开始，并持续贯穿整个开发流程。

    B. 只在项目开始期间执行 QA 不能检测出开发周期后期出现的问题。

    C. 尽管质量管理对于软件开发项目的妥善建立非常重要，但还是应该在整个项目过程中有效地实施质量管理。大部分软件项目产生意想不到的成本的主要原因是返工。一般说来，开发生命周期中缺陷出现得越早，查找和修复该缺陷所花费的时间越长，纠正缺陷所需的努力也就越多。编写良好的质量管理计划仅仅是良好的开端，还必须将其积极地投入使用。单纯依靠测试来识别缺陷对于保证软件质量来说是一种相对昂贵而且低效的方法。例如，如果在测试阶段发现需求中存在错误，则做过的大量工作将付之东流。

    D. 获取经验教训对于当前的项目来说太迟了。此外，在整个项目过程中应用质量管理技术，员工便能够对质量问题产生的原因得出自己的见解，从而有利于他们的自身发展。

96. A. 重点应关注没有松弛宽放时间的关键路径内的任务。

    B. 关键路径的活动时间比网络中其他任何路径的活动时间都要长。这个路径非常重要，因为如果一切按日程计划安排进行，则该路径的持续时间长度就是完成整个项目所需的最短时间。因此，关键路径上的活动将成为可能赶工的对象（即通过发放奖金奖励提前完成而缩短这些活动的时间）。关键路径中的活动不存在松弛宽放时间，反之，不存在松弛宽放时间的活动都位于关键路径上。通过接连削减关键路径上的活动，可以得到一个显示项目总成本随活动时间变化的曲线。

    C. 关键路径是包括整体活动的最长时间长度，但不是基于任何单个活动的最长时间。

    D. 关键路径上的任务没有松弛宽放时间。

97. A. 组织可能具备有效的项目管理实践，但仍可能超时或超支。

    B. 如果未查出超支或超时的原因，没有理由更换项目经理。

C. 组织可能具备健全的IT治理，但仍超时或超支。

D. 在提出任何建议之前，信息系统审计师需要了解项目情况以及造成项目超支或超时的原因。

98. **A. 在代码中插入仪器的测试环境与代码的生产环境之间的变化会掩盖与时间相关的问题，如竞态条件。**
    B. 边界检查是一个编码问题，而不是环境问题。
    C. 输入验证是一个编码问题，而不是环境问题。
    D. 指针操作是一个编码问题，而不是环境问题。

99. A. 直接切换具有高风险，因为它不提供一段时间的测试和调整，也没有在新系统出现故障时提供简单的后备选项。
    B. 实验研究方法逐步进行转换，导致复原程序难以执行。
    C. 分阶段方法逐步进行转换，导致复原程序难以执行。
    D. 并行运行方法尽管最昂贵，但也最稳妥，因为旧系统和新系统同时运行，从而导致成本似乎加倍了。

100. A. 测试数据一般在系统测试阶段创建。
     B. 详细测试计划在系统测试期间制订。
     C. 质量保证测试规范在开发流程的后期制定。
     D. 任何软件开发项目中，关键的目标都是确保所开发的软件满足业务目标和用户需求。用户应该参与开发项目的需求定义阶段，而且在该阶段应该制定用户验收测试规范。

101. A. 应在系统实施之前由运行小组和其他专家对潜在的停机时间进行评估。
     B. 项目团队从每个项目中都能学到东西。因为风险评估在项目管理中属于一个关键性问题，所以组织在项目完成后积累经验教训并将其整合到日后的项目中才最重要。
     C. 检验控制是否正常运转的工作应该在验收测试阶段进行，而且如果可能的话在实施后审查中应该再进行一次。项目完成后的审查会重点关注项目相关的问题。
     D. 应该保留测试数据以备日后的回归测试之用。

102. **A. 要取得项目的成功，了解项目的复杂性和风险并在整个项目中积极地对其进行管理至关**

重要。

B. 需要的资源取决于项目的复杂度。

C. 此时确定技术交付成果还为时过早。

D. 不是所有的项目都需要与外部各方签订合同。

103. A. 大规模部署会带来更大的实施失败的风险。
     B. 原型设计可减少开发失败的可能，但大型环境一般需要分阶段的方式。
     C. 开发一个庞大而复杂的IT基础设施时，最佳实践是使用分阶段的方法将整个系统组合到一起。这样可以更好地保证成果的质量。
     D. 在部署前对大型、复杂的IT基础设施进行模拟一般不具有可行性。

104. A. 在审查更新后的业务案例之前，信息系统审计师不应该建议中断或继续完成项目。
     B. 信息系统审计师应该建议业务案例在整个项目推进过程中保持最新状态，因为在任何项目的生命周期中，业务案例都是制定决策的关键因素。
     C. 在业务案例更新前，项目不能退回至项目发起人。
     D. 在审查更新后的业务案例并确保项目发起人批准之前，信息系统审计师不应建议完成项目。

105. **A. 自上而下的软件测试方法的优点是，可以及早测试主要的功能，从而较早地检测到接口错误。**
     B. 在所有程序完成之前可以开始测试是自下而上的系统测试方法的一个优点。
     C. 哪种测试方法最有效取决于所测试的环境。
     D. 可以很快检测到关键模块中的错误是自下而上的系统测试方法的一个优点。

106. A. 概念设计规范是在需求定义阶段编制的文件。测试计划是系统测试的基础。
     B. 供应商合同在软件购置过程中拟定，需要审查以保证合同中的所有交付成果都已交付，但审查的最重要内容是错误报告。
     C. 在判断用户需求是否得到验证时，测试至关重要。信息系统审计师应该参与到这一阶段中，审查错误报告在识别错误数据方面是否精确，并审查错误解决程序。

D. 程序变更请求的审查工作通常属于实施后审查阶段的一部分。

107. A. 留给测试的时间越长，找到的缺陷就可能越多，然而测试却无法揭示出产生质量问题的原因并且还会产生额外测试的成本，而且与在开发流程中及早发现缺陷并予以纠正相比，纠正测试中所发现缺陷的成本较高。
    B. 对代码和设计进行检查是一种成熟的软件质量保障技术。该方法的一个优点是，在缺陷随着开发生命周期扩散之前便将其识别出来。由于减少了返工，因此此方法会降低纠正工作的成本。
    C. 开发人员的能力对产品质量有一定影响，然而更换人员花销太大还可能造成混乱，而且如果不具备有效的质量管理流程，员工能力再强也无法保证产品的质量。
    D. 如果负责签字的人员在审查交付内容时认真负责，交付成果时签字可能会有助于缺陷检测，然而此想法很难实现，而且可能在流程中发生得太晚而没有成本效率。交付成果审查通常不会像软件检查那样仔细。

108. **A. 大部分项目风险通常均可在项目开始前加以确定，这样就可以制订缓解/规避计划来应对这些风险。项目应该与公司战略、企业风险管理和战术计划紧密联系，以便为此战略提供支持。在制定公司战略、设定目标和制订战术计划等流程中，应该将风险考虑在内。**
    B. 项目经理不能承担接受风险的责任。风险必须持续地解决，并在流程中尽早开始。
    C. 任命风险经理是一种很好的做法，但是等到项目已经受到风险的影响时再任命则是不可取的。进行风险管理时应具有前瞻性，而任由风险演变为对项目有负面影响的问题则表示风险管理是失败的。无论有没有风险经理，都需要咨询项目团队内外的人员，鼓励他们针对新风险何时出现或者风险的优先级何时改变发表意见。信息系统审计师有义务向项目发起人和组织提供意见，指明怎样的项目管理做法比较合适。一味地等待组织主动任命风险经理，则会给实施风险管理带来不必要的延迟，从而造成危险。

D. 信息系统审计师不能在不损害其独立性的情况下提供风险审查。

109. A. 启用了审计轨迹会增加硬盘空间的使用。
    B. 启用了审计轨迹便可在信息系统中跟踪处理过的交易，从而有利于为这些交易确立问责制并确定责任人。
    C. 可用交易日志记录文件跟踪交易，但审计轨迹的主要目的是为问责提供支持，而不是为信息系统审计师的工作提供支持。
    D. 容量规划的目的是有效且高效地使用 IT 资源，并且需要中央处理器利用率、带宽和用户数量等信息。

110. A. 项目发起人通常就是负责主要业务部门（即应用程序将支持的部门）的高级经理。项目发起人为项目提供资金，并与项目经理密切合作，确定项目的关键成功因素或指标。项目发起人不负责审查项目进度。
    B. 系统开发项目团队完成分配的任务、遵照项目经理的指示工作，并与用户项目团队进行沟通。系统开发项目团队不负责监督项目进度。
    C. 为企业资源规划实施项目提供总体指导的项目指导委员会负责项目进度审查，以确保取得预期结果。
    D. 用户项目团队完成分配的任务、与系统开发团队进行有效的沟通，并根据项目经理的建议进行工作。UPT 不负责审查项目进度。

111. A. 信息系统审计师应确保数据所有者在项目数据转换阶段进行审查并签字。信息系统审计师不负责对转换的数据的准确性进行审查和签字。
    B. 数据库管理员的主要责任是维护数据库的完整性，并将数据库对用户开放使用。DBA 不负责审查迁移的数据。
    C. 项目经理负责项目的日常管理和督导，但不对数据的准确性和完整性负责。
    D. 在项目的数据转换阶段，数据所有者对数据迁移的完整性、准确性和有效性的审查和签字负主要责任。

112. A. 由于两个系统可以采用不同的数据表示形式（包括数据库模式），因此信息系统审计师应侧重于检查新旧系统中的数据（结构）表示形式是否相同。

B. 算术特性表示数据库中数据结构和内部定义的各个方面，因此，重要性低于语义特性。

C. 审查两个系统的功能特性关联性对于数据迁移审查无意义。

D. 审查两个系统的进程相对效率对于数据迁移审查无意义。

113. **A. 系统所有者是信息系统（项目）的发起人或主要支持者。通常情况下，他们负责启动和资助项目，从而开发、操作和维护信息系统。**

B. 系统用户是使用信息系统或受信息系统影响的个人。在项目的需求定义、设计和测试阶段，他们的要求至关重要。

C. 系统设计者将业务要求和约束转化为技术解决方案。

D. 系统开发者按照系统设计者的要求构建系统。多数情况下，系统设计者和系统构建者是同一个人。

114. **A. 对项目成本绩效的评估不能脱离进度绩效。不能仅按照项目已耗时间对成本进行评估。**

B. 要正确评估项目预算状况，需要了解该项目的实际进度，并据此预测将来的开支。可能是由于实际进度缓慢，而导致项目开支看起来很低。在根据日程完成项目分析之前，无法知道降低预算是否合理。如果该项目落后于日程，则不仅预算可能没有结余，而且还需要额外的开支来弥补延误。开支低可能预示着项目可能无法按期交付，而不是预示着可能会提前交付。

C. 如果在调整实际进度后发现项目超前于预算，这不一定是一个好结果，因为这说明原始预算的制定有问题；而且，在执行进一步分析前，无法判断资金实际是否有结余。

D. 如果项目落后于日程，则扩大项目范围可能是错误的做法。

115. A. 每一组件内都必须定义数据类型，而且不确定是否有能够处理多种数据类型的组件。

B. 在为复杂关系建模时，基于组件的开发不会优于许多其他开发方法。

C. 基于组件的开发是可以有效满足要求不断变化的方法之一，但这不是其主要优点或目的。

D. **依赖可重用模块的基于组件的开发可加速开发。因此，软件开发人员可以把精力集中在业务逻辑上。**

116. A. 检查程序是否可与系统的其他部分一起正常运行是社交性测试。

B. 在不知道内部结构情况下测试程序的功能是黑箱测试。

C. **白箱测试评估软件程序逻辑的有效性。具体而言，就是使用测试数据来确定程序准确性或某程序的逻辑路径的状态。**

D. 在半调试环境中对程序执行受控测试（分步严格控制或在虚拟机上监控）是沙盒测试。

117. A. 实施计划在系统开发期间更新，但计划在设计阶段已经制订。

B. **实施方法可能影响系统设计。因此，应在实际实施日期前早早开始规划实施。应在设计阶段制订正式实施计划，并随开发进度对其进行修订。**

C. 测试阶段的重点集中在测试系统上，与实施计划不相关。

D. 部署阶段根据之前在设计阶段制订的计划来实施系统。

118. A. 能力成熟度模型主要关注预定义的正式流程和正式项目管理及软件开发交付成果。相反，敏捷软件开发项目则依赖于项目和团队活力的特殊需求所要求的精练过程。

B. 不需跟踪任务级进度，因为日常会议会确认项目的难点和障碍。

C. 敏捷项目使用合适的开发工具；但不应将工具视为提高生产力的主要方法。团队和谐、有效沟通和集体解决困难的能力才是重中之重。

D. **敏捷软件项目管理方法的关键原则是，持续的团队学习，以便随着项目向前发展而优化项目管理和软件开发流程。在每次迭代结束时，团队考虑并记录表现良好的方面和可以改进的方面，并确定要在后续迭代中实施的改进。此外，对基于书面的正式交付成果的关注度降低，而侧重于团队内以及与关键外部贡献者进行有效的非正式沟通。敏捷项目在较短的迭代**

周期（通常为 4~8 周）内生成可发布的软件，这就在团队中灌输了相当严格的绩效纪律。这种实践与简短的日常会议相结合可以就团队工作和任何障碍的确定达成一致，从而使得根据日程进行任务级的跟踪成为冗余。

119. A. 在销售系统加总交易并没有解决从在线系统到会计系统的数据传输问题，仅仅是涉及了销售系统。

   B. 自动数字排序是可说明交易完整性的唯一选项，因为任何缺失的交易均可通过连续性中断得以发现。

   C. 检查重复是很有效的控制方法；它能保证全部交易都得以记录，但却无法解决销售交易处理是否完整的问题。

   D. 日期/时间戳对说明因会计或交付部门而丢失或不完整的交易没有帮助。

120. **A. 测试并发布功能被简化的试用系统可以多种方式降低风险。简化功能可以减少需要运行的测试案例数量、要修复并重新测试的缺陷数量以及回归测试工作量。向一组选定用户发布试用系统可降低与全面实施相关的风险。向整个**用户群发布系统的益处无法全部实现，但某些益处将开始显现。此外，从实际用户处获得的一些实用意见，也可为需要在完整发布中加入哪些额外功能和其他改进指引方向。

   B. 测试开始时，可能存在大量缺陷。仅关注最严重的功能性缺陷而忽略可用性问题以及非功能性要求（如性能和安全）等其他重要方面会带来风险。系统也许可以上线，但用户要想通过该系统实现业务利益，则需要费一番周折。

   C. 取消开发测试并不是一个良好的解决方案。系统验收测试开始前，应进行预先测试以确保系统已准备好进行验收评估。如果开发部门未进行预先测试，则软件很可能存在大量低级缺陷，如导致系统"死机"的交易或令人难以理解的错误消息。这些缺陷会给用户或负责验收测试的人员造成负担，从而最终会延长而非缩短整体测试时间。

   D. 使用缺陷跟踪工具可能有助于提高测试效率，但却无法缓解因缩减测试工作而对质量不确定的系统带来的根本性风险。鉴于遇到的各种构建问题，有理由怀疑存在质量问题。

领域 4

信息系统的运营和业务恢复能力（26%）

1. 某组织正考虑使用新的IT服务供应商。从审计角度来看,以下哪项是**最**需要审查的项目?

   A. 该服务供应商的其他客户的推荐
   B. 该服务供应商站点的物理安全性
   C. 与该服务供应商拟议的服务等级协议
   D. 该服务供应商员工的背景调查

2. 以下哪一项**最**准确地描述了控制自我评估的功能?

   A. 质量控制
   B. 质量评估
   C. 质量规划
   D. 质量保证

3. 审查与服务供应商签订的新外包合同时,缺少以下哪项**最**需要信息系统审计师给予关注?

   A. 规定"审计权限"(针对服务供应商进行审计)的条款
   B. 对绩效不佳的罚款进行定义的条款
   C. 预先定义的服务级别报告模板
   D. 有关供应商责任范围的条款

4. 当对某组织的台式计算机软件合规性进行审查时,安装的软件存在以下哪种情况时**最**需要信息系统审计师给予关注?

   A. 已安装,但没有记录到IT部门记录中
   B. 由没有对其使用经过适当培训的用户使用
   C. 没有列于批准软件标准的文档中
   D. 许可证将在15天后到期

5. 某卫生保健组织考虑由第三方云提供商托管患者健康信息,该组织的信息系统审计师正在审查第三方云提供商的合同条款和条件。以下哪一项合同条款将成为客户组织面临的**最大**风险?

   A. 数据所有权归属客户组织
   B. 第三方保留访问数据以执行某些操作的权利
   C. 未定义批量数据撤回机制
   D. 客户组织负责备份、归档和恢复

6. 某企业的多个办公室都位于一个区域内,并且用于恢复的预算很有限,以下哪种恢复战略**最**适合?

   A. 由企业维护的热备援中心
   B. 商业冷备援中心
   C. 在企业各办公室之间实行互惠安排
   D. 第三方热备援中心

7. 在应用程序审计期间,一位信息系统审计师收到请求,为数据库参照完整性提供保证。应对以下哪项进行审查?

   A. 字段定义
   B. 主表定义
   C. 复合键
   D. 外键结构

8. 一位信息系统审计师正在审查某组织的数据库安全性。要强化数据库,应**首先**考虑以下哪一项?

   A. 更改默认配置
   B. 使数据库中的所有表非规范化
   C. 对存储程序和触发器进行加密
   D. 更改数据库服务器使用的服务端口

9. 审计数据库环境时,数据库管理员执行下列哪项职能时**最**令信息系统审计师担忧?

   A. 根据变更管理程序执行数据库变更
   B. 为操作系统安装修补程序或将其升级
   C. 调整表空间的大小并就表连接限制进行协商
   D. 执行备份和恢复程序

10. 对于恢复非关键系统,以下哪个选项**最**合理?

    A. 温备援中心
    B. 移动站点
    C. 热备援中心
    D. 冷备援中心

11. 某信息系统审计师正在评估组织的变更管理流程是否有效。要确保系统可用性，信息系统审计师应寻找的**最**重要的控制是什么？

    A. 变更始终都要经过 IT 经理授权
    B. 执行用户验收测试并对其进行相应记录
    C. 具备测试计划和流程，并且严格遵守这些计划和程序
    D. 在每个开发项目中，均执行容量规划

12. 信息系统审计师使用数据流程图可以：

    A. 确定关键控制
    B. 突出显示高层数据定义
    C. 以图形方式汇总数据路径和存储
    D. 分步描绘数据生成的详细信息

13. 起草灾难恢复计划时，以下哪项陈述有用？

    A. 停机时间成本随恢复点目标的提高而降低
    B. 停机时间成本随时间的推移而增加
    C. 恢复成本与时间无关
    D. 恢复成本只能在短期内控制

14. 尽管管理层已作出说明，但信息系统审计师仍有理由相信组织正在使用未经许可的软件。在这种情况下，信息系统审计师应该**首先**：

    A. 将管理层的声明包含在审计报告中
    B. 通过测试证实软件在用
    C. 将该事项包含在审计报告中
    D. 与高级管理层讨论该问题，因为它可能对组织产生负面影响

15. 信息系统审计师在控制自我评估方案中的**主要**作用是什么？

    A. 评估师
    B. 参与者
    C. 协助者
    D. 经理

16. 下列哪项是有效执行灾难恢复计划的**最**关键因素？

    A. 备份数据存储在异地
    B. 关键灾难恢复联系人名单中的数据保持在最新状态
    C. 后备数据中心的可用性
    D. 明确定义了恢复时间目标

17. 在审查 IT 资源能力和性能的持续监控流程时，信息系统审计师应当**主要**确保该流程重点关注：

    A. 充分监控 IT 资源和服务的服务水平
    B. 提供数据，以确保能够及时规划能力和性能要求
    C. 提供有关 IT 资源能力的准确反馈
    D. 正确预测 IT 资源的性能、能力和吞吐量

18. 作为业务影响分析的一部分，以下哪个组别是判定一个应用程序系统关键性的**最佳**信息来源？

    A. 业务流程所有者
    B. IT 管理层
    C. 高级业务管理层
    D. 行业专家

19. 一名信息系统审计师正在审查某组织灾难恢复计划的实施情况。该项目按时完成，并且没有超出预算。审查期间，该审计师发现了几个值得关注的地方。以下哪一项带来了**最大**的风险？

    A. 没有测试 DRP
    B. 灾难恢复战略中没有指定使用热备援中心
    C. 执行了业务影响分析（BIA），但是没有使用其结果
    D. 负责实施计划的灾难恢复项目经理最近离开了组织

20. 某供应商过去几个月发布了多个重要的安全修补程序，因此对管理员及时测试和部署修补程序的能力带来压力。管理员已询问能否减少对修补程序的测试。该组织应当采取哪种措施？

    A. 继续坚持当前测试和应用修补程序的流程
    B. 减少测试并确保制订充分的逆向恢复计划
    C. 推迟安装修补程序，直到测试资源可用
    D. 依靠供应商测试修补程序

21. 信息系统审计师审查服务等级协议时，应对以下哪个问题**最**为关注？

    A. 异常报告导致的服务调整需要一天的实施时间
    B. 用于服务监控的应用程序日志过于复杂，导致审查非常困难
    C. SLA 中未包含关键绩效指标
    D. 文档每年更新一次

22. 对一家全球企业的灾难恢复计划进行信息系统审计期间，审计师注意到，某些远程办公室的本地 IT 资源极为有限。以下哪项观察结果对于信息系统审计师**最**重要？

    A. 尚未进行测试，无法确保在从灾难或事故中恢复时本地资源可以保持安全性和服务标准
    B. 企业的业务持续计划未对远程办公室中的系统进行准确记录
    C. 企业的安全措施尚未纳入测试计划中
    D. 尚未进行测试，无法确保远程办公室中的备份可供使用

23. 信息系统审计师应使用以下哪种报告来检查以确定遵守了服务等级协议对正常运行时间的要求？

    A. 使用情况报告
    B. 硬件错误报告
    C. 系统日志
    D. 可用性报告

24. 信息系统审计师会使用下列哪一项来判断生产程序是否进行过未经授权的修改？

    A. 系统日志分析
    B. 符合性测试
    C. 取证分析
    D. 分析性审查

25. 在生产系统变更控制审计期间，信息系统审计师发现该变更管理程序没有保留正式的记录，并且一些迁移流程失败。信息系统审计师接下来应该做什么？

    A. 建议重新设计变更管理流程
    B. 通过根本原因分析保证发现的正确性
    C. 建议停止程序迁移，直至变更过程得以存档记录
    D. 记录发现并提交给管理层

26. 信息系统审计师在评估高可用性网络的恢复力时，**最**应该关注：

    A. 是否在地理上分散安装网络
    B. 服务器汇集在同一站点中
    C. 热备援中心是否已准备好运营
    D. 该网络是否实施了多路由选择功能

27. 对于灾难恢复计划，管理层考虑了两种方案；方案 A 提出用两个月来进行彻底恢复，方案 B 提出用八个月来进行彻底恢复。两种计划的恢复点目标相同。可以预计，计划 B 具有更高的：

    A. 停机时间成本
    B. 继续运营成本
    C. 恢复成本
    D. 浏览审查成本

28. 在评估计算机预防性维护方案的有效性和充分性时，信息系统审计师会认为以下哪项**最**有帮助？

    A. 系统停机时间日志
    B. 供应商的可靠度数据
    C. 定期安排的维护日志
    D. 书面预防性维护日程计划安排

29. 某组织使用软件即服务操作模型实施了在线客户服务台应用。当涉及可用性时，信息系统审计师需要建议最佳的控制，以监控与 SaaS 供应商签订的服务等级协议。以下哪个选项是信息系统审计师可提供的**最佳**建议？

    A. 要求 SaaS 供应商就应用程序正常运行时间提供每周报告
    B. 实施在线轮询工具，以监控应用程序并记录中断
    C. 记录用户报告的全部应用程序中断，并每周加总中断时间
    D. 与一家独立的第三方签约，为应用程序正常运行时间提供周报

30. 对文件应用保留日期可以确保：

    A. 指定该日期前，无法读取数据
    B. 在该日期之前，不会删除数据
    C. 在该日期后，不再保留备份副本
    D. 区分具有相同名称的数据集

31. 以下哪种网络诊断工具可用于监控和记录网络信息？

    A. 在线监视器
    B. 故障报告
    C. 服务台报告
    D. 协议分析器

32. 一位信息系统审计师需要审查可将软件应用程序的状态恢复到更新前状态的流程。因此，该审计师需要评估：

    A. 问题管理程序
    B. 软件开发程序
    C. 复原程序
    D. 事故管理程序

33. 以下哪项是审查客户服务部门活动期间**主要**关注的问题？

    A. 服务台团队无法解答某些电话中提出的问题
    B. 未为服务台团队指定专用线路
    C. 事故解决后未洽询最终用户即结案
    D. 服务台无法发送即时消息已超过六个月

34. 定期测试异地灾难恢复设施的**主要**目的是：

    A. 保护数据库中数据的完整性
    B. 不必制订详细的应急计划
    C. 确保应急设施持续保持兼容性
    D. 确保程序和系统文档保持最新

35. 一家大型连锁店在销售终端设备上安装了电子资金转账系统，并且配备了一个用于连接到银行网络的中央通信处理器。对于该通信处理器，以下哪种灾难恢复计划是**最佳**方案？

    A. 异地储存日常备份数据
    B. 现场安装备用处理器
    C. 安装双工通信线路
    D. 在其他网络节点安装备用处理器

36. 数据库管理员提议，可通过对某些表进行非规范化的方式来提高数据库效率。这将导致：

    A. 机密性丧失
    B. 冗余度增加
    C. 未经授权的访问
    D. 应用程序故障

37. 一名信息系统审计师被分配执行一项测试：比较作业运行日志与计算机作业计划表。该信息系统审计师**最**需要关注以下哪一项？

    A. 紧急变更的数量增加
    B. 存在某些作业没有按时完成的情况
    C. 存在某些作业被计算机操作人员覆盖的情况
    D. 有证据显示仅运行了预先计划的作业

38. 某新业务需求要求变更数据库供应商。关于此项实施，信息系统审计师应当**主要**检查以下哪个领域？

    A. 数据的完整性
    B. 切换的时间安排
    C. 用户的授权等级
    D. 数据的正规化

39. 数据库系统中并发控制的目的是：

    A. 只允许授权用户对数据库进行更新
    B. 确保两个进程在同时尝试更新同一数据时的完整性
    C. 预防数据库中的数据被意外或未经授权的泄漏
    D. 确保数据准确、完整和一致

40. 以下哪一种控制可以**最**大程度地确保数据库的完整性？

    A. 审计日志程序
    B. 表链接/引用检查
    C. 查询/表访问时间检查
    D. 复原和前滚数据库功能

41. 以下哪项被公认为是网络管理的关键要素之一？

    A. 配置和变更管理
    B. 拓扑映射
    C. 监控工具的应用
    D. 代理服务器故障排除

42. 在评估对密码管理的程序化控制时，信息系统审计师**最**有可能参照下列哪一项？

    A. 尺寸检查
    B. 哈希校验和
    C. 有效性检查
    D. 字段检查

43. 以下哪项表示两家组织之间签订的灾难恢复互惠协议所带来的**最大**风险？

    A. 开发系统可能会导致硬件和软件不兼容
    B. 必要时资源不可用
    C. 无法对恢复计划进行实时测试
    D. 这两家组织的安全基础架构可能不同

44. 网络性能监控工具能够**最**直接地影响以下哪一项？

    A. 完整性
    B. 可用性
    C. 完整性
    D. 机密性

45. 在审计电子邮件的就地存档流程时，信息系统审计师**最**应关注：

    A. 是否存在数据保留政策
    B. 存档解决方案的存储容量
    C. 用户对电子邮件使用的认知水平
    D. 存档解决方案提供商的支持和稳定性

46. 供应商发布了修复软件安全漏洞的修补程序。在这种情况下，信息系统审计师应建议执行以下哪种操作？

    A. 在安装修补程序前对其影响进行评估
    B. 请求供应商提供包含所有修复程序的新软件版本
    C. 立即安装安全修补程序
    D. 以后不再与这些供应商合作

47. 要确保生产源代码和目标代码同步，以下哪种控制**最**有效？

    A. 版本间的源代码和目标代码比较报告
    B. 用库控制软件限制对源代码进行的更改
    C. 限制对源代码和目标代码的访问
    D. 对源代码和目标代码的日期和时间戳进行审查

48. 在正常工作时间之后需要对数据库进行紧急变更的数据库管理员应：

    A. 用其指定账户登录进行变更
    B. 用共享 DBA 账户登录进行变更
    C. 登录到服务器管理账户进行变更
    D. 使用用户的账户登录进行变更

49. 在评估软件开发实务时，一名信息系统审计师发现，开源软件组件用在了为客户设计的应用程序中。关于开源软件的使用，该审计师**最**关注什么？

    A. 客户不为开源软件组件付费
    B. 组织和客户必须遵守开源软件许可条款
    C. 开源软件具有安全漏洞
    D. 开源软件对商业用途不可靠

50. 某信息系统审计师在审查数据库控制时发现，在正常工作时间内对数据库所做的变更是通过一套标准程序处理的。但是，在非正常工作时间，只需采用简单的几步便可进行变更。在这种情况下，可将以下哪项看作是一套充分的补偿性控制？

    A. 只允许使用数据库管理员用户账户进行更改
    B. 在授予了普通用户账户的访问权限之后再对数据库进行更改
    C. 使用 DBA 用户账户进行更改、对更改进行记录并在第二天查阅更改日志
    D. 使用普通用户账户进行更改、对更改进行记录并在第二天查阅更改日志

51. 对于信息系统审计师来说，执行以下哪项测试能够**最**有效地确定对组织变更控制程序的遵守情况？

    A. 审查软件迁移记录，并验证批准
    B. 识别所做的变更，并验证批准
    C. 审查变更控制记录，并验证批准
    D. 确保只有相关员工才能将变更迁移到生产中

52. 当组织的灾难恢复计划中包含互惠协议时，应采用以下哪项风险处置方法？

    A. 转移
    B. 缓解
    C. 避免
    D. 接受

53. 编程人员为了改变数据而恶意修改了生产程序，随后又恢复为原始的代码。下列哪一项能够**最**有效地检测此恶意行为？

    A. 比较源代码
    B. 审查系统日志文件
    C. 比较目标代码
    D. 审查可执行代码和源代码的完整性

54. 一位信息系统审计师正在审查某组织的灾难恢复情况，在这次灾难中，并非恢复业务运营所需的所有关键数据都得到了保留。这是因为错误定义了以下哪个选项？

    A. 中断时限
    B. 恢复时间目标
    C. 服务交付目标
    D. 恢复点目标

55. 经理对技术能力进行监控的**主要**好处是：

    A. 确定新硬件和存储购置的需要
    B. 根据使用量确定未来的能力需求
    C. 保证服务水平要求得到满足
    D. 保证系统以最佳能力运行

56. 信息系统审计师在审查组织的灾难恢复计划时，应**主要**验证该计划是否：

    A. 每隔半年测试一次
    B. 定期进行重检和更新
    C. 经过首席执行官批准
    D. 传达到了组织中所有部门的负责人

57. 有几种方法可用来确保电信连续性。通过分离的电缆或重复的电缆设施为流量进行路由选择的方法称为：

    A. 替代路由
    B. 多路由
    C. 长距离网络多样化
    D. 最后一英里电路保护

58. 为信息处理设施制定恢复程序的**最佳**依据是：

    A. 恢复时间目标
    B. 恢复点目标
    C. 最大可容许的运行中断
    D. 信息安全政策

59. 某信息系统审计师正在数据中心执行审计，这时火警报警器突然响起来。由于审计范围包括灾难恢复，所以该审计师开始观察数据中心员工对警报的响应情况。此时对于数据中心的员工来说，以下哪项措施**最**重要？

    A. 向当地消防部门通报火警情况
    B. 准备启动消防系统
    C. 确保数据中心的所有人员均撤离现场
    D. 从数据中心转移所有备份数据

60. 某信息系统审计师发现，某组织的灾难恢复计划不包含托管在云端的某关键应用。管理层答复称，由云供应商负责灾难恢复和 DR 相关测试。信息系统审计师应采取的下一步行动是什么？

    A. 制订云供应商审计计划
    B. 审查供应商合同，以确定其灾难恢复能力
    C. 审查独立审计师的云供应商报告
    D. 从云供应商处请求 DRP 的副本

61. 信息系统审计师正在对某金融机构使用的灾难恢复热备援中心执行审查。以下哪一项是**最大**的担忧？

    A. 系统管理员使用在热备援中心永不过期的共享账户
    B. 未及时更新磁盘空间使用数据
    C. 热备援中心的物理安全控制不如主站点稳固
    D. 热备援中心的服务器与主站点的服务器规格不同

62. 信息系统审计师在审查系统参数时，应该主要考虑：

    A. 参数设置满足安全性和性能要求
    B. 变更已记录到审计轨迹中并定期进行了审查
    C. 变更经过授权，并得到了相应文档的支持
    D. 限制对系统参数的访问

63. 配有电线、空调和地板，但没有计算机或通信设备的异地信息处理设施被称为：

    A. 冷备援中心
    B. 温备援中心
    C. 拨号站点
    D. 备用的处理设施

64. 为组织优化的灾难恢复计划应该：

    A. 缩短恢复时间，降低恢复成本
    B. 延长恢复时间，提高恢复成本
    C. 缩短恢复的持续时间，提高恢复成本
    D. 不影响恢复时间和成本

65. 组织财务系统的灾难恢复计划规定，恢复点目标为零，并且恢复时间目标为 72 小时。下列哪一项是**最**具成本效益的解决方案？

    A. 热备援中心可在八小时内投入使用，并对交易日志记录进行异步备份
    B. 对多个位置处的分布式数据库系统进行异步更新
    C. 对热备援中心中的数据和备用有源系统进行同步更新
    D. 对于可在 48 小时内投入使用的温备援中心，以远程方式同步复制其中的数据

66. 每天要处理数百万笔交易的金融机构有一台中央通信处理器（交换机），用于连接到自动提款机。以下哪项应急计划对该通信处理器**最**有利？

    A. 与另一个组织签订互惠协议
    B. 在相同位置安装备用处理器
    C. 在另一个网络节点安装备用处理器
    D. 双工通信线路

67. 以下哪个选项能够**最**好地证明组织灾难恢复能力就绪情况？

    A. 灾难恢复计划
    B. 备用站点提供商的客户参考
    C. 维持 DRP 的流程
    D. 测试及练习结果

68. 一名信息系统审计师发现，数据库管理员能够访问数据库服务器上的日志位置，并且能够从系统中清除日志。以下哪一项是确保 DBA 活动能够得到有效监控的**最佳**审计建议？

    A. 更改权限，以防 DBA 清除日志
    B. 将数据库日志转发到 DBA 没有访问权限的中央日志服务器
    C. 要求对数据库的重要变更进行批准
    D. 将数据库日志备份到磁性介质

69. 在审查一个关键的第三方应用程序时，信息系统审计师**最**关心的是发现：

    A. 保证系统充分移植性的程序不完备
    B. 系统的操作记录不完整
    C. 替代服务商列表不足
    D. 软件第三方托管协议不完备

70. 将主要信息处理设施中的硬件进行更换后，业务连续性经理应该**首先**采取下列哪项行动？

    A. 检验与热备援中心的兼容性
    B. 审查实施报告
    C. 对灾难恢复计划执行浏览审查
    D. 更新信息技术资产清单

71. 在进行灾难恢复审计时，信息系统审计师会认为下列中的哪一项**最**需要进行审查？

    A. 签订某热备援中心，并且该站点在需要时可用
    B. 具有现行业务连续性手册
    C. 承保范围得当并且按时支付当期保险费
    D. 及时备份数据并实施异地储存

72. 信息系统审计师应当审查以下哪一项，以确保服务器经过最优配置、支持处理要求？

    A. 基准指标测试结果
    B. 服务器日志
    C. 故障报告
    D. 服务器利用情况数据

73. 以下哪项是可模拟系统崩溃并使用实际资源来进行有效的连续性计划测试，以获得是否符合成本效益的证据？

    A. 纸上测试
    B. 事后测试
    C. 就绪情况测试
    D. 浏览审查

74. 为某航空公司的订票系统设计业务持续计划时，最适用于异地数据转移/备份的方法是：

    A. 影子文件处理
    B. 电子远程磁带保存
    C. 硬盘镜像
    D. 热备援中心配置

75. 下列哪一项是确定生产环境中各应用系统关键性的**最佳**方法？

    A. 与应用程序开发人员面谈
    B. 执行差距分析
    C. 审查最近的应用程序审计工作
    D. 执行业务影响分析

76. 代码在生产发布时被错误地移除，其后绕过正常的变更程序，被转入生产环境。对执行实施后审查的信息系统审计师而言，以下哪一项**最**值得关注？

    A. 代码在初步实施时被遗漏
    B. 变更未经变更管理批准
    C. 错误在实施后审查过程中被发现
    D. 发布团队使用了相同的变更顺序号

77. 在什么情况下，可将实施热备援中心作为恢复策略？

    A. 停机容灾能力很低
    B. 恢复点目标很高
    C. 恢复时间目标很高
    D. 可容忍的最长停机时间很长

78. 下列哪种情况**最**适于将实施数据镜像作为恢复战略？

    A. 容灾能力很强
    B. 恢复时间目标很高
    C. 恢复点目标很低
    D. RPO 很高

79. 在制订业务持续计划方面，以下哪一个利益相关方**最**重要？

    A. 流程所有者
    B. 应用程序所有者
    C. 董事会
    D. IT 管理层

80. 在测试变更控制流程的设计有效性方面，以下哪种方式**最**有效且足够可靠？

    A. 测试变更请求的样本总体
    B. 测试已授权变更的样本
    C. 约谈变更控制流程的负责人
    D. 对流程执行端到端穿行

81. 在现场工作期间，信息系统审计师曾发现因安全补丁安装而导致的系统崩溃问题。为提供该事故不再发生的合理保证，信息系统审计师应确保：

    A. 只有系统管理员才可以在非工作时间执行补丁流程
    B. 客户的变更管理和修补流程有适当的控制
    C. 在生产中使用并行测试来验证补丁
    D. 制定了补丁（包括风险评估在内）的批准流程

82. 某批量交易作业在生产中操作失败；但在用户验收测试中，同一作业却未出现问题。生产批量作业分析显示，它在 UAT 后经过修改。哪种控制可以缓解该风险？

    A. 完善回归测试案例
    B. 针对发布后的有限时间段启用审计轨迹
    C. 执行应用用户访问审查
    D. 实施职责分离政策

83. 一家组织在业务连续性规划中完成了业务影响分析。流程中的下一步是制定：

    A. 业务连续性策略
    B. 测试和练习计划
    C. 用户培训方案
    D. 业务持续计划

84. 一名信息系统审计师执行应用程序维护审计时，将审查程序变更日志，以便了解：

    A. 程序变更的授权情况
    B. 当前目标模块的创建日期
    C. 程序的实际改动量
    D. 当前源程序的创建日期

85. 以下哪个选项能够向企业确保存在与第三方所提供服务相关的有效内部控制？

    A. 当前服务等级协议
    B. 最近的独立第三方审计报告
    C. 当前的业务持续计划程序
    D. 最近的灾难恢复计划测试报告

86. 在审查灾难恢复计划时，信息系统审计师**最**关注的是缺少：

    A. 流程所有者的参与
    B. 记录良好的测试程序
    C. 备用处理设施
    D. 记录良好的数据分类方案

87. 以下哪项是控制自我评估方案的**主要**成功因素？

    A. 指派一位知识渊博、经验丰富的信息系统审计师作为 CSA 方案的协调人
    B. 与业务部门代表（包括相关员工和管理层）开会
    C. 为每个 CSA 阶段制定成功衡量标准（规划、实施和监控）
    D. 确定所需的行动，以提高实现业务部门目标的可能性

88. 下列哪项活动不应该由数据库管理员执行？

    A. 删除数据库活动日志
    B. 实施数据库优化工具
    C. 监控数据库使用情况
    D. 定义备份和恢复程序

89. 对于为什么要将灾难恢复计划中的非关键系统和业务持续计划的测试集成在一起，以下哪项是**最好**的理由？

    A. 确保 DRP 与业务影响分析一致
    B. 基础设施恢复人员可以得到业务主题专家的帮助
    C. BCP 可以假设存在 DRP 中并不存在的能力
    D. 为企业高级管理层提供灾难恢复能力方面的知识

90. 某信息系统审计师在数据库的某些表中发现了超出范围的数据。以下哪一项是改善此情形的**最佳**控制？

    A. 记录所有的表更新交易
    B. 使用前后图像报告
    C. 使用跟踪和标记
    D. 在数据库中设定完整性约束

91. 信息系统审计师发现有些用户在其 PC 上安装了个人软件。安全政策对此没有明确禁止。信息系统审计师的**最佳**方案应该是建议：

    A. IT 部门实施控制机制以预防未经授权的软件安装
    B. 更新安全政策，纳入未经授权软件相关的具体规定
    C. IT 部门禁止下载未经授权的软件
    D. 用户在安装非标准软件前取得信息系统经理的批准

92. 代码签名的目的是保障：

    A. 软件未经后续修改
    B. 应用程序可与其他已签名的应用程序安全对接
    C. 应用程序的签名者值得信赖
    D. 签名者的私钥未被泄露

93. 某信息系统审计师在分析数据库管理系统的审计日志时发现，由于存在某个错误，有些交易仅被部分执行，并且没有进行复原。这违反了下面哪项交易处理特性？

    A. 一致性
    B. 隔离性
    C. 持久性
    D. 原子性

94. 开发 IT 框架的企业治理主要是为了帮助组织的领导者：

    A. 负责任地使用资源并管理信息系统风险
    B. 实现效益并管理实务和流程的绩效
    C. 为利益相关方提供价值，并保护所创造的价值
    D. 建立问责制并管理信息安全风险

95. 以下哪项用于区分业务影响分析和风险评估？

    A. 关键资产盘点
    B. 发现漏洞
    C. 制定威胁列表
    D. 确定可接受的停机时间

96. 审查硬件维护方案时，信息系统审计师应评估：

    A. 所有计划外维护的时间表是否得到了维护
    B. 是否符合历史趋势
    C. 是否获得了 IT 指导委员会的批准
    D. 方案是否根据供应商的规范进行了校验

97. IT 框架的企业治理**主要**通过以下哪种方式帮助组织解决业务问题？

    A. 将高级别的战略目标与业务层面的目标相协调，然后产生直接的工作成果
    B. 建立风险管理能力，以解决业务问题并保护向利益相关方交付的价值
    C. 制定路线图，以帮助弥合当前状态（现状）和期望状态（未来）之间的差距
    D. 与不同的利益相关方群体多次开会，以了解他们的期望

98. 企业架构的**主要**目的是：

    A. 应对 IT 和现代组织中日益复杂的情况
    B. 确保 IT 与业务战略相一致，且 IT 投资能实现名副其实的回报
    C. 促进对 IT 投资的理解、管理和规划
    D. 制定路线图，以确保安全、成功地从现状转变为期望的状态

99. 各业务部门对新应用系统的性能表示担心。信息系统审计师应建议执行以下哪项测试？

    A. 制定一个基准并监控系统的使用情况
    B. 定义备用处理程序
    C. 编制维护手册
    D. 实施用户建议的更改

100. 服务等级管理的**主要**目的是：

    A. 在用户和提供商之间设定期望
    B. 确保对服务进行管理，以便实现可达到的最高可用水平
    C. 尽量降低与任何服务相关的成本
    D. 监控并将任何违法行为报告给业务管理层

101. 以下哪项是信息系统审计师在审查业务持续计划时**主要**关注的问题？

    A. 计划的批准者是首席信息官
    B. 计划联系人名单未更新
    C. 测试结果未适当记录
    D. 未包括针对恢复人员的培训时间表

102. 以下哪项能**最**有效地减少备份服务器上的未经授权软件被分发至生产服务器的风险？

    A. 手动拷贝文件，以完成复制工作
    B. 审查软件版本控制系统中发生的变化
    C. 确保开发人员无权访问备份服务器
    D. 审查备份服务器的访问控制日志

103. 某组织最近安装的一个安全修补程序导致生产服务器崩溃。为将此类事故再次发生的概率降至最低，信息系统审计师应该：

    A. 按照修补程序的发布说明应用修补程序
    B. 确保具有完善的变更管理流程
    C. 将修补程序发给生产部门前对其进行全面测试
    D. 完成风险评估后批准使用修补程序

104. 在具有参照完整性的关联数据库中，如果客户表中某行的客户编号与订单表上的有效订单存储在一起，则以下哪种键可预防从客户表中删除该行？

    A. 外键
    B. 主键
    C. 次键
    D. 公钥

105. 测试业务持续计划的**主要**目标是：

    A. 使员工熟悉业务持续计划
    B. 确保解决所有残余风险
    C. 练习所有可能的灾难场景
    D. 确定 BCP 的局限性

106. 检查操作系统安全配置的信息系统审计师应该审查：

    A. 交易日志
    B. 授权表
    C. 参数设置
    D. 路由表

107. 在审查 IT 基础设施时，信息系统审计师注意到存储资源不断增多。信息系统审计师应该：

    A. 建议使用磁盘镜像
    B. 审查异地储存的充分性
    C. 审查容量管理流程
    D. 建议使用压缩算法

108. 组织在使用两个业务部门之间签订的灾难恢复互惠协议时，下列哪一项是所面临的**最大**风险？

    A. 文档缺乏法律依据
    B. 双方容易受到相同事故的影响
    C. IT 系统具有不同的配置
    D. 一方比另一方出现运营中断的频率高

109. 在确定可接受的关键业务流程恢复时间时：

    A. 只需考虑停机时间成本
    B. 应分析恢复操作
    C. 需要评估停机时间成本和恢复成本
    D. 应该忽略间接的停机时间成本

110. 信息系统审计师应审查以下哪一项，以确保生产运行使用正确版本的数据文件？

    A. 与生产运行相关的事故或错误报告
    B. 详细说明操作员所执行任务的时间表
    C. 包含相关系统活动和事件的日志
    D. 记录输出分配的报告

111. 要确定是否对生产代码进行了未经授权的更改，**最有效**的审计程序是：

    A. 检查变更控制系统记录，然后进一步追踪至目标代码文件
    B. 审查生产程序库内运作的访问控制权限
    C. 检查目标代码以找到变更实例，并追踪相关变更控制记录
    D. 审查变更控制系统中确立的变更批准指示

112. 执行数据库审查时，信息系统审计师注意到数据库中的某些表未被正规化。该信息系统审计师接下来应该：

    A. 建议对数据库进行正规化
    B. 审查概念数据模型
    C. 审查存储程序
    D. 审查理由

113. 进行业务连续性审计期间，以下哪个选项在信息系统审计师进行验证时是**最**重要的？

    A. 及时执行数据备份
    B. 与某个恢复站点签约，并且该站点在需要时可用
    C. 已制定人员安全程序
    D. 承保范围得当并且按时支付当期保险费

114. 某个使用开源软件的组织的应用程序系统没有任何认可的开发人员所制作的修补程序。以下哪种更新开源软件的方法是**最**安全的？

    A. 重写修补程序并进行应用
    B. 审查可用修补程序的代码和应用
    C. 开发内部修补程序
    D. 确定并测试适用的修补程序，然后应用

115. 审计数据库服务器时，以下哪项构成了**最大**风险？

    A. 管理员账户的密码不过期
    B. 数据库的默认全局安全设置保持不变
    C. 旧数据未被清除
    D. 数据库活动未被完整记录

116. 一位信息系统审计师发现，开发人员具有可访问生产环境操作系统命令行的操作员权限。以下哪项控制可**最**大程度地降低对生产环境进行未检测和未经授权的程序变更所产生的风险？

    A. 记录在命令行中输入的命令
    B. 定期计算程序的哈希键值，并与程序的最新授权版本的哈希键值进行匹配
    C. 使用预先批准的权限通过访问权限限制工具来授予访问操作系统命令行的权限
    D. 软件开发工具和编译器已从生产环境中移除

117. 从某个供应商购买了某个新应用，并且即将实施。实施应用时，以下哪一项是关键考虑因素？

    A. 预防在实施流程中损坏源代码
    B. 确保已禁用供应商的默认账户和密码
    C. 从托管中删除程序的旧副本，以免混淆
    D. 核实供应商在履行支持和维护协议

118. 确定服务中断事故严重程度的主要标准是：

    A. 恢复成本
    B. 负面舆论
    C. 地理位置
    D. 停机时间

119. 在生产高峰时段执行以下哪项操作可导致意外停机？

    A. 执行数据迁移
    B. 对电气系统进行预防性维护
    C. 将应用程序从开发环境发布到准生产环境
    D. 重新配置数据中心的备用路由器

120. 在 HR 审计期间，信息系统审计师被告知，IT 与 HR 部门就 IT 服务水平期望达成一项口头协议。在这种情况下，信息系统审计师**首先**应该做什么？

    A. 推迟审计，直至该协议被记录
    B. 给高级管理层报告存在未记录的协议这一情况
    C. 与两个部门确认协议的内容
    D. 为两个部门起草一份服务等级协议

121. 数据库管理员识别到某些表存在性能问题，这些问题可通过逆正规化加以解决。这种情况将增加以下哪种风险？

    A. 并发访问
    B. 死锁
    C. 对数据进行未经授权的访问
    D. 丢失数据完整性

122. 为协助记录软件发布的基准指标，信息系统审计师应建议执行以下哪个流程？

    A. 用户验收测试
    B. 备份和恢复
    C. 事故管理
    D. 配置管理

123. 评估业务持续计划效能的**最佳**方法是审查：

    A. 计划并将其与适当标准进行比较
    B. 之前的测试结果
    C. 应急程序和员工培训
    D. 异地储存和环境控制

124. 审查业务连续性策略时，信息系统审计师与组织中的关键利益相关方面谈，来确定他们是否理解各自的角色和责任。信息系统审计师将尝试评估：

    A. 业务持续计划的明确性和简洁性
    B. BCP 的充分性
    C. BCP 的有效性
    D. 信息系统和最终用户员工在紧急情况下的响应能力

125. 在设计业务持续计划期间，业务影响分析确定关键流程和支持的应用程序。这将**主要**影响：

    A. 维护 BCP 的责任
    B. 选择恢复站点提供商的标准
    C. 恢复战略
    D. 关键人员的责任

126. 在审查业务持续计划时，信息系统审计师注意到，某种情况被宣告为危机的临界点尚未进行定义。与此相关的**主要**风险是：

    A. 过早启动响应和恢复行动
    B. 在危机期间，延迟启动适当的响应和恢复行动
    C. 危机局势可能被低估或忽视
    D. BCP 可能会变得过于僵化。

127. 某个组织刚刚完成了年度风险评估。关于业务持续计划，信息系统审计师应该建议以下哪个选项作为该组织的下一步骤？

    A. 审查并评估 BCP 的充分性
    B. 执行 BCP 的完整模拟
    C. 对员工进行有关 BCP 的培训和教育
    D. 通知 BCP 中的关键联系人

128. 以下哪种数据库控制可确保在在线交易处理系统的数据库中保持交易的完整性？

    A. 身份认证控制
    B. 数据规范化控制
    C. 日志的读写访问权限控制
    D. 提交和复原控制

129. 信息系统审计师发现在一天的某些时段数据仓库的查询性能会明显降低。以下哪项控制与其**最**为相关，需要信息系统审计师进行审查？

    A. 永久性表空间分配
    B. 提交和复原控制
    C. 用户假脱机和数据库限制控制
    D. 日志的读写访问权限控制

130. 在较小的组织机构中，开发人员可能会将紧急变更直接发布到生产。在这种情况下，以下哪一项能够**最好**地控制风险？

    A. 发布后立即批准并记录紧急变更
    B. 为生产访问实施隔离环境，并在特定时间范围之外限制开发人员的访问
    C. 实施明确的紧急变更管理流程，包括二级批准
    D. 对生产机器实施严格的访问控制和权限，以预防未经授权的更改

131. 在以下备选方案中，开发灾难恢复策略的**第一个**方法是评估是否可以进行以下操作？

    A. 完全移除所有威胁
    B. 实施具有成本效益的内置恢复
    C. 优化恢复时间目标
    D. 最大程度地降低恢复成本

132. 信息系统审计师发现 IT 经理最近更换了负责为关键计算机系统进行维护的供应商，以节省成本。尽管新的供应商要价便宜，但新维护合同指定的事故解决时间与原始供应商指定的时间有所不同。以下哪个选项**最**令信息系统审计师关注？

    A. 灾难恢复计划可能无效，需要进行修订
    B. 系统故障发生时可能丢失交易业务数据
    C. 新维护供应商不熟悉组织的政策
    D. 没有将该变动通知应用程序负责人

133. 如果发生数据中心灾难，以下哪一项是能够完全恢复关键数据库的**最**适当策略？

    A. 每天向远程站点备份数据
    B. 实时复制到远程站点
    C. 磁盘镜像到本地服务器
    D. 将数据实时备份到本地存储区域网络

134. 如果恢复时间目标增加，则会：

    A. 增加容灾能力
    B. 增加恢复成本
    C. 无法使用冷备援中心
    D. 增加数据备份频率

135. 开发灾难恢复计划时，用于确定可接受停机时间的标准是：

    A. 年预期损失
    B. 服务交付目标
    C. 孤立数据的数量
    D. 最大可容许的运行中断

136. 在审查企业数据中心系统的预防性维护流程时，信息系统审计师要确保对所有关键计算、电源和冷却系统进行充分维护，其中**最**重要的做法是什么？

    A. 已对所有服务人员进行背景调查
    B. 服务人员在工作执行期间得到全程陪同
    C. 在非关键处理期间计划维护
    D. 对正在进行的维护进行独立验证

137. 当组织需要极小粒度的数据恢复点时（在恢复点目标中定义），以下哪种备份方法**最**适合？

    A. 虚拟磁带库
    B. 基于磁盘的快照
    C. 连续数据备份
    D. 磁盘到磁带备份

138. 较低的恢复时间目标会导致：

    A. 容灾能力更高
    B. 成本提高
    C. 减少系统中断
    D. 更多的容许的数据丢失

139. 在对最近部署的应用执行实施审查过程中，发现几个事故被分配了错误的优先级，并因此未能符合业务服务等级协议的要求。以下哪一项**最**令人担心？

    A. 支持模型未经高级管理层批准
    B. SLA 中规定的事故解决时间不现实
    C. 没有充分的资源来支持应用程序
    D. 支持模型的开发和实施不当，导致优先级不准确和 SLA 失效

140. 对于包含支持在线销售的数据的大型数据库，以下哪一项是**最佳**备份策略？

    A. 具有每日增量备份的每周完整备份
    B. 每日完整备份
    C. 群集服务器
    D. 镜像硬盘

141. 审计期间，信息系统审计师注意到组织的业务持续计划不能充分满足恢复过程中的信息机密性。信息系统审计师应建议修改计划以包括：

    A. 调用业务恢复程序时所需的信息安全等级
    B. 危机管理结构中的信息安全角色和职责
    C. 信息安全资源要求
    D. 可影响业务连续性安排的信息安全变更管理程序

142. 进行灾难恢复测试时，信息系统审计师注意到灾难恢复站点的服务器性能较慢。要找到根本原因，信息系统审计师应首先审查：

    A. 在灾难恢复站点生成的事件错误日志
    B. 灾难恢复测试计划
    C. 灾难恢复计划
    D. 主要站点和灾难恢复站点的配置和一致性

143. 关键文件服务器存储增长管理不足的**最大**风险是什么？

    A. 备份时间将稳步增加
    B. 备份操作成本将显著增加
    C. 存储操作成本将显著增加
    D. 服务器恢复工作不能满足恢复时间目标

144. 一个组织的业务流程所具有的恢复时间目标等于零，恢复点目标接近一分钟。这表示该流程可容许：

    A. 多达一分钟的数据丢失，但处理过程必须连续
    B. 一分钟的处理中断，但不能容许任何数据丢失
    C. 等于或大于一分钟的处理中断
    D. 数据丢失和处理中断的时间均大于一分钟

145. 审查 IT 灾难恢复测试时，信息系统审计师**最**需要关注以下哪个问题？

    A. 由于测试时间有限，仅对最基本的系统进行了测试，其他系统则在今年剩余时间内单独进行测试
    B. 测试时某些备份系统有缺陷或未运行，从而导致这些系统测试失败
    C. 启动备份站点之前，关闭并保护原始生产站点的程序所需要的时间远远超过所计划的时间
    D. 每年都由相同的员工进行测试，由于所有参与者非常熟悉各个步骤，因此未使用恢复计划文档

146. 以下哪一项需要经常更新以确保灾难恢复计划的持续有效性？

    A. 关键人员的联系信息
    B. 服务器库存文件
    C. 个人角色和职责
    D. 宣告灾难的程序

147. 针对 IT 系统恢复的双方协议的现场测试已实施，包括业务部门四个小时的集约效用测试。测试已成功，但不完全确保：

    A. 系统和 IT 操作团队可以在紧急环境中保持运作
    B. 资源和环境能够支持交易加载
    C. 与远程站点中应用程序的连接性满足响应时间要求
    D. 实际业务操作的工作流可以在发生灾难的情况下使用紧急系统

148. 定义恢复点目标时，以下哪一项是**最**重要的考虑因素？

    A. 最低操作要求
    B. 可接受的数据丢失
    C. 平均无故障时间
    D. 可接受的恢复时间

149. 要解决组织的灾难恢复要求，备份间隔不得超过：

    A. 服务水平目标
    B. 恢复时间目标
    C. 恢复点目标
    D. 最大可接受中断

150. 执行问题管理机制的**第一**步应该是：

    A. 问题分析
    B. 例外等级评定
    C. 异常报告
    D. 根本原因分析

151. 以下哪一项能够**最**有效地支持全天候可用性?

    A. 日常备份
    B. 异地储存
    C. 镜像
    D. 定期测试

152. 在文件服务器中实施 1 级廉价磁盘冗余阵列的主要目的是:

    A. 实现性能提高
    B. 提供用户身份认证
    C. 确保数据的可用性
    D. 确保数据的机密性

153. 为信息系统备份文件的异地储存设备选择位置时,以下哪一项是**最**重要的标准?异地设备必须是:

    A. 与数据中心物理上分离,且不受同一风险的影响
    B. 给定与计算机数据中心相同的保护级别
    C. 外包给可靠的第三方
    D. 配备了监视功能

154. 如果数据库使用前像转储进行恢复,则中断后流程应从何处开始?

    A. 最后的交易之前
    B. 最后的交易之后
    C. 最新检查点之后的第一个交易
    D. 最新检查点之前的最后一个交易

155. 除所有系统的备份注意事项之外,为在线系统提供备份时以下哪一项是重要的注意事项?

    A. 保留系统软件参数
    B. 确保交易日志记录的定期转储
    C. 确保祖-父-子文件备份
    D. 在非现场位置保存重要数据

156. 以下哪一项灾难恢复测试技巧是确定计划有效性的**最**有效方式?

    A. 就绪情况测试
    B. 纸上测试
    C. 全面运行测试
    D. 实际服务中断

157. 处理突然停止时正在将网上银行交易存储到数据库。通过以下哪一种方法**最**能确保交易处理的完整性?

    A. 数据库完整性检查
    B. 有效性检查
    C. 输入控制
    D. 数据库提交和复原

158. 以下哪个安全措施**最**能保证数据仓库所存储信息的完整性?

    A. 经过验证的每日备份
    B. 变更管理程序
    C. 数据字典维护
    D. 只读限制

159. 以下哪一项可确保发生灾难时交易的可用性?

    A. 每隔一小时将含有交易的备份发送到异地
    B. 每天将含有交易的备份发送到异地
    C. 将交易保存到多个存储设备
    D. 将交易实时传输到非现场场所

160. 信息技术管理层决定,在所有服务器上安装 1 级廉价磁盘冗余阵列系统,以弥补撤除非现场备份的影响。信息系统审计师应建议:

    A. 升级到 5 级廉价磁盘冗余阵列。
    B. 增加现场备份的频率
    C. 恢复异地备份
    D. 在安全位置建立冷备援中心

161. 在与热、温或冷备援中心签署的合同中，合同条款应**主要**涵盖以下哪项考虑因素？

    A. 物理安全措施
    B. 用户总数
    C. 允许同时使用备援中心的用户数
    D. 其他用户提供的参考

162. 信息系统审计师在核实某互联网服务提供商是否遵循外包电信服务可用性的企业服务等级协议时，以下哪种报告属于**最**合适的信息来源？

    A. 由 ISP 生成的电信服务故障报告
    B. 由企业生成的自动故障转移服务使用情况报告
    C. 由 ISP 提供的带宽使用情况报告
    D. 由企业生成的电信服务故障报告

163. 将业务持续计划整合到信息技术项目管理中有助于：

    A. 测试业务连续性要求
    B. 开发更全面的要求
    C. 制定交易流程图
    D. 确保应用程序满足用户需求

164. 某企业使用特权账户处理关键任务应用程序的配置更改。此时，以下哪个选项属于限制风险的**最佳**且恰当的控制？

    A. 确保审计轨迹正确具体
    B. 确保人员经过充分的培训
    C. 确保已对关键人员进行人员背景调查
    D. 确保管理层已对关键更改进行批准和审查

165. 某信息系统审计师注意到同一台服务器上托管多个应用程序。则服务器的恢复时间目标：

    A. 基于 RTO 最长的应用程序
    B. 基于 RTO 最短的应用程序
    C. 基于各应用程序 RTO 的平均值
    D. 与 RTO 无关，基于应用程序的关键性

166. 在应用程序审计期间，信息系统审计师发现数据库中存在若干因数据损坏而带来的问题。信息系统审计师应建议执行下列哪一项改正性控制？

    A. 定义标准，并密切监督相关人员是否严格遵守
    B. 确保只有授权人员可以更新数据库
    C. 建立应对并发访问问题的控制
    D. 进行恢复程序

167. 以下哪个方案可为关键应用程序的实施提供**最佳**的灾难恢复计划？

    A. 在公司外部存储每日数据备份并在距主数据中心 140 公里处设立热备援中心
    B. 在公司内部的防火保险箱中存储每日数据备份
    C. 在主数据中心和距主站点 500 米的热备援中心之间进行实时数据复制
    D. 在公司外部存储每日数据备份并在距主数据中心 70 公里处设立温备援中心

168. 下列哪项指标**最**能说明备份和恢复程序在灾难后恢复数据时的有效性？

    A. 恢复组的成员能够开展工作
    B. 达到恢复时间目标
    C. 备份介质库存已得到妥善维护
    D. 备份介质在备用站点中完全恢复

169. 对于恢复时间目标较高的敏感系统，以下哪种恢复战略**最**适合？

    A. 温备援中心
    B. 热备援中心
    C. 冷备援中心
    D. 移动恢复站点

170. 在信息处理设施发生重大事故后，事故响应团队应**首先**处理以下哪个问题？

    A. 在设施上执行恢复
    B. 记录设施信息
    C. 设施隔离
    D. 设施监控

171. 信息系统审计师发现某企业对一些废弃的硬盘驱动器未使用能合理确保数据无法恢复的方式进行清理。另外，该企业没有关于数据处理的书面政策。信息系统审计师应该首先：

    A. 起草一份审计发现，并与主管审计师进行讨论
    B. 判断硬盘驱动器上信息的敏感性
    C. 与IT经理讨论有关数据废弃的良好实践
    D. 为该企业制定相应的数据废弃政策

172. 在某家运营政府项目的全国性公司进行信息系统合规性审计期间，某信息系统审计师正在评估某互联网服务提供商所提供的服务。下面哪个选项**最**重要？

    A. 审查需求建议书
    B. 审查 ISP 生成的月度绩效报告
    C. 审查服务等级协议
    D. 调查该 ISP 的其他客户

173. 在某小型企业的审计期间，信息系统审计师注意到信息系统总监具有超级用户访问特权，这使得该总监可以处理应用程序访问角色（访问类型）变更的请求。该信息系统审计师应建议以下哪个选项？

    A. 针对应用程序角色变更请求实施已经适当记录的流程
    B. 雇用额外的员工以实现应用程序内有职责分离的角色变更
    C. 实施自动化流程来变更应用程序角色
    D. 详细记录当前程序，并在企业内联网中提供

174. 观察业务持续计划的完整模拟时，信息系统审计师注意到组织设施内的通知系统可能会因为基础设施损坏而受到严重影响。信息系统审计师可向组织提供的**最佳**建议是确保：

    A. 对抢修团队进行通知系统使用方面的培训
    B. 通知系统具有备份恢复功能
    C. 在通知系统中构建冗余
    D. 将通知系统存放在保险库中

175. 要确保结构化灾难恢复，**最**重要的是业务持续计划和灾难恢复计划：

    A. 存储在备用位置
    B. 已传达给所有用户
    C. 定期测试
    D. 定期更新

176. 业务影响分析的主要目的是：

    A. 定义恢复战略
    B. 确定备用站点
    C. 改善恢复测试
    D. 计算年预期损失

177. 以下哪个选项**最**有助于定义灾难恢复战略？

    A. 年预期损失和暴露因子
    B. 可承受的最大停机时间和数据丢失
    C. 现有服务器和网络冗余
    D. 数据备份和异地储存要求

178. 在发出灾难声明后，温恢复站点的介质创建日期基于：

    A. 恢复点目标
    B. 恢复时间目标
    C. 服务交付目标
    D. 最大可容许的运行中断

179. 企业的业务持续计划的启动应基于以下哪方面的预定标准？

    A. 中断的持续时间
    B. 中断的类型
    C. 中断的概率
    D. 中断的原因

180. 在审计某个提供医疗转录服务的小型组织期间，信息系统审计师发现一些与备份和恢复流程有关的问题。以下哪项是审计师**最**应关注的问题？

   A. 未对备份介质进行恢复测试，但所有数据恢复请求的处理都非常成功
   B. 业务所有者在过去三年中未对数据备份和保留政策进行审查
   C. 组织使用第三方服务提供商异地存储转录备份介质，而该第三方服务提供商每年对备份进行一次盘点
   D. 在收到营销部门数据文件备份失败警报后，IT管理员未跟进或解决问题

181. 确定服务交付目标的**主要**依据应该是：

   A. 可接受的最低运营能力
   B. 恢复流程的成本效益
   C. 达到恢复时间目标
   D. 允许的运营中断时限

182. 某信息系统审计师正在为某大型跨国组织审查应用变更管理流程，他**最**担心发生以下哪种情况？

   A. 测试系统的运行配置与生产系统不一样
   B. 变更管理记录为纸质记录
   C. 配置管理数据库未经维护
   D. 测试环境安装在生产服务器上

183. 信息系统审计师可以通过审查以下哪项来验证组织业务持续计划的有效性？

   A. BCP 是否与行业良好实践保持一致
   B. 由信息系统和最终用户员工执行的业务连续性测试的结果
   C. 异地设施及其内容、安全性和环境控制
   D. BCP 活动的年度财务成本与计划实施的预期收益的对比

184. 以下哪种情况**最**适合实施增量备份方案？

   A. 关键数据的恢复时间有限
   B. 倾向于使用基于磁盘的在线介质
   C. 介质容量有限
   D. 需要随机选择备份集

185. 以下哪项能够**最好**地缓解因将互惠协议用作恢复备选方案而引发的风险？

   A. 每年进行一次灾难恢复练习
   B. 确保合作伙伴组织位于不同的地理位置
   C. 定期执行业务影响分析
   D. 选择具有类似系统的合作伙伴组织

186. 在审查内部开发的应用程序期间，信息系统审计师**最**应关注的是：

   A. 是否有用户提出变更请求并在测试环境中对其进行测试
   B. 是否有编程人员在开发环境中编写变更代码并在测试环境中对其进行测试
   C. 是否有管理层批准变更请求并在生产环境中对其进行审查
   D. 是否有管理层提出变更请求并随后对其进行批准

187. 在灾难恢复情况下，以下哪项是确保数据在关键系统之间同步的**最**重要指标？

   A. 恢复点目标
   B. 恢复时间目标
   C. 恢复服务的恢复能力
   D. 恢复服务的可扩展性

188. 以下哪项能够**最好**地缓解容有不可替代信息的备份介质在运输途中丢失或被盗的风险？

   A. 确保介质加密
   B. 保留副本
   C. 维护监管链
   D. 确保相关人员受到约束

189. 信息系统审计师正在审查某企业资源规划应用程序的变更管理流程。以下哪项是测试程序变更的最佳方法？

   A. 选择变更凭单的样本并审查其授权
   B. 通过从始至终跟踪程序变更，执行浏览审查
   C. 跟踪已修改程序的样本，以支持变更凭单
   D. 使用查询软件分析所有变更凭单，看看是否有遗漏的字段

190. 绕过正常变更控制流程的紧急变更在以下哪种情况下是**最**可以接受的?

    A. 管理层在变更发生后对变更进行审查和批准
    B. 变更在发生时由同行进行审查
    C. 变更由运营部门记录在变更控制系统中
    D. 管理层已预先批准所有紧急变更

191. 为了优化组织的业务持续计划,信息系统审计师应建议进行业务影响分析以确定:

    A. 因为能够为组织带来最大财务价值而必须首先恢复的业务流程
    B. 恢复的优先级和顺序,以确保与组织的业务策略保持一致
    C. 灾难后必须恢复的业务流程,以确保组织持续运营
    D. 恢复的优先级和顺序,从而在最短的时间范围内恢复最多的系统

192. 当系统需要一天 24 小时在线接收销售订单时,以下哪一项是备份大量任务关键性数据的**最**有效策略?

    A. 实施容错的磁盘到磁盘备份解决方案
    B. 每周一次完整备份,每晚一次增量备份
    C. 建立双重存储区域网络,并将数据复制到第二个 SAN
    D. 在一个热备援中心建立相同的服务器和存储基础设施

193. 以下哪一项能**最**有效地确保在数个国家拥有 IT 业务中心的组织不会发生业务中断?

    A. 分发关键的程序文件
    B. 业务合作伙伴之间的互惠协议
    C. 强大的高层管理领导能力
    D. 有关 BCP 的员工培训

194. 以下哪一项能够**最**有效地确保用户能够不间断地访问关键的、任务繁重的 Web 应用程序?

    A. 磁盘镜像
    B. 廉价磁盘冗余阵列
    C. 动态域名系统
    D. 均衡负载

195. 以下哪一项是确保不发生关键 IT 系统故障的**最佳**方法?

    A. 投资建设冗余系统
    B. 执行跟踪审计
    C. 监控系统性能
    D. 执行根本原因分析

196. 当操作系统补丁即将应用于生产环境时,以下哪一项**最**重要?

    A. 开发员成功进行的回归测试
    B. 信息资产所有者的批准
    C. 安全官的批准
    D. 在备用中心安装补丁

197. 信息系统审计师发现,任务关键型系统的最新安全相关软件补丁两个月前就发布了,但 IT 人员却尚未安装该补丁。信息系统审计师应该:

    A. 审查修补程序管理政策,并确定与这种情况有关的风险
    B. 建议 IT 系统人员立即测试并安装补丁
    C. 建议每月或发布后立即应用修补程序
    D. 不采取任何措施,因为与修补程序管理有关的 IT 流程似乎足够了

198. 进行防灾规划时,以下哪一项**最**有助于按优先顺序安排 IT 资产?

    A. 事故响应计划
    B. 业务影响分析
    C. 威胁与风险分析
    D. 恢复时间目标

199. 以下哪一项是某组织利用紧急更改控制流程对某个应用程序实施紧急更改的**最有可能的**原因？

    A. 应用程序所有者请求新的功能
    B. 变更是用敏捷方法开发的
    C. 对运行造成重大影响的可能性很大
    D. 操作系统提供商发布了一个安全修补程序

200. 某组织预算有限，其恢复时间目标为72小时，恢复点目标为24小时。以下哪一项**最**符合该企业的要求？

    A. 热备援中心
    B. 冷备援中心
    C. 镜像站点
    D. 温备援中心

201. 确定某家企业关键流程的恢复点目标时，以下哪一项**最**重要？

    A. 可接受的停机时间小时数
    B. 恢复关键系统的总成本
    C. 可接受的数据丢失程度
    D. 在可接受的范围内降低服务等级

202. 一名信息系统审计师正在协助设计某预算有限的组织的紧急更改控制程序。以下哪一项建议**最**适合帮助确立系统支持人员的问责制？

    A. 根据需要向个人支持 ID 授予生产访问权限
    B. 开发人员利用救火员 ID 将代码应用到生产
    C. 专职用户将紧急变更应用到生产
    D. 紧急变更需在应用之前经过授权

203. 隔离高度敏感的数据库会使得：

    A. 暴露（风险）减少
    B. 威胁减少
    C. 关键性降低
    D. 敏感度降低

204. 以下哪一项是确保事故响应活动与业务连续性管理要求相一致的**最佳**方式？

    A. 起草并发布企业级事故响应的明确做法
    B. 成立跨部门工作组以分享观点
    C. 设定场景并执行结构化的浏览审查测试
    D. 制订用于端对端灾难恢复测试的项目计划

205. 一名信息系统审计师正在为某组织评估网络性能，由于工作时间出现性能降级，该公司正在考虑增大其互联网带宽。以下哪一项**最**有可能是性能下降的原因？

    A. 服务器上的恶意软件
    B. 防火墙配置错误
    C. 邮件服务器收到的垃圾邮件数量增加
    D. 未经授权的网络活动

206. 对信息系统审计师而言，验证关键生产服务器是否在运行供应商发布的最新安全更新的**最佳**方法是以下哪一项？

    A. 确保在关键生产服务器上已启用自动更新
    B. 在生产服务器样机上人工验证已应用的补丁
    C. 审查关键生产服务器的变更管理日志
    D. 在生产服务器上运行自动化工具，以验证补丁的安全性

207. 某信息系统审计师正在对某数据中心的灾难恢复程序进行审查。表明该程序符合要求的**最佳**指标是以下哪一项？

    A. 记录在案的程序经过管理层批准
    B. 程序经过审查，并与行业良好实践进行过比较
    C. 用该程序进行过桌面演练
    D. 恢复团队及其职责已记录在案

208. 在生产数据库中直接更新数据时，以下哪一项能**最**有效地确保问责制？

    A. 审查审计日志
    B. 最少特权原则
    C. 经过批准的验证计划
    D. 职责分离

209. 某信息系统审计师已发现有了某应用的新修补程序，但 IT 部门已决定不需要该修补程序，原因是落实了其他安全控制。信息系统审计师应该建议使用什么？

    A. 只有在经过彻底测试后才应用该修补程序
    B. 实施基于主机的入侵检测系统
    C. 修改防火墙规则，以进一步保护应用服务器
    D. 评估整体风险，然后建议是否部署修补程序

210. 某信息系统审计师正在审查某组织最新的灾难恢复计划。确定该计划所需要的系统资源的可用性时，以下哪一项批准**最**重要？

    A. 执行管理层
    B. IT 管理层
    C. 董事会
    D. 指导委员会

211. 设计应对潜在自然灾害的数据备份策略时，以下哪一项**最**有帮助？

    A. 恢复点目标
    B. 需要备份的数据量
    C. 可用的数据备份技术
    D. 恢复时间目标

212. 在进行客户关系管理系统应用审计时，信息系统审计师发现，相比其他时段，用户在高峰工作时段登录系统需要很长时间。用户登录后，系统的平均响应时间在可接受的范围之内。该信息系统审计师应当建议以下哪一个选项？

    A. 不应采取任何措施，因为系统符合当前的业务需求
    B. IT 部门应当增加网络带宽，以提高性能
    C. 应当向用户提供详细的手册，以正确使用系统
    D. 为身份认证服务器制定性能衡量标准

213. 由于资源有限，某开发人员需要生产数据的完全访问权限，以支持生产用户报告的某些问题。对于控制生产中未经授权的变更，以下哪一项是好的补偿性控制？

    A. 提供单独的开发人员登录 ID 用于编程和生产支持并进行监控
    B. 通过启用详细的审计轨迹来捕获开发人员在生产环境中的活动
    C. 在允许开发人员进行生产变更之前备份所有受到影响的记录
    D. 在实施变更前，确保所有变更都经过变更管理层批准

214. 以下哪一项**最**有可能确保灾难恢复工作取得成功？

    A. 进行桌面演练
    B. 完成数据恢复
    C. 批准恢复程序
    D. 承诺适当的人力资源

215. 某信息系统审计师正在审计某 IT 灾难恢复计划。该信息系统审计师应当**主要**确保该计划涵盖：

    A. 恢复能力强的 IT 基础设施
    B. 备用站点信息
    C. 记录在案的灾难恢复测试结果
    D. 业务功能的分析与优先级分配

216. 某信息系统审计师发现，用户被偶尔授权，更改系统数据。这种系统访问权限的提升对业务经营的平稳运转是有必要的。该信息系统审计师**最**有可能建议采取以下哪一种控制来长期解决这一问题？

    A. 重新设计与数据授权有关的控制
    B. 实施额外的职责分离控制
    C. 对政策进行审查，以查明正式的例外流程是否有必要
    D. 实施额外的日志记录控制

217. 一个IT灾难恢复措施已经实施到位并且进行了多年定期测试的中等规模组织刚刚制订了一个正式的业务持续计划。已经成功进行了基本的BCP桌面演练。要验证新BCP的充分性，信息系统审计师接下来应建议进行以下哪项测试？

    A. 全面测试（将包括IT部门在内的所有部门转移到应急站点）
    B. 对一系列预定义情景（涉及所有关键人员）进行的浏览审查测试
    C. IT灾难恢复测试（测试关键应用程序时涉及业务部门）
    D. 情景功能测试（有限IT人员参与）

218. 为了进行适当协调，以下哪项业务持续计划测试需要危机管理/响应团队的相关成员的参与？

    A. 桌面测试
    B. 功能测试
    C. 全面测试
    D. 案头检查

219. 以下哪项是确保业务持续计划保持最新的**最佳**方法？

    A. 集团逐一研究计划自始至终的不同情景
    B. 集团确保特定系统可在备用的异地设施中实际充分发挥作用
    C. 集团认识完全中断测试程序
    D. 提倡部门间的沟通，以便更好地对灾难作出响应

220. 某个具有遍布于广大地域多个办事处的组织制订了一个灾难恢复计划。使用实际资源时，以下哪项是最具有成本效益的DRP测试？

    A. 全面运行测试
    B. 就绪情况测试
    C. 纸上测试
    D. 回归测试

221. 组织的灾难恢复计划应尽早解决以下哪项恢复？

    A. 所有信息系统流程
    B. 所有财务处理应用程序
    C. 只需恢复信息系统经理指定的应用程序
    D. 按照业务管理层制定的优先级顺序处理

222. 为确保重复信息处理设施的可用性，下列哪一项必须成立？

    A. 站点靠近主站点以确保快速而高效地实现恢复
    B. 站点中包含最先进的可用硬件
    C. 监控主站点的工作量以确保备份充足
    D. 安装硬件时对其进行测试以确保硬件可以正常工作

223. 与没有灾难恢复计划相比，有DRP时持续运作的成本**最**有可能：

    A. 增加
    B. 减少
    C. 保持不变
    D. 无法预测

224. 制订灾难恢复计划时应**首先**执行下列哪一项任务？

    A. 制定恢复战略
    B. 执行业务影响分析
    C. 绘制软件系统、硬件和网络组件图
    D. 指派人员、角色和汇报层次明确的恢复小组

225. 完成业务影响分析后，业务连续性规划过程中的下一步是什么？

    A. 测试和维护计划
    B. 制订具体计划
    C. 制定恢复战略
    D. 实施计划

226. 下列哪种测试方法适用于业务持续计划？

 A. 实验
 B. 纸上测试
 C. 单元测试
 D. 系统测试

227. 作为业务连续性规划过程的一部分，在业务影响分析中**首先**应确定下列哪一项？

 A. 单点故障和基础架构风险等风险
 B. 各关键业务流程所面临的威胁
 C. 关键业务流程，以便确定恢复优先级别
 D. 业务恢复所需的资源

228. 下列哪个选项**最**能促使形成有效的业务持续计划？

 A. 文件分发给所有相关方
 B. 所有用户部门均参与规划
 C. 计划得到高级管理层的批准
 D. 审计由外部信息系统审计师执行

229. 业务持续计划和灾难恢复计划的**主要**目标是：

 A. 保护关键信息系统资产
 B. 为持续运营做好准备
 C. 尽量减少组织损失
 D. 保护人身安全

230. 根据组织业务持续计划复杂程度的不同，可将计划制订为多个计划的组合，以便解决业务连续性和灾难恢复不同方面的问题。在此情况下，有必要做到：

 A. 各计划彼此之间保持一致
 B. 所有计划可以综合到一个单独的计划中
 C. 各计划彼此依存
 D. 所有计划的实施顺序得以确定

231. 在制订业务持续计划时，应该使用下列哪种工具来了解组织的业务流程？

 A. 业务连续性自我审计
 B. 资源恢复分析
 C. 风险评估
 D. 差距分析

232. 在审查业务持续计划时，信息系统审计师应**最**关注以下哪一项？

 A. 灾难级别的确定以受损职能的涉及范围为基础，而不以持续时间为基础
 B. 低级别灾难和软件事故之间的区别不明确
 C. 虽然记录了整体BCP，但并没有具体说明详细的恢复步骤
 D. 未识别宣告灾难的职责

233. 审计业务持续计划期间，某信息系统审计师发现，尽管所有部门在同一建筑物中办公，但是每个部门都有各自独立的BCP。该信息系统审计师建议协调BCP。应该**首先**协调以下哪一个领域？

 A. 疏散计划
 B. 恢复优先级
 C. 备份存储
 D. 呼叫树形图

234. 为了使业务持续计划能够在开发后得到有效实施，**最**重要的是BCP应该：

 A. 存储在公司外部的安全设施中
 B. 得到高层管理层批准
 C. 沟通到相关人员
 D. 通过企业内网提供

235. 以下哪项是业务持续计划流程的**首要**目标？

 A. 向利益相关方提供在发生灾难时业务继续运营的保证
 B. 为IT服务设立备用站点，以满足预先定义的恢复时间目标
 C. 管理风险，并能够从对运营造成负面影响的事件中恢复
 D. 在发生自然灾害时满足法律合规性要求

236. 以下哪个选项最有助于检测数据处理中的错误？

    A. 程序化的编辑检查
    B. 设计优良的数据录入筛选
    C. 职责分离
    D. 散列总计

237. 以下哪个选项对于保证数据仓库中的数据质量最关键？

    A. 源数据的准确性
    B. 数据源的可信度
    C. 提取过程的准确性
    D. 数据转换的准确性

238. 某位职员在主文件中对贷款利率进行了更改。输入的利率超出了此类贷款的正常范围。要合理保证该变更经过授权，下列哪种控制最有效？

    A. 该职员的经理输入批准代码确认变更前，系统不会处理此变更
    B. 系统生成一个能够列出所有利率异常的周报，并由该职员的经理对该报告进行审查
    C. 系统要求该职员输入批准代码
    D. 系统向该职员发出一个警告消息

239. 使用 Web 服务在两个系统之间进行信息交换的最大优点是：

    A. 通信安全
    B. 性能提升
    C. 连接效率高
    D. 加强文档记录

240. 在开发最终用户计算应用程序时，下列哪项属于普遍存在的风险？

    A. 应用程序可能无法进行测试和一般 IT 控制
    B. 开发和维护成本可能会增加
    C. 应用程序开发时间可能会延长
    D. 由于响应信息请求的能力降低，决策可能受到影响

241. 某信息系统审计师在数据库的某些表中发现了超出范围的数据。为避免此类状况发生，该信息系统审计师应推荐采用以下哪种控制？

    A. 记录所有的表更新交易
    B. 在数据库中设定完整性约束
    C. 使用前后图像报告
    D. 使用跟踪和标记

242. 要在海外某地安装一个新的数据库，以便向公众提供信息并提高获取信息的速度。此海外数据库将安置在某数据中心，并实时更新以便获得本地所存储信息的镜像。以下哪个方面的操作应视为风险最高？

    A. 数据库中所存储信息的机密性
    B. 用于运行数据库程序的硬件
    C. 海外数据库的信息备份
    D. 备份数据库的远程访问

243. 在确定从一个数据库迁移至另一数据库的个人账户余额是否正确时，以下哪个选项最有效？

    A. 对比迁移前后的散列总计
    B. 验证前后两个数据库的记录数是否相同
    C. 对迁移后的账户余额执行抽样测试
    D. 对比所有记录的总数核对控制

244. 在审查数据文件变更管理控制期间，以下哪个选项最有助于减少调查异常所需的研究时间？

    A. 一对一检查
    B. 数据文件安全性
    C. 交易日志
    D. 文件更新和维护授权

245. 一名信息系统审计师正在用审计软件审查每月应付账款交易登记。审计师为何有兴趣使用校验数字位？

    A. 为了检测数据转位错误
    B. 为了确保交易不超过预定数额
    C. 为了确保输入的数据在合理的限制之内
    D. 为了确保输入的数据在预定的价值范围之内

246. 含有机密数据的硬盘已损坏，并且无法修复。为预防其他人访问数据，在丢弃硬盘前应做些什么？

   A. 覆写数据
   B. 低级别格式化
   C. 消磁
   D. 销毁

247. 授予应用程序数据访问权限是以下哪位的职责？

   A. 数据保管员
   B. 应用程序管理员
   C. 数据所有者
   D. 安全管理员

248. 信息系统审计师发现数据库管理员有生产数据的读写权限。信息系统审计师应该：

   A. 接受 DBA 访问为普遍做法
   B. 评估与 DBA 职能相关的控制
   C. 建议立即取消 DBA 对生产数据的访问权限
   D. 审查 DBA 批准的用户访问权限

249. 以下哪项是处置含有机密信息的磁介质的**最**有效方法？

   A. 消磁
   B. 碎片整理
   C. 擦除
   D. 破坏

250. 信息系统审计师应建议采取以下哪一项措施来保护数据仓库中存储的特定敏感信息？

   A. 实施列级和行级权限
   B. 通过强密码增强用户身份认证
   C. 将数据仓库组织成为特定主题的数据库
   D. 记录用户对数据仓库的访问

251. 由谁负责授权对业务应用系统的访问：

   A. 数据所有者
   B. 安全管理员
   C. IT 安全经理
   D. 请求者的直属上司

252. 要对访问敏感信息的数据库用户实施问责制，以下哪项控制**最**有效？

   A. 实施日志管理流程
   B. 实施双因素认证
   C. 使用表视图访问敏感数据
   D. 将数据库服务器与应用程序服务器分开

253. 在审计某电子商务架构时，信息系统审计师注意到客户主数据于交易日后在 Web 服务器上存储了六个月，然后由于无活动而被清除。以下哪项是信息系统审计师**最**关注的问题？

   A. 客户数据的可用性
   B. 客户数据的完整性
   C. 客户数据的机密性
   D. 系统存储性能

254. 一名信息系统审计师需要对所有 IT 操作系统的变更管理流程执行审计。以下哪些文件**最**有助于审计师确定审计项目的范围？

   A. 企业架构
   B. 控制目录
   C. 风险登记表
   D. IT 组织结构图

255. 在分布式系统中，以下哪项**最**有助于不同组件或模块进行通信并协调其活动？

   A. 消息队列接口
   B. 应用程序编程接口
   C. 远程程序调用
   D. 通信基础设施接口

256. 哪个接口允许不同的软件应用程序访问和操作关联数据库管理系统?

    A. 应用程序编程接口
    B. 结构化查询语言
    C. 对象关系映射
    D. Java 数据库连接

257. 以下哪项允许软件系统或应用程序访问基于云的基础设施或服务提供商并与之交互?

    A. 简单网络管理协议
    B. 远程程序调用
    C. 电路级网关
    D. 应用程序编程接口

258. 以下哪项对于有效的安全日志管理**最**有用?

    A. 实施自动化工具来搜集、分析和保留日志
    B. 无限期归档和存储日志,以确保历史数据可用性
    C. 搜集来自所有系统、数据库、设备和工具的所有日志
    D. 安全经理每天检查日志以检测和响应安全事故

259. 以下哪项是在配置和发行管理中使用版本控制系统的**关键**优势?

    A. 应对代码管理的复杂性
    B. 简化多名开发人员的协作
    C. 限制开发人员的可访问性
    D. 提供跟踪和恢复更改的能力

260. 以下哪项**最**有助于信息系统审计师检测 IT 运营期间应用程序执行过程中遇到的问题?

    A. 操作系统日志
    B. 事故报告
    C. 异常报告
    D. 计算机操作员日志

261. 以下哪项是监控操作日志的主要好处?

    A. 它为可能发生的风险提供了早期预警
    B. 它帮助信息系统审计师检测操作过程中遇到的问题
    C. 它可以深入洞察 IT 基础设施的运行状况和性能
    D. 它为操作期间处理的交易提供审计轨迹

262. 以下哪项**最**有助于信息系统审计师确保成功完成从旧系统到新系统的自动数据转换?

    A. 操作员报告
    B. 异常报告
    C. 控制总数
    D. 应用程序日志

263. 以下哪项是实施日志管理系统的主要挑战?

    A. IT 基础设施的复杂性
    B. 搜集多种格式的日志
    C. 因日志量而导致的存储成本
    D. 解决误报

领域 4 参考答案

1. A. 尽职调查活动(例如,查阅其他客户的推荐)是很好的做法,但服务等级协议最为关键,因为 SLA 可规定需要达到的具体可用性级别,以及促使供应商按合同提供其所承诺的事宜。

    B. 尽职调查活动(例如,审查物理安全控制)是很好的做法,但服务等级协议最为关键,因为 SLA 可规定需要达到的具体可用性级别,以及促使供应商按合同提供其所承诺的事宜。

    C. SLA 是供应商按合同提供服务的保证。与服务供应商签订合同时,最好与该供应商签订 SLA。信息系统审计师希望保证绩效和安全要求在 SLA 有明确商定。

    D. 尽职调查活动(例如,对服务供应商员工进行背景调查)都是很好的做法,但 SLA 最为关键,因为 SLA 规定了需要达到的安全和劳动实践的具体级别,以及促使供应商按合同提供其所承诺的事宜。

2. A. 质量控制可以定义为专注于满足质量要求的质量管理的一部分。质量控制程序监控并评估最终服务或产品。
   B. 质量评估是一项数据搜集和分析工作，通过此评估可以体现出符合预定标准的程度。
   C. 质量规划旨在设计出能够在运行条件下满足既定目标的流程或服务。
   D. **信息系统审计师通常会以顾问的身份提供建议并推动业务部门来参与流程改进和控制，从而实现质量保证。使用控制自评估流程是此类方法之一。**

3. A. **缺少"审计权限"条款或缺少其他供应商遵守特定标准的证明都可能会妨碍信息系统审计师对供应商绩效在各方面进展的绩效进行调查，包括控制缺陷、绩效不佳和法律要求的遵守情况。对于信息系统审计师而言，如果没有此条款将构成重大顾虑，因为组织将很难评估适当的控制是否已落实到位。**
   B. 尽管明确定义罚款支付条款是可取的做法，但并非所有合同都要求为绩效不佳而支付罚款。如果因绩效不佳而要求罚款，往往需要根据具体情况进行谈判。因此，缺少该内容不如缺少审计权限重要。
   C. 当合同中包含服务水平报告要求，预先定义服务水平报告模板的做法是可取的，但即便如此，缺少预定义报告模板并非需要重点关注的问题。
   D. 缺少服务供应商责任范围条款会导致供应商承担无限的责任。这对该外包组织是有利的，尽管信息系统审计师会强调缺少该条款，但这不是需要重点关注的问题。

4. A. 所有软件，包括许可，都应在IT部门记录，但这没有安装未经批准的软件严重。
   B. 发现用户没有经过使用软件产品的正式培训很常见，这虽然不理想，但大多数软件都带有帮助文件和其他提示，可以帮助学习如何有效地使用软件。
   C. **安装不为政策允许的软件是一种严重违规，会让组织面临安全、法律和财务风险。任何允许使用的软件都应已列于标准软件列表中。这是要审查的第一件事，因为这也指出政策的遵循性。**
   D. 如果存在软件许可续期的流程，许可即将到期不构成风险。

5. A. 客户组织想要保留数据所有权，因此这不是一种风险。
   B. **组织必须审查云提供商运营所在的监管环境，因为它可能有自己的要求或限制。某些服务提供商保留访问客户信息以执行某些交易和提供某些服务的权利（第三方访问权）。对于受保护的健康信息，法规可能限制某些访问权。组织随后必须确定云提供商是否提供适当的控制，以确保数据安全。**
   C. 组织可能最终想要终止其第三方云提供商的服务。组织随后想要从系统中删除其数据，并确保服务提供商清除其在系统中的数据（包括任何备份）。有些提供商不提供组织需要用来移植其数据的自动化或批量数据撤回机制。这些方面应当在使用第三方提供商之前阐明。
   D. 如果服务提供商不提供数据恢复流程和程序，或组织对服务提供商的流程存有疑虑，组织可能需要规划其自己的数据恢复流程和程序。只有客户组织无法自行完成这些活动时，这才会是一种风险。

6. A. 由企业维护的热备援中心成本高昂，但可提供高置信度。
   B. 为多个办公室租用多个冷备援中心的可用性差，非有效解决方案。
   C. **对于多个办公室均在一个区域内的企业，在其各办公室之间实行互惠安排最为合适。每个办公室均可作为其他某个办公室的恢复站点。这种方法可以保持置信水平在可接受的程度，并且最为廉价。**
   D. 第三方恢复设施由传统的热备援中心提供。这种方法的成本也很高，也可提供高置信度。

7. A. 字段定义描述了表格的布局，但与参照完整性没有直接关系。
   B. 主表定义描述了数据库结构，但与参照完整性没有直接关系。
   C. 复合键描述了键是如何创建的，但与参照完整性没有直接关系。

D. 关联数据库中的参照完整性是指相关（链接）表格之间的一致性。通常，通过将主键或候选键（替代键）与外键相结合来保证参照完整性。要保持参照完整性，表中被指明为外键的任何字段均应只包含父表的主键或候选键中的值。

8. A. 需要更改默认数据库配置（例如默认密码和服务）；否则，数据库很容易受到恶意代码和入侵者攻击。
   B. 数据库的非规范化与性能的关系比与安全的关系更强。
   C. 限制对存储程序进行访问是一种很有效的安全措施，但不如更改默认配置重要。
   D. 在可对数据库进行的各种配置更改中，更改数据库使用的服务端口只是其中一种，但其他配置的更改更为重要。

9. A. 根据变更管理程序执行数据库变更是数据库管理员的一项正常职能，也符合组织程序。
   B. 为操作系统安装修补程序或对其升级应当是系统管理员而不是 DBA 执行的职能。如果 DBA 正在履行此职能，则存在因职责分离不当而产生的风险。
   C. DBA 要通过帮助设计来为业务提供支持，创建和维护数据库和数据库接口。
   D. DBA 经常执行或支持数据库备份和恢复程序。

10. A. 温备援中心的成本通常较为适中，并且需要较少的时间便可投入使用，因此适合需要在适度时间内恢复的敏感型操作。
    B. 移动站点是一种配备有全部所需计算机设备的车辆，可以根据需要移动到任何地点。是否需要移动站点，取决于运营规模。
    C. 热备援中心的合同期限较短、成本较高，因此更适合用于恢复重要和关键的应用程序。
    D. 通常，冷备援中心的合同期限较长、成本较低。由于需要较长时间才能使冷备援中心投入使用，因此通常将其用于非关键应用程序。

11. A. 变更一般需要由业务分析师、变更控制委员会成员或其他授权代表签字，不一定需要 IT 管理层授权。
    B. 用户验收测试很重要，但还是变更控制的关键因素，一般也不会解决本题所述的可用性问题。
    C. 要确保系统可用性，最重要的控制是实施合理的测试计划和程序，并始终如一地遵守这些计划和流程。
    D. 虽然每个开发项目都应考虑容量规划，但这不会保证系统可用性，也不是变更控制流程的内容。

12. A. 确定关键控制不是数据流程图的关注重点。重点是数据流。
    B. 数据字典可能用于记录数据定义，但是数据流程图用于记录数据如何在流程中移动。
    C. 数据流程图用来帮助以图形或图表方式表示数据流和存储。数据流程图可从数据的起点跟踪到数据的目的地，从而突出显示数据的路径和存储。
    D. 数据流程图的目的是记录数据在流程中的流动，而不是主要用于记录或显示数据是如何生成的。

13. A. 停机时间成本与恢复点目标无关。RPO 定义的是与恢复成本（而非停机时间成本）有关的数据备份策略。
    B. 停机时间成本（例如销售损失、资源闲置、工资）随时间的推移而增加。因此，应制订灾难恢复计划来尽可能地降低停机时间成本。
    C. 允许进行恢复的时间越长，恢复成本就越低。例如，在两天内恢复业务运营的成本比在七天内恢复的成本要高。有效的灾难恢复计划的本质在于，最大限度降低不确定性并提高可预测性。
    D. 有了良好的规划，恢复成本即可预测和保持在可控范围之内。

14. A. 可将管理层的声明包含在审计报告中，但审计师应独立验证管理层的声明，以确保完整性和准确性。
    B. 如果有迹象表明组织使用未经授权的软件，信息系统审计师应在将其纳入报告前获得充分的证据。
    C. 在此类情况下，无法独立地验证管理层给出的说法。
    D. 如果组织使用未经许可的软件，为了保持客观性和独立性，信息系统审计师必须将这一点写入报告，但信息系统审计师在向高层管理呈交之前应验证情况属实。

15. A. 信息系统审计师的作用是，通过提供对于控制目标的专业见解，引导和指导受审方评估其所处环境。
    B. 信息系统审计师是协助者，管理层客户则参与控制自我评估方案。
    C. **制定好 CSA 方案之后，审计师便成为内部控制专业人员和评估的协助者。**
    D. 业务部门经理对其职权范围内的内部控制系统负责。

16. A. **在上述各项中，远程存储备份数据是最关键的灾难恢复计划因素，因为在恢复系统时需要访问备份数据。**
    B. 有关键联系人名单很重要，但不如有充分的数据备份重要。
    C. DRP 可使用后备数据中心或其他解决方案，例如移动站点、互惠协议或外包协议。
    D. 明确定义的恢复时间目标对业务持续计划特别重要，但灾难恢复（恢复 IT 基础设施和能力）的核心要素是数据备份。

17. A. 持续监控有助确保符合服务等级协议，但这并非监控的主要关注点。即使系统离线，它也有可能符合 SLA 的要求。因此，准确的可用性监控更重要。
    B. 尽管通过能力和性能监控获得的数据将是规划流程的一种输入，但主要关注点是监控可用性。
    C. **准确的 IT 资源能力监控是持续监控流程的最关键要素。**
    D. 尽管持续监控有助管理层预测可能的 IT 资源能力，但更关键的问题是可用性监控要准确。

18. A. **业务流程所有者可以提供最有用的信息，因为业务影响分析是根据业务需求来评估关键性和恢复时限。**
    B. 尽管 IT 管理层必须参与其中，但他们可能无法对需要受保护的业务流程有全面了解。
    C. 虽然高级管理层必须参与其中，但他们可能无法完全意识到需要保护的应用程序的关键性。
    D. BIA 取决于组织的独特业务需求，行业专家的建议价值有限。

19. A. 尽管测试灾难恢复计划是使灾难恢复战略获得成功的重要因素，但这不是最重大的风险；最重大的风险来自设计不合理的计划。
    B. 使用热备援中心是基于可承受的停机时间、成本和其他因素做出的战略性决定。尽管使用热备援中心可能被视为良好实践，但该解决方案的成本非常高，因此组织可能不需要该方案。
    C. **如果灾难恢复计划未使用业务影响分析结果，所带来的风险就是 DRP 可能不会按正确的顺序来恢复最重要的资产。因此，该计划可能不足以使组织从灾难中恢复。**
    D. 如果 DRP 的设计和记录很合理，即使经验丰富的项目经理离职，也可以将影响降至最低。如果所制订的计划很差，可能无法满足业务需求，则所带来的风险将明显高于项目经理离职所导致的风险。

20. A. 立即应用安全软件修补程序对确保服务器安全至关重要；此外，由于修补程序可能影响其他系统和业务经营，因此测试修补程序很重要。由于供应商最近在短时间内发布了多个重要的修补程序，组织可能会选择等待，看看这是否是一个暂时的问题，然后再对政策或程序进行修订。
    B. 减少测试会因为修补程序有故障或不兼容而加大业务经营中断的风险。尽管逆向恢复计划有助于减少这种风险，但预先进行全面测试是更恰当的选项。
    C. 立即应用安全软件修补程序对确保服务器的安全至关重要。推迟安装修补程序会因为系统漏洞而加大安全违规的风险。
    D. 由供应商完成测试可能不适用于需要部署修补程序的组织的系统和环境。

21. A. 解决与异常报告相关的问题属于操作性问题，应在服务等级协议中解决；但根据 SLA 的条款，一天的响应时间可能是可以接受的。
    B. 应用程序日志的复杂性是一个操作的问题，与 SLA 无关。
    C. **由于缺乏服务衡量指标（如关键绩效指标），**

因此很难衡量所提供的信息技术服务的效率和效果。虽然 KPI 因服务性质和双方协议而异，但 SLA 中通常包含的关键绩效指标包括响应时间、正常运行时间、服务可靠性等。

D. 虽然文档记录根据协议条款保持更新很重要，但文档变更的频率没有必要短于一年。

22. **A. 无论本地 IT 资源的能力如何，最主要的风险就是缺乏测试，因为通过测试可以识别恢复过程中的质量问题。**

  B. 企业的业务持续计划可能未包含远程办公室的灾难恢复计划细节。保证本地计划经过测试是很重要的。

  C. 安全是一个重要问题，因为灾难期间许多控制可能丢失。但计划没有经过测试的问题更大。

  D. 备份在经过测试前是不可信的。但这应作为 DRP 整体测试的一部分来完成。

23. A. 使用情况报告记录计算机设备的使用情况，以供管理层预测资源的需求情况。

  B. 硬件错误报告提供的信息有助于检测硬件故障和采取整改措施。这些错误报告不一定反映了实际的系统正常运行时间。

  C. 系统日志用于记录系统的活动。不一定反映可用性。

  D. 可用性报告针对的是停机时间等信息系统无活动情况。这些报告提供了计算机可供用户或其他进程使用的时间段。

24. A. 系统日志分析也许可以识别系统上的变更和活动，但除非变更是作为符合性测试的一部分进行，否则不能确定变更是否经过授权。

  B. 要想判断生产程序是否只进行过经过授权的修改，需要审查变更管理流程，以便评估是否存在一连串书面证据。符合性测试有助于验证变更管理流程的实施是否始终如一。

  C. 取证分析是针对犯罪调查的一项专业技术。

  D. 分析性审查可用于评估组织的一般控制环境。

25. A. 虽然可能有必要重新设计变更管理流程，但这只能在进行根本原因分析以确定未遵循当前流程的原因之后完成。

  B. 变更管理流程对 IT 生产系统极为重要。在建议组织采取其他任何行动前（例如，停止迁移、重新设计变更管理流程），信息系统审计师应确保所报告的事故与变更管理流程的不足有关，而并不是由变更管理流程以外的其他流程引起的。

  C. 企业依赖在必要时做出变更的能力，安全补丁常常是立即部署的。停止所有变更，直至新流程的开发是不可行的。

  D. 完成问题的根本原因分析后，包括不合规发现在内的审计结果将提交给管理层。

26. A. 如果在地理位置上分散安装，则可在某个站点遭到破坏时提供备份。

  B. 如果在一个站点进行群集安装，则整个网络很容易受到自然灾害或其他破坏性事件的影响。

  C. 对于存在单点故障风险的站点来说，热备援中心也是不错的备用方案。

  D. 多路由提供的是网线不可用时的电子通信备份。

27. **A. 由于管理层在方案 B 中考虑了较长的恢复时限，因此该方案中包含的停机时间成本可能较高。**

  B. 由于方案 B 的恢复时间较长，因此，继续运营成本成本应该会较低。

  C. 由于方案 B 的恢复时间较长，因此，恢复成本应该会较低。

  D. 浏览审查成本不属于灾难恢复的一部分。

28. **A. 系统停机时间日志提供了有关计算机预防性维护方案的有效性和充分性的证据。日志是一种检测性控制，但因为它验证着维护方案的有效性，也就验证着预防性控制。**

  B. 供应商的可靠度数据不是预防性维护方案的有效措施。

  C. 审查日志是保证维护被执行的一种良好的检测性控制；但系统停机时间会说明预防性维护是否真正有效。

  D. 日程计划安排是保证维护被执行的一种良好的检测性控制；但系统停机时间会说明预防性维护是否真正有效。

29. A. 应用程序可用性的每周报告很有用，但这些报告只能代表供应商的观点。监控这些报告时，组织可以提出自己对不准确的担忧；但是，由于没有内部监控，此类担忧无法得到证实。

B. **实施在线轮询工具来监控、记录应用程序中断是组织监控软件即服务应用程序可用性的最佳选择。比较内部报告与供应商的服务等级协议报告可确保供应商对 SLA 监控的准确性，且所有冲突都得到妥善解决。**

C. 记录用户报告的中断时间很有帮助，但是无法提供在线应用程序全部中断的真实状况。尤其在中断间歇发生的情况下，某些中断可能会没有报告。

D. 雇用第三方实施可用性监控的方法不够经济。此外，其结果是从监控软件即服务转到了监控第三方。

30. A. 保留日期不会影响对文件的读取。

B. **保留日期用于确保某个文件在该日期之前不能被覆盖或删除。**

C. 备份副本应该具有不同的保留日期，以便可在文件被覆盖后得到保留。

D. 创建日期（不是保留日期）用于区分具有相同名称的文件。

31. A. 在线监视器用于衡量电信传输以及确定传输是否准确和完整。

B. 故障报告跟踪电信线路和电路的可用性。

C. 服务台报告由服务台准备，服务台由经过培训的信息系统技术支持人员提供支持，他们可解决在信息系统操作流程中所出现的问题。

D. **协议分析器是用于监控和记录网络信息的网络诊断工具，该信息来自与分析器相连的链路中所传输的数据包。**

32. A. 问题管理程序用于跟踪用户反馈和与应用操作相关的问题，以便于趋势分析和问题解决。

B. 软件开发程序（如软件开发生命周期），用于管理购置或开发新软件或修改后的软件。

C. **复原程序用于使系统恢复到之前状态，而且是变更控制流程的重要元素。其他选项与变更控制流程不相关，此程序指明升级软件失败而需要回退到其之前的状态时应遵守哪些流程。**

D. 事故管理程序用于管理系统操作的错误和问题。服务台通常会使用它们。如何遵守回退计划是事故管理程序之一。

33. A. 尽管这确实值得关注，但这是在所难免的。应制定问题升级程序来处理此类情况。

B. 理想情况下，服务台团队应有专用线路，但这种例外情况不如技术团队单方面对事故结案严重。

C. **服务台是一个以服务为宗旨的职能。必须首先告知最终用户，然后才能认为事故可以结案。**

D. 发送即时信息是一项附加服务，有助于提高客户服务部门团队的服务有效性。如果仍可以拨打电话，无法发送即时信息就不能被视为一个主要问题。

34. A. 对异地设施进行测试不能保护数据库的完整性。可以测试备份的有效性，但不能保护其完整性。

B. 对异地设施进行测试可验证应急计划的价值，而不是取消详细计划。

C. **异地硬件测试的主要目的是保证应急设施的兼容性，以确信应急计划在真正发生灾难时能够起作用。**

D. 应持续审查方案和系统文档，以确保内容是最新的。对异地设施进行测试可保证该设施文档记录的通用性，但这不是测试异地设施的目的。

35. A. 异地储存备份数据起不到任何帮助作用，因为电子资金转账往往是在线过程，而异地储存解决不了处理器功能异常问题。

B. 如果设备出现问题，则在现场安装备用处理器将是一种很好的解决方案，但在断电的情况下就起不到帮助作用，且可能需要专业技术来切换到备用设备上。

C. 如果仅仅是通信线路发生故障，则安装双工通信线路是最合适的解决方案。

D. **在其他网络节点安装备用处理器是最佳解决方案。中央通信处理器不可用时，对银行网络的所有访问都将中断，从而导致所有商店的运营中断。这可由设备、电源或通信故障引起。**

36. A. 即使可能涉及保密信息，非规范化也不会导致机密性丧失。数据库管理员应保证数据库的访问控制一直保持有效。

B. **正规化是指使关联数据库增加冗余的设计或**

优化流程。涉及资源可用性时，冗余通常被看作积极因素，而在数据库环境中，它是消极因素，因为存在冗余时，需要处理原本不必要的额外数据。出于功能考虑，有时建议进行非规范化。

C. 非规范化与数据库结构有关，与访问控制无关。非规范化不会导致未经授权的访问。

D. 非规范化会要求数据库与应用程序之间的调用变化，但不会导致应用程序故障。

37. A. 如果作为流程的一部分妥善记录，紧急变更是可以接受的。

B. 作业没有按时完成是个潜在的问题并且应该调查，但不是最需关注的问题。

C. 计算机操作人员对计算机处理作业的覆盖会对数据或程序造成未经授权的更改。这属于控制方面的风险因素，因此通常非常关键。

D. 审计应发现所有预先计划的作业都运行了，而且任何期望结果都得到了记录。这不是违规行为。

38. **A. 从一个数据库向另一个数据库移植数据时的关键问题是数据的完整性和确保全面、正确地移植数据。**

B. 切换的时间安排很重要，但由于需将数据移植至新的数据库，复制不应该是个问题。

C. 用户的授权与应用的授权无关，因为用户将通过应用连接数据库，而是直接连接数据库。

D. 正规化用于设计数据库，不一定与数据库移植有关。

39. A. 访问控制只允许授权用户对数据库进行更新。

B. 并发控制用于预防出现数据完整性问题，当两个更新进程同时访问同一数据项时就会出现此问题。

C. 预防数据库中的数据被意外或未经授权泄露的密码等控制。

D. 质量控制（如编辑）用于确保数据库中数据的准确性、完整性和一致性。

40. A. 通过审计日志程序，可以记录已确定的所有事件并且有助于追踪这些事件。但是，它们只指向事件而不能确保数据库内容的完整性或准确性。

B. 通过执行表链接/引用检查，可以检测表连接错误（例如，数据库内容的完整性和准确性），因此可以最大程度保证数据库完整性。

C. 通过查询/监控表访问时间检查，可以帮助设计人员提高数据库性能，但不能保证完整性。

D. 复原和前滚数据库功能用于确保在异常中断后恢复。这可以确保在中断时所处理的交易的完整性，但不能保证数据库内容的完整性。

41. **A. 配置管理被公认为是所有网络的关键要素之一，因为它确立了网络在内外部运作的方式，而且还涉及配置管理和性能监控。变更管理确保网络设置和管理的正确完成，包括管理配置变动、删除默认密码和可能通过禁用不需要的服务来强化网络。**

B. 拓扑映射概述了网络组件和网络连通性。它对解决诸如单点故障和正确网络隔离的问题很重要，但不是网络管理最关键的内容。

C. 应用监控不是网络管理最关键的内容。

D. 代理服务器故障排除用于排除故障，而代理服务器的管理只是网络管理的一小部分。

42. A. 尺寸检查很有用，因为密码应该具有最小长度，但是其控制作用不如有效性检查强大。

B. 密码通常不是批量输入的，所以散列总计无效。更为重要的是，系统不应该接受错误的密码值，因此作为一种控制，散列总计找不到任何弱密码、错误或遗漏。

C. 有效性检查对于密码验证最有用，因为该检查将验证所需格式是否已使用。例如，不使用词典中的词，包括非字母字符等。有效的密码必须含有几种不同类型的字符：字母、数字和特殊字符。

D. 实施字段检查不如确定是否符合所有密码标准的有效性检查更为有效。

43. **A. 如果其中一家组织更新其硬件和软件配置，可能意味着该组织的系统与协议中另一方的系统不再兼容。也就是说，在发生灾难后，任何一家组织都无法使用另一家组织的设施来恢复其处理系统。**

B. 必要时资源不可用是所有互惠协议中存在的固有风险，但这是合同问题而不是最大的风险。

C. 可通过基于纸张的穿行对该计划进行测试，也可以通过组织之间的协议进行测试。

D. 安全基础架构不同虽然也是一种风险，但可以克服。

44. A. 网络监控工具可用于检测通过网络扩散的错误，但其主要目的在于可靠性，以便网络在需要时可用。

   B. 网络监控工具可观察网络性能和问题。当发现网络问题时，它让管理员能够采取整改措施。因此，网络监控最直接影响的特性是可用性。

   C. 网络监控工具不会监控通信完成度。完成度由通信中的终点监控。

   D. 网络监控工具可让网络管理员看到未加密的流量，从而违反机密性。这要求对网络监控工具的使用有仔细的保护和政策。

45. **A. 如果没有符合组织业务与合规性要求的数据保留政策，电子邮件存档文件可能无法在必要时保留和复制正确的信息。**

   B. 如果相应的电子邮件未得到合理保存而其他邮件又已被删除，那么存档解决方案的存储容量便无关紧要。

   C. 用户对电子邮件使用的认知水平不会直接影响存档电子邮件的完整性和准确性。

   D. 存档解决方案提供商的支持和稳定性相比确保保留政策的需求属于次要问题。供应商的支持不会直接影响存档电子邮件的完整性和准确性。

46. A. 应立即对安装修补程序所带来的影响进行评估，并根据评估结果决定是否安装修补程序。无数案例中一家供应商的补丁影响了其他系统；因此有必要在推广到整个组织前对补丁进行尽量多的测试。

   B. 包含所有修复程序的新软件版本并不一定有，并且完全安装也很耗时。

   C. 如果未事先弄清修补程序可能产生的影响便安装修补程序，很容易就会出现问题。安装补丁还可能影响系统可用性；因此应在企业可接受的情况下推广补丁的安装。

   D. 拒绝与供应商合作就不能解决缺陷，还可能严重地限制服务选择。

47. A. 使用版本控制软件和比较源代码与目标代码是一个好的做法，但当源代码与目标代码是不同版本时，可能不会发现问题。

   B. 所有的生产库都应通过访问控制加以保护，这样可保证源代码篡改。但这不能保证源代码和目标代码是基于同一版本的。

   C. 保护所有源代码和目标代码（即使在开发中）是一种良好实践。但这不能保证源代码和目标代码的同步。

   D. 如果对源代码和目标代码的日期和时间戳进行审查，则可确保经过编译的源代码与生产的目标代码相匹配。这种方法能够最有效地确保已批准的生产源代码经过编译并且是正在使用的代码。

48. A. 在使用数据库管理员账户前用指定的用户账户登录会提供进行变更的人的问责信息。

   B. DBA 账户通常是一个共享的用户账户。由于账户共享，系统很难建立执行数据库更新的支持用户的身份。

   C. 服务器管理账户也是共享的，可能由多位支持用户使用。此外，服务器特权账户可能无法执行数据库更改。

   D. 使用普通用户账户没有对数据库进行变更的充分权限。

49. A. 利用开源软件的最大好处是免费。客户不必为开源软件组件付费；然而，开发组织和客户都应当关注使用的开源软件组件的许可条款与条件。

   B. 有许多类型的开源软件许可证，并且各自都有不同的条款和条件。有些开源软件许可允许自由使用开源软件组件，但要求完成的软件产品也必须允许同样的权利。这被称为"病毒许可"，如果开发组织不注意，其产品可能会因为销售产品谋利而侵犯许可条款。该信息系统审计师应当最关注开源软件许可合规问题，以避免意想不到的知识产权风险或法律后果。

   C. 就像任何软件代码一样，开源软件应当接受安全漏洞测试，并且应当成为正常的系统开发生命周期流程的一部分。许可合规问题最值得关注。

D. 开源软件并非天生质量不高。就像任何软件代码一样，它应当接受可靠性测试，并且应当成为正常的 SDLC 流程的一部分。许可合规问题最值得关注。

50. A. 获得账户访问权限后，使用不进行日志记录的数据库管理员用户账户即可对数据库执行不受限制的变更。

B. 普通用户账户不能访问数据库。否则便是允许对任何数据库进行不受控的变更。

C. 如果使用 DBA 用户账户，通常可以对所有更改进行记录，并且最适用在非正常工作时间做出的更改。日志则对变更进行记录，通过使用日志，可以查阅变更。使用简省步骤时，这就是一套充分的补偿性控制。

D. 用户应无法进行变更。日志记录仅提供所做变更的相关信息，但不能限定这些变更都是经授权者进行的变更。

51. A. 软件迁移记录可能没有列出全部变更——可能有已经作出的变更没有包括在迁移记录中。

B. 最有效的方法是确定做了哪些变更（检查日志和修改日期），然后验证这些变更是否得到了批准。

C. 变更控制记录可能没有列出全部变更。

D. 确保只有相关员工才能将变更迁移到生产中，这是关键的控制程序，但其本身并不会验证合规性。

52. A. 风险转移是指将风险转移给第三方（例如，为可能带来风险的活动购买保险）。

B. 互惠协议是一种风险缓解的形式，它是指两家组织达成一致，在出现灾难时相互提供计算资源。如果两家组织的信息处理设施类似，这种合作形式往往非常有效。因为互惠协议的期望效果是拥有有效的灾难恢复计划，所以它是一种风险缓解策略。

C. 风险规避是指，决定停止带来风险的业务或活动。例如，一家组织为避免信用卡信息泄露的风险而停止接受信用卡付款。

D. 当一家组织决定接受风险的现状而不做任何缓解或转移风险的事情时，即是风险接受。

53. A. 比较源代码是无效的，因为原始程序已得到恢复，并且修改后的程序已不存在。

B. 审查系统日志文件是唯一的跟踪方式，可以获得有关生产库中未经授权活动的信息。

C. 比较目标代码是无效的，因为原始程序已得到恢复，并且修改后的程序已不存在。

D. 审查可执行代码和源代码的完整性不是一种有效的控制，因为源代码被改回了原始的样子且与当前可执行代码一致。

54. A. 中断时限是指组织从故障发生到关键服务/应用程序恢复这段时间内不能维持运作的时长。

B. 恢复时间目标是根据运营中断情况下可接受的停机时间确定的。

C. 服务交付目标与业务需求直接相关。SDO 是恢复正常状况之前，在备用流程模式期间要达到的服务水平。

D. 恢复点目标是根据运营中断时可接受的数据损失确定的。RPO 定义一个时间点，在此点之后需要开始恢复数据并按时间量化中断时所允许的数据损失量。

55. A. 这是监控技术能力的好处之一，因为能够帮助预测未来需求，而不仅仅是对系统故障做出反应。但 IT 经理的主要责任是满足总体要求以保证 IT 满足企业的服务水平预期。

B. 确定未来能力是技术能力监控的一个明确的好处。

C. 能力监控有多个目标；但主要的目标是保证符合业务和 IT 之间的内部服务等级协议。

D. IT 管理层对保证系统以最佳能力运行很感兴趣，但他们的主要义务是保证 IT 满足企业的服务水平要求。

56. A. 必须定期对该计划进行测试，但测试间隔还要取决于组织性质、组织变化的多少以及信息系统的相对重要性。在不同情况下，合适的间隔可能是三个月，也可能是一年。

B. 应该按合适的间隔对该计划进行审查，具体取决于企业性质以及系统和人员的更换速率。否则，计划将过时，因而不再有效。

C. 虽然灾难恢复计划应该得到高级管理层批准，但不一定要得到首席执行官批准，只要其他同样适合或更适合的执行官做出批准即可。对于仅与信息系统相关的计划，负责技术的执行官也可以对此计划做出批准。

D. 虽然业务持续计划可能会传播到整个组织，但信息系统 DRP 通常是技术文档，仅与信息系统和传讯人员有关。

57. A. 备用路由是通过备用介质（如铜质电缆或光纤）对信息进行路由选择的方法。这涉及在正常网络不可用时使用其他网络、电路或端点。

B. 多路由选择是通过分离的电缆设施或重复的电缆设施为流量进行路由选择的。这可以通过不同的和/或重复的电缆护套来实现。如果使用的是不同的电缆护套，则电缆可能位于同一导线管中，因此，可能会受到与该电缆所后援的电缆相同的中断。虽然连接客户驻地的入口和出口可能位于同一导线管中，但通信服务用户可通过设置备用路径来复制设施。用户可以从当地运营商获取多路由选择和替代路由，包括双入口设施。这种访问很耗费时间，成本也高。

C. 长距离网络多样化是一种多样化的长途网络，在主要的长途运营商之间采用不同的数据包交换电路。这可确保在任何一家运营商出现网络故障时，仍可正常进行长途访问。

D. 最后一英里电路保护是以冗余方式将当地运营商 T-1 线路（欧洲为 E-1）、微波和/或同轴电缆组合使用来访问本地通信环路。这使得该设施在本地运营商发生通信灾难期间仍能够访问。此外，此方法还使用了备用本地运营商路由。

58. **A. 恢复时间目标是在发生灾难后，恢复业务功能或资源所允许的时间量；RTO 是基于最大可容许的运行中断和可用的恢复选项的期望恢复时间。**

B. 恢复点目标对给定数据的恢复策略影响最大。它是根据在发生运营中断时可接受的数据损失确定的。RPO 有效地量化了在发生运营中断时允许的数据丢失量。

C. MTO 是在发生灾难后，恢复业务功能或资源所允许的时间量；它代表组织面临崩溃威胁前服务必须被恢复的时间。

D. 信息安全政策并不涉及恢复程序。

59. A. 生命安全始终是第一重要，而向消防部门通报火警情况通常没有必要，因为大多数数据中心的火警警报器都被配置为自动向当地消防部门报警。

B. 消防系统设置为自动操作，在员工尚未撤离的情况下启动该系统可能会造成混乱和恐慌，导致人员受伤甚至死亡。某些情况下可能需要手动触发该系统，但必须在数据中心的所有其余人员安全撤离之后进行。

C. 紧急情况下，生命安全应始终放在第一位；因此，最重要的事情是有序撤离所有现场员工。

D. 从数据中心转移备份数据不是适当之举，因为这有可能延误人员的撤离。大多数组织都异地储存了备份数据的副本，以在发生此类灾难时降低数据损失的风险。

60. A. 审计云供应商很有用；但这只在合同要求供应商提供灾难恢复服务时才有用。

B. 只有在合同中清晰载明，并附带定义明确的恢复时间目标和恢复点目标时，才能指望供应商提供 DR 服务。若无合同约定，供应商不必提供 DR 服务。

C. 可以审查认证业务标准声明第 16 号文件之类的独立审计师 DR 能力报告，以核实供应商的 DR 能力；但这只在供应商须按合同提供 DR 服务时才有用。

D. 可以索要 DR 政策副本，以审查其充分性；但这只在供应商须按合同提供 DR 服务时才有用。

61. A. 尽管安全管理员共享不过期的账户也不是良好实践，但在这一场景下，磁盘空间不足的风险更大。

B. 如果不了解使用了多少磁盘空间，也就不知道在灾难恢复站点上需要多大空间，这会在出现灾难事件时造成重大问题。

C. 尽管物理安全控制很重要，应该受到重视，但其重要性不及磁盘空间不足问题。灾难恢复站点的物理特性可能需要不同的控制，这些控制可能看起来不如主站点稳固；但是，此类风险可以通过政策和程序，或是在需要时额外增加人员来加以解决。

D. 如果热备援中心的服务器能够运行灾难恢复

情况下需要的程序,则热备援中心服务器的精确功能就不会带来大的风险。虽然我们需要确保软件配置和设置与主站点服务器相符,但是在备用服务器功能稍逊的情况下,主站点为日常生产使用而配备更新、更强大的服务器也是很常见的。

62. **A. 主要考虑的问题是在安全性与性能之间找到平衡点。将变更记录到审计轨迹中并定期对其进行审查,这属于检测性控制;但是,如果参数设置不符合业务规则,对变更进行监控可能也不是有效的控制。**
   B. 对变更进行审查以确保其得到相应文档的支持,这也是一种检测性控制。
   C. 如果参数设置不正确,即使有相关的文档并且对变更进行了授权,也不会降低影响。
   D. 通过限制对参数访问,可以确保只有授权员工能够访问参数;但是,如果参数设置不正确,限制访问也会产生不利影响。

63. **A. 冷备援中心可以随时接收设备,但不会提前提供任何所需的组件。**
   B. 温备援中心属于异地备份设施,仅进行了局部配备,包括网络连接和所选的外围设备(例如磁盘单元、控制器和中央处理单元),可以运行信息处理设施。
   C. 拨号站点用于远程访问,而不是异地信息处理。
   D. 备份 IPF 属于完全开发的专用恢复站点,可以备份关键应用程序。

64. **A. 灾难恢复计划的目标之一是缩短灾难恢复的持续时间,降低恢复成本。**
   B. DRP 在灾难发生之前和之后,都会增加运营成本。
   C. DRP 应缩短恢复到正常运营的时间。
   D. DRP 应降低因灾难引起的成本。

65. A. 热备援中心能够满足恢复时间目标,但会产生高于必要的成本。
   B. 对分布在各位置处的数据库进行异步更新并不符合恢复点目标的要求。
   C. 对热备援中心中的数据和备用系统进行同步更新可以满足 RPO 和 RTO 的要求,但其成本比温备援中心解决方案昂贵。
   D. 同步复制所存储的数据可实现 RPO 目标,而可在 48 小时内投入使用的温备援中心可满足 RTO 的要求。

66. A. 互惠协议将会使组织依赖于其他组织,因而引起隐私权、竞争和法规方面的问题。
   B. 在相同位置安装备用处理器可以解决设备问题,但是,如果故障是因环境条件(如断电)引起的,这将不起作用。
   C. 中央通信处理器不可用时,对银行网络的所有访问都将中断。这可由设备、电源或通信故障引起。在另一个网络节点安装可用于备用处理的双重处理器是最好的解决方案。
   D. 仅当故障是因通信线路引起时,安装双工通信线路才有用。

67. A. 有计划很重要,但计划只能经过测试才能认为有效。
   B. 客户参考在选择替代的站点提供商时可提供帮助,但不能保证计划的有效性。
   C. 灾难恢复计划必须通过定期维护和审查日程计划安排保持更新,但这不如测试重要。
   D. 只有测试和练习才能证明计划的适当性,并为组织的灾难恢复能力就绪情况提供合理保证。

68. A. 变更数据库管理员权限以防 DBA 清除日志也许不可行,并且不足以保护数据库日志的可用性和完整性。
   B. 为保护数据库日志的可用性和完整性,最可行的办法是将数据库日志转发到 DBA 没有访问权限的中央日志服务器。
   C. 要求批准对数据库的重要变更不足以保护数据库日志的可用性和完整性。
   D. 将数据库日志备份到磁性介质不足以保护数据库日志的可用性和完整性。

69. A. 如果有确保系统得到开发以便可送至其他系统平台的程序,将有助于确保系统在基础设施发生变化时,仍能继续运行,而不会对业务流程造成影响。这不如软件的可用性重要。
   B. 操作记录不完整是一种风险,但不如软件的可用性重要。
   C. 尽管在供应商停业时可以选择备选服务提供

商，但是能够通过软件第三方托管协议获得源代码更为重要。

D. **在协议中纳入要求软件代码放于托管方的条款有助于确保在供应商停业的情况下，客户可以继续使用软件和/或得到技术支持。**

70. A. 在检验新硬件与恢复站点兼容之前，业务连续性经理应更新业务持续计划中的所有设备和IT资产清单。

B. 实施报告对业务连续性经理的价值有限，因为设备已经安装了。

C. 计划的浏览审查只应在资产清单更新后进行。

D. **信息系统资产清单是 BCP/灾难恢复计划的基本输入信息，此等计划必须根据 IT 基础设施的变化随时更新。**

71. A. 热备援中心很重要，但如果没有它可以使用的备份数据则没有用处。

B. 业务连续性手册是可取的，但在灾难恢复审计中不是最重要的。

C. 承保范围应足够覆盖成本，但不如有数据备份重要。

D. **如果没有数据可处理，所有其他恢复工作都是徒劳的。甚至是在没有计划的情况下，如果没有数据可处理，任何形式的恢复工作也都将是不切实际的。**

72. A. 基准指标测试旨在利用标准化的衡量标准比较系统性能；然而，基准指标测试并不能提供最佳数据，以确保组织内服务器的最理想配置。

B. 服务器日志包含显示在服务器上所执行的活动的数据，但不包含确保服务器最理想配置所需要的利用数据。

C. 故障报告识别由于机器故障导致计算机无法正确运转的时间，但无助于确定最理想的服务器配置。

D. **监控服务器利用情况能够识别未得到充分利用的服务器，同时监控服务器总体利用情况。未得到充分利用的服务器不能向业务提供最理想的成本效益。通过监控服务器使用情况，IT 管理层可以采取适当措施提高利用率，并提供最有效的投资回报。**

73. A. 纸上测试是对整个计划的浏览审查，这将涉及

主要参与者，这些参与者将尝试判断出在特定类型的服务中断时执行计划的过程中可能发生什么情况。纸上测试通常在就绪情况测试之前进行。

B. 事后测试实际上只是一个测试阶段，由一系列活动组成，如所有资源返回恰当位置、断开设备连接、归还人员并从第三方系统中删除所有组织数据。

C. **就绪情况测试是完整测试的本地化版本，测试中会模拟系统崩溃并耗用资源。此测试应定期针对计划的不同方面执行，且不失为一种逐步获得计划有效性方面证据的划算方法。还可以通过此测试逐步改善计划。**

D. 浏览审查测试会涉及一种模拟的灾难情形，用以测试管理层和普通员工的就绪情况以及对情形的了解程度，并非测试实际资源。

74. A. **在影子文件处理中，与文件完全相同的副本会保存在同一站点或远程站点。两个文件将同时进行处理。这种方法适用于关键数据文件，如航空公司订票系统。**

B. 电子链接是指通过电子的方式将数据转移至直接访问存储设备、光盘或其他存储介质；银行通常采用此方法。此方法的实时性一般不如影子文件系统。

C. 如果主硬盘发生故障，硬盘镜像可作为备用。所有交易与操作在同一服务器的两个硬盘上进行。

D. 热备援中心是备用站点，准备在发生任何业务中断的几小时内接管业务操作，这不属于一种数据备份方法。

75. A. 会见应用程序开发人员只能获得与系统关键性相关的有限信息。

B. 差距分析与系统开发和项目管理有关，但不能确定应用的重要性。

C. 审计中可能不包含有关应用关键性的所需信息，或者可能最近并未进行过审计。

D. **通过业务影响分析可了解每个应用程序丢失后产生的影响。BIA 是协同能够准确说明系统关键性及其对企业的重要性的企业代表一起执行。**

76. A. 尽管遗漏某个发布组件反映出流程缺陷，但更值得关注的是，遗漏的变更未经管理层批准即被引入生产环境。
   B. 变更管理批准可降低变更未经授权即被引入生产环境的风险。未经授权的变更可能导致系统中断或欺诈。因此，务必确保每一次变更均得到适当的变更管理批准。
   C. 多数发布/变更控制错误都在实施后审查过程中被发现。更值得关注的是，变更在被发现后，未经管理层批准即被引入生产环境。
   D. 使用相同的变更顺序号与本案例无关。

77. **A. 停机容灾指的是 IT 设备无法使用时业务能够得以维持的时间间隔。如果这一时间间隔很短，应使用能在短时期内实施的恢复策略，例如热备援中心。**
   B. 恢复点目标指的是数据恢复能够进行的最早时间点。恢复点目标很高意味着该流程会导致更大的数据损失。
   C. 恢复时间目标较高表示实施恢复策略时可用额外的时间，因此可以采用其他可行的备选恢复方案，例如温备援中心或冷备援中心。
   D. 如果可容忍的最长停机时间很长，则温或冷备援中心是更有成本效率的方案。

78. A. 数据镜像是一种数据恢复技术，而容灾解决的是业务中断的可允许时间。
   B. 恢复时间目标是一个容灾指标。数据镜像解决的是数据丢失，而非 RTO。
   C. 恢复点目标指明了必须保证数据恢复可能得以进行的最近时间点。它决定了为使数据损失最小而必须备份数据的频率。如果 RPO 低，则组织不希望丢失更多数据，而必须使用如数据镜像这样的流程来预防数据丢失。
   D. 如果 RPO 很高，则可使用较为廉价的备份策略；而数据镜像不应作为数据恢复战略予以实施。

79. **A. 流程所有者对确定所需要的关键业务功能、恢复时间和资源至关重要。**
   B. 业务持续计划关注的是业务流程的持续性，而应用并不一定支持关键业务流程。
   C. 董事会可以批准计划，但他们通常不涉及制订 BCP 的细节。
   D. IT 管理层将按业务流程所有者的定义，确定支持关键业务功能所需要的 IT 资源、服务器和基础设施。

80. A. 测试变更的样本总体是对符合度和运作有效性进行测试，旨在确保用户提交正确的记录/请求。它并不测试设计的有效性。
   B. 测试已授权的变更可能不能充分保证整个流程的有效性，因为它并不测试与授权相关的流程要素或检测绕过控制的变更。
   C. 约谈变更控制流程负责人不如对变更控制流程执行浏览审查有效，因为知道该流程的人不一定遵守流程。
   D. 观察是测试变更的最佳且最有效的方法，可以确保流程设计的有效性。

81. A. 尽管一般会由系统管理员来安装补丁，但更重要的是这类变更需要按照正式的程序，其中包括在非生产期间对变更的测试和实施。
   B. 变更管理流程包括在生产期间实施变更的程序，有助于保证该类事件不再发生。信息系统审计师应审查包括修补程序管理程序在内的变更管理流程，以便验证流程是否具备适当的控制，并根据情况提出建议。
   C. 虽然一般都会对补丁进行测试，但通常不可能对所有补丁都进行完整的测试。更重要的是变更要在非生产期间进行；在出现问题时有逆向恢复计划。
   D. 仅依靠批准流程不能直接预防这类事故的发生。应有一个包括测试、日程计划安排和批准在内的完整的变更管理流程。

82. A. 提高测试质量不适用于本案例，因为更严重的问题是开发人员具有生产环境的访问权限。
   B. 启用审计轨迹或执行额外的日志记录也许有用；但更严重的问题是开发人员具有生产环境的访问权限。
   C. 执行应用用户访问审查无法识别开发人员访问代码的情况，因为此审查不包含这些内容。
   D. 为确保适当的职责分离，开发人员应当只限于开发环境。如果需要在用户验收测试后修改代码，则必须从开发环境中启动变更流程。

83. **A.** 业务连续性战略是下一步的工作，因为它会指出最佳恢复方式。在这一阶段，业务流程的关键性、成本、恢复需要的时间以及安全性都需要考虑。
    B. 恢复战略和计划制订后才是测试计划。
    C. 只有完成业务持续计划之后，才能制定培训方案。
    D. 必须在制订 BCP 之前确定一个策略。

84. **A.** 审计师想保证只有经过授权才可对应用程序进行变更。因此审计师会审查程序变更日志以验证所有变更都经过了批准。
    B. 当前目标模块的创建日期不会显示对应用程序更早的变更。
    C. 审计师会审查系统以发现程序的实际变更量，但然后需要验证是否所有变更都经过授权。
    D. 当前源程序的创建日期不会显示更早的变更。

85. A. 服务等级协议规定了签约的服务水平；但不会提供与内部控制相关的保证。
    B. 独立的第三方审计报告（如认证业务标准声明第 16 号文件）会提供第三方内部控制的存在性和有效性保证。
    C. 虽然业务持续计划很重要，但不会提供与内部控制相关的保证。
    D. 虽然灾难恢复计划很重要，不会提供与内部控制相关的保证。

86. **A.** 流程所有者的参与是业务影响分析的一个关键部分，而创建灾难恢复计划需要用到 BIA。如果信息系统审计师确定流程所有者并未参与，则会令人非常担忧。
    B. 尽管详细记录的测试程序很重要，但除非流程所有者参与，否则无法了解计划的优先级和关键元素是否有效。
    C. 可能需要备用处理设施来满足业务需求，但此类决策需求却是以 BIA 为基础的。
    D. 数据分类方案对于确保数据控制恰当非常重要；但是，仍然不及缺乏流程所有者的参与令人担忧。

87. A. 在确定业务部门的主要目标后，才会指派合适的信息系统审计师来推动 CSA 方案。
    B. 在流程开始时与业务部门代表开会对于识别业务部门的主要目标以及随后确定内部控制系统的可靠性至关重要。
    C. 为每个 CSA 阶段制定成功衡量标准将在识别业务部门的主要目标之后的方案设计期间进行。
    D. 在 CSA 方案结束时，将通过提出建议来确定需要采取哪些行动，以提高实现业务部门主要目标的可能性。

88. **A.** 因为数据库活动日志记录的是数据库管理员执行的活动，所以删除应由 DBA 以外的人员进行。这是一种有助于确保职责分离适当的补偿性控制，并且与 DBA 的职责密切相关。
    B. 实施数据库优化工具是 DBA 正常工作职能的一部分。
    C. 监控数据库使用情况是 DBA 正常工作职能的一部分。
    D. 定义备份和恢复程序是 DBA 正常工作职能的一部分。

89. A. 灾难恢复计划应与业务影响分析保持一致，但这对为什么要将 DRP 中的非关键系统和业务持续计划的测试集成在一起没有影响。
    B. 基础设施恢复人员将侧重于恢复构成基础设施的各种平台，没必要让业务主题专家参与其中。
    C. BCP 可以假设存在 DRP 中并不存在的能力，例如允许员工在发生灾难期间在家办公。但 IT 可能无法为这些能力提供充分的支持（例如，他们不能为大量在家办公的员工提供支持）。尽管非关键系统非常重要，但 DRP 中可以没有 这些系统。例如，组织可能使用与内部系统之间没有接口的在线系统。如果使用该系统的业务功能属于关键流程，则应对该系统进行测试，但它可以不是 DRP 的一部分。因此，应将 DRP 和 BCP 测试集成在一起。
    D. 尽管企业高级管理层可能会对灾难恢复的好处感兴趣，但测试并不是完成这一任务的最佳方式。

90. A. 记录所有的表更新交易属于检测性控制，并不能预防无效数据录入。
    B. 使用前后图像报告属于检测性控制，并不能避免此类状况的发生。

C. 跟踪和标记可用于测试应用系统和控制，并且无法预防出现超范围数据。

D. 在数据库中设定完整性约束属于预防性控制，因为数据会根据预定义的表或规则进行检查，从而可以预防输入任何尚未定义的数据。

91. A. 信息系统审计师的职责是，报告发现的情况并提出最佳建议，也就是根据政策进行问题处理。IT 部门不能在没有政策授权的情况下实施控制。

    B. 可接受使用政策中缺乏特定语言来阐明未经授权软件问题，这是管理控制中的不足。应审查和更新该政策以解决此问题——并为 IT 部门实施技术控制提供授权。

    C. 阻止下载未经授权的软件这一解决办法不够全面。未经授权的软件还可通过光盘和 USB 驱动器引入。

    D. 在安装非标准软件之前取得信息系统经理的批准是一种例外处理控制手段。只有在禁止安装未经授权软件的预防性控制实施之后才会有效。

92. **A. 代码签名保证可执行代码来自有信誉的来源，并在签名后没有被修改。**

    B. 代码签名不能保证它与其他应用程序能够整合。

    C. 代码签名将提供来源鉴证，但不能保证来源是可信的。但代码签名会保证代码是没有被修改过的。

    D. 签名者的私钥泄露导致失去信任，这不是代码签名的目的。

93. A. 一致性保证数据库在交易开始和结束时处于正常状态，且交易没有违反完整性规则。

    B. 隔离性是指在中间状态时，交易数据对于外部操作不可见。它可预防两个交易在同一时间访问同一数据。

    C. 持久性是指确保交易一旦处理成功便保持不变，无法撤销。

    D. 原子性是指保证整个交易被处理或完全不被处理。

94. A. 负责任地使用资源有助于创造价值，而管理信息系统风险有助于保护价值。

    B. 效益实现管理衡量价值的创造方式，绩效管理则有助于保护价值。

    C. IT 框架的企业治理可帮助组织领导者负责任地使用资源、实现交付的价值、确立角色和职责、通过信息风险管理保护价值以及维持所需的绩效水平，从而为利益相关方交付价值。

    D. 确立角色和职责有助于价值创造，而信息鉴证则涉及管理与信息资产相关的风险并保护这些资产的价值。

95. A. 在风险评估和业务影响分析中均进行关键资产盘点。

    B. 风险评估和 BIA 中都会涉及发现漏洞。

    C. 风险评估和 BIA 中都会涉及制定威胁列表。

    D. 确定可接受的停机时间只在 BIA 中进行。

96. A. 无法安排计划外维护的日程。

    B. 硬件维护方案不一定要符合历史趋势。

    C. 维护日程计划安排通常不由指导委员会批准。

    D. 尽管维护要求因复杂性和性能负载而异，但硬件维护日程计划安排仍应该根据供应商提供的规范进行校验。

97. **A. 业务目标和企业 IT 目标之间的战略一致性是应用企业信息和技术治理框架的最重要优势之一，因为它有助于实现企业目标并以合理的成本交付价值。**

    B. 将企业 IT 目标与组织的战略方向相协调后，作为 EGIT 框架的一部分建立风险管理实务和流程会更有效，从而更好地保护向利益相关方交付的价值。

    C. 在企业 IT 和业务战略之间建立战略一致性后，才会执行评估和制定路线图。

    D. 此类会议是制定成功的企业 IT 战略的良好工具，但应在了解业务战略并使企业 IT 与其保持一致之后再进行。

98. A. 企业架构当前的重点是应对 IT 和现代组织中日益复杂的情况。

    B. EA 的主要目的是通过 IT 与业务战略方向的成功协调，支持企业最有效地实现其使命、业务战略和目标。

    C. EA 涉及以结构化方式记录组织的 IT 资产，以推动对 IT 投资的理解、管理和规划，从而促进 IT 与业务的一致性。

D. 制定 IT 战略和路线图是在 IT 目标和业务战略之间建立战略一致性后进行的。

99. **A. 信息系统审计师应建议制定性能基准，并建议根据该基准监控系统的性能，以便开发出可用于系统修改方面决策的经验数据。**

B. 备用处理程序不会改变系统的性能，而且在报告的问题经过详细检查之前不会做出任何变更。

C. 维护手册不会改变系统的性能或解决用户担心的问题。

D. 如果不了解造成性能低下的原因便实施更改，并不一定会提高系统效率。

100. **A. 服务等级管理的目标是按照客户对服务的要求，针对服务进行商定、记录和管理（即提供服务和监控服务）。**

B. SLM 并不一定可以确保交付的服务能够实现可达到的最高可用水平（例如，冗余和群集）。虽然有必要最大限度地提高某些关键服务的可用性，但这并不能作为一般经验法则来应用。

C. SLM 无法确保将所有服务的成本保持在较低或最低水平，因为与服务相关的成本会直接反映出客户的需求。

D. 监控和报告违法行为不是 SLM 的主要目标。

101. A. 理想情况下，董事会应批准该计划以确保可接受性，但可以将批准权限授权给首席信息官。从务实角度来说，缺少测试结果记录可能会产生更严重的后果。

B. 联系人名单是业务持续计划的重要组成部分，但没有记录测试结果重要。

C. BCP 的有效性最好通过测试确定。如果测试结果未记录，则会缺少进行反馈、更新等的依据。

D. 如果测试结果有记录，才能确定培训方面的需求，并更新 BCP。

102. A. 即使加倍小心，手动执行复制工作，将未经授权的软件从一台服务器拷贝到另一台服务器的风险仍然存在。

B. 使用版本控制软件跟踪和控制软件变更是一种常见的做法。信息系统审计师应检查来自此系统的报告或日志，以确定进入生产阶段的软件。只在版本控制系统程序中移动版本能预防传输开发中或更早的版本。

C. 如果开发人员将未经授权的代码引入到了备份服务器，则生产服务器和软件版本控制系统上的控制应该缓解此风险。

D. 审查访问日志能确定员工访问或已经执行的操作；但不能为检测未经授权软件的发布提供充分的信息。

103. A. 信息系统审计师不可应用该补丁。这是管理员的责任。

B. 信息系统审计师必须审查变更管理流程（包括修补管理程序），应验证该过程是否具有充分的控制并相应提出建议。

C. 测试补丁是开发或生产支持团队、而不是审计师的责任。

D. 信息系统审计师没有批准补丁的授权。这是指导委员会的责任。

104. **A. 在具有参照完整性的关系数据库中，使用外键可阻止主键更改和记录删除等此类会导致数据库中出现孤立关系的事件的发生。**

B. 如果客户表中某行的客户编号（主键）与订单表上的有效订单（客户表的外键）存储在一起，则应该无法删除客户表内的这行数据。一个主键只在一个表中起作用，因此其本身无法确保参照完整性。

C. 不是外键的次键不受参照完整性检查的影响。

D. 公钥与加密有关，与参照完整性没有任何联系。

105. A. 使员工熟悉业务持续计划是测试的次要好处。

B. 在 BCP 中解决所有的残余风险成本太高。

C. 对所有可能的灾难场景进行测试是不切实际的。

D. 测试 BCP 为可能存在的任何限制提供了最佳证据。

106. A. 交易日志用于跟踪和分析与应用或系统接口相关的交易，但这不是操作系统审计中审计证据的主要来源。

B. 授权表用于验证逻辑访问控制的实施，在审查 OS 的控制功能时没有多大帮助。

C. **使用配置参数可自定义标准版软件，使其适用于不同环境，这对于确定系统的运行方式非常重要。参数设置应符合组织的工作量和控制环境。OS 的实施和/或监控不当可导致不能发现所处理数据的错误和损坏，以及造成未经授权的访问和错误日志记录系统使用情况。**

D. 路由表不包含 OS 的相关信息，因此在控制的评估过程中不会提供任何有帮助的信息。

107. A. 磁盘镜像方案会增加存储需求。但在制订适当的容量管理计划之前不宜提出此建议。

B. 异地储存与本问题无关。

C. **容量管理是对计算机资源的规划和监控，以确保有效且高效地使用可利用的 IT 资源。它会从战略的角度来审视容量，并制订计划来预测和有计划地购置更多的设备。**

D. 尽管数据压缩可节省磁盘空间，但会影响系统性能。这不是第一选项——审计师应在提供任何建议方案前对增加的存储需求进行更多调查。

108. A. 双方之间的协议存在不足确实是一项风险，但通常不及双方同时遭受相同灾难严重。

B. **使用互惠灾难恢复基于双方可能不会同时遭受相同灾难。**

C. IT 系统不兼容可能会带来一些问题，但风险程度通常不及双方同时遭受相同灾难严重。

D. 虽然一方可使用另一方的资源，但这可以通过合同条款来解决，并不是一个主要风险。

109. A. 不能孤立地考虑停机时间成本。信息资产和业务处理恢复得越快，停机时间成本就越低。但是，要获得快速恢复信息资源所需的冗余能力，需要一定的费用，而对于不重要的业务流程而言，此费用可能过高。

B. 仅有恢复操作不能为恢复关键业务流程确定可接受的时间，并且除由于业务中断导致的直接现金流出量外，还应该考虑间接的停机时间成本。

C. **在确定关键业务流程恢复之前可接受的时间段时，需要同时评估停机时间成本和恢复成本。业务影响分析的结果应该是代表最优平衡的恢复战略。**

D. 正常业务活动严重中断造成的间接成本（例如，客户流失、供应商信誉的损失以及市场份额的丧失）实际上可能比直接的时间成本更高，甚至可以达到威胁业务可行性的程度。

110. A. 操作员问题报告可提供有关生产运行期间遇到的错误或问题的信息，这对于确定潜在的数据文件版本问题十分有用。

B. 操作员时间表与验证生产运行数据文件的正确版本没有直接关系。

C. **信息系统审计师可以使用系统日志和分析程序，以确保生产运行使用正确的文件版本。**

D. 输出分配报告主要侧重于识别和分配应用程序报告，可能不会直接有助于验证用于生产运行的数据文件的正确版本。

111. A. 检查变更控制系统记录有助于识别授权的变更，但可能无法直接检测到未经授权的变更。

B. 审查访问控制权限有助于预防未经授权的更改，但可能无法检测已发生的更改。

C. **检查目标代码文件来建立代码变更实例以及回溯追踪这些代码变更至变更控制记录的程序是一项实质性测试，可直接解决未经授权代码变更的风险问题。**

D. 审查变更批准指示有助于识别授权的变更，但可能无法直接检测未经授权的变更。

112. A. 在开展进一步调查的分析之前，信息系统审计师不应立即建议对数据库进行正规化。

B. 审查概念数据模型不能直接提供关于正规化的信息或证明正规化的水平。

C. 审查存储程序不能直接提供关于正规化的信息。

D. **如果数据库未被正规化，信息系统审计师应审查理由，因为在某些情况下，由于性能原因而建议进行非规范化。**

113. A. 执行数据备份对于业务持续计划很有必要，但信息系统审计师始终应最关心人员安全。

B. 恢复站点对于业务连续性很重要，但生命安全始终高于一切。

C. **在任何业务连续性流程中，最重要的元素是保护人的生命安全。此因素优先于计划的所有其**

161

他方面。

D. 承保范围没有生命安全重要。

114. A. 重写修补程序并应用需要有相应的技能性资源和大量时间，因此其实用性和安全性较低。

B. 可以进行代码审查，但在应用补丁前必须执行周详的测试。

C. 如果 IT 部门缺乏必要的技能和资源，开发内部补丁可能不是最安全的选择。

D. 应选择并测试现有开发人员开发的适用修补程序，然后进行应用。

115. A. 无有效期的密码是一种风险和暴露，但不如弱口令或持续使用默认设置严重。

B. 数据库的默认安全设置可能会产生用户密码是空的或密码与用户名相同等诸如此类的问题。这构成了最大的安全风险。

C. 未能清除旧数据可能会带来性能和数据管理问题，但不是最重要的安全问题。

D. 数据库活动记录不完整是一种潜在风险，但不如默认设置严重。

116. A. 仅仅拥有日志并不是一种控制；审查命令行活动日志才是一种控制。

B. 通过定期匹配哈希键，可以检测到文件的更改。

C. 尽管通过访问控制工具的访问限制可以提供一定程度的控制，但开发人员已经具有命令行访问权限，表明这种控制可能被绕过。

D. 从生产环境中移除这些工具可能会限制未经授权进行更改的能力，但并不能解决未检测到的更改或通过其他手段进行更改的风险。

117. A. 在实施过程中保护可执行代码或目标代码，而不是仅仅关注源代码，这对于预防泄密至关重要。

B. 禁用供应商默认账户和密码是实施新应用的关键组成部分。

C. 由于这是一种新应用，应当与托管的旧版本之间不存在任何问题，这一因素也就不那么重要了。

D. 尽管支持和维护协议很重要，但在初始实施阶段，它们可能并不是主要的考虑因素。

118. A. 恢复成本可能非常小，而服务停机时间可造成

重大影响。

B. 负面舆论是事故的一种症状；它是决定影响程度的因素之一，但不是最重要的因素。

C. 地理位置不能确定事故的严重程度。

D. 无法为客户提供服务的时间越长，事故的严重程度（影响）越大。

119. A. 执行数据迁移可能影响性能，但不会导致停机。

B. 预防性维护活动应安排在每日的非高峰时段进行，最好安排在维护窗口时段范围内。由维护人员造成的意外或事故可导致意外停机。

C. 将应用程序升级到临时环境（非生产）不会对系统操作有任何严重影响。

D. 重新配置备用路由器不会导致意外停机，因为路由器没有运行，任何问题都不会影响网络流量。

120. A. 没有理由因为服务协议没有记录而推迟审计，除非这是正在审计的所有内容。可以在已确定存在协议后再进行记录。

B. 在审计的这一阶段向高级管理层报告没有必要，因为这不是一个严重的需要立即关注的漏洞。

C. 信息系统审计师在做出任何建议之前，都应该首先确认并了解当前做法。其中的一部分工作是保证双方对协议条款达成一致。

D. 起草服务等级协议不是信息系统审计师的职责。

121. A. 非规范化可能会影响数据库性能或数据一致性的其他方面，但不会直接增加并发访问问题的风险。

B. 尽管非规范化可能会对性能产生影响，但它与死锁风险的增加没有直接关系。

C. 未经授权的数据访问主要通过访问控制和安全机制来解决，非规范化不会直接影响这种风险。

D. 非规范化不利于确保数据完整性的结构，从而导致数据不一致和数据完整性丧失的风险增加。

122. A. 虽然执行用户验收测试是软件开发和发布中的一个重要流程，但它与软件发布基线的记录

没有直接关系。UAT 可以在基线建立后进行，并作为验证步骤以确保软件满足所需的标准。

B. 备份和恢复的配置很重要，但不是用于创建基准指标。

C. 事故管理决定如何响应负面事件，但与基准指标配置记录无关。

D. 配置管理流程可包括一系列自动化工具，这些工具可自动记录软件发布基准指标。如果新版发布失败，基准指标将提供一个返回点。

123. A. 与标准进行比较可在一定程度上保证该计划解决业务持续计划的关键方面，但不会显示有关其效能的任何信息。

B. 之前的测试结果可为 BCP 的效能提供证据。

C. 审查应急程序可以深入了解该计划的某些方面，但不能为该计划的整体效能提供保证。

D. 审查异地储存和环境控制可以深入了解该计划的某些方面，但不能为该计划的整体效能提供保证。

124. **A. 信息系统审计师应该与组织中的关键利益相关方面谈，来评估他们对各自角色和责任的理解程度。当所有利益相关方对自身在发生灾难时的角色和责任有很细致的了解时，信息系统审计师就能够确信该组织的业务持续计划是明确和简洁的。**

B. 要评估充分性，信息系统审计师应审查计划并将其与适当标准和计划的测试结果进行比较。

C. 要评估有效性，信息系统审计师应审查之前的测试结果或事故。这是效能评估的最佳确定方法。关键利益相关方对各自角色和责任的理解将有助于确保 BCP 有效。

D. 要评估响应能力，信息系统审计师应审查连续性测试的结果。这样可使信息系统审计师确信符合目标和恢复时间的要求。需要审查应急程序和员工培训，以确定该组织是否实施了考虑有效响应的计划。

125. A. 维护业务持续计划的责任是在选择或设计适当的恢复策略和制订计划之后决定的。

B. 选择恢复站点提供商的标准是在选择或设计适当的恢复策略之后决定的。

C. 最适当的策略是根据在业务影响分析中确定的相对风险水平、时间线和关键性选择的。

D. 关键人员的责任是在计划制订阶段在选择或设计适当的恢复战略之后决定的。

126. A. 如果没有宣告危机的明确阈值，则可能过早启动响应和恢复行动，从而导致不必要的成本和中断。然而，在没有明确宣告危机的情况下，过早采取行动的可能性并不像延迟响应的风险那么重要。

B. 由于缺乏将某种情况宣告为危机的明确定义，可能会导致延迟启动适当的响应和恢复行动。如果没有预先确定的阈值或标准来识别危机，何时上报响应、调动资源和实施关键措施就存在不确定性和潜在的混乱。这可能会导致宝贵时间的浪费、决策无效以及缓解危机影响的延误。

C. 如果缺乏宣告危机的明确时点，则危机局势可能被低估或忽视。然而，它并不像响应延迟那么重要。

D. 如果缺乏宣告危机的明确时点，业务持续计划可能会变得过于僵化。这可能会导致响应事件时出现不必要的延迟和效率低下，因为计划可能需要遵循预定义的步骤，而不考虑情况的实际严重性和影响。然而，这种风险的严重性不如响应延迟。

127. **A. 每当为该组织完成一次风险评估后，都应该审查业务持续计划。**

B. BCP 被认为适合该组织后，才应该进行模拟。

C. BCP 被认为已经适合该组织后，再进行员工培训。

D. 此时无须通知 BCP 的联系人。

128. A. 身份认证控制能保证只有经过授权者才能作出变更，但不能保证变更的完整性。

B. 数据规范化不用于保护在线交易的完整性。

C. 日志控制属于检测性控制，但不能保证数据库中数据的完整性。

D. 提交和复原控制与完整性直接相关。这些控制可确保构成逻辑交易单元的数据库操作全部完成或全部不完成（例如，如果出于某种原因而无法全部完成某一交易，则会将不完整的插入/更新/删除复原，以使数据库返回其交易前

163

状态)。

129. A. 表空间分配不影响一天中不同时间的性能。
　　 B. 提交和复原只适用于错误或故障，不影响一天中不同时间的性能。
　　 C. 用户假脱机限制会限制可用于运行用户查询的空间。这样可预防形成较差的查询消耗过多的系统资源并且影响一般查询性能。对用户自己数据库中的可用空间进行限制可预防其构建过大的表。这有助于控制空间利用率，从而通过在存储的实际数据量和物理设备容量之间保存一个缓冲区来提高性能。另外，也可预防用户在临时表构建（与通常可整夜运行且为优化性能而计划生产的负荷相反）流程中消耗过多的资源。在数据仓库中，由于不是运行在线交易，因此提交和复原不会对性能产生影响。
　　 D. 日志的读写访问权限控制不影响一天中不同时间的性能。

130. **A. 如果事后对紧急变更进行记录和批准，允许编程人员进行紧急变更的做法也许是合适的。**
　　 B. 将开发人员的生产访问限制在特定时间范围内可能有助于建立一些控制，但无法直接解决未经授权或未经批准的紧急变更的风险。
　　 C. 紧急情况下，在生产放行前获得二级批准并不像及时记录变更那么重要。
　　 D. 在生产机器中禁用编译器选项与控制紧急变更的风险并没有直接关系。它更注重预防未经授权的代码修改。尽管访问控制很重要，但它们应与适当的变更管理流程一起实施。

131. A. 无法消除现有及将来的所有威胁。
　　 B. 务必首先确定可提高恢复能力的信息资产（例如多路由、备用路径或多个通信运营商）。预防问题总是比发生时再规划解决问题要好。
　　 C. 恢复时间目标的优化处于制定灾难恢复战略的后期。
　　 D. 努力使恢复成本降至最低是灾难恢复战略制定后期的事情。

132. A. 灾难恢复计划必须支持业务需求，但更大的风险是，应用程序所有者没有意识到解决时间发生变化。
　　 B. 交易业务数据丢失是由数据备份频率，也就是备份计划决定的。
　　 C. 供应商必须遵守合同条款，其中包括遵守组织的隐私政策，但没有应用程序所有者的参与是最受关注的问题。
　　 D. 关键系统的维护工作发生变化的最大风险是，变化对关键业务流程可能会有负面影响。尽管选择报价较低的维护供应商有好处，但解决时间必须根据业务需求进行调整。

133. A. 日常备份恢复可能会导致一整天的数据丢失。
　　 B. 通过实时复制到远程站点，将在两个单独的位置同时更新数据；因此，一个站点中的灾难不会损坏位于远程站点中的信息。这将假设这两个站点均未受同一灾难的影响。
　　 C. 磁盘镜像到本地服务器发生在同一数据中心且可能受同一灾难的影响。
　　 D. 将数据实时备份到本地存储区域网络也是位于同一数据中心，也可能受同一灾难的影响。

134. A. 恢复时间目标越长，容灾能力越高。容灾能力是企业在恢复关注运营前能够承受的中断时间量。
　　 B. RTO 越长，恢复成本越低。
　　 C. 不能得出冷备援中心不恰当的结论；RTO 变长后，使用冷备援中心可能会可行。
　　 D. RTO 与数据备份频率无关——与恢复点目标有关。

135. A. 可接受的停机时间不由年预期损失决定；ALE 与风险管理计算相关，与灾难恢复无关。
　　 B. 服务交付目标与业务连续性相关，但它不是由可接受的停机时间确定的。
　　 C. 孤立数据的数量与业务连续性有关，但不由可接受的停机时间决定。
　　 D. 恢复时间目标是根据运营中断情况下可接受的停机时间确定的。它表示在发生灾难后及系统或进程必须恢复之前，将被组织视为可接受的最大可容许的运行中断。

136. A. 尽管对服务人员的信赖很重要，但数据中心人员陪同和监督服务人员工作属于常规做法。此外，应由服务提供商执行此背景调查，而不是客户。

B. 陪同服务人员是一种常见的良好实践，但在本案例中，更大的风险是能否在关键处理时段开展工作。

C. 数据中心正常操作的最大风险是在关键的高峰处理时段内发生事故或意外；因此，需要特别小心以保证在这些关键时段不执行系统维护类的工作。

D. 独立验证确认记录在案的维护活动，确保其在维持关键系统方面的有效性。它提供保证并检测任何维护流程的差距或缺陷。

137. A. 虚拟磁带库需要一定的时间来完成备份，而连续数据备份可在线（实时）进行。

B. 磁盘快照需要时间来完成备份，备份与故障之间可能丢失数据，而连续数据备份是在线（实时）进行的。

C. 恢复点目标基于在中断的情况下可接受的数据丢失。此种情况下，组织需要较短的 RPO，而最佳选择是连续数据备份。

D. 磁盘到磁带备份将需要一定的时间来完成备份，而连续数据备份可在线（实时）进行。

138. A. 容灾与关键业务处理可被中断的时间长度有关。容灾能力强，且允许更长时间的中断，因此恢复时间也更长。

B. 恢复时间目标由在运营中断的情况下可接受的停机时间决定。RTO 越低，恢复战略的成本越高。

C. 容灾能力越低，中断窗口越短。中断窗口是关键处理的故障时间长度。

D. 容许的数据丢失与恢复点目标有关，与容灾无关。

139. A. 尽管高级管理层的参与很重要，但更关键的问题是，是否适当开发和实施了支持模型。

B. 尽管服务等级协议中指定的事故解决时间并不一定总是可以实现；但更关键的问题是，是否适当开发和实施了支持模型。

C. 尽管充分的支持资源很重要，但更关键的问题是，是否适当开发和实施了支持模型。

D. 信息系统审计师最担心的是未正确开发和实施用于预防或应对潜在中断的支持模型。事故可能给企业带来大量财务损失，并且应当随同

项目实施支持模型。这应当是系统开发生命周期和程序中的一个步骤，并且如果在某个项目中缺失，则可能是流程中发生全面崩溃的症状。

140. A. 每周完整备份和每日增量备份对于在线交易是一种较弱的备份策略。因为此系统支持在线销售，丢失的数据会难以创建，而且此方案最多可丢失一天的数。

B. 一次完整的备份通常需要几个小时，因此每天进行一次完整的备份可能不切实际。

C. 群集服务器可提供冗余的处理能力，但却不是备份。

D. 镜像硬盘能保证所有数据被备份到一个以上的磁盘，因此一个磁盘的故障不会导致数据损失。

141. **A. 明确定义调用业务恢复程序时所需的信息安全级别，以确保机密性。**

B. 在危机期间，因为许多一般控制（如职责分离）会丧失，组织的安全需求会上升。危机管理计划中设有安全角色很重要，但这不是本题情况下的最佳答案。

C. 明确作为业务持续计划一部分的信息安全资源要求很重要，但更重要的是制定保护信息所需的安全水平。

D. 变更管理程序有助于保持 BCP 处于最新状态，但与本题的情况无关。

142. A. 如果无法澄清此问题，信息系统审计师应随后审查事件错误日志。

B. 除非测试设计糟糕且没有效率，否则灾难恢复测试计划不能指明与系统性能相关的任何问题，但这是检查配置之后要做的事情。

C. 审查灾难恢复计划不大可能提供与系统性能问题有关的任何信息。

D. 由于系统配置是最可能的原因，因此信息系统审计师应首先对该项进行审查。

143. A. 备份时间可能会增加，但这是可以管理的。最重要的问题是恢复数据所需的时间。

B. 备份成本问题没有满足恢复时间目标重要。

C. 备份和存储成本问题不像满足 RTO 那样重要。

D. 如果发生崩溃，则通过大量数据恢复服务器可能需要大量的时间。如果恢复不能满足 RTO，则 IT 策略中将存在偏差。确保服务器恢复能够满足 RTO 十分重要。

144. A. 恢复时间目标衡量组织对停机时间的容忍程度，而恢复点目标则衡量可接受的数据丢失量。
   B. 一分钟的处理中断超过了该组织设定的零 RTO 目标。
   C. 等于或大于一分钟的处理中断超过了零 RTO 的连续可用性要求。
   D. 一分钟的 RPO 只允许一分钟的数据损失。

145. A. 这不是问题，因为在该年期间所有系统都会被测试。
   B. 测试的目的是测试备份计划。如果备份系统未运行，则在实际发生灾难时此计划不可指望。这是最严重的问题。
   C. 在实际的灾难中，由于最优先采取的操作是启动备份站点，因此无须正常地关闭原始生产环境。
   D. 灾难恢复测试应对计划、流程、人员和 IT 系统进行测试。因此，如果未使用该计划，则其准确性和充分性将无法得到验证。灾难恢复不应仅依赖关键人员，因为灾难可能会在其不在时发生。但测试正常与否的事实没有系统和基础设施故障严重，因为恢复计划中系统和基础设施才是真正起作用的。最佳实践是在测试过程中轮换不同的人员，并保证计划本身得到遵守和测试。

146. **A. 如果发生灾难，则具有当前已更新的关键人员列表对于计划的运作十分重要。**
   B. 资产清单很重要，并应与组织的变更管理流程关联起来，但能联系到关键人员可以补偿过时的记录。
   C. 个人角色和职责很重要，但在灾难中许多人会依据其经验充任不同角色。
   D. 宣告灾难的程序很重要，因为这会影响到响应、客户意见和监管问题，但没有在需要时联系到适当的人员重要。

147. A. 已集中操作了应用程序，但只部分测试了系统和 IT 操作团队维持并支持此环境（辅助操作、批量关闭、错误纠正、输出分配等）的能力。
   B. 因为测试已经包含了集约效用测试，备份似乎能够处理交易加载。
   C. 因为用户能够连接和使用系统，响应时间一定会令人满意。
   D. IT 系统恢复双方协议的现场测试（包括业务部门的集约效用测试），只能部分确保实际业务运营的工作流程在灾难发生时可以使用应急系统。

148. A. 最低操作要求有助于制定恢复战略。
   B. 恢复点目标是一个组织愿意接受的数据损失/返工的级别。
   C. 平均故障间隔时间有助于确定系统故障的可能性。
   D. 恢复时间目标是可接受的业务操作可用性的时间延迟。

149. A. 组织将尝试设置服务水平目标以满足既定业务目标。服务等级协议所商定的时间与服务的恢复有关，与数据的恢复无关。
   B. 恢复时间目标定义灾难后恢复正常业务功能所需的时间段。
   C. 恢复点目标定义数据在灾难发生后为恢复处理交易而必须恢复到的时间点。新的备份不应在迟于此最大的时间范围后执行。如果备份间隔过长，则有可能丢失大量数据。
   D. 最大可接受中断是可承受的最大系统停机时间量。它可被用作可容忍的最长中断时间或可容忍的最长停机时间的同义词。但是，RTO 表示目标，而 MAO 则构成组织生存不可或缺的要素。

150. A. 分析和解决问题在执行日志记录和分类之后进行。
   B. 例外等级评定只能在例外报告后执行。
   C. 报告运作问题通常是跟踪问题的第一步。
   D. 根本原因分析在例外被确认之后进行，一般不是问题管理的第一步。

151. A. 日常备份意味着在数小时内进行恢复而非立即恢复是非常合理的。
   B. 异地储存本身不支持连续可用性。

C. 关键数据的镜像是一个有助于立即（故障转移）恢复的工具。
D. 系统定期测试本身不支持连续可用性。

152. A. 1 级廉价磁盘冗余阵列不能提高性能。它是向两个独立的磁盘写入数据。
B. 1 级 RAID 与身份认证无关。
C. 1 级 RAID 可提供磁盘镜像。写入一个磁盘的数据也会写入另一个磁盘。网络中的用户将访问第一个磁盘中的数据；如果第一个磁盘失败，第二个磁盘将会接管。该冗余可确保数据的可用性。
D. 1 级 RAID 不能提供数据机密性。

153. **A. 信息系统文件要在异地储存并且该位置位于不易遭受与主要数据中心相同的风险，这一点非常重要。**
B. 异地位置可能与其他组织共享，因此其保护级别高于主数据中心。
C. 异地位置可由第三方或组织自己所有。
D. 物理保护很重要，但不如不受同一危机影响重要。

154. **A. 在使用前像时，必须注意转储中的最后一项交易可能在转储前没有更新数据库。**
B. 最后一个交易尚未更新数据库，且必须进行重新处理。
C. 程序检查点与这种情况无关。检查点用于应用程序故障。
D. 程序检查点与这种情况无关。检查点用于应用程序故障。

155. A. 保留系统软件参数对所有系统都很重要，不单是在线系统。
B. 定期交易日志转储对于在线系统及时保存数据至关重要，是预防数据丢失的重要备份。鉴于在线系统的活动量很大，传统的备份方法可能不可行。
C. 对于所有系统而言，保留数代备份是良好实践。
D. 所有备份都应考虑在可访问但同时不大可能受同一灾难影响的位置进行异地储存。

156. **A. 就绪情况测试包括（按阶段）以相对较低的成本模拟整个环境，可帮助团队更好地了解和准备实际测试情况。**
B. 纸上测试是对整个计划进行浏览审查，但不进行模拟，因此了解的信息较少。获得有关团队已理解测试计划的证据也非常困难。
C. 全面运行测试要求有管理层的批准，在多数情况下不易于或不便于测试，而且可能引发真正的灾难。
D. 多数情况下不推荐实际服务中断，除非有监管或政策要求。

157. A. 数据库完整性检查对于保证数据库的一致性和准确性很重要。它包括隔离性、并发性和持久性控制，但此处最重要的问题是原子性——要求交易完整地完成并提交或复原到已知的最后的正常点上。
B. 有效性检查能预防引入已损坏的数据，但不能解决系统故障的问题。
C. 输入控制对保护输入数据的完整性很重要，但不能解决系统故障的问题。
D. 数据库提交会保存已完成的交易处理，而复原则会在交易失败时逆转部分已完成的交易处理。

158. A. 备份解决的是可用性问题，而非完整性问题。经过验证的备份可保证备份在需要时可用。
B. 适当的变更管理程序能预防未经授权改动数据仓库和数据仓库连接的系统，但一般与数据无关。
C. 数据字典维护程序用于输入到数据仓库的数据定义和结构。它不影响已经存储的数据的完整性。
D. 在数据仓库中应用只读限制可以预防数据操纵，因为其中存储的大部分数据都是无须更改的历史数据。

159. A. 每隔一小时将含有交易的备份发送到异地不是实时的，因此可能丢失一小时的交易数据。
B. 每天将含有交易的备份发送到异地不是实时的，因此可能丢失一天的交易数据。
C. 将交易保存到多个存储设备不能保证异地的可用性。
D. 确保所有交易可用性的唯一方法是执行向非现场设施的实时传输。

160. A. 升级到 5 级 RAID 不能解决存有数据的数据中心的灾难性故障问题。
B. 增加现场备份的频率与 RAID 1 无关，因为所有的数据都正在被镜像。
C. 任何级别的 RAID 系统都不能避免遭受自然灾害。没有异地备份不可解决此问题。
D. 冷备援中心是异地恢复站点，但不能提供数据恢复，因为冷备援中心不用于存储数据。

161. A. 虽然物理安全措施是选择第三方站点时的重要考虑因素，但并不总是合同的一部分。
B. 用户总数是一个考虑因素；但更重要的考虑因素是协议是否限制某一大楼或某一特定区域的用户数。还需要考虑其他用户是否为竞争者。
C. 合同应规定任何时刻允许同时使用备援中心的用户数。合同可以书面规定给予特定用户优先级。
D. 其他用户可提供的参考是在签署合同之前应考虑的因素；但绝不构成合同条款的一部分。

162. A. 由于被监督者和生成故障报告的互联网服务提供商是同一主体，因此，有必要对比其他数据审查这些报告中是否存在偏差和/或错误。
B. 这些报告中的所述信息还可以间接表明后备电信服务的使用程度。在故障转移系统被使用过的情况下，还可说明对服务等级协议的遵守情况。
C. 使用情况报告仅可用于测量带宽的利用率，而非正常运行时间。
D. 企业应通过内部生成的故障报告来监控 ISP 提供的服务；如果 ISP 也提供了报告，还可将两个报告进行对比。

163. A. 测试业务持续计划的要求与 IT 项目管理无关。
B. 将业务持续计划集成到开发流程中，可以确保完全包含该项目各阶段的所有要求。
C. 交易流程图有助于分析应用控制，但不影响业务连续性。
D. BCP 不能直接满足用户的详细处理需求。

164. A. 审计轨迹属于检测性控制，并且在许多情况下可被具有访问特权的用户改动。
B. 员工业务熟练很重要，良好的培训也能起到一定的约束作用，但管理层的批准和审查才是最佳选择。
C. 进行背景调查是一项非常基本的控制，不能有效地阻止或检测错误或不正当操作。
D. 为预防和检测未经授权的变更，有必要由负责的经理对关键变更进行监督批准和审查。这将确保职责分离，并预防员工未经授权的尝试。

165. A. 非关键应用程序确定为最长的恢复时间目标，而这对于实现目标没有任何帮助。
B. 如果多个应用程序托管到同一个服务器上，则必须采用最关键应用程序的 RTO（即 RTO 最短）来决定服务器的 RTO。
C. 平均值 RTO 要大于关键应用程序的 RTO。
D. 关键应用程序的 RTO 通常最短。服务器的 RTO 不能独立于应用程序的 RTO。

166. A. 建立标准属于预防性控制，而监督相关人员是否严格遵守则属于检测性控制。
B. 确保只有授权人员可以升级数据库属于预防性控制。
C. 建立应对并发访问问题的控制属于预防性控制。
D. 进行恢复程序属于改正性控制。恢复程序可用于将数据库恢复到已知的上次存档版本。

167. **A. 缺乏实时备份可能会带来挑战，具体取决于恢复点目标。**
B. 有数据备份是必要的，但没有复制站点则对关键应用程序而言是不够的。
C. 视灾难类别而定，热备援中心一般应距离主设备 500 米以外。根据数据的 RPO，有实时备份也有可能是最佳选项。
D. 温备援中心可能需要数天才能恢复，因此不合适。

168. A. 拥有关键人员并不能保证备份和恢复程序能够有效工作。
B. 通过满足恢复时间目标可确保有效的备份和恢复程序，而恢复时间目标在业务影响分析阶段根据业务流程所有者的意见定义。
C. 备份介质库存只是成功恢复的要素之一。
D. 备份介质的恢复是成功的关键，但要能够在 RTO 设定的时间期限内恢复。

169. A. 温备援中心也许是个不错的解决方案，但并不是最适合的，因为其费用要比冷备援中心高很多。
   B. 热备援中心适合于恢复时间目标较低的关键系统。
   C. RTO 较高的敏感系统可在可承受的成本范围内通过手动方式执行，且执行时间可以延长。对于此类系统，冷备援中心是最具成本效益的解决方案。
   D. 移动恢复站点的成本效益不及冷备援中心，因而不适合 RTO 较高的系统。

170. A. 通过恢复可确保受影响的系统或服务能够恢复到恢复点目标中指定的某状态。此措施仅在损害得到遏制后才可行。
   B. 应整理设施信息记录文档以便将该事件通知管理层，但首先必须使损害得到遏制。
   C. （在解决了生命安全问题之后）首先应将事故遏制在设施处，以便将损害的蔓延程度降至最低。事故处理团队必须使局面得到控制。
   D. 设施监控也很重要，但必须优先对损害予以遏制以避免其蔓延。

171. A. 起草一份审计发现，但未对其风险进行定量，会显得为时过早。
   B. 即使未提供政策，信息系统审计师也应判定硬盘驱动器上的信息的性质，从而尽可能地量化风险。
   C. 在事故的影响范围确定之前与 IT 经理讨论良好实践是不成熟的。
   D. 制定政策不是信息系统审计师的职责。

172. A. 因为需求建议书不是商定的协议内容，因此审查服务等级协议条款更合适。
   B. 来自互联网服务提供商的报告属于间接证据，可能需要进一步审查以保证准确性和完整性。
   C. SLA 为充分评估提供商对于议定服务级别的达到程度提供依据。
   D. ISP 向其他客户提供的服务与信息系统审计师无关。

173. **A. 信息系统审计师应建议实施可预防或发现由主应用程序的功能所造成的不合理变更的流程。应启动应用程序角色变更请求的流程并获得业务主管的批准；然后，信息系统总监才能对应用程序作出变更。**
   B. 尽管遵照严格的职责分离和聘用额外员工的做法更好，但对于小型企业来说，此举不一定可行。信息系统审计师必须仔细考虑建议的备选流程。
   C. 管理应用程序角色的自动化流程可能无法有效预防信息系统总监作出不合理的变更，该总监也同样具有访问应用程序的最高权限。
   D. 在企业内联网中使用现有流程对保护系统没有任何价值。

174. A. 即使接受了使用通知系统方面的培训，抢修团队也无法使用严重损坏的通知系统。
   B. 备份的恢复与通知系统没有关系。
   C. 如果通知系统已受到基础架构损坏的严重影响，冗余将是最好的控制。
   D. 如果建筑受损，将通知系统存放在保险库中没有多少价值。

175. A. 将业务持续计划存储在备用位置，这在发生整个站点中断时很有用；但在没有充分测试的情况下，BCP 在灾难期间没有用。
   B. 没有实际测试时，传达给用户所起的作用不大。
   C. 如果定期测试 BCP，那么 BCP 和灾难恢复计划团队将充分了解该流程，这有助于结构化灾难恢复。
   D. 即使定期更新计划，如果未对其充分测试，那么该计划在实际灾难期间的作用也很小。

176. **A. 业务影响分析的一个主要结果是恢复时间目标和恢复点目标，这将帮助定义恢复战略。**
   B. BIA 本身对于确定备用站点没有帮助。它在项目的恢复战略阶段确定。
   C. BIA 本身无助于改善恢复测试。它在项目的实施和测试阶段完成。
   D. 关键业务资产和流程的年预期损失在风险评估期间决定且会在 BIA 中审查，但这不是主要优势。

177. A. 年预期损失和暴露因子通常与风险的联系更大。
   B. 业务影响分析的两个关键结果是恢复时间目

标和恢复点目标（可承受的最大停机时间和数据丢失），借此可进一步确定恢复战略。

C. 了解现有服务器和网络冗余是很好的，但仍需要 RTO 和 RPO 来设计正确的恢复策略。

D. 数据备份和异地储存要求是业务持续计划的一个重要方面，但仅仅这些并不能帮助定义灾难恢复策略。

178. **A. 恢复点目标定义了在中断期间可接受的数据丢失，并指出了最早可接受的数据恢复点。它对中断时所允许的数据丢失进行了量化。介质创建日期反映了数据恢复的 RPO。**

B. 恢复时间目标是在发生灾难后，恢复业务功能或资源所允许的时间量。

C. 服务交付目标与业务需求直接相关，是恢复正常状况之前在备用流程模式期间要达到的服务水平。

D. 最大可容许的运行中断是组织可以支持在备用模式下处理业务的最长时间。

179. **A. 业务持续计划（活动）的启动应主要基于在组织目标的实现受到业务功能中断的威胁之前可容许中断的最长时间。**

B. 对于启动计划来说，中断类型不如中断持续时间重要。

C. 中断的概率与事故发生的频率有关，与启动计划的需要无关。计划设计为在事件发生一定时长后启动。

D. 中断的原因会影响需要启动的响应计划，但不影响启动计划的决定。任何时候只要事件达到预定时长，计划就会被启动。

180. A. 未进行恢复测试不会增加未经授权泄露信息的风险。不对备份介质进行恢复测试确实会带来风险，但这种风险得到了一定程度的缓解，因为过往数据恢复请求的处理都非常成功。

B. 如果系统和业务流程在过去三年中已发生变更，那么未对数据备份和保留政策进行审查就可能是一个需要关注的问题。信息系统审计师应执行额外的程序来验证现有程序的有效性。此外，缺少此项控制不会引入未经授权泄露信息的风险。

C. 对于处理机密患者数据的组织而言，丢失备份介质是一个重大事故。隐私法会施加严厉的处罚，而强制性报告要求可能会损害组织的声誉。为确保适当的备份处理，组织应执行审计测试，包括频繁的实物盘点和评估第三方提供商的控制。

D. 未跟进或解决备份失败警报意味着某些数据或文件未备份。如果要备份的文件/数据非常重要，这就可能是一个需要关注的问题，但通常情况下，营销数据文件的监管方式不同于医疗转录文件。缺少此项控制不会引入未经授权泄露敏感信息的风险。

181. **A. 服务交付目标是恢复正常状况之前在交替过程模式期间要达到的服务水平。此目标与业务需求直接相关。**

B. 在确定 SDO 时，恢复流程的成本效益不是主要考虑因素。

C. 在确定 SDO 时，达到恢复时间目标可能是一项需要考虑的因素，但属于次要因素。

D. 在确定 SDO 时，允许的运营中断时限可能是其中一项需要考虑的次要因素。

182. A. 尽管生产和测试系统最好采用相同的配置，但不这样做可能是有原因的。更重要的问题是，配置管理数据库是否得到维护。

B. 纸质变更管理记录难以进行大批量维护，并且不容易审查；但从控制的角度来说，如果能得到适当和用心的维护，它们并不会带来问题。

C. 配置管理数据库用于跟踪配置项及其相互之间的依赖关系。大型跨国组织中的 CMDB 如果过时，可能导致获得错误的批准，或在测试阶段遗漏关键的依赖关系。

D. 尽管将测试环境安装在生产服务器上不太理想，但这种担心与控制无关。如果测试环境和生产环境保持隔离，则可以安装在同一台的物理服务器上。

183. A. 业务持续计划与行业良好实践保持一致不能保证 BCP 的有效性。

B. 评估 BCP 有效性的最佳方法是审查以往的业务连续性测试结果，以了解实现测试所指定的目标的完全性和准确性。

C. 异地设施及其内容、安全性和环境控制不能保证 BCP 的有效性。只有测试才能准确评估 BCP 的有效性。

D. BCP 活动的年度财务成本与计划实施的预期收益的对比不能保证 BCP 的有效性。只有测试才能准确评估 BCP 的有效性。

184. A. 在这种情况下，最好采用完全备份或差异备份。
B. 无论采用哪种介质，都可以使用增量备份。
C. 采用增量备份时，进行完全备份后，只需备份更改后的文件，因此可以最大限度地减少存储介质的使用。
D. 实施增量备份方案时，可能无法随机选择备份集，因为每天只会备份一些数据片段。

185. A. 灾难恢复演练虽然重要，但难以在互惠协议中执行，更大的风险是地理位置上的靠近。
B. 如果两个合作伙伴组织的地理位置非常接近，可能会导致双方受相同环境灾难（例如地震）的影响。
C. 业务影响分析可帮助两个组织明确关键的应用程序，但签订互惠协议时，分离性是更重要的考虑。
D. 选择具有类似系统的合作伙伴组织的主意很好，但签订互惠协议时，分离性是更重要的考虑。

186. A. 让用户参与对变更的测试是常见的做法。
B. 让编程人员在开发环境中编写变更代码并在测试环境中对其进行单独测试是很好的做法，优于在生产环境中进行测试。
C. 由管理层对变更进行审查以保证变更的正确性是可接受的做法。
D. 由同一个人发起和批准变更申请违反了职责分离原则，因为同一个人不应批准自己的请求。

187. **A. 在确保相关数据在系统之间适当同步方面，制定通用的恢复点目标最为关键。它可以确保系统中不会包含来自不同时间点的数据，否则可能会导致会计交易无法对账或参照完整性受损。**
B. 恢复时间目标对于确保数据同步不是非常重要，因为它们通常会因恢复系统所需的工作量和资源而有所变化。
C. 恢复服务的恢复能力用于衡量对数据异常的容错能力以及在发生内部故障后重新启动并从故障恢复的能力。
D. 恢复服务的可扩展性指的是恢复解决方案可能具有的与原始系统配置有关的容量约束和限制。

188. A. 尽管强加密有助于预防信息泄露，但并不能缓解不可替代数据丢失的风险。
B. 敏感数据在传输或移动之前应始终进行完全备份。敏感信息的备份应按与实际数据相同的控制方式予以对待。
C. 监管链是一项重要的控制，但并不能缓解因以下情况导致数据丢失的风险：上锁的区域被撬开并且介质被取走，或介质在有人保管的情况下丢失。
D. 尽管安全担保有助于预防被盗，但并不能预防意外丢失或损毁。

189. A. 选择变更凭单的样本并审查其授权可以帮助测试授权控制，但并不能识别在没有支持变更凭单的情况下进行的程序变更。
B. 执行浏览审查可以帮助信息系统审计师了解流程，但并不能确保所有变更都符合正常流程。
C. 对照变更凭单跟踪已修改程序是测试变更管理控制和检测未记录变更的最佳方式。
D. 使用查询软件分析所有变更凭单，看看是否有遗漏的字段并不能识别在没有支持变更凭单的情况下进行的程序变更。

190. **A. 由于在发生系统故障时管理层并非始终有暇顾及，因此在发生变更后的合理时间段内对变更进行审查和批准的做法是可以接受的。**
B. 尽管同行审查能够提供一定程度的问责制，但管理层应审查并批准所有变更，即使审查和批准必须在事实发生之后进行。
C. 记录事件并不能取代要进行审查和批准流程。
D. 管理层无视自己的职责未经审查即预先批准所有紧急变更的做法并不是一种好的控制，因为这样一来，未经授权的变更可能会在管理层不知情的情况下进行。

191. A. 过于强调财务价值而不是紧迫性是一个常见的错误。例如，尽管收入抵押贷款支付的处理从财务角度上看是重要的，但在发生灾难时其可延迟数日处理。尽管汇出资金以完成贷款的发放并不会产生直接收入，但却至关重要，因为不首先处理此类问题可能会造成法规问题、客户投诉和信誉问题。
    B. 业务策略（通常着眼于长期发展）在此刻并不会带来直接影响。
    C. 要确保组织在灾难发生后能够持续运营，关键因素是首先恢复最为关键的业务流程。
    D. 仅仅恢复系统的数量在此时没有直接影响。重要的是恢复影响企业持续运营的系统。

192. **A. 磁盘到磁盘备份涉及将主备份写入磁盘而不是磁带。这允许之后复制、克隆或迁移到磁带。它可确保最小的系统性能影响，实现大量数据的快速备份，并在发生故障时立即传输到备用磁盘集。**
    B. 尽管备份策略是有效的，但由于许多计算机系统必须离线才能进行备份，有必要创建一个备份时段，通常是在每天晚上。这不会使系统全天候可用。对于必须随时在线的系统，备份数据唯一可行的方法是要么将数据复制到某台服务器，然后由其备份到磁性介质，要么部署磁盘到磁盘解决方案，这实际上是一回事。
    C. 尽管建立双重存储区域网络 SAN 并将数据复制到第二个 SAN 能够提供某种程度的冗余和数据保护，这其实并非备份解决方案。如果两个系统都在同一个地方，则存在数据中心发生火灾或水灾等事故导致数据丢失的风险。
    D. 尽管在某个热备援中心建立相同的服务器和存储基础设施能够提供大量冗余和可用性，以使系统保持运行，但它无法满足长期数据存储的需求。仍然需要创立一种备份数据的有效方法。

193. A. 程序文件应当始终保持最新并分发到主要地点。然而，如果员工不清楚计划规定的其各自的角色，则单凭文件是不够的。
    B. 互惠协议是拥有类似设备或应用程序的两家或以上企业之间的应急处置协议。互惠协议的参与者通常承诺在发生紧急情况时相互提供处理时间。尽管业务连续性管理必须拥有营业地点，但并不一定有互惠协议。例如在有些情况下，可以在各员工的家里进行营业。
    C. 发生灾难时，高层管理不一定能够到位提供领导。因此，最重要的是员工要全面了解其在业务持续计划中的角色。
    D. 灾难期间，命令链条可能被中断。因此员工务必了解其在 BCP 中的角色，包括向谁报告以及如何执行其工作职责。对于办公场所散布各地的业务而言，员工的计划内容培训尤其重要，原因在于发生通信中断的概率更大。

194. A. 磁盘镜像提供实时磁盘驱动器复制，但如果出现服务器崩溃的情况，则无法保证系统可用性不受中断。
    B. 廉价磁盘冗余阵列技术能够提高恢复力，但无法针对网络接口卡故障或中央处理器故障提供保护。
    C. 动态域名系统是用于向动态互联网协议地址分配主机名称的一种方法。这是一种有用的技术，但无助于确保可用性。
    D. 均衡负载在多个服务器之间分配流量，确保不间断的系统可用性和 Web 应用程序的一致响应时间。如果服务器出现故障，它还会将流量重定向到正常运行的服务器。

195. A. 冗余也许是一种解决方案；然而，根本原因分析能够带来有依据的决策，从源头上解决问题，而不只是简单假定系统冗余可以解决问题。
    B. 尽管审计也许能够发现问题的根本原因，但审计并非运行问题的解决方案。确定运行故障的源头需要成为日常 IT 流程的一部分，并由 IT 部门负责。
    C. 使用测控工具是搜集数据的一种方法，有利于根本原因分析，但其本身并不能帮助预防现有的问题再次发生。
    D. 根本原因分析确定已发生事故的关键原因，并利于采取适当纠正措施预防事故再次发生。

196. A. 尽管测试对任何修补程序都很重要，但在这种情况下，应当假定操作系统提供商已经在发布修补程序之前进行过测试。在将此操作系统补丁应用到生产环境之前，组织应当进行系统测试，以确保不发生问题。

B. **最重要的是，信息所有者需批准对任何生产系统的更改，以确保不会因为补丁发布而导致严重的业务中断。**

C. 安全官通常不需要批准每一个操作系统补丁。

D. 安全补丁需要在整个组织一致部署，其中包括备用中心。然而，信息资产所有者的批准仍然是最重要的考虑因素。

197. **A. 通过审查修补程序管理政策并确定 IT 部门是否遵守政策，可以发现政策是否恰当以及与目前做法相关的风险。**

B. 尽管在有些情况下，补丁是针对严重安全问题的紧急修补程序，但 IT 部门可能认定，系统稳定性面临的风险大于发布补丁的软件提供商识别的风险。因此，IT 部门选择的时间范围也许是适当的。

C. 尽管适当安装关键系统的补丁有助确保系统安全，如果补丁在实施之前未经适当测试，安装系统补丁的精确时间表要求可能带来其他问题。因此，这不是正确答案。

D. 即使信息系统审计师断定修补程序管理流程已经足够了，也应当报告发现迟迟不安装修补程序的情况。

198. A. 事故响应计划是指一种条理清晰的用于解决和管理安全漏洞或攻击的方法。该计划定义哪些构成事故，以及发生事故后该遵循哪种流程。它并不安排灾难发生期间的恢复优先顺序。

B. **将业务影响分析纳入 IT 灾难恢复计划流程至关重要，这样才能确保按优先顺序安排 IT 资产，以便与业务保持一致。**

C. 识别威胁和分析对业务的风险是防灾规划的重要组成部分，但它并不确定恢复的优先权。

D. 恢复时间目标是在发生灾难后，恢复业务功能或资源所允许的时间量。它是 BIA 的组成部分，用于说明恢复的优先顺序。

199. A. 应用程序所有者对新功能的请求通常遵循正常的变更控制程序，除非它们对业务功能有影响。

B. 敏捷系统开发方法将项目分成几个短期迭代。每一个迭代针对预期的架构，强调开发从用户界面到数据存储的端到端功能。然而，该发布并不需要遵循紧急发布程序，除非对运行有重大影响。

C. **紧急发布是为预防用户大规模停机而按照特定程序实施的紧急修复。**

D. 操作系统安全修补程序在测试之后应用，因此无须紧急发布。

200. A. 尽管热备援中心能够让该企业达到其恢复点目标和恢复时间目标，但热备援中心的维护成本高于温备援中心，而后者同样能够达到上述目标。

B. 冷备援中心尽管能够提供基本的基础设施，但缺乏必要的硬件，无法实现业务目标。

C. 镜像站点提供全面冗余的设施，可以进行实时数据复制。它能够实现企业目标，但其成本效益不如温备援中心。

D. **温备援中心是一个合适的解决方案，因为它以合理的成本提供必要的基础设施和所需的大部分 IT 设备。其他设备可以在几天内通过供应商协议获得。**

201. A. 恢复时间目标是指在发生灾难后，恢复业务职能或资源所允许的时间量。

B. 确定恢复点目标时，已经考虑成本因素。

C. **RPO 确定可接受的数据丢失和最早可接受的恢复时间点，量化中断情况下允许的数据丢失。**

D. 服务交付目标与业务需求直接相关。SDO 是恢复正常状况之前，在备用流程模式期间要达到的服务等级。

202. **A. 生产访问应当加以控制和监控，以确保职责分离。在紧急变更过程中，通常没有生产访问权限的用户可能需要访问权限。确保生产系统内部问责制的最佳流程是，让信息安全团队建立生产支持小组，然后将用户 ID 添加到该小组，以便应用变更。更改完成后，可从该小组移除该 ID。此流程能够确保生产中的活动与用于进行变更的特定 ID 相关联。**

B. 有些组织可能使用救火员 ID（一种普通的/共

享的 ID），以便将变更应用到生产。在需要的时候，开发员可以使用此 ID 访问生产。可能仍然难以确定谁在进行变更；因此，尽管这种流程很常用，但使用生产支持 ID 是更好的选择。

C. 在紧急情况下，指定一名专职用户将变更应用到生产是理想的选择，但通常不具备成本效益，并且对紧急变更而言不太现实。

D. 根据定义，紧急变更属于未经授权的变更。通常是在将变更应用到生产之后获得批准。所有变更都应当是可以审计的，并且最好通过根据需要向生产支持小组添加/移除用户 ID 的方法来完成。

203. **A. 隔离数据可减少暴露于特定漏洞的数据量。**

  B. 威胁可能保持不变，但每一个隔离均代表威胁必须指向不同的矢量。

  C. 关键性是一种数据属性，且不受隔离方式影响。

  D. 敏感度是一种数据属性，且不受隔离方式影响。

204. A. 发布企业级事故响应计划仅限在业务连续性管理自动适应事故响应时才有效。事故响应支持业务连续性管理，但不是反之亦然。

  B. 分享观点很重要，但工作组并不一定能够确保计划之间的接口切实可行。

  C. 包含事故响应与业务连续性管理层的结构化浏览审查测试为识别计划之间的差距或不一致之处提供最好的机会。

  D. 针对灾难恢复开发的项目计划并不一定能够解决业务连续性或事故响应中存在的不足。

205. A. 组织服务器上存在的恶意软件可能带来网络性能问题，但性能下降不大可能局限于工作时间。

  B. 防火墙配置错误可能带来网络性能问题，但性能下降不大可能局限于工作时间。

  C. 组织邮件服务器存在垃圾邮件可能带来网络性能问题，但性能下降不大可能局限于工作时间。

  D. 未经授权的网络活动（如员工使用文件或音乐共享网站、在线赌博或包含大文件或照片的个人电子邮件等）可能带来网络性能问题。由于信息系统审计师发现性能降级发生在工作时间，因此这是最有可能的原因。

206. A. 确保在生产服务器上启用自动更新也许是管理修补流程的一种有效途径，但这并不能保证所有服务器上的补丁都被妥善安装了。

  B. 在生产服务器样机上人工验证补丁不如自动测试更加有效，而且会带来重大的审计风险。并且，人工测试既困难又耗时。

  C. 变更管理日志可能没有及时更新，可能无法准确反映服务器上补丁的更新状况。更好的测试策略是对服务器进行补丁测试，而不是检查变更管理日志。

  D. 自动化工具可以迅速提供一份报告，显示哪些补丁已被应用，哪些补丁被遗漏。

207. A. 管理层批准并不一定意味着灾难恢复程序足以满足业务需求。

  B. 尽管比较该程序与记录在案的行业良好实践有用，但桌面演练（纸上测试）更能说明该程序符合要求。

  C. 与所有负责的成员一起进行程序的桌面演练（基于纸面的测试），最好地确保程序符合要求。此类型的测试可以识别缺失或不正确的程序，因为存在负责执行任务的代表。

  D. 记录恢复团队及其职责是程序的组成部分，不一定能够验证程序是否正确和完整，进而判断是否满足要求。

208. **A. 包含执行变更的个人用户 ID 以及变更前后数据的详细审计日志是数据库变更的最佳证据。审查这些日志将识别变更数据的个人（确保问责制）以及变更的正确性。**

  B. 尽管应通过最少特权原则控制生产数据库访问，但这无法识别进行变更的人员或表明变更是否正确。

  C. 拥有经批准的验证计划可以表明变更是正确的，但未显示在生产中进行变更的人员。只有系统生成的审计日志才能证明问责制。

  D. 职责分离只能确保进行数据变更的用户与批准数据变更的个人不同。它不会识别进行变更的个人，也不会确保数据变更是正确的。

209. A. 如果确定该应用程序并非关键任务,则在未首先执行风险评估的情况下应用修补程序可能会浪费资源。
   B. 实施基于主机的入侵检测系统可能是有效的控制;但它可能无法解决应用内的漏洞。
   C. 修改防火墙规则也许有助减小某个安全事故的风险;但首先需要确定与修补程序有关的风险。
   D. 尽管确保系统适当安装修补程序很重要,但仍需执行风险评估,以确定利用漏洞的可能性和概率。因此,只有绕过现有安全控制的风险大到足以证明应用修补程序的必要性时,才需要应用它。

210. A. 尽管执行管理层的批准很重要,但由 IT 部门负责管理灾难恢复相关的系统资源及其可用性。
   B. 由于灾难恢复计划基于 IT 服务的恢复和配置,因此若要验证一旦触发灾难性事件,系统资源是否可用,IT 管理层的批准最重要。
   C. 董事会可以审查和批准 DRP,但由 IT 部门负责管理 DR 相关的系统资源及其可用性。
   D. 指导委员会将确定 DR 的要求(恢复时间目标和恢复点目标);但由 IT 部门负责管理 DR 相关的系统资源及其可用性。

211. **A. 恢复点目标确定可接受的数据丢失和最早恢复时间点,量化中断情况下可接受的数据丢失,以便设计备份策略。**
   B. 尽管在规划充分的能力方面,需要储存的数据量很关键,但业务需要的恢复速度是最重要的因素。
   C. 尽管深入了解各类先进数据备份技术的能力很有必要,但若不具备 RPO 知识,则无法利用这些技术设计备份策略。
   D. 恢复时间目标是在发生灾难后,恢复业务功能或资源所允许的时间量。这有助设计灾难现场选项,而不是应对影响性灾难的数据备份策略。

212. A. 信息系统审计师不应建议不采取任何措施,因为登录过程迟缓对员工生产效率具有负面影响。
   B. 网络带宽不一定是此问题的根本原因。性能衡量标准可能有助确定原因,然后采取修复措施。
   C. 由于该问题与登录而不是处理有关,对用户进行额外培训在本案例中不起作用。
   D. 验证服务器的性能衡量标准有助量化系统性能的可接受阈值,这是可以测量和加以弥补的。

213. **A. 提供单独的 ID,只允许开发人员在需要之时具备特许访问权限是一种好的补偿性控制,但还必须采取监控和监督开发人员活动的辅助手段。**
   B. 尽管通过审计轨迹捕获开发人员的活动是一种好的做法,但除非定期审查这些审计轨迹,否则这种控制是无效的。
   C. 在允许作出变更之前创建受影响记录的备份便于在出现错误时进行复原,但无法阻止或检测未经授权的变更。
   D. 即使变更经过变更管理层批准,具有完全访问权限的开发人员仍然可以轻易规避这种控制。

214. A. 进行桌面演练极有帮助,但不能确保恢复流程工作正常。
   B. 确定备份是否有效的最可靠方法是将其恢复到系统。应当至少每年一次进行数据恢复测试,以验证该流程工作正常。
   C. 恢复程序经过批准并不能保证能够成功恢复数据。
   D. 尽管具有适当的人力资源是合适的,但如果没有数据,恢复不会成功。

215. A. 恢复能力强的 IT 基础设施通常用于最大限度减少 IT 服务中断,但如果关键业务功能不要求 IT 的高可用性,则可能并非所有灾难恢复计划要素都要求具备高可用性。
   B. 尽管选择备用站点很重要,更关键的问题是要根据业务功能的影响和恢复时间目标确定资源的优先顺序。
   C. 在维护 DRP 时,记录在案的 DRP 测试结果有帮助;但 DRP 必须首先符合业务需求。
   D. DRP 必须首先强调一旦发生灾难,要在预定 RTO 内恢复关键业务功能;因此有必要依据业务职能的关键性调整 IT 服务的恢复。

216. A. 数据授权控制应当由政策推动。尽管可以调整某些技术控制，但如果并非频繁发生数据变更，则例外流程是更好的选择。
B. 虽然适当的职责分离很重要，但信息系统审计师必须首先审查政策，以了解是否有正式记录的流程，对此类型的临时访问控制实施职责分离。
C. 如果为了支持业务需求而授予用户变更数据的访问权限，应该遵循政策。如果没有授予特别访问权的政策，那么应该设计一项政策来禁止未经授权的更改。
D. 每次需要临时提升访问权限时，都需要记录审计轨迹。不过，这并非审计师审查整个流程时应该采取的第一步。

217. A. 上述情况下的全面测试可能失败，因为这是第一次对计划进行实际演练，并且会浪费大量的资源（包括IT资源）和时间。
B. 浏览审查测试是基本的测试类型。其目的是使关键人员熟悉计划及讨论关键计划要素，而不是验证计划的充分性。
C. 应用程序的恢复应始终由业务来验证和批准，而不应完全由IT驱动。IT计划已经过反复测试，因此灾难恢复测试不能帮助验证与IT无关的业务持续计划的管理和组织部分。
D. 完成桌面演练之后，下一步将是功能测试，其中包括调配相关员工实践恢复的管理功能和组织功能。由于恢复的IT部分已经过多年测试，因此在IT人员实际参与全面测试之前验证和优化BCP会更为有效。全面测试将是进入一般年度测试日程之前的最后一步验证过程。

218. **A. 桌面测试的主要目的是进行适当协调，因为其涉及危机团队的所有成员或某些成员，而且更加关注于协作和交流问题而非技术流程细节。**
B. 功能测试涉及各个地理位置的人员和资源的调配。这是一种更深入的功能测试，重点主要不是协调和沟通。
C. 全面测试是对灾难场景的全面、真实模拟，涉及多个团队和资源。它致力于在现实环境中测试整个业务持续计划。在全面测试中，尽管各个团队之间的协调至关重要，但它并没有特别提到危机管理/响应团队的参与，也没有强调进行适当的协调。
D. 案头检查是指个人或小组对BCP文件的审查和分析。它通常是一种更被动的理论活动，涉及对计划、政策和程序的审查，团队成员之间没有积极参与或协调。

219. **A. 结构化浏览审查汇集了来自各个部门的代表，他们将审查计划并确定弱点。**
B. 集团确保特定系统可以在备用异地设施中实际充分发挥作用的能力是一种并行测试，这种测试不涉及集团会议。
C. 集团对于完全中断测试程序的认识是对一般运营和业务入侵程度最大的测试。
D. 虽然加强沟通很重要，但最好的办法是确保计划是最新的。

220. A. 全面运行测试在纸上测试和就绪情况测试之后进行，而且成本十分高昂。
B. 就绪情况测试通过评估实际资源和系统的就绪情况，提供了一种更实用的方法。它提供了更高水平的信心，即组织的关键组件已做好恢复准备，而不会产生与全面运行测试相关的潜在中断和成本。
C. 纸上测试是一种结构化的灾难恢复计划浏览审查，在就绪情况测试之前进行，但纸上测试（案头检查）不足以测试计划的可行性。
D. 回归测试用于软件开发和维护，不是DRP测试。

221. A. 灾难恢复计划要根据业务优先级首先恢复最重要的系统。
B. 根据业务的优先级，财务系统可能是、也可能不是最先恢复的系统。
C. 系统恢复的优先级由企业管理人员而非信息系统经理决定。
D. 业务管理层应了解哪些系统至关重要以及在灾难发生前哪些事情需要处理得当。制订和维护计划是管理层的责任。一旦发生灾难，便不会有充足的时间对此进行决策。信息系统和信息处理设施是辅助一般用户管理部门成功完成工作的服务组织。

222. A. 所选站点不应该受到与主站点相同的自然灾

难的影响。站点靠近可以是一种风险，也可以是一项优势，视预期灾难的类型而定。
- B. 硬件/软件合理的兼容性是备份的必要基础。最近或最新的硬件可能不足以满足这一要求。
- **C. 必须确保资源的可用性。必须监控主站点的工作量以确保应急备份的备用站点有充分的可用性。**
- D. 建立站点时对硬件进行测试非常重要，但对实际备份数据进行定期测试也有必要，因为可以确保其按计划持续运行。

223. **A. 由于采用灾难恢复计划措施会产生额外的测试、维护和实施成本，因此任何组织的正常运作成本在 DRP 实施后总会有所增加（也就是说在没有灾难期间，有 DRP 的正常运作成本会比没有 DRP 的运作成本高）。**
- B. 实施 DRP 一定会为组织带来额外成本。
- C. 实施 DRP 一定会为组织带来额外成本。
- D. DRP 成本具有相当的可预测性和稳定性。

224. A. 制定恢复战略在执行业务影响分析之后。
- **B. 任何灾难恢复计划中的第一步都是执行 BIA。**
- C. BIA 会识别关键业务流程和支持这些流程的系统。绘制软件系统、硬件和网络组件图是执行 BIA 之后的事情。
- D. 指派人员、角色和汇报层次明确的恢复小组是执行 BIA 之后的事情。

225. A. 选出战略之后，才会制订、测试和实施具体的业务持续计划。
- B. 选出战略之后，才会制订、测试和实施具体的 BCP。
- **C. 完成业务影响分析后，BCP 制订过程中的下一步是鉴别各种恢复战略，并选出能满足通过 BIA 定义的时间线和优先级的最合适的灾难恢复战略。**
- D. 选出战略之后，才会制订、测试和实施具体的 BCP。

226. A. 实验测试用于实施新流程或技术，不适合业务持续计划。
- **B. 纸上测试（有时被称为案头检查）适合测试 BCP。整个或部分 BCP 都得到浏览审查，会涉及 BCP 执行过程中可确定特定灾难中可**能发生什么情况的主要参与者。
- C. 单元测试用于测试新软件组件，不适合 BCP。
- D. 系统测试是一种用于测试新 IT 系统的综合测试，但不适合 BCP。

227. A. 风险在识别关键业务流程之后确定。
- B. 只有确定关键业务流程之后，才可确定对关键业务流程的威胁。
- **C. 应首先确定关键业务流程，然后才能记录恢复的优先级和时间线。**
- D. 确定关键业务流程之后，才可确定业务恢复所需的资源。

228. A. 通过分发业务持续计划可以确保所有用户均收到 BCP 文件。尽管这很重要，但是却无法决定 BCP 成功与否。
- **B. 用户部门参与 BCP 对于确定业务处理优先级和制订有效的计划极其重要。**
- C. BCP 得到高级管理层的批准不一定能保证其有效性。
- D. 审计不一定能提高 BCP 的质量。

229. A. 保护关键的信息系统资产是业务持续计划和灾难恢复计划的次要目标。生命安全始终处于第一优先级。
- B. 持续运营是业务持续计划和灾难恢复计划的次要目标。生命安全始终处于第一优先级。
- C. 尽量减少组织损失是业务持续计划和灾难恢复计划的次要目标。生命安全始终处于第一优先级。
- **D. 生命无价，因此任何业务持续计划和灾难恢复计划都应该将保护人身安全放在第一位。**

230. **A. 根据组织复杂程度的不同，可以针对业务连续性和灾难恢复的不同方面制订多个计划，但计划必须一致才能有效。**
- B. 这些计划不必综合到单个计划中。
- C. 虽然各计划彼此独立，但是各计划必须与其他计划保持一致，这样才能形成一个可行的业务连续性规划策略。
- D. 实施计划的顺序可能无法确定，因为这取决于灾难的性质、关键性、恢复时间等。

231. A. 业务连续性自我审计是评估业务持续计划充分性的工具，但不是帮助了解业务的工具。

B. 资源恢复分析是用于确定业务恢复策略必备组件的工具，但不是帮助了解业务的工具。
C. **风险评估和业务影响评估均是通用的工具，用于了解作为 BCP 一部分的业务。**
D. 差距分析在 BCP 可发挥的作用是确定计划的不足，但不是帮助了解业务的工具。

232. A. 尽管没有将持续时间考虑在内确实是个问题，但是持续时间并没有涉及范围重要，也没有需要指定由某人启动业务持续计划来得重要。
B. 事故和低级别灾难之间的区别始终是不明确的，而且这一区别通常由纠正损害所需的时间决定。
C. 缺少详细步骤这一情况应当存档记录，但是如果实际上有人启动了 BCP，缺少详细步骤这一情况并不意味着缺少恢复。
D. **如果没有人宣布灾难的发生，BCP 就不会启动，这比其他问题都更严重。**

233. A. **在与灾难相关的事件中应该先保护人力资源。如果业务持续计划互相独立，则可能导致各疏散计划彼此冲突，进而危及员工和客户的安全。**
B. 恢复优先级对于不同的部门可能不同，而且可以单独处理，但是仍应该审查其中可能存在的冲突或降低成本的可能性，但是这些只能在分析完人身安全问题之后予以解决。
C. 备份策略对于各部门的计划整合不重要。生命安全始终是最重要的。
D. 危机期间的沟通一直是个难题，但呼叫树没有首先保证人身安全重要。

234. A. 如果将业务持续计划置于安全的地方，则无法传达到具体用户，用户也便无法实施 BCP，从而导致 BCP 无效。
B. 高层管理层批准是 BCP 设计和审批的前提条件，但其重要性不如确保将计划传达给所有关键人员以确保计划起到有效作用。
C. **相关人员得到通知且了解 BCP 的各个方面后，BCP 的实施才能生效。**
D. 将 BCP 置于企业内部网上也无法保证员工都能访问、阅读或了解到此 BCP。

235. A. 业务持续计划不能保证运营不会中断，但可以帮助组织对关键业务流程中断进行响应。
B. 设立备用站点与灾难恢复的关系比与 BCP 的关系更密切。
C. **BCP 流程主要侧重于在发生影响运营的事件后，在恢复运营期间管理和缓解风险。**
D. 监管合规性要求可以帮助确定恢复时间目标要求。

236. A. 程序化的编辑检查等自动控制属于预防性控制。
B. 设计优良的数据录入筛选等自动控制属于预防性控制。
C. 实行职责分离主要可以确保单个人不同时拥有创建交易和批准交易的权利；这不属于检测错误的方法，而是帮助预防错误的方法。
D. **使用散列总计是在数据处理中进行可靠错误检测的有效方法。散列总计会显示数据完整性错误。**

237. A. **源数据的准确性是保证数据仓库中数据质量的先决条件。源数据不准确会损害数据仓库中数据的完整性。**
B. 数据源的可信度很重要，但不会使不准确的数据变成高质量（准确）的数据。
C. 提取过程的准确性很重要，但不会将不准确的数据变成高质量（准确）的数据。
D. 转换例程的准确性很重要，但不会将不准确的数据变成高质量（准确）的数据。

238. A. **要求经理输入批准代码可阻止或检测到使用了未经授权的利率。**
B. 周报在做出变更后通知经理，因此在管理层审查之前，便可能使用未经授权的利率进行交易。尽管此控制提供了对利率异常的可见性，但它并不能阻止或执行实时授权。仅依靠定期审查，无法立即保证变更在处理之前已获得授权。
C. 要求职员输入批准代码无法实现职责分离，也不能预防职员输入未经授权的利率变更。
D. 警告消息在变更出错时可以警告职员，但不能预防职员输入未经授权的利率变更。

239. A. 使用 Web 服务的通信不一定更安全。
B. 使用 Web 服务不一定就能改善性能。

C. 无论使用的是哪种操作系统或编程语言，Web 服务都能够促进两个系统之间的可互操作信息交换。

D. 使用 Web 服务没有存档记录方面的好处。

240. A. 最终用户计算是指最终用户利用计算机软件产品来设计并实施自己的信息系统的能力。最终用户开发的应用程序可能无法由系统分析人员执行独立的外部审查，而且通常也不是采用正规的开发方法进行创建。此类应用程序可能不具备相应的标准、控制、质量保证流程和文档。与对传统的应用程序一样，管理对这些程序的依赖程度也很高，这是最终用户应用程序的一个风险。

B. 最终用户计算系统一般会导致应用开发和维护成本降低。

C. 最终用户计算系统一般会导致开发周期时间缩短。

D. 最终用户计算系统一般会提高灵活性和对管理层信息请求的响应能力，因为系统是由用户社区直接开发的。

241. A. 记录所有的表更新交易提供了审计轨迹，属于一种检测性控制，但不能预防引入错误数据。

B. 在数据库中设定完整性约束属于预防性控制，因为数据会根据预定义的表或规则进行检查，从而可以预防输入任何尚未定义的数据。

C. 前后图像报告可用于跟踪各交易对计算机记录的影响，属于检测性控制。

D. 跟踪和标记可用于测试应用系统和控制，但却不属于可避免数据超出范围的预防性控制。

242. A. 数据库中所存储信息的机密性不是主要问题，因为这些信息旨在公开使用。

B. 此处的业务目标是使公众能够及时获得信息。由于数据库的物理位置是海外，因此未修复的硬件故障会降低系统对用户的可用性。

C. 海外数据库中信息的备份不是主要问题，因为此海外数据库是对本地数据的映射，因此本地已存在备份副本。

D. 远程访问备份数据库并不会影响其可用性。

243. A. 而通过散列总计仅能验证数据在批次级别而非单一交易级别的完整性。

B. 数据库由包含多个字段的记录组成。信息系统审计师无法通过记录数确定字段是否均成功迁移。

C. 对迁移后的账户余额执行抽样测试涉及从迁移前后的数据库中选出某些交易进行比较。

D. 对比总数核对结果无法表明记录是否完整或具体每个数值是否准确。

244. A. 一对一检查属于一种控制程序，用于检查单个文档与系统所处理文档的详细列表是否相符，使用此程序会需要花费很长的时间。

B. 数据文件安全性控制能够预防未经授权的用户试图变更数据文件。这对于识别已记录到账户中的交易没有任何帮助。

C. 交易日志通过提供输入日期、输入时间、用户 ID、终端设备位置等的详细列表来生成审计轨迹。由于可以对日志而不是整个交易文件执行审查，因此可以缩短调查异常所需的时间。交易日志还有助于确定哪些交易已在特定时段内由特定人员记录到账户中。

D. 文件更新和维护授权这一控制程序则可用来更新已存储的数据以及确保所存储数据的准确性和安全性。此过程确实可以表明哪位用户更新了所存储数据，但在题中所述情况下却无法确定哪些交易已记录到账户中。

245. **A. 校验数位是加入数据的一个数字值，用于确保原始数据正确并且未被修改。**

B. 确保数据不超过预定数额是一种极限检查。

C. 确保输入的数据在预定的合理限制范围之内是一种合理性检查。

D. 确保输入的数据在预定的价值范围之内是一种范围检查。

246. A. 重写数据并不实际，因为硬盘已损坏，即使成功完成，也比物理销毁提供的保证要低。

B. 低级格式化并不实际，因为硬盘已损坏，即使成功完成，也比物理销毁提供的保证要低。

C. 消磁是非常有效的，但提供的保证比物理销毁要低。

D. 对该硬盘进行物理破坏是确保数据不能恢复的最有效的方式。

247. A. 数据保管员只负责根据数据所有者的指示存

储和保管数据。

B. 应用程序管理员负责管理应用程序本身，不负责决定授权哪些人可访问其包含的数据。

C. 数据所有者有权授予或取消其负责的数据和应用程序的访问权限。

D. 安全管理员可主导调查，负责实施和维护信息安全政策，但不负责授予数据访问权。

248. A. 尽管向数据库管理员授予生产数据的访问权限可能是一种普遍做法，但信息系统审计师应该评估相关控制。

B. 在审查有权限的账户时，审计师应寻求可解决潜在暴露风险的补偿性控制。

C. DBA 的访问权限应基于最少特权原则；除非仔细验证需要哪些访问权限，否则取消操作可能会取消 DBA 执行其工作所需的访问权限。

D. 授予用户授权是数据所有者（而不是 DBA）的责任，对生产数据的访问通常与用户访问授权无关。

249. A. 消磁或退磁是一个好的控制办法，但不能完全从磁介质中擦除高度机密的信息。

B. 碎片整理的目的是通过清除文件系统中的碎片来提高效率，而不会删除信息。

C. 擦除或删除磁介质不会删除信息，此方法只会更改文件的索引信息。

D. 破坏磁介质是确保机密信息无法被恢复的唯一方法。

250. **A. 列级和行级权限控制哪些信息可被用户访问。列级安全性可预防用户查看表中的一个或多个属性。有了行级安全性，则可对表中的某一组信息进行限制（例如，如果某个表中包含员工薪资的详细信息，则可加以限制，除非经过明确许可，否则用户无法查看高级职员的薪资）。在关联数据库中，通过允许用户访问数据的逻辑表示（视图）而不是物理表，可以实现列级和行级安全性。这种细化安全模型可在信息保护与支持各种分析和报告应用之间达到最佳平衡。**

B. 通过强密码增强用户身份认证是一种应对所有数据仓库用户实施的安全控制，而不应专门用于解决特定敏感数据的保护问题。

C. 将数据仓库组织成为特定主题的数据库可能是一种有效的做法，但其本身并不能充分保护敏感数据。数据库级安全性通常过于粗劣，无法为信息提供有效且高效的保护。例如，一个数据库可能包含员工薪资和客户收益率详细信息等信息，必须对这些信息加以限制；而对于其中包含的员工部门等其他信息，则允许大量用户进行合法访问。将数据仓库组织成特定主题的数据库与用户访问类似，因为通常都会使用这种控制。审查包含敏感数据的表的访问权限时可能应更加仔细，但此控制在缺少行级和列级强预防性控制时不足以保护相关信息。

D. 记录用户访问很重要，但这只是一种检测性控制，不能为敏感信息提供充分的保护。

251. **A. 开发业务应用时，良好实践是指定应用的信息或数据所有者。由信息所有者负责对访问应用程序本身或访问后端查询数据库进行授权。**

B. 安全管理员一般不负责对业务应用程序的访问进行授权。

C. IT 安全经理一般不负责对业务应用程序的访问进行授权。

D. 请求者的直属上级可能会共同承担批准用户访问业务应用程序的责任。但是，最终责任应由信息所有者承担。

252. **A. 问责制是指了解各项工作由谁执行。使此原则得以施行的最佳方法是实施日志管理流程，从而便可以创建并存储包含用户名称、交易类型和小时数等相关信息的日志。**

B. 实施双因素认证可预防对数据库进行未经授权的访问，但不能记录使用数据库的用户的活动。

C. 使用表视图可预防用户看到其不应看到的内容，但不会记录用户对其有访问权的数据做过什么。

D. 将数据库与应用程序服务器分开有助于更好的管理乃至访问控制的实施，但不能解决问责问题。

253. A. 客户数据的可用性可能会在互联网连接中断期间受到影响，但更应关注的是机密性。

B. 客户数据的完整性只有在安全控制弱到允许

未经授权修改数据时才会受到影响，并且这可以通过记录变更进行跟踪。数据的机密性更值得关注。

C. **由于暴露在互联网之下，因此将客户数据存储六个月会引发对客户数据机密性的关注。**

D. 如果数据量非常庞大，系统存储性能可能会是一个需要关注的问题，但更大的问题是要为信息提供保护。

254. A. **企业架构文档提供了信息系统审计师需要的 IT 环境信息，以便定义所有 IT 系统变更管理流程的审计范围。**

B. 审计师需要控制目录才能计划控制测试，这是定义范围后的下一步。

C. 风险登记表可帮助信息系统审计师根据相关风险的优先级确定要审计的系统，在审计规划期间很有用，但无助于定义审计范围。

D. IT 组织结构图可帮助信息系统审计师了解流程，这在审计规划期间很有用，但对于定义审计范围并不是最有帮助。

255. A. 消息队列接口是一种特定类型的接口，用于通过消息队列在应用程序之间进行异步通信，但它不是用于协调分布式系统中活动的通用接口。

B. **应用程序编程接口允许分布式系统中的组件或模块进行通信和协调其活动。API 定义了一组规则和协议，以支持软件组件之间的交互和数据交换。**

C. 远程程序调用是一种通信协议，允许程序在不同的地址空间中执行程序或函数，但它并不专注于协调分布式系统中的活动。

D. 通信基础设施接口是应用平台与通信基础设施之间的接口。

256. A. **应用程序编程接口允许不同的软件应用程序访问和操作关联数据库管理系统。API 提供了一组函数、方法或协议，以便开发人员与数据库交互、执行查询和管理数据。**

B. 结构化查询语言是专门为管理和操作关联数据库而设计的编程语言，但它不是一个接口。SQL 通常与 API 结合使用来与数据库交互。

C. 对象关系映射是允许开发人员在应用程序中的对象和关联数据库表之间进行映射的技术，但它不是用于访问 RDBMS 的接口。

D. Java 数据库连接是一种 Java API，它提供使用 Java 编程语言连接到数据库并与之交互的方法，但它专门针对 Java，而不是通用接口。

257. A. 简单网络管理协议是用于监控和管理网络设备的网络管理协议，但它并非专门为访问基于云的基础设施或服务提供商而设计。

B. 远程程序调用是一种通信协议，允许程序在不同的地址空间中执行程序或函数，但它并非专门为访问基于云的基础设施或服务提供商而设计。

C. 电路级网关是用于从不同网络传输数据的电信网关，但它并非专门为访问基于云的基础设施或服务提供商而设计。

D. **应用程序编程接口允许软件系统或应用程序访问基于云的基础设施或服务提供商并与之交互。API 提供了一组规则和协议，以便开发人员将其应用程序与云服务集成、访问资源并执行各种操作。**

258. A. **有效的安全日志管理涉及自动化工具和流程，用于搜集、分析和保留组织 IT 基础设施内各种系统和设备的日志。自动化日志管理解决方案有助于简化日志搜集流程，集中来自不同来源的日志，应用实时分析技术来识别安全事故，并根据监管和合规性要求将日志保留适当的期限。自动化工具可以处理大量日志数据，并识别人类分析师可能错过的异常模式或可疑活动。这些工具还可以在检测到潜在的安全事故时实时生成警报。**

B. 由于存储限制，无限期地存储日志是不可行的，并且可能不符合企业和监管数据保留政策。

C. 必须确定要搜集用于分析的日志类型和性质，及应从哪些系统、数据库、设备和工具搜集这些日志。并非所有日志均可搜集。

D. 对于拥有大量日志的企业而言，要求安全官每天检查日志可能会很烦琐、耗时且不切实际。自动化系统可以简化事故检测工作。

259. A. 版本控制系统为代码贮存库确立结构和条理，使管理变更、跟踪版本和有效协作变得更加容易；然而，跟踪变更是在配置和发行管理中使用版本控制系统的主要好处。

B. 版本控制系统通过提供用于代码共享、版本跟踪和合并更改的集中平台来促进多名开发人员之间的协作。它支持代码的并行开发、分支和合并，从而增强协作，而不是使其变得困难。然而，如果日后发现运营问题，跟踪变更就变得至关重要。

C. 版本控制系统提供访问控制，因此开发人员无法随意访问代码库并进行无法追踪的更改。它补充了跟踪代码更改的功能。

D. 使用版本控制系统可以跟踪代码更改，包括更改人、更改时间以及修改内容。此功能可轻松识别问题，支持开发人员之间的协作，并在需要时恢复到以前的版本，从而改善配置和发行管理。

260. A. 操作系统日志有助于识别操作系统遇到的问题，但可能不会报告与应用程序相关的问题。

B. 应用程序执行问题可能不会报告为事故，也不会出现在事故报告中，除非中断严重到足以被视为事故。

C. 异常报告是自动化报告，列出应用程序在执行过程中遇到的问题。

D. 计算机操作员日志由操作员在操作过程中手动录入；这些日志可能会也可能不会识别应用程序的特定问题。

261. A. 监控操作日志可以在潜在风险发生之前提供早期预警；然而，所有操作日志均不提供此类信息。

B. 审计师使用抽样方法来审查按特定标准（例如，操作终止、登录敏感账户和超出定义阈值的交易）识别的日志。监控此类操作日志有助于检测已确定区域中的问题，但日志是有限的，所提供的好处也有限。

C. 监控操作日志主要有助于提供有关 IT 基础设施的洞察，并提供数据来构建各种 IT 资源的性能指标（例如中央处理器性能、存储容量使用情况、网络带宽使用情况和最大交易数）。

D. 审计轨迹更有助于确保交易的适当处理，但可能无法识别处理中的问题。

262. A. 操作员报告是计算机操作员所识别错误的手动日志。

B. 异常报告是自动化报告，用于识别处理过程中遇到的错误，包括未自动转换的交易。

C. 控制总数有助于确保数据已完全转换，但可能无法识别未转换的特定记录。

D. 应用程序日志列出了应用程序执行期间遇到的错误。

263. **A. 应对生成日志的 IT 资源的复杂性是一项重大挑战，因为启用日志功能后，许多资源的性能都会下降。因此，有必要确定要从每个资源捕获的日志类型。**

B. 多种日志格式可能会带来挑战；然而，这可以通过适当的解析技术来加以解决。

C. 存储成本是一个相对较小的挑战，可以通过适当的预算和保留期限进行管理。

D. 通过分阶段的适当规划和实施工具，可以解决实施初期的误报问题。

领域 5

信息资产的保护（26%）

1. Web 应用程序开发人员有时在网页上使用隐藏字段来保存有关客户会话的信息。这种技术用于存储持续存在于多个网页的会话变量，例如在零售网站应用程序中保存购物车的内容。此做法**最**有可能导致的基于 Web 的攻击是：

   A. 参数篡改
   B. 跨站点脚本
   C. Cookie 篡改
   D. 隐蔽命令执行

2. 哪种控制是保证文件数据在传输过程中没被修改的**最佳**方式？

   A. 合理性检查
   B. 奇偶位
   C. 哈希值
   D. 校验数字位

3. 审计轨迹的**主要**目的是：

   A. 改善用户响应时间
   B. 确立已处理交易的问责制度
   C. 提高系统的操作效率
   D. 为想要跟踪交易的审计师提供信息

4. 以下哪种系统或工具可以识别出信用卡交易更有可能因信用卡失窃引起，而不是由信用卡持有人所为？

   A. 入侵检测系统
   B. 数据挖掘技术
   C. 状态检查防火墙
   D. 数据包过滤路由器

5. 以下哪项**最**能保证服务器操作系统的完整性？

   A. 在安全的位置放置的服务器
   B. 设置启动密码
   C. 强化服务器配置
   D. 实施活动日志记录

6. 以下哪一网络组件的主要安装目的是作为一种预防在不同网络分段间进行未经授权通信的安全措施？

   A. 防火墙
   B. 路由器
   C. 第 2 层交换机
   D. 虚拟本地网

7. 信息系统审计师发现企业的首席信息官使用的是采用全球移动通信系统技术的无线宽带调制解调器。当 CIO 出差在外时，使用此调制解调器连接 CIO 的便携式电脑和企业的虚拟私有网络。信息系统审计师应该：

   A. 什么也不做，因为 GSM 技术固有的安全功能已经足够
   B. 建议 CIO 在启用加密之前停止使用便携式计算机
   C. 确保网络上已启用介质访问控制地址过滤，从而预防未经授权的无线用户连接
   D. 建议使用双因素认证进行无线连接，以预防未经授权的通信

8. 以下哪一项是降低未经授权访问无人值守的最终用户 PC 系统的**最**有效方法？

   A. 强制使用密码保护型屏幕保护程序
   B. 实施以接近感应为基础的身份认证系统
   C. 按预定义间隔终止用户会话
   D. 调整电源管理设置，以保证显示屏是空白的

9. 实施以下哪一项可以**最**有效地预防未经授权访问 Web 服务器系统管理账户？

   A. 在服务器上安装主机入侵检测软件
   B. 密码到期和锁定策略
   C. 密码复杂性规则
   D. 双因素认证

10. 某企业的 IT 总监已批准在会议室中安装无线局域网访问点，使顾问团队可以通过便携式计算机访问互联网。预防未经授权访问公司服务器的**最佳**控制是要确保：

    A. 在访问点上启用加密
    B. 会议室网络位于独立的虚拟本地网上
    C. 顾问的便携式计算机中的防病毒签名和修补程序级别是最新的
    D. 在公司服务器上禁用默认的用户 ID 并设置强密码

11. 某信息系统审计师正在审查一家企业的 HR 数据库实施情况。信息系统审计师发现：为获得高可用性而群集数据库服务器，所有默认数据库账户已移除，并且已保留数据库审计日志并每周审查一次。为确保适当保护数据库的安全，信息系统审计师还应检查哪些其他领域？

    A. 限制数据库管理员访问 HR 数据
    B. 数据库日志经过加密
    C. 数据库存储的程序经过加密
    D. 数据库初始化参加适当

12. 一名信息系统审计师被管理层要求审查一项可能是欺诈的交易。信息系统审计师在评估交易时的**首要**关注点应为：

    A. 在评估交易时，保持公正客观
    B. 确保信息系统审计师的独立性
    C. 保证数据的完整性
    D. 评估交易的所有相关证据

13. 在某大型且复杂的企业中设计了一个新业务应用程序，并且业务主管要求基于"按需知密"原则查看各种报告。在以下访问控制方法中，哪项是实现该要求的**最佳**方法？

    A. 强制访问策略
    B. 基于角色的访问策略
    C. 自主访问控制策略
    D. 单点登录

14. 以下哪一项是预防企业中未经授权人员删除审计日志的**最佳**控制手段？

    A. 应当在单独的日志中跟踪对日志文件执行的操作
    B. 禁用对审计日志的写访问权限
    C. 只有筛选出来的人员有权查看或删除审计日志
    D. 定期执行审计日志备份

15. 某企业正在实施动态主机配置协议。出现以下哪种情况时**最**需要给予关注？

    A. 大多数员工使用便携式计算机
    B. 使用数据包过滤防火墙
    C. 互联网协议地址空间小于 PC 数量
    D. 未对访问网络端口的操作进行限制

16. 要确保数据库管理员遵守企业数据管理的职务要求，以下哪项是有效的预防性控制？

    A. 异常报告
    B. 职责分离
    C. 审查访问日志和活动
    D. 管理层监督

17. 某职员收到一个礼物是数码相框，他/她将相框连接到自己的工作 PC 上试图传输数码照片。这种情况下可能引入的**主要**风险是：

    A. 相框存储介质可用于窃取企业数据
    B. 相框的驱动程序可能与用户 PC 不兼容并造成用户 PC 崩溃
    C. 该职员可能会把不适当的照片带进办公室
    D. 相框可能被恶意软件感染

18. 某组织发现首席财务官的计算机已感染恶意软件，包括按键记录器和恶意程序工具包（rootkit）。**首先**采取的措施应为：

    A. 联系相应的执法部门开始调查
    B. 立即确保不会危害其他数据
    C. 断开 PC 与网络的连接
    D. 更新 PC 上的防病毒签名，确保已检测到并移除恶意软件或病毒

19. 信息系统审计师正在审查以前医院信息系统审计发现的问题。其中一个发现指出医院使用电子邮件来沟通敏感的患者问题。信息技术经理指出，为了解决此发现，医院已为所有电子邮件用户实施了数字签名。信息系统审计师的响应是什么？

    A. 数字签名不足以保护机密性
    B. 数字签名足够保护机密性
    C. 信息系统审计师应搜集具体实施方面的更多信息
    D. 信息系统审计师应建议为安全电子邮件实施数字水印

20. 以下哪一线路介质可为电信网络提供**最佳**安全性？

    A. 数字传输宽带网络
    B. 基带网络
    C. 拨号
    D. 专用线路

21. 为确保企业遵守隐私要求，信息系统审计师**首先**应审查：

    A. IT 基础设施
    B. 组织的政策、标准和程序
    C. 法律和监管要求
    D. 对组织政策、标准和程序的遵守情况

22. 某人力资源企业在使用通用用户 ID 和密码进行身份认证后，为其访客提供无线互联网访问。通用 ID 和密码可从接待处申请。以下哪项控制能**最好**地解决此问题？

    A. 每周更改一次无线网络的密码
    B. 在公共无线网络和企业网络之间使用状态检测防火墙
    C. 将公共无线网络与企业网络物理隔开
    D. 在无线网络中部署入侵检测系统

23. 审查局域网的实施时，信息系统审计师应首先审查：

    A. 节点列表
    B. 验收测试报告
    C. 网络图
    D. 用户列表

24. 信息系统审计师发现业务用户的密码控制的配置设置得比 IT 开发人员更严格。信息系统审计师**最**应采取以下哪项行动？

    A. 确定是否违反政策并进行记录
    B. 记录观察到的异常情况
    C. 建议全部使用相同的密码配置设置
    D. 建议定期审查 IT 开发人员访问日志

25. 某组织正在开发基于 Web 的新应用程序来处理客户订单。应实施以下哪项安全措施来保护此应用程序不受黑客攻击？

    A. 确保在防火墙处封锁端口 80 和 443
    B. 检查所有服务器上的文件和访问权限，以确保所有文件都具有只读访问权限
    C. 执行 Web 应用程序安全审查
    D. 确保仅现有客户的互联网协议地址能够通过防火墙

26. 以下哪种渗透测试可以模拟真实攻击并可用于测试目标的事故处理和响应能力？

    A. 盲测
    B. 针对性测试
    C. 双盲测试
    D. 外部测试

27. 某组织请求信息系统审计师提出建议来帮助其提高 IP 语音系统及数据通信的安全性和可靠性。以下哪项措施能实现这一目标？

    A. 使用虚拟本地网对 VoIP 基础设施进行划分
    B. 在 VoIP 终端设置缓冲区
    C. 确保在 VoIP 系统中实现端到端加密
    D. 确保 VoIP 基础设施中各部分均可使用应急备用电源

28. 在审查入侵检测日志时，信息系统审计师发现了一些来自互联网的通信，其互联网协议地址显示为企业工资服务器。以下哪项恶意活动**最**可能导致这类结果？

    A. 拒绝服务攻击
    B. 冒充
    C. 端口扫描
    D. 中间人攻击

29. 一位信息系统审计师正在审查某组织的信息安全政策，该政策要求对所有保存在 USB 驱动器上的数据进行加密。政策还要求使用一种特定的加密算法。以下哪种算法可以为 USB 驱动器上的数据在预防未经授权的数据泄露方面提供最安全的鉴证？

    A. 数据加密标准
    B. 消息摘要 5
    C. 高级加密标准
    D. 安全壳

30. 一位信息系统审计师在为某全球性企业执行信息系统审计时发现，该企业将网络电话作为各办事处之间语音连接的唯一手段。以下哪项对企业的网络电话基础设施构成**最**重大的风险？

    A. 网络设备故障
    B. 分布式拒绝服务攻击
    C. 优惠率欺骗（资费欺骗）
    D. 社会工程攻击

31. 在企业中，以下哪一项能**最**有效地限制访问未经授权的互联网站点？

    A. 通过内容过滤代理服务器路由出站互联网流量
    B. 通过反向代理服务器路由入站互联网流量
    C. 实施具有合适访问规则的防火墙
    D. 部署客户端软件实用工具，阻止不当内容

32. 某内部审计职能部门正在审查为某个 Web 应用程序内部开发的通用网关接口脚本程序。信息系统审计师发现，该脚本程序未经过质量控制职能审查和测试。以下哪种风险**最**值得关注？

    A. 系统不可用
    B. 受到恶意软件威胁
    C. 未经授权的访问
    D. 系统完整性

33. 某信息系统审计师正在进行某企业网络的投产后检查。以下哪种审计发现**最**令人担忧？

    A. 无线移动设备没有密码保护
    B. 安装网络设备时未更改默认密码
    C. 不存在出站 Web 代理服务器
    D. 所有通信线路均未加密

34. 某信息系统审计师正在为新的云会计服务的提供商评估一份第三方协议。关于会计数据的保密问题，以下哪一项考虑因素**最**重要？

    A. 数据保留、备份和恢复
    B. 信息的退还或销毁
    C. 网络和入侵检测
    D. 补丁管理流程

35. 在向供应商授予临时访问权限时，以下哪项是**最**有效的控制？

    A. 供应商的访问权限符合服务级别协议
    B. 根据所提供的服务创建用户账户并对其设置到期日期
    C. 在有限的时间段内提供管理员访问权限
    D. 在工作完成后删除用户 ID

36. 在进行逻辑访问控制审查时，某信息系统审计师发现用户账户是共享的。此种情况带来的**最大风险**是：

    A. 未经授权的用户可使用此 ID 来获取访问权
    B. 用户访问管理非常费时
    C. 密码很容易被猜出
    D. 无法建立用户问责制度

37. 一名信息系统审计师正在评估用于保护某数据中心物理访问的生物特征识别系统，该中心包含受监管的数据。信息系统审计师**最**关注以下哪一项观察结果？

    A. 允许通过虚拟私有网络对生物特征识别扫描器或访问控制系统进行管理访问。

    B. 限制区域未安装生物特征识别扫描器

    C. 生物特征识别扫描器与访问控制系统之间不用安全加密隧道传输数据

    D. 最后一次进行生物识别系统风险分析是在三年前

38. 在审计基于角色的访问控制系统时，信息系统审计师注意到，某些 IT 安全人员在某些服务器上拥有系统管理员权限，能够修改或删除交易日志记录。以下哪项是该信息系统审计师应给出的**最佳**建议？

    A. 确保这些员工受到适当监管

    B. 确保交易日志记录备份得到保留

    C. 实施控制以检测相关的更改

    D. 交易日志记录实时写入"一次写入多次读取"驱动器

39. 在某银行的信息系统审计期间，信息系统审计师正在评估该企业是否合理管理员工对操作系统的访问。该信息系统审计师应确定该企业是否执行：

    A. 用户活动日志的定期审查

    B. 系统级用户授权验证

    C. 数据通信访问活动日志的审查

    D. 更改数据文件的定期审查

40. 某信息系统审计师在对新安装的网络电话系统进行审计时，检查了每层楼的配线柜。以下哪一项**最**令人担心？

    A. 局域网交换机未连接不间断电源单元

    B. 网络布线杂乱，并且未适当粘贴标签

    C. 电话和 LAN 连接使用相同的电缆

    D. 配线柜中还包含电源线和断路器面板

41. 在审查企业对其远程系统的逻辑访问安全时，信息系统审计师应**最**关注以下哪项？

    A. 共享密码

    B. 使用未经加密的密码

    C. 存在冗余的登录 ID

    D. 第三方用户具备管理员访问权限

42. 在对医疗组织的受保护医疗信息进行信息系统风险评估时，信息系统审计师与信息系统管理层进行了面谈。此次面谈中的哪项发现**最**令信息系统审计师关注？

    A. 组织没有对所有外发的电子邮件进行加密

    B. 员工必须在电子邮件的主题栏键入"[PHI]"才能进行加密

    C. 个别工作人员的计算机屏保功能被禁用

    D. 服务器配置要求用户每年更改一次密码

43. 以下哪一项是信息资产所有者的责任？

    A. 在应用程序内实施信息安全

    B. 为数据指定关键性级别

    C. 对数据和程序实施访问规则

    D. 为数据提供物理和逻辑安全

44. 某信息系统审计师在审查网络日志时发现，某员工通过调用任务计划程序启动受限的应用程序，在其 PC 机上运行了高级命令。这是哪类攻击的示例？

    A. 竞态条件

    B. 特权升级

    C. 缓冲区溢出

    D. 模拟

45. 某信息系统审计师正在审查某组织，以确保与数据违规情形有关的证据得到保留。对该信息系统审计师而言，以下哪一项**最**值得关注？

    A. 最终用户不知晓事故报告程序

    B. 日志服务器不在单独的网络上

    C. 未坚持进行备份

    D. 无监管链政策

46. 一位信息系统审计师正在审查一家制造企业的访问控制。审查期间，信息系统审计师发现数据所有者能够更改低风险应用程序的访问控制。信息系统审计师应采取的**最佳**行动步骤是什么？

    A. 建议实施强制访问控制
    B. 将此问题作为审计发现报告给上级管理层
    C. 将此问题报告给数据所有者以确定其是否属于一项例外
    D. 不报告此问题，因为有自主访问控制

47. 终端设备发出的电磁辐射会造成风险，因为这些电磁辐射可能：

    A. 损坏或擦除附近的存储介质
    B. 干扰处理器某些功能的正常运行
    C. 损害个人健康
    D. 可被检测到并显示出来

48. 安全管理程序需要具有其只读访问权限的是：

    A. 访问控制表
    B. 安全日志文件
    C. 日志记录选项
    D. 用户配置文件

49. 在安全专员的帮助下，由谁来负责授予数据的访问权限：

    A. 数据所有者
    B. 编程人员
    C. 系统分析师
    D. 程序库管理员

50. 数据分类的**第一步**是：

    A. 确立所有权
    B. 执行关键性分析
    C. 定义访问规则
    D. 创建数据字典

51. 信息系统审计师应**首先**审查生物特征识别系统运行的哪个阶段？

    A. 注册
    B. 识别
    C. 校验
    D. 存储

52. 黑客无须使用计算机工具或程序就可以获得密码的技术是：

    A. 社会工程的漏洞
    B. 嗅探器
    C. 后门
    D. 特洛伊木马

53. 以下哪项会动摇应用系统审计轨迹的可靠性？

    A. 在审计轨迹中记录用户 ID
    B. 安全管理员具有审计文件的只读权限
    C. 在执行操作时记录日期和时间戳
    D. 更正系统错误时，用户可修改审计轨迹记录

54. 执行审计工作时，信息系统审计师检测到存在病毒。该信息系统审计师下一步应该怎么做？

    A. 观察反应机制
    B. 从网络中清除病毒
    C. 立即通知相关人员
    D. 确保病毒被删除

55. 实施访问控制时**首先**需要：

    A. 信息系统资源分类
    B. 信息系统资源的标记
    C. 访问控制列表的创建
    D. 信息系统资源的清单

56. 以下哪项属于纵深防御安全原则的示例？

    A. 使用两道防火墙不间断检查入站网络流量
    B. 在主机上使用防火墙和逻辑访问控制来控制入站网络流量
    C. 在计算机中心建筑外没有任何标识
    D. 并行使用两道防火墙来检查不同类型的入站流量

57. 以下哪项是**最佳**的访问控制程序？

    A. 数据所有者正式授权访问，然后由管理员实施用户授权表
    B. 被授权的员工实施用户授权表，然后由数据所有者批准这些表
    C. 数据所有者和信息系统经理共同创建并更新用户授权表
    D. 数据所有者创建并更新用户授权表

58. 下列哪项在减少社会工程事故方面**最**有效？

    A. 安全意识培训
    B. 增加物理安全措施
    C. 电子邮件监控政策
    D. 入侵检测系统

59. 信息安全政策规定"必须在固定的无活动时间后启动密码屏保程序"，这可以应对以下哪种攻击方法？

    A. 骑肩跟入法（跟随经授权的人员进入管制区域）
    B. 垃圾搜寻
    C. 肩窥
    D. 模拟

60. 为确保输入的密码符合由字母和数字组成这一安全政策要求，信息系统审计师应建议：

    A. 更改企业政策
    B. 定期更改密码
    C. 使用自动化密码管理工具
    D. 进行安全意识培训

61. 审查数字版权管理应用程序的信息系统审计师预计应发现下列哪项技术被广泛使用？

    A. 数字签名
    B. 散列运算
    C. 解析
    D. 信息隐藏图像

62. 规定"每个人必须在每个控制门处进行访问识别卡读取"的信息安全政策可应对以下哪种攻击方法？

    A. 骑肩跟入法（跟随经授权的人员进入管制区域）
    B. 肩窥
    C. 垃圾搜寻
    D. 模拟

63. 以下哪项会带来固有风险，而没有明显可采取的预防控制手段？

    A. 骑肩跟入法（跟随经授权的人员进入管制区域）
    B. 病毒
    C. 数据欺骗
    D. 未经授权的应用程序关闭

64. 哈希和加密之间**最**主要的区别在于哈希：

    A. 不可逆
    B. 输出消息与原始消息的长度相同
    C. 涉及完整性和安全性
    D. 发送端和接收端相同

65. 以下哪项加密算法选项会增加开销/成本？

    A. 使用对称加密，而不是非对称加密
    B. 使用加长的非对称加密密钥
    C. 加密的是哈希而非消息
    D. 使用密钥

66. 在规划黑箱渗透测试时，**最**重要的成功因素是：

   A. 已计划的测试程序的文档
   B. 真实评估环境架构以确定范围
   C. 让客户组织的管理层员工了解
   D. 安排并确定测试的时长

67. 某企业允许使用通用串行总线驱动器在办公室之间传输运营数据。以下哪项是与使用这些设备有关的**最**大风险？

   A. 文件未备份
   B. 设备被盗
   C. 将设备用于个人用途
   D. 将恶意软件引入内部网络

68. 执行计算机取证调查时，对于搜集到的证据，信息系统审计师**最**应关注的是：

   A. 分析
   B. 评估
   C. 保存
   D. 披露

69. 认证机构可委任外部机构处理的工作是：

   A. 吊销及暂停用户的证书
   B. 生成及分配 CA 公钥
   C. 在申请实体及其公钥之间建立关联
   D. 发布及分配用户证书

70. 以下哪项会导致拒绝服务攻击？

   A. 穷举攻击
   B. 死亡之 Ping
   C. 跳步攻击
   D. 否定应答攻击

71. 与 RSA 加密相比，以下哪项是椭圆曲线加密的优点？

   A. 计算速度
   B. 能够支持数字签名
   C. 更简便的密钥分配
   D. 消息完整性控制

72. 在数据的机密性、可靠性和完整性方面，以下哪项可以对互联网业务提供**最**全面的控制？

   A. 传输层安全协议
   B. 入侵检测系统
   C. 公钥基础设施
   D. 虚拟私有网络

73. 以下哪一项预防性控制**最**有助于确保 Web 应用程序安全？

   A. 密码掩码
   B. 开发员培训
   C. 使用加密
   D. 漏洞测试

74. 以下哪种防病毒软件实施策略在互连的企业网络中**最**有效？

   A. 基于服务器的防病毒软件
   B. 基于企业的防病毒软件
   C. 基于工作站的防病毒软件
   D. 基于边界的防病毒软件

75. 信息系统审计师在审查虚拟私有网络实施情况时，以下哪种情况**最**令其担忧？网络中的计算机位于：

   A. 企业的内部网络
   B. 备用站点
   C. 在第三方员工的家中
   D. 企业的远程办公室

76. 使用数字签名的主要原因是确保数据：

   A. 机密性
   B. 完整性
   C. 可用性
   D. 正确性

77. 以下哪一项是被动网络安全攻击的示例？

    A. 流量分析

    B. 伪装

    C. 拒绝服务

    D. 电子邮件欺骗

78. 某信息系统审计师正在为企业审查安全事故管理程序。以下哪一项是**最**重要的考虑因素？

    A. 电子证据监管链

    B. 系统违规通知程序

    C. 向外部机构的升级程序

    D. 丢失数据恢复程序

79. 以下哪项可衡量生物识别系统的准确性？

    A. 系统响应时间

    B. 注册时间

    C. 输入文件大小

    D. 错误接受率

80. 信息系统审计师评估逻辑访问控制时，应**首先**：

    A. 记录应用在系统的潜在访问路径上的控制

    B. 测试访问路径上的控制，以便确定是否能够正常执行

    C. 参照书面政策与实际情况评估安全环境

    D. 了解信息处理的安全风险

81. 以下哪项**最**准确地描述了业务流程驱动的企业架构的目标？它试图从以下方面更好地理解组织：

    A. 其战略、政策和标准

    B. 其法律、法规和合同承诺

    C. 其组织结构、角色和职责

    D. 其核心增值和支持性流程

82. 路由器访问控制列表的审查应在以下哪个阶段执行？

    A. 环境审查阶段

    B. 网络安全审查阶段

    C. 业务连续性审查阶段

    D. 数据完整性审查阶段

83. 以下哪个组件负责搜集入侵检测系统中的数据？

    A. 分析器

    B. 管理控制台

    C. 用户界面

    D. 传感器

84. 以下哪项是采用 X.509 数字证书的企业公钥基础设施和认证机构的**最**重要职能？

    A. 向电子邮件和文件空间使用的加密和签名服务提供公钥/私钥组

    B. 将数字证书及其公钥与单个用户的身份进行绑定

    C. 提供员工身份和个人详细信息的权威来源

    D. 提供对象访问的权威身份认证来源

85. 数字签名包含消息摘要，以便：

    A. 显示消息是否在传输后发生改变

    B. 定义加密算法

    C. 确认发起人的身份

    D. 以数字格式传输消息

86. 以下哪项对数字证书生命周期进行管理，以确保与电子商务有关的数字签名应用程序中存在充分的安全性和控制？

    A. 注册机构

    B. 认证机构

    C. 证书撤销清单

    D. 认证实施细则

87. 一个基于传输控制协议/互联网协议的环境被暴露在互联网中。以下哪项**最**能确保在传输信息时存在完整的加密和身份认证协议来保护信息?

    A. 在具有互联网协议安全的隧道模式下完成工作
    B. 已实施 RSA 及数字签名
    C. 正在使用采用 RSA 的数字认证
    D. 工作在传输控制协议服务内完成

88. 数字签名要求:

    A. 签名者拥有公钥,接收方拥有私钥
    B. 签名者拥有私钥,接收方拥有公钥
    C. 签名者和接收方均拥有公钥
    D. 签名者和接收方均拥有私钥

89. 确保发送者在以后无法否认生成和发送消息的数据签名特征称为:

    A. 数据完整性
    B. 身份认证
    C. 不可否认性
    D. 重放保护

90. 在搜集取证证据的过程中,下列哪项行为**最**有可能导致受威胁的系统中的证据遭到破坏或损坏?

    A. 将内存内容转储至一个文件
    B. 生成受威胁的系统的磁盘镜像
    C. 重新启动系统
    D. 从网络中移除系统

91. 一名信息系统审计师正在审查企业的传输层安全网站。以下哪一项风险**最高**?

    A. 过期的数字证书
    B. 自签名的数字证书
    C. 为多个网站使用相同的数字证书
    D. 使用 56 位数字证书

92. 以下哪项控制能够**最**有效地检测入侵?

    A. 通过授权的程序来授予用户 ID 和用户权限
    B. 工作站在特定时间段内不活动会自动注销
    C. 在失败尝试达到指定次数后,系统自动注销
    D. 由安全管理员监控未成功的登录尝试

93. 以下哪种方法是对分配给供应商员工的访客无线 ID 的**最佳**控制?

    A. 分配一个每日过期的可更新用户 ID
    B. 采用一次性写入日志来监控供应商的系统活动
    C. 使用类似于员工使用的用户 ID 格式
    D. 确保无线网络加密得到正确配置

94. 执行电讯访问控制审查的信息系统审计师应**主要**关注:

    A. 对各种系统资源使用情况访问日志的维护
    B. 在授予对系统资源的访问权限之前对用户的授权和身份认证
    C. 通过加密或其他方法对服务器上存储的数据的保护是否充分
    D. 问责制和识别访问系统资源的任何终端设备的能力

95. 在对财务系统执行审计时,信息系统审计师怀疑发生了事故。信息系统审计师**首先**应该做什么?

    A. 要求关闭系统以保留证据
    B. 向管理层报告事故
    C. 要求立即暂停可疑账户
    D. 调查事故的来源和性质

96. 当使用公钥加密来保护在网络中传输的数据时:

    A. 用于加密和解密数据的两个密钥均为公钥
    B. 用于加密数据的密钥为私钥,但用于解密数据的密钥为公钥
    C. 用于加密数据的密钥为公钥,但用于解密数据的密钥为私钥
    D. 用于加密和解密数据的两个密钥均为私钥

97. 用于确保虚拟私有网络安全性的技术称为：

   A. 数据封装
   B. 数据包装
   C. 数据转换
   D. 数据哈希值

98. 在电信系统的审计期间，信息系统审计师发现传送到/自远程站点的数据被截获的风险非常高。降低此风险**最**有效的控制为：

   A. 加密
   B. 回叫调制解调器
   C. 消息验证
   D. 专用租用线路

99. 基于互联网且使用密码嗅探的攻击可以：

   A. 使一方的行为看起来像另一方
   B. 对某些交易的内容产生修改
   C. 用于获得包含专有信息系统的访问权限
   D. 导致账单系统和交易处理协议出现重大问题

100. 以下哪项是具有多个不同子系统的远程访问网络中**最**全面的控制？

   A. 代理服务器
   B. 防火墙安装
   C. 隔离区
   D. 虚拟专用网络

101. 在对专门从事电子商务的企业进行审计期间，信息系统经理表示在接收客户通信时会使用数字签名。要证实这一点，信息系统审计师必须证明使用了以下哪项？

   A. 使用客户公钥进行生物特征识别、数字化和加密的参数
   B. 使用客户私钥加密并传输的数据哈希值
   C. 使用客户公钥加密并传输的数据哈希值
   D. 使用客户公钥加密的客户扫描签名

102. 规划网络设置的审计时，信息系统审计师应优先获得以下哪个网络文档？

   A. 接线图和概要图
   B. 用户列表和职责
   C. 应用程序列表及其详细信息
   D. 备份和恢复程序

103. 信息系统审计师应当**最**关注以下财务应用程序中的哪一项？

   A. 编程人员可以在用户验收测试环境中访问源代码
   B. 记录已识别角色冲突的辅助控制
   C. 信息安全官不批准所有应用程序更改
   D. 程序员具有生产数据库的访问权限

104. 企业应具有事故响应计划的**主要**原因是以下哪项？该计划有助于：

   A. 确保及时与相关管理层沟通不良事件
   B. 控制与维持灾难恢复计划能力有关的成本
   C. 确保在发生安全漏洞等问题时客户能够立即得到通知
   D. 最大限度地减少系统中断和安全事故的持续时间和影响

105. 通过以下哪种方式对消息进行签名**最**能保证电子邮件消息的真实性和机密性？

   A. 使用发送者私钥签署消息，使用接收方公钥加密消息
   B. 使用发送者公钥签署消息，使用接收方私钥加密消息
   C. 使用接收方私钥签署消息，使用发送者公钥加密消息
   D. 使用接收方公钥签署消息，使用发送者私钥加密消息

106. 某组织正在考虑将基于 PC 的关键系统连接到互联网。以下哪项**最**能预防黑客攻击?

A. 应用级网关
B. 远程访问服务器
C. 代理服务器
D. 端口扫描

107. 以下哪项是中小型企业中通过互联网连接专用网络的**最**安全经济的方法?

A. 虚拟私有网络
B. 专用线路
C. 租用线路
D. 综合业务数字网

108. 在以下哪种情况下,通过企业设施内的终端设备或工作站进行未经授权系统访问的可能性会增加?

A. 设施中的连接点可用于将便携式计算机连接到网络
B. 用户采取预防措施来使密码保密
C. 带有密码保护的终端设备位于不安全的位置
D. 终端设备位于管理员监督下的小型群集中的设施内

109. 以下哪项功能由虚拟私有网络执行?

A. 向网络中的嗅探器隐藏信息
B. 实施安全政策
C. 检测滥用或错误
D. 控制访问

110. 将数字签名应用到网络中传输的数据可提供:

A. 机密性和完整性
B. 安全性和不可否认性
C. 完整性和不可否认性
D. 机密性和不可否认性

111. 如果某企业将公钥基础设施与数字证书配合用于其互联网上的企业对消费者交易,信息系统审计师在对其执行审计时会认为以下哪项是一个弱点?

A. 客户在地理位置上分散广泛,但认证机构不是这样
B. 客户可通过任何计算机或移动设备进行交易
C. CA 具有多个数据处理分中心来管理证书
D. 企业是 CA 的所有者

112. 以下哪项是确认在互联网间所传输消息的发送者身份**最**可靠的方法?

A. 数字签名
B. 非对称加密
C. 数字证书
D. 消息验证码

113. 对于信息系统审计师而言,要确定安全意识和培训方案的效果,以下哪种方法**最**适合?

A. 审查安全培训方案
B. 询问安全管理员
C. 采访一部分受过培训的员工
D. 审查对员工的安全提醒

114. 企业数据库管理员的一台笔记本电脑被盗,其中包含生产数据库密码文件。企业应**首先**做什么?

A. 向信息系统审计部门发送报告
B. 更改数据库管理员账户的名称
C. 暂停 DBA 账户
D. 更改数据库密码

115. 如果使用不当,以下哪项**最**有可能成为拒绝服务攻击的帮凶?

A. 路由器配置和规则
B. 内部网络的设计
C. 路由器系统软件的更新
D. 审计测试和审查技术

116. 传输层安全协议通过使用以下哪种方式来确保数据和消息的机密性？

   A. 对称加密
   B. 消息验证码
   C. 哈希函数
   D. 数字签名证书

117. 网站证书的**主要**目的是：

   A. 验证要浏览的网站
   B. 验证浏览站点的用户
   C. 阻止黑客浏览网站
   D. 与数字证书的目的相同

118. 执行详细的网络评估和访问控制审查时，信息系统审计师应该**首先**：

   A. 确定网络入口点
   B. 评估用户的访问授权
   C. 评估用户的身份认证和授权
   D. 评估域控制服务器的配置

119. 在入侵检测系统的运行中，**最**严峻的挑战是：

   A. 过滤误报警报
   B. 了解供应商特定协议
   C. 更新检测签名
   D. 阻止符合条件的连接

120. 某信息系统审计师在执行审计时确定，开发人员已被授予虚拟机管理控制台的管理员访问权限，以管理其自己用于软件开发和测试的服务器。以下哪项是信息系统审计师**最**关注的问题？

   A. 开发人员可以创建或撤除服务器
   B. 开发人员可以获得访问生产服务器的高级权限
   C. 开发人员可用其应用程序影响生产服务器的性能
   D. 开发人员可将未经批准的应用程序安装到任何服务器

121. 在审查对应用程序的逻辑访问时，以下哪项发现**最**令信息系统审计师关注？

   A. 有些开发人员拥有更新生产数据的访问权限
   B. 开发人员可以在生产环境中运行调试工具
   C. 变更控制团队知道应用程序 ID 密码
   D. 应用程序没有强制要求使用强密码

122. 企业的管理层决定建立安全意识方案。以下哪项**最**可能是该方案的一部分？

   A. 利用入侵检测系统报告事故
   B. 强制使用密码才可访问所有软件
   C. 安装有效的用户日志系统来跟踪每个用户的操作
   D. 对所有新老员工定期提供培训

123. 某企业确定其网站遭到损坏，在托管应用的服务器上被安装了 rootkit 恶意软件。以下哪一项**最**有可能预防事故？

   A. 基于主机的入侵防御系统
   B. 基于网络的入侵检测系统
   C. 防火墙
   D. 安装操作系统修补程序

124. 认证机构作为第三方的作用是：

   A. 基于认证提供安全的通信和网络服务
   B. 管理由该 CA 颁发并具有相应公钥和私钥的证书贮存库
   C. 担当两个通信伙伴之间的受信任中介
   D. 确认拥有该 CA 所颁发证书的实体身份

125. 以下哪种渗透测试可以有效地评估系统管理员的事故处理和响应能力？

   A. 针对性测试
   B. 内部测试
   C. 双盲测试
   D. 外部测试

126. 来自互联网的电子邮件通信经由防火墙 1 路由到邮件网关。邮件再从邮件网关经由防火墙 2 路由到内部网络中的收件人。不允许进行其他通信。例如，防火墙将不允许从互联网到内部网络的直接通信。入侵检测系统发现内部网络通信并未从邮件网关开始。

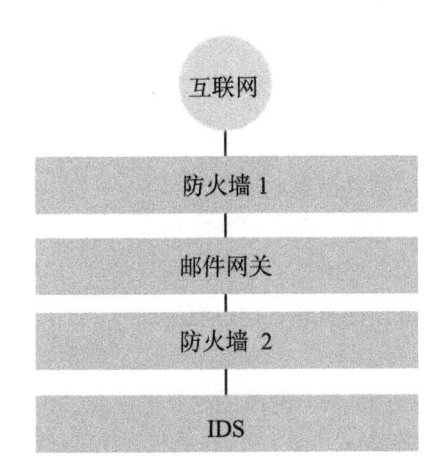

该 IDS 首先触发的操作应是：

A. 向相应人员报警
B. 在日志中创建一条记录
C. 关闭防火墙 2
D. 关闭防火墙 1

127. 某组织网络电话包网络中有大量的通信被重新路由。该组织认为其已遭到窃听。以下哪一项可能导致网络电话流量被窃听？

A. 以太网交换机中的地址解析协议缓存损坏
B. 在虚拟电话交换机上使用默认管理员密码
C. 在未启用加密的情况下部署虚拟本地网
D. 最终用户有权访问包嗅探器应用程序等软件工具

128. 考虑以下图：

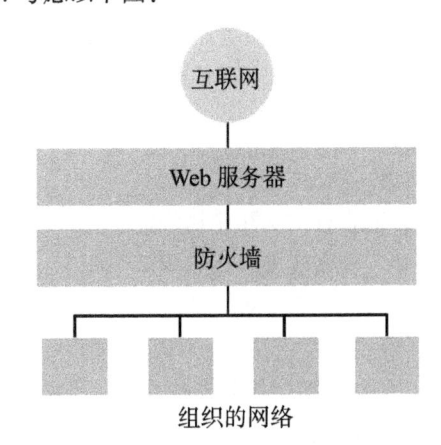

要检测防火墙无法识别的攻击尝试，信息系统审计师应建议将网络入侵检测系统安置在：

A. 防火墙和组织网络之间
B. 互联网和防火墙之间
C. 互联网和 Web 服务器之间
D. Web 服务器和防火墙之间

129. 某信息系统审计师正在审查某数据中心的物理安全控制，并发现有几个领域值得关注。以下哪个领域**最**重要？

A. 紧急断电按钮盖不见了
B. 未执行预定的灭火系统日常维护
C. 数据中心没有安全摄像头
D. 紧急出口门被阻塞

130. 以下哪一项**最**有助于信息所有者对数据进行适当分类？

A. 了解保护数据的技术控制
B. 企业政策和标准培训
C. 使用自动化数据泄露防护工具
D. 了解哪些人需要访问数据

131. 在对一个内部开发的 Web 应用程序进行审计期间，信息系统审计师确认，所有的业务用户共享同一访问配置文件。以下哪项建议对于预防未经授权的数据修改风险**最**有用？

    A. 对用户操作进行详细的日志记录
    B. 根据工作职责自定义用户访问配置文件
    C. 对所有账户强制实施强密码政策
    D. 实施定期访问权限审查

132. 对于希望将业务应用程序移至供应商提供的外部云服务的企业来说，以下哪项是**最**重要的安全考虑事项？

    A. 应用程序处理的数据分类和类别
    B. 在内部与外部托管应用程序的成本
    C. 供应商在市场上的声誉和客户的反馈
    D. 因使用共享服务导致应用程序性能下降

133. 以下哪一项**最**适合于小组内的安全通信？

    A. 密钥分配中心
    B. 认证机构
    C. 信任网
    D. Kerberos 身份认证系统

134. 要从网络安全事故中恢复，以下哪项措施**最**重要？

    A. 建立事故响应团队
    B. 雇用网络取证调查员
    C. 执行业务持续计划
    D. 保留证据

135. 信息系统审计师可以采用什么方法来测试分支机构所在位置的无线安全？

    A. 战争拨号
    B. 社会工程
    C. 战争驾驶
    D. 密码破解

136. 以下哪种入侵检测系统**最**有可能对正常的网络活动产生错误警报？

    A. 基于统计
    B. 基于签名
    C. 神经网络
    D. 基于主机的 IDS

137. 在审计数据中心的安全性时，信息系统审计师应查明是否存在电压调节器，以确保：

    A. 预防硬件遭遇电涌
    B. 在主电源中断时保持完整性
    C. 在主电源中断时立即供电
    D. 预防硬件遭遇长期电源波动

138. 在规定了 IT 安全基准的企业中，信息系统审计师**首先**应确保：

    A. 实施
    B. 合规
    C. 文档记录
    D. 充分性

139. 以下哪一种环境控制可以保护计算机设备免受电力短期降低的影响？

    A. 电源线调节器
    B. 电涌保护设备
    C. 备用电源
    D. 间断电源

140. 某信息系统审计师检查了一个无窗机房，其中包括电话交换和联网设备以及文档夹。该机房配有两个手持灭火器——一个是二氧化碳灭火器，另一个是卤烃灭火器。下列哪一项应在信息系统审计师的报告中具有最高优先级？

    A. 移走卤化物灭火器，因为卤化物会对大气臭氧层产生负面影响
    B. 在密闭机房中使用时，两种灭火系统都有导致窒息的危险
    C. 移走 CO_2 灭火器，因为 CO_2 对于涉及固体可燃物（纸张）的火灾是无效的
    D. 将文档夹从设备机房中移走，从而降低潜在风险

141. 尝试控制敏感区域的物理访问时（例如，对机房使用卡密钥或锁），存在什么相关风险？

    A. 未经授权的人员等待控制门打开，然后跟随已授权人员进入
    B. 企业的应急计划不能有效测试受控的访问操作
    C. 访问识别卡、钥匙和控制板非常易于复制，从而使控制很容易受到破坏
    D. 删除那些不再有权进行访问的人员权限很复杂

142. 某家安全要求极高的组织正在评估生物识别系统的有效性。以下哪一项性能指标**最**重要？

    A. 错误接受率
    B. 相等错误率
    C. 错误拒绝率
    D. 错误识别率

143. 对信息系统审计师而言，如果下列用户组具有生产数据库的完全访问权限，以下哪一组**最**值得关注？

    A. 应用程序开发人员
    B. 系统管理员
    C. 业务部门用户
    D. 信息安全团队

144. 对于生物识别控制设备的性能，**最好**的整体定量衡量法是：

    A. 错误拒绝率
    B. 错误接受率
    C. 相等错误率
    D. 估计错误率

145. 对于数据中心的访客访问，以下哪一项是**最**有效的控制？

    A. 访客有人陪同
    B. 要求出示访客证章
    C. 访客登记
    D. 操作人员对访客进行抽查

146. 在公钥基础设施中，注册机构负责：

    A. 验证证书申请对象所提供的信息
    B. 在核实所需属性并生成密钥之后颁发认证
    C. 对消息进行数字签名以实现签名消息的不可否认性
    D. 登记签名消息以保证其日后不遭到否认

147. 要使无线局域网中传输数据的机密性得到**最佳**保护，会话应：

    A. 仅限于预定义的介质访问控制地址
    B. 使用静态密钥加密
    C. 使用动态密钥加密
    D. 从具有加密存储的设备启动

148. 以下哪个选项中的信息与积极加强安全设置**最**相关？

    A. 防御主机
    B. 入侵检测系统
    C. 蜜罐
    D. 入侵防御系统

149. 从长期看，以下哪项对改善安全事故应对流程最具潜力？

    A. 对事故应对程序执行浏览审查
    B. 由安全事故响应团队执行的模拟演练
    C. 不断地对用户进行安全培训
    D. 记录对事故的响应

150. 当审查入侵检测系统时，信息系统审计师应**最**关注以下哪一项？

    A. 大量误报
    B. 网络流量覆盖率低
    C. 网络性能下降
    D. 默认检测设置

151. 通常，黑客使用以下哪种方式调用互联网站点上的分布式拒绝服务攻击？

    A. 逻辑炸弹
    B. 网络钓鱼站点
    C. 间谍软件
    D. 僵尸网络

152. 在电子邮件的软件应用程序中，已验证的数字签名可以：

    A. 帮助检测未经授权的电子邮件
    B. 保证机密性
    C. 增加网关服务器的工作量
    D. 明显减少可用带宽

153. 在传输模式中，使用封装安全负载协议要优于身份认证头协议，这是因为前者提供了：

    A. 无连接完整性
    B. 数据源身份认证
    C. 反重传服务
    D. 机密性

154. 为了适应企业内部不断增多的移动设备，信息系统管理层最近用无线基础架构替换了现有的有线局域网。这将增加以下哪种攻击风险？

    A. 端口扫描
    B. 后门
    C. 中间人攻击
    D. 战争驾驶

155. 以下哪项是与使用点对点计算有关的**最大**问题？

    A. 病毒感染
    B. 数据泄露
    C. 网络性能问题
    D. 未经授权使用软件

156. 一家跨国企业的信息系统管理层考虑升级公司现有的虚拟私有网络，通过隧道支持网络电话通信。应首先考虑以下哪个注意事项？

    A. 可靠性和服务质量
    B. 身份认证方法
    C. 声音传输的隐私性
    D. 数据传输的机密性

157. 以下哪种反垃圾邮件过滤方法具有**最低**的误报可能性？

    A. 基于规则
    B. 基于校验和
    C. 启发式过滤
    D. 基于统计

158. 以下哪种公共密钥基础设施元素描述了禁用受损私钥的程序？

    A. 认证吊销列表
    B. 认证实施细则
    C. 证书政策
    D. PKI 公开声明

159. 使用剩余生物识别信息获取未经授权的访问权限是以下哪种攻击的示例？

    A. 重放
    B. 暴力破解
    C. 密码
    D. 模拟

160. 一名信息系统审计师正在审查系统访问，发现有过多的用户拥有特权访问权限。信息系统审计师与系统管理员讨论了这一情况，管理员说，其他部门的一些工作人员需要访问特权，而管理层也批准了。以下哪一项是信息系统审计师的**最佳**行动步骤？

    A. 确定补偿性控制是否到位
    B. 在审计报告中记录这一问题
    C. 建议对程序进行更新
    D. 与高级管理层讨论此问题

161. 可以通过以下哪种攻击避开双因素认证？

    A. 拒绝服务
    B. 中间人攻击
    C. 击键日志记录
    D. 暴力破解

162. 企业可以确保来自其员工之电子邮件的收件人可以通过以下哪种方式对发件人的身份进行验证？

    A. 对所有电子邮件消息进行数字签名
    B. 加密所有的电子邮件消息
    C. 对所有电子邮件消息进行压缩
    D. 对所有电子邮件消息进行密码保护

163. XYZ 企业已将生产支持外包给在另一个国家的服务提供商 ABC。ABC 服务提供商的工作人员通过互联网远程连接到 XYZ 外包实体的企业网络。以下哪一项能够**最**有效地保证只有经过授权的 ABC 用户能够通过互联网连接为 XYZ 提供服务支持？

    A. 单点登录身份认证
    B. 密码复杂性要求
    C. 多因素认证
    D. 互联网协议地址限制

164. XYZ 企业已将生产支持外包给在另一个国家的服务提供商 ABC。ABC 服务提供商的工作人员通过互联网远程连接到 XYZ 外包实体的企业网络。以下哪一项能**最**有效地保证在 ABC 的生产支持团队向 XYZ 提供支持时，信息传输是安全的？

    A. 密钥加密
    B. 动态互联网协议地址和端口
    C. 哈希函数
    D. 虚拟私有网络通道

165. 安装数据泄露防护软件的主要目的是：

    A. 限制用户访问存储在服务器上的机密文件
    B. 检测破坏内部网络中敏感数据的企图
    C. 阻止外部系统访问内部资源
    D. 控制机密文件流出内部网络

166. 如果某个小型企业的应用程序开发人员有权将程序移入生产环境，应实施以下哪项控制来降低内部欺诈风险？

    A. 实施后功能测试
    B. 登记和审查变更
    C. 验证用户要求
    D. 用户验收测试

167. 在网络通信中使用用户数据报协议的主要风险是：

    A. 数据包到达的顺序错乱
    B. 增加通信延迟
    C. 与数据包广播不兼容
    D. 纠错可能会减缓处理速度

168. 为确保访问人力资源管理系统以及 HRMS 接口应用程序中的敏感数据的应用程序用户问责制，以下哪一项是应当实施的**最**有效的控制？

    A. 双因素认证
    B. 数字证书
    C. 审计轨迹
    D. 单点登录身份认证

169. 审查无线网络安全性的信息系统审计师确定所有无线访问点上都禁用了动态主机配置协议。这种做法：

    A. 减少网络的未经授权访问风险
    B. 不适用于小型网络
    C. 自动向任何人提供互联网协议地址
    D. 增加与无线加密协议相关的风险

170. 下列哪项能够**最**有效地显示信息安全意识方案的效能？

    A. 员工报告更多有关安全事攻的信息
    B. 所有员工都签署了信息安全政策
    C. 大多数员工都参加了安全意识会议
    D. 工作说明中包含了信息安全责任

171. 某企业通过安全的有线网络存储和传输敏感的客户信息。该组织另外亦已经实施了一个无线局域网，以解决一般目的的员工计算需要。少数具有 WLAN 访问权限的员工也有访问客户信息的合理业务理由。以下哪项是保证二网分离的**最佳**控制？

    A. 建立两个物理上分离的网络
    B. 实施虚拟本地网分区
    C. 在两个网络之间安装专用的路由器
    D. 在两个网络之间安装防火墙

172. 从控制角度来说，对信息资产进行分类的**主要**目标是：

    A. 为应分配的访问控制等级建立准则
    B. 确保将访问控制分配到所有信息资产
    C. 在风险评估中为管理层和审计师提供帮助
    D. 识别需要根据损失进行投保的资产

173. 审查客户端服务器环境的访问控制的信息系统审计师应该**首先**：

    A. 评估加密技术
    B. 识别网络接入点
    C. 审查身份管理系统
    D. 审查应用程序级访问控制

174. 要预防互联网协议欺骗攻击，应将防火墙配置为在何种情况下要丢弃数据包发送方的数据包？

    A. 指定数据包应通过网络的路由（已启用源路由字段）
    B. 放置多个目标主机（目标字段有广播地址）
    C. 指示计算机应立即停止使用传输控制协议连接（复位标志已开启）
    D. 允许使用动态路由而不是静态路由（启用开放最短路径优先协议）

175. 某信息系统审计师正在审查某家制造企业，并发现远程站点的主机用户通过 Telnet 经互联网连接到总部的主机上。以下哪一项提供**最强**的安全性？

    A. 使用点对点租用线路
    B. 使用防火墙规则，只允许该远程站点的互联网协议地址
    C. 使用双因素认证
    D. 使用 Telnet 非标准端口

176. 有人担心在实施单点登录流程后，未经授权访问的风险可能会增加。为了预防未经授权的访问，**最**重要的措施是：

    A. 监控失败的身份认证尝试
    B. 定期审查日志文件
    C. 立即禁用未使用的账户
    D. 强制采用强密码政策

177. 对入侵检测系统的实施进行审查的信息系统审计师应**最**关注以下哪个选项？

    A. IDS 传感器置于防火墙之外
    B. 基于行为的 IDS 引发许多误警报
    C. 基于签名的 IDS 不足以抵抗新型攻击
    D. 该 IDS 用来检测加密流量

178. 下面哪一项能够**最好**地描述公钥基础架构中的目录服务器的作用？

    A. 对通过网络传输的信息进行加密
    B. 向应用程序提供其他用户的认证
    C. 方便密码政策的实施
    D. 存储证书取消清单

179. 一名信息系统审计师正在审查企业的网络运营中心。以下哪一项**最**受关注？采用：

    A. 基于湿管的灭火系统
    B. 租借的 NOC 机架空间
    C. 基于二氧化碳的灭火系统
    D. 备用电力为 10 分钟的不断电源

180. 能力和成熟度模型质量工具、技术和流程的开发、实施和整合将**主要**推动和提高以下哪方面的质量？

    A. 企业 IT 战略和政策
    B. 企业 IT 流程和程序
    C. 企业 IT 治理
    D. 企业 IT 标准和框架

181. 在对大型主机应用程序进行访问控制审查期间，信息系统审计师发现用户安全组没有指定所有者。信息系统审计师关注的**主要**原因是，没有所有权，就没有明确的人员负责：

    A. 更新组的元数据
    B. 审查现有用户访问
    C. 用户访问的批准
    D. 取消离职用户的访问权限

182. 在信息系统中使用成熟度模型的**主要**目标是：

    A. 以有意义的方式衡量信息系统组织某个方面的当前成熟度水平
    B. 优先考虑组织应该做什么以达到更高的成熟度水平
    C. 帮助争取高级管理层对信息系统的理解、承诺和支持
    D. 帮助利益相关方清楚地识别优势和有待改进之处

183. 安装入侵检测系统时，以下哪项**最**重要？

    A. 在网络架构中对其进行正确摆位
    B. 预防拒绝服务攻击
    C. 识别需要隔离的消息
    D. 最大限度地减少拒绝错误

184. 对于评估企业安全意识方案的充分性，以下哪个选项是**最佳**标准？

    A. 高级管理层了解关键信息资产并且考虑为资产提供相应的保护
    B. 工作说明中对信息安全的问责性进行了明确陈述
    C. 根据风险水平和业务影响，提供充分的资金来确保安全性
    D. 实际上没有发生会引起损失或影响公众形象的事件

185. 以下哪项公钥基础设施的功能与证明在线交易是经特定客户授权的**最**密切相关？

    A. 不可否认性
    B. 加密
    C. 身份认证
    D. 完整性

186. 审查完业务流程后，某大型组织正基于网络电话技术部署新的 Web 应用程序。要实施便于该 VoIP Web 应用程序安全管理的访问控制，以下哪项是**最**合适的方法？

    A. 细化访问控制
    B. 基于角色的访问控制
    C. 访问控制列表
    D. 网络/服务访问控制

187. 在进行逻辑访问控制审查时，某信息系统审计师发现用户账户是共享的。此种情况带来的**最大**风险是：

    A. 未经授权的用户可使用共享的 ID 来获取访问权
    B. 用户访问管理非常费时
    C. 无法建立用户问责制度
    D. 密码很容易被猜出

188. 为保护网络电话基础设施免受拒绝服务攻击，**最**重要的是保护：

    A. 访问控制服务器
    B. 会话边界控制器
    C. 主干网关
    D. 入侵检测系统

189. 在网上银行应用程序中，以下哪项**最**能预防身份盗用？

    A. 加密个人密码
    B. 限制用户只使用特定终端设备
    C. 多因素认证
    D. 定期审查访问日志

190. 某信息系统审计师已发现，员工们在通过电子邮件将敏感的企业信息发送到基于 Web 的公共电子邮件域。对信息系统审计师而言，以下哪一项是建议的**最佳**修复措施？

    A. 加密邮件账户
    B. 培训和意识
    C. 活动监控
    D. 数据丢失防护

191. 以下哪一项可能阻止黑客攻击？

    A. 入侵检测系统
    B. 蜜罐系统
    C. 入侵防御系统
    D. 网络安全扫描程序

192. 某 Web 服务器受到攻击和损害。企业政策规定，事故响应应在遏制攻击和保留对攻击者采取后续法律行动的自由之间取得平衡。在这种情况下，应**首先**进行以下哪一项？

    A. 将易失性存储器数据转储到磁盘上
    B. 以故障-安全模式运行服务器
    C. 断开该 Web 服务器与网络的连接
    D. 关闭该 Web 服务器

193. 减轻网络钓鱼攻击风险的**最好**方法是什么？

    A. 入侵检测
    B. 安全评估
    C. 强认证
    D. 教育用户

194. 某关键的 IT 系统开发人员突然从某企业辞职。以下哪个选项是**最**重要的措施？

    A. 安排与人力资源部门的离职面谈
    B. 启动交接流程以确保项目的连续性
    C. 终止此开发人员对 IT 资源的逻辑访问
    D. 确保管理层办好离职手续

195. 以下哪个选项是对网络的被动攻击？

    A. 消息修改
    B. 伪装
    C. 拒绝服务
    D. 流量分析

196. 对一次成功的社会工程攻击的**最**有可能的解释是：

    A. 计算机错误
    B. 判断错误
    C. 专业技能
    D. 技术

197. 某企业正打算安装一个基于网络的入侵检测系统，用来保护其托管的网站。该设备应当安装在哪里？

    A. 在本地网络上
    B. 在防火墙之外
    C. 在隔离区中
    D. 在托管网站的服务器上

198. 一位信息系统审计师正在评估一个基于虚拟机的架构，该架构用于所有编程和测试环境。生产架构是一个三层物理架构。以下哪项测试是为确保生产中 Web 应用程序的可用性和机密性而进行的**最**重要的 IT 控制？

    A. 服务器配置已适当增强
    B. 分配的物理资源可用
    C. 系统管理员接受了使用虚拟机架构的培训
    D. VM 服务器包含在灾难恢复计划中

199. 信息系统审计师**最**有可能以什么身份查看应哈希函数？

    A. 身份认证
    B. 识别
    C. 授权
    D. 加密

200. 预防网络被用作拒绝服务攻击中的放大器的**最佳**过滤规则是拒绝所有：

    A. 源地址在网络外部的传出流量
    B. 被辨认出使用伪造互联网协议源地址的传入通信
    C. 包含互联网协议中所设置选项的传入流量
    D. 目标地址属于关键主机的传入流量

201. 用双门安全系统控制人员访问计算机设备的主要目的是：

    A. 预防骑肩跟入法
    B. 预防有毒气体进入数据中心
    C. 隔离氧气以防火
    D. 预防进出设施的快速移动

202. 在审查基于外部提供商的软件即服务模型的企业云计算策略时，以下哪个选项是信息系统审计师应关注的？

    A. 必须执行工作站升级
    B. 软件的长期购置成本偏高
    C. 与提供商签订的合同中不包括现场技术支持
    D. 提供商的事故处理程序定义不清

203. 某企业决定实施基于公钥基础设施的电子签名方案。用户的私钥会存储在计算机硬盘中，并受密码保护。此方法的**最大**风险是：

    A. 如果密码泄露，该用户的电子签名将遭到其他人的利用
    B. 使用其他用户的私钥对消息进行电子签名，从而实现伪造
    C. 用其他人的公钥来替代该用户的公钥，从而实现对某用户的模仿
    D. 在计算机中用其他人的私钥进行替代，从而实现伪造

204. 在计算机机房中，活动地板**最**能够预防以下哪种情况的发生？

    A. 计算机和服务器周围电线的损坏
    B. 静电现象导致停电
    C. 地震产生的冲击
    D. 水灾的侵害

205. 某业务程序应用系统对某企业的数据库进行访问，使用的是嵌入在某程序中的单一 ID 和密码。实施以下哪项措施，可对该企业的数据进行有效的访问控制？

    A. 引入二级身份认证技术，如刷卡
    B. 在应用系统中应用基于角色的授权
    C. 针对每个数据库交易，都让用户输入 ID 和密码
    D. 为嵌入在程序中的数据库密码设定失效期限

206. 某信息系统审计师要为渗透测试选择一个服务器，并且该测试会由技术专业人员执行。下面哪个选项**最**重要？

    A. 用来进行测试的工具
    B. 信息系统审计师持有的认证
    C. 服务器数据所有者的批准
    D. 启用了入侵检测系统

207. 具有明确定义的数据分类政策和程序的**最大**好处是：

    A. 信息资产库存更加准确
    B. 降低成本并改善控制
    C. 减轻不适当访问系统的风险
    D. 提高监管合规性

208. 为确保法庭采信日志信息，**最**需要以下哪一项衡量标准？确保数据：

    A. 具有独立的时间戳
    B. 由多个日志记录系统记录
    C. 经过最安全的加密算法加密
    D. 经过验证，以确保日志的完整性

209. IT 治理的有效性和效率**首先**取决于以下哪项的质量管理？

    A. 战略和政策
    B. 流程和程序
    C. 职能和服务
    D. 角色和职责

210. 以下哪一种控制能**最**有效地减小欺诈性在线付款请求造成损失的风险？

    A. 交易监控
    B. 用安全套接字层保护 Web 会话
    C. 强制执行身份认证的密码复杂性
    D. 在 Web 表单上输入验证检查

211. 用户使用分配的安全令牌结合个人识别码来访问企业的虚拟私有网络。对于 PIN，安全政策中应包含哪项**最**重要的规则？

    A. 用户不应将令牌置于容易被盗的地方
    B. 用户不得将令牌与便携式计算机置于同一包中
    C. 用户应选择完全随机且没有重复数字的 PIN
    D. 用户不应将 PIN 写下来

212. 如果要在新位置部署防火墙。以下哪项是确保成功部署的**最**重要因素？

    A. 经常审查日志
    B. 测试并验证规则
    C. 在新位置培训本地管理员
    D. 共享防火墙管理职责

213. 某数据中心有一个证章进入系统。以下哪项对于保护该中心的计算资产来说**最**重要？

    A. 在可察觉到篡改的位置安装证章阅读器
    B. 经常对控制证章系统的计算机进行备份
    C. 遵循立即停用已丢失或被盗证章的流程
    D. 记录所有证章进入尝试，无论是否成功

214. 当一个组织对其网络实施远程虚拟私有网络访问时，**最**普遍存在的安全风险是什么？

    A. 可能在整个网络中传播恶意代码
    B. VPN 登录可能受到冒充
    C. 可能嗅探和解密流量
    D. VPN 网关可能受到威胁

215. 数字签名的使用：

    A. 需要使用一次性密码生成器
    B. 可对消息进行加密
    C. 可验证消息的来源
    D. 可确保消息的机密性

216. 成功攻击系统的**第一步**是：

    A. 搜集信息
    B. 获得访问权限
    C. 拒绝服务
    D. 避开检测

217. 以下哪种方法能够**最好**地缓解通过使用社交网站暴露机密信息的风险？

    A. 提供安全意识培训
    B. 需要已签署的可接受使用政策
    C. 监控社交媒体的使用
    D. 阻止对社交媒体的访问

218. 一位信息系统审计师发现会议室内有可使用的网络端口。以下哪项可以避免企业对此产生任何担忧?

    A. 企业网络使用入侵防御系统
    B. 会议室网络部分与企业网络隔离
    C. 企业网络中实施了单点登录
    D. 安装了防病毒软件来保护企业网络

219. 对 IT 系统实施渗透测试时,企业**最**应关注以下哪项?

    A. 报告的机密性
    B. 找到所有系统弱点
    C. 将系统恢复为原始状态
    D. 记录对生产系统进行的更改

220. 信息系统审计师正在审查一个新的基于 Web 的订单输入系统,该系统将于一周后上线。信息系统审计师发现,根据设计,在系统存储客户信用卡信息方面,可能缺少几项重要的控制。信息系统审计师应该首先:

    A. 确定系统开发人员在充分的安全措施方面是否经过适当的培训
    B. 确定系统管理员是否出于任何原因禁用了安全控制
    C. 核实项目计划是否对安全需求有适当说明
    D. 验证安全控制要求是否已经无效

221. 保护企业的 IT 系统时,以下哪项通常会成为网络防火墙损坏后的下一道防线?

    A. 个人防火墙
    B. 防病毒程序
    C. 入侵检测系统
    D. 虚拟本地网配置

222. 以下哪项是减轻针对互联网银行应用程序的域欺骗攻击的**最佳**控制?

    A. 用户登记和密码政策
    B. 用户安全意识
    C. 使用入侵检测系统/入侵防御系统
    D. 域名系统服务器安全强化

223. 以下哪项能够**最**有效地增强基于质询应答的身份认证系统的安全性?

    A. 选择更可靠的算法来生成质询字符串
    B. 采取各种措施预防会话劫持攻击
    C. 增加更改相关密码的频率
    D. 增加身份认证字符串的长度

224. 需要哪种测试环境才能确保完整的代码覆盖,以测试软件测试中的每个代码路径,包括那些仅在发生错误时使用的代码路径?

    A. 白箱
    B. 灰箱
    C. 黑箱
    D. 动态

225. 信息系统审计师在审查无线通信的完整性以确保接收到的通信在传输过程中不会被更改时,应考虑以下哪些控制?

    A. 设备身份认证和数据源身份认证
    B. 无线入侵检测和入侵防御系统
    C. 使用加密哈希
    D. 数据包头和数据包尾

226. 某企业计划使用无线网络替换其有线网络。以下哪一项能**最好**地保护无线网络不受到未经授权的访问?

    A. 实施有线等效加密
    B. 仅为经过授权的介质访问控制地址提供访问权限
    C. 禁用服务集标识符广播的开启
    D. 实施 Wi-Fi 网络安全存取协议 2

227. 一位信息系统审计师正在审查基于软件的防火墙配置。以下哪一项意味着出现**最大**漏洞?

    A. 将隐式拒绝规则作为规则库中的最后规则
    B. 安装在一个采用了默认设置配置的操作系统上
    C. 规则允许或拒绝访问系统或网络
    D. 配置为虚拟私有网络终端

228. 因未恰当实施入侵防御系统而面临的**最大**风险是：

    A. 系统管理员需要验证过多的警报
    B. 因附加的流量而降低网络性能
    C. 因误触发而阻断关键系统或服务
    D. 需要依赖 IT 组织内的专业技能

229. 审查数字证书验证流程时，以下哪一项发现构成**最**重大的风险？

    A. 没有注册机构负责报告密钥泄露
    B. 证书取消清单不是最新的
    C. 数字证书包含用于加密消息的公钥并用于对数字签名进行验证
    D. 由用户向认证机构报告密钥泄露

230. 使用数字签名时，由谁计算消息摘要？

    A. 仅发送者
    B. 仅接收方
    C. 发送者和接收方
    D. 认证机构

231. 以下哪一项能有效验证交易的发起人？

    A. 在发起人和接收方之间使用加密密码
    B. 使用接收方的公钥加密交易
    C. 使用可移植文档格式封装交易内容
    D. 使用来源的私钥对交易执行数字签名

232. 某企业已建立了一个用于访客访问的访客网络。以下哪一项应是信息系统审计师的**最大**担忧？

    A. 不向访客用户显示登录屏幕
    B. 访客网络未与生产网络分离开来
    C. 已登录的访客用户未相互隔离开来
    D. 采用单因素身份认证技术来授予访问权限

233. 以下哪项可以为数据库密码加密提供**最佳**保证？

    A. 安全哈希算法 256
    B. 高级加密标准
    C. 安全壳
    D. 三重 DES 加密

234. 对关键系统执行认证和鉴定过程的原因是为了确保：

    A. 已对安全合规性进行技术评估
    B. 已对数据加密且该数据准备就绪可以存储
    C. 已经测试系统可以在不同平台上运行
    D. 系统遵循瀑布模型的各阶段

235. 如果某犯罪者企图获得访问网络中所传输加密数据的权限，从而搜集到与其相关的信息，则**最**可能会使用以下哪种方式？

    A. 窃听
    B. 冒充
    C. 流量分析
    D. 伪装

236. 对于通过系统接口交换数据的商业企业而言，以下哪一项**最**重要？

    A. 数据完整性
    B. 数据机密性
    C. 数据认证
    D. 数据可用性

237. 某企业使用生物特征识别控制系统来管理访问。以下哪项反映了**最**有效的生物特征识别控制系统？

    A. 相等错误率最高
    B. EER 最低
    C. 错误拒绝率等于错误接受率
    D. FRR 等于拒登率

238. 以下哪项是双因素用户身份认证的形式？

    A. 智能卡和个人识别码
    B. 唯一的用户 ID 和复杂的非字典密码
    C. 虹膜扫描和指纹扫描
    D. 磁条卡和感应证章

239. 信息系统审计师正在审查一家企业的物理安全措施。对于访问识别卡系统，信息系统审计师**最**应关注的是：

    A. 将未经定制的访问识别卡发放给清洁人员，他们只使用签到单，不用出示身份证明
    B. 访问识别卡未标识企业的名称和地址，不方便归还丢失的卡
    C. 访问识别卡的发放以及权限管理由不同的部门执行，从而导致新卡从准备到正式投入使用产生不必要的延迟
    D. 对卡进行编程的计算机系统只能在系统故障发生的三周后予以替换

240. 在审查计算机处置程序时，信息系统审计师**最**担心以下哪项？

    A. 硬盘在扇区级别进行了多次覆写，但在送出企业前没有重新格式化
    B. 分别删除硬盘上的所有文件及文件夹，并在送出企业前格式化硬盘
    C. 送出企业前在盘片的几个指定位置打孔，使硬盘变得不可读
    D. 由内部安全人员将硬盘护送到附近的金属回收企业，在此处注册并随即粉碎硬盘

241. 某款新的业务应用程序需要偏离操作系统的标准配置。信息系统审计师应当向安全经理推荐哪一种活动作为**第一**应对措施？

    A. 初步拒绝该请求，因为它违背安全政策
    B. 批准该项政策例外，以满足业务需求
    C. 评估风险和识别补偿性控制
    D. 修订操作系统基准配置

242. 某企业制定了一条政策，定义了禁止用户访问的网站类型。要使此政策付诸实施，**最**有效的技术是什么？

    A. 状态检测防火墙
    B. Web 内容过滤器
    C. Web 缓存服务器
    D. 代理服务器

243. 以下哪项专门涉及如何处理企业 IT 系统中的未经授权活动以及如何从攻击中恢复？

    A. 事故响应计划
    B. IT 应急计划
    C. 业务持续计划
    D. 经营计划连续性

244. 消息的加密哈希值总和由接收方重新计算。这是为了确保：

    A. 消息的机密性
    B. 发送者的不可否认性
    C. 消息的真实性
    D. 发送者传送数据的完整性

245. 某企业的计算机安全事故响应团队针对最近出现的威胁公布了详细的说明。信息系统审计师**最**担心用户可能会：

    A. 使用此信息发动攻击
    B. 转发安全警报
    C. 实施各自的解决方案
    D. 无法真正地了解威胁

246. 以下哪一项是判断计算机安全事故应对团队是否起作用的指标？

    A. 每次安全事件对财务方面的影响
    B. 已修补安全漏洞的数量
    C. 受保护业务应用程序所占的百分比
    D. 成功的渗透测试的数量

247. 以下哪项**最**有可能用于确定审计的目标和覆盖范围？

    A. 之前的审计报告
    B. 业务战略
    C. 风险评估报告
    D. 审计交付成果

248. 某企业的 IT 团队向信息系统审计师通报了一些用户可能将非法软件包加载到网络上的担忧。信息系统审计师应建议以下哪个选项来确定担忧是否合理?

   A. 使用无盘工作站
   B. 定期检查硬盘
   C. 使用最新的防病毒软件
   D. 违反规定便立即解雇的政策

249. 一家在线股票交易公司正在实施一个系统，以实现与客户之间安全的电子邮件沟通。为确保机密性、完整性和不可否认性，以下哪项是**最佳**选择?

   A. 对称式密钥加密法
   B. 数字签名
   C. 消息摘要算法
   D. 数字证书

250. 一名信息系统审计师在审查一家企业的身份认证控制时**最**应关注的是:

   A. 是否有用户账户在五次尝试失败后未被锁定
   B. 员工是否可以在定义的时间范围内重复使用密码
   C. 系统管理员是否使用共享登录凭证
   D. 密码是否不会自动过期

251. 信息系统审计师正在审查存储区域网络的实施情况。SAN 管理员表示，日志记录和监控处于活动状态，硬分区用于将不同业务单元的数据分隔开来，并且所有未使用的 SAN 端口均被禁用。管理员实施系统，在实施期间执行并记录安全测试，并且是唯一具有系统管理权限的用户。信息系统审计师的初步裁定应该是什么?

   A. 没有重大的潜在风险
   B. 软分区存在潜在风险
   C. 禁用未使用的端口存在潜在风险
   D. SAN 管理员存在潜在风险

252. 在以下与用于离线打印敏感报告的假脱机相关联的漏洞中，信息系统审计师应认为哪项**最**为严重?

   A. 操作员可能会阅读敏感数据
   B. 数据可能未经授权即被修改
   C. 可以打印未经授权的报告副本
   D. 发生系统故障时输出可能会丢失

253. Web 和电子邮件过滤工具对组织是有价值的，主要是因为:

   A. 保护企业免受病毒和非业务材料的侵扰
   B. 最大限度地提高员工绩效
   C. 保护企业形象
   D. 帮助企业预防法律问题

254. 以下哪种类型的防火墙提供了**最高**等级和粒度的控制?

   A. 用于扫描的路由器
   B. 数据包过滤器
   C. 应用网关
   D. 电路网关

255. 安装网络后，企业实施了漏洞评估工具，用以确定潜在的漏洞。哪种类型的报告会引起与此类工具相关的**最**严重风险?

   A. 差异备份
   B. 误报
   C. 漏报
   D. 粗略

256. 以下哪项是处理利用协议漏洞传播网络蠕虫的**最**可靠有效的解决方法?

   A. 立即安装最新供应商安全修补程序
   B. 在边界防火墙中阻止协议通信
   C. 阻止内部网络段间的协议通信
   D. 停止协议使用的服务

257. 信息系统审计师正在审查一家企业与电子邮件加密有关的控制。企业政策指出，发送的所有电子邮件必须加密，以保护邮件的机密性，因为企业通过电子邮件共享非公开信息。为提供机密性，在正确配置的公钥基础结构实施中，电子邮件应通过以下方式加密：

    A. 用发件人的私钥加密和用发件人的公钥解密
    B. 用收件人的私钥加密和用发件人的私钥解密
    C. 用发件人的私钥加密和用收件人的私钥解密
    D. 用收件人的公钥加密和用收件人的私钥解密

258. 以下哪类防火墙可以**最好**地保护网络免受互联网攻击？

    A. 屏蔽子网防火墙
    B. 应用过滤网关
    C. 数据包过滤路由器
    D. 电路级网关

259. 神经网络可有效地检测欺诈，因为神经网络能够：

    A. 发现新的趋势，因为其本身是线性的
    B. 解决不能获得大量一般培训数据组的问题
    C. 解决需要考虑大量输入变量的问题
    D. 假设任何曲线的形状是根据变量和输出之间的关系绘制的

260. 以下哪项是对移动设备进行数据加密的**最佳**方法？

    A. 椭圆曲线加密算法
    B. 数据加密标准
    C. 高级加密标准
    D. Blowfish 算法

261. 通过以下哪种方式加密可以最好地提供传输数据的机密性：

    A. 使用发送者的私钥对消息摘要进行加密
    B. 使用发送者的公钥对会话密钥进行加密
    C. 使用接收方的私钥对消息摘要进行加密
    D. 使用接收方的公钥对会话密钥进行加密

262. 缓解垃圾搜寻风险的**最佳**方式是：

    A. 提供安全意识培训
    B. 在复印室放置碎纸箱
    C. 制定介质处置政策
    D. 在单独的办公室放置碎纸机

263. 企业通过外联网基础设施给其供应链伙伴和客户提供信息。信息系统审计师审查防火墙安全架构时，**最**需要关注以下哪一项？

    A. 已实施安全套接字层，用于用户身份认证和远程管理防火墙
    B. 基于不断变化的要求更新防火墙政策
    C. 阻止入站流量，直到流量类型和连接得到特许
    D. 将防火墙置于全部采用默认安装选项的商用操作系统之上

264. 一家企业提出要建立无线局域网。管理层要求信息系统审计师为 WLAN 推荐安全控制。以下哪项建议**最**适用？

    A. 保证无线接入点的物理安全，以防篡改
    B. 使用能明确识别企业的服务集标识符
    C. 使用有线等效加密机制加密流量
    D. 实施简单网络管理协议以便主动监控

265. 以下哪种情况会增加欺诈行为的可能性？

    A. 应用程序开发人员正在对生产数据库中的数据实施更改
    B. 管理员正在对供应商提供的软件实施供应商补丁，但没有遵守变更控制程序
    C. 操作支持人员正在执行对批量计划的变更
    D. 数据库管理员正在执行对数据结构的更改

266. 一家咨询公司建立了一个用于接收财务数据的文件传输协议站点，并通过一封独立的电子邮件消息将站点地址、用户 ID 和密码通知给了金融服务企业。企业要在手动加密数据后将其传送到 FTP 站点。对于这种操作流程，信息系统审计师最关注的是：

   A. 用户可能忘记了在传输前对数据手动加密
   B. 站点凭证通过电子邮件发送到金融服务企业
   C. 咨询公司的员工可能会获取敏感数据
   D. 使用共享用户 ID 访问 FTP 站点使得不能实行用户问责

267. Java 小程序和 ActiveX 控件是在客户端 Web 浏览器后台执行的分布式程序。在下列哪种情况时，认为此实务合理？

   A. 存在防火墙
   B. 使用安全 Web 连接
   C. 可执行文件的来源是确定的
   D. 主机网站是企业的一部分

268. 以下哪一种控制可以最有效地检测网络传输中的错误群？

   A. 奇偶校验
   B. 回送检查
   C. 块总和检验
   D. 循环冗余检测

269. 以下哪种传输介质能最有效地预防未经授权的访问？

   A. 铜线
   B. 屏蔽双绞线
   C. 光缆
   D. 同轴电缆

270. 以下哪一项是确定防火墙配置与企业安全政策相符的最佳审计程序？

   A. 审查参数设置
   B. 与防火墙管理层面谈
   C. 审查实际程序
   D. 审查设备日志文件看近期的攻击

271. 一名信息系统审计师正在审查某呼叫中心的网络结构，并断定内部电话系统基于互联网协议语音/网络电话技术。以下哪一项是最大的担忧？

   A. 语音通信与数据通信使用相同的设备
   B. 以太网络交换机不受不间断电源单元的保护
   C. 本地网络上的语音通信未加密
   D. 支持数据网络的团队同时还负责电话系统

272. 下列哪一项能够最佳地确保广域网在整个企业内的连续性？

   A. 内置的备用路由功能
   B. 每天完成全面的系统备份
   C. 与服务提供商签订维修合同
   D. 为每台服务器提供备用机器

273. 某企业正在计划部署外包的云应用程序，用于为人力资源部门追踪应聘者数据。以下哪一项应是信息系统审计师的最大担忧？

   A. 服务等级协议确保了对正常运行时间和性能的严格限制
   B. 云服务提供商不会同意将不受限制的审计权利加入 SLA
   C. SLA 在云服务提供商的灾难恢复计划能力方面没有明确规定
   D. 云提供商的物理数据中心位于多个城市和国家

274. 某企业正在审查其与云计算提供商之间的合同。该企业想要从云服务合同中删除锁定条款的原因是以下哪一项？

   A. 可用性
   B. 可移植性
   C. 敏捷性
   D. 可伸展性

275. 一名信息系统审计师正在审查企业的 IT 环境，发现 IT 运营团队对数据实施了更高级别的安全保护。IT 运营团队最有可能实施了以下哪种面向对象的技术特征？

    A. 继承
    B. 动态仓储
    C. 封装
    D. 多态性

276. 审查广域网使用情况时发现，在同时连接主数据库和备用数据库的一条站点间通信线路上，流量峰值达到线路容量的 96%。信息系统审计师应得出结论：

    A. 需要进行分析才能判断出是否出现了某种模式，从而导致了服务短时间丢失
    B. 因为并未达到饱和，因此 WAN 容量足以满足最大流量需求
    C. 应立刻用容量较大的线路替换原有线路，以使饱和度达到 85% 左右
    D. 应指导用户降低自己的流量需求，或将需求分配到不同的服务时段，以便平衡带宽消耗

277. 以下哪项能够在**最大程度**上限制在分布式环境中服务器故障的影响？

    A. 冗余路径
    B. 聚类
    C. 拨号备份线路
    D. 备用电源

278. 要求企业内所有计算机时钟均同步的**主要**原因是为了：

    A. 预防交易遗漏或重复
    B. 确保数据从客户计算机平稳转移到服务器
    C. 确保电子邮件消息有精确的时间戳
    D. 支持事故调查过程

279. 在审查网络设备的配置时，信息系统审计师应该**首先**识别：

    A. 适用于所部署的网络设备类型的良好实践
    B. 网络组件是否丢失
    C. 在拓扑中网络设备的重要性
    D. 网络子组件是否适当使用

280. 以下哪项**最**能保持防火墙日志的完整性？

    A. 仅将对日志信息的访问权限授予管理员
    B. 在操作系统层捕获日志事件
    C. 将双日志写入单独的存储介质
    D. 将日志信息发送到专用的第三方日志服务器

281. 出现以下哪种情况时，信息系统审计师**最**需要对第三方托管的云计算环境进行审查：

    A. 企业无权评估参与供应商网站中的控制
    B. 服务等级协议未规定出现安全漏洞时供应商应承担的责任
    C. 企业和供应商所在国家/地区的法律法规不同
    D. 企业使用的旧版浏览器存在某些类型的安全风险

282. 以下哪个选项可用于自动确保在处理过程中使用适当的数据文件？

    A. 文件标题记录
    B. 版本使用
    C. 奇偶校验
    D. 文件安全控制

283. 循环冗余检测通常用于确定：

    A. 数据输入的准确性
    B. 所下载程序的完整性
    C. 加密的充分性
    D. 数据传输的有效性

284. 某信息系统审计师正在对网络进行审查。用户报告网络速度非常慢且网页会定期超时。信息系统审计师在确认用户的反馈后，将审计发现报告给网络管理员。对于网络管理团队而言，最恰当的行为应该是**首先**：

A. 使用协议分析器执行网络分析，并查看局域网设备的错误日志

B. 采取措施提高互联网连接的带宽

C. 使用协议分析器创建基准，并贯彻服务质量以确保关键业务应用程序的工作符合预期

D. 实施虚拟本地网对网络分段并确保性能

285. 在一家小型企业中，某位员工负责计算机操作，并在必要情况下，还负责修改程序。考虑到 IT 环境中缺乏职责分离，信息系统审计师应向 IT 管理层建议以下哪项措施来降低风险？

A. 自动记录对开发库的更改

B. 增加员工，从而实现职责分离

C. 实施相关流程，确保仅执行经过批准的程序变更

D. 设立访问控制以预防操作员修改程序

286. 以基于风险的方法制订审计计划时，审计师应考虑哪一个**最重要**的步骤？

A. 盘点企业中使用的信息系统并对其进行分类

B. 评估哪些风险会影响系统，以及其对业务影响的严重程度

C. 确定哪些系统影响关键企业职能，及其运行的近实时程度

D. 根据风险评估对系统进行排序，并决定审计优先级、资源、时间表和频率

287. 实施基于风险的审计的**主要**好处是什么？基于风险的审计方法：

A. 将内部审计与企业整体风险管理框架联系起来

B. 确保风险、风险响应和行动得到正确的分类和报告

C. 有助于识别与风险偏好不符的残余风险，以便采取适当的行动来处理风险

D. 支持审计师向董事会保证风险管理流程正在根据风险偏好有效地管理风险

288. IT 审计师审查了审计业务合作伙伴的交易日志，并发现了一些可能被解释为潜在欺诈行为的可疑活动。然而，审计师无法确定事故的具体情况或获得进一步的证据。审计师决定披露此信息，以防审计质量保证审查中出现问题。在采取该行动时，审计师已：

A. 违反了审计标准，因为审计师应将涉嫌欺诈的情况通告有关当局/管理层

B. 违反了法律，因为非法活动应向适当的监管机构报告

C. 未违反审计标准，因为审计师确实在需要时披露了事实

D. 未违反审计标准，因为缺乏证据证明是否存在欺诈行为

领域 5 参考答案

1. **A.** Web 应用程序开发人员有时使用隐藏字段来保存有关客户会话的信息或向底层应用程序提交隐藏参数，例如最终用户的语言。由于浏览器不显示隐藏的表单字段，因此开发人员可能会感觉传递隐藏字段中的未验证数据（将在以后验证）是安全的。但这种做法并不安全，因为攻击者可以拦截、修改和提交将导致信息泄露或执行 Web 开发人员始料未及的功能的请求。对 Web 应用程序参数的恶意修改称为参数篡改。

   B. 跨站点脚本会侵害网页，将用户重新定向到攻击者网站上的内容。使用隐藏字段不会影响发

生跨站点脚本攻击的可能性，因为这些字段是静态内容，通常无法被修改而形成这种类型的攻击。

C. Web 应用程序使用 Cookie 在客户计算机上保存会话状态信息，以便用户无须在每次访问页面时都要登录。Cookie 篡改是指拦截和修改会话 Cookie 来冒充用户或窃取登录凭证。使用隐藏字段与 Cookie 篡改无关。

D. 隐蔽命令执行是指通过安装未经授权的代码来劫持 Web 服务器。尽管使用隐藏表单可能增加服务器受到侵害的风险，但大多数常见的服务器攻击与服务器操作系统或 Web 服务器的漏洞有关。

2. A. 合理性检查用于确保输入数据处于预期值范围内，而不确保数据传输的完整性。数据可能被更改了，但仍可通过合理性测试。

B. 奇偶位是用于检测传输错误的一种较弱的数据完整性检查，没有哈希值好。

C. 哈希值是根据文件内容计算的，且对文件中数据值的任何改动十分敏感。因此，它们是确保数据未被更改的最佳方法。

D. 校验数字位用于检测数值字段（例如账号）中的错误，通常与易位或抄写错误相关。

3. A. 启用软件以提供审计轨迹的目的不是提高系统效率，因为它通常包含其他处理，实际上会降低用户的响应时间。

B. 通过在系统中跟踪交易，审计轨迹可用来帮助确立已处理交易的问责制度和责任。

C. 启用审计轨迹涉及存储，因此会占用磁盘空间，而且可能会降低操作效率。

D. 审计轨迹用于各种目的的交易跟踪，不仅限于审计。审计轨迹可被信息系统审计师使用；但这不是主要原因。

4. A. 入侵检测系统对检测基于网络或主机的错误有效，但并对识别欺诈交易无效。

B. 数据挖掘是用于检测交易或数据的趋势或模式的技术。如果某信用卡账户的历史账款模式发生变化，则意味着交易可能是通过对该卡的欺诈性使用来完成的。

C. 防火墙是保护网络和系统的卓越工具，但对检测欺诈交易无效。

D. 数据包过滤路由器工作在网络层，不能看到交易。

5. A. 在安全的位置放置服务器是一种良好实践，但这不能确保用户不会试图利用逻辑漏洞来攻击该操作系统。

B. 设置启动密码是一种良好实践，但这不能确保用户不会试图利用逻辑漏洞来攻击该 OS。

C. 强化系统是指以最安全的方式对系统进行配置（安装最新的安全修补程序、为用户和管理员正确定义访问授权、禁用不安全的选项并卸载未使用的服务），预防非特许用户获得执行特许指令的权限来控制整个机器，从而危及该 OS 的完整性。

D. 在此情况下，活动日志记录有两个弱点，一是活动日志记录是一种检测性控制（不是预防性控制），二是获得特许访问权限的攻击者可以修改日志或禁用日志。

6. **A. 防火墙系统是企业预防网络间未经授权访问的主要工具。企业可以选择部署一个或多个具有防火墙功能的系统。**

B. 路由器可以根据参数(如源地址)过滤数据包，但并不是主要的安全工具。

C. 根据介质访问控制地址, 第 2 层交换机对通信进行分离，但并不确定其是经授权的通信还是未经授权的通信。

D. 虚拟本地网是一些交换机的功能，该功能使得交换机可以控制不同端口间的通信，即使它们处于同一物理本地接入网中。然而，这些交换机并不能有效分辨是经授权还是未经授权的通信。

7. **A. 全球移动通信系统技术固有的安全功能结合虚拟私有网络的使用足以满足安全要求。通过加密可确保 GSM 无线链路的通信机密性，而使用 VPN 表示在便携式电脑和企业网络之间建立加密会话。GSM 是全球蜂窝通信标准，可用于语音和数据。目前部署的商用 GSM 技术具有多项重叠的安全功能，可预防窃听、会话劫持和未经授权使用 GSM 运营商网络。其他无线技术（如 802.11 无线局域网技术）设**

计为允许用户调整甚至禁用安全设置，而 GSM 在激活和启用所有相关安全功能之前不允许任何设备连接到系统。

B. 因为首席信息官在使用 VPN，可以推定除 GSM 的安全特性外还开启了加密。VPN 不允许传输数据存储在远程设备（例如 CIO 的笔记本电脑）上。

C. 介质访问控制过滤可用于无线 LAN，但不适用于 GSM 网络设备。

D. 因为使用的是 GSM 网络而非无线 LAN，所以无法对无线连接配置多因素认证。不过，在其他技术配置中，建议使用多因素认证，因为它可以比单因素验证更好地预防未经授权的访问。

8. **A. 具有合适时间间隔密码保护的屏幕保护程序是预防未经授权访问无人值守的最终用户系统的最佳措施。务必保证用户离开机器时锁定工作站，可以通过意识培训来达到这一目的。**

B. 有各种解决方案可以在用户离开办公室时锁定机器，并且适合这里的情形；但这些解决方案较为昂贵，通常需要使用智能卡和额外的硬件。因此，使用密码保护的屏保程序是更好的解决方案。

C. 终止用户会议通常用于远程登录（定期重鉴权），或在 Web 或服务器会话中无活动达到一定时间的情形。离开时不锁定工作站的相关风险还有更多。

D. 关闭监视器不是解决方法，因为只需打开监视器即可。

9. A. 主机入侵检测软件可协助检测未经授权的系统访问，但不能预防此类访问。

B. 虽然关于密码到期和数次登录失败后锁定的控制非常重要，但双因素身份认证方法或技术却可最有效地减少凭证失窃或受损的风险。仅有密码的身份认证可能不能提供充分的安全性。

C. 虽然关于密码复杂性的控制非常重要，但双因素认证方法或技术却可最有效减少窃取或危害登录身份的风险。

D. 双因素认证通常要求用户结合使用密码和攻击者无法轻易窃取或猜测的其他识别因素。双

因素认证的类型包括电子访问令牌（在显示面板上显示一次性密码）和生物特征识别身份认证系统。

10. A. 启用加密是预防未经授权网络访问的一个好主意，但最重要的是将顾问隔离于公司的其他网络。

B. 安装无线网络设备带来了授权用户和未经授权用户访问公司服务器的风险。单独的虚拟本地网是最佳解决方案，因为这样可确保预防授权用户和未经授权用户获得数据库服务器的网络访问权，同时允许授权用户访问互联网。

C. 防病毒签名和修补程序级别是一种良好实践，但不如通过访问控制预防企业服务器的网络访问重要。

D. 通过强密码保护企业的服务器是良好实践，但仍有必要隔离顾问使用的网络。如果顾问能够访问其他网络，他们就可以对公司其他电脑使用密码破解工具。

11. A. 数据库管理员将有权访问服务器上的所有数据，但却没有预防这样做的实际控制，所以这不值得关注。

B. 数据库审计日志通常不包含任何保密数据；因此不需要加密日志文件。

C. 如果存储的程序包含加密数据之类的安全敏感性功能，则要求对存储的程序进行加密。但这不如确保初始化参数正确重要。

D. 数据库被打开时，其许多配置选项都由初始化参数控制。这些参数通常由包含许多设置的文件管理。系统初始化参数处理许多全局数据库设置，包括身份认证、远程访问和其他重要安全领域。为了有效审计数据库实施，信息系统审计师必须检查数据库初始化参数。

12. A. 尽管信息系统审计师保持公正客观非常重要，但在这一案例中，更重要的是保护证据。

B. 尽管信息系统审计师保持公正客观和独立性非常重要，但在这一案例中，更重要的是保护证据。

C. 信息系统审计师已被要求执行调查，寻找可能用于法律目的的证据，因此，保持证据的完整性应是最重要的目标。倘若计算机证据处理不

当，法庭会判定为不可接受。
- D. 尽管评估所有相关证据也很重要，但更重要的是，维护保证证据完整性的监管链。

13. A. 基于强制访问控制的访问控制系统很昂贵，且在大型复杂的企业中难以实施和维护。
- **B. 基于角色的访问控制根据岗位角色和职责限制访问，是只让被授权用户按需查看报告的最佳方法。**
- C. 自主访问控制是由资源的所有人来决定谁可以访问这些资源。多数访问控制系统都是DAC。该控制对于本情景不太具体。
- D. 单点登录是用于管理对多个系统、网络和应用程序的一种访问控制技术。该控制对于本题目不太具体。

14. A. 有更多的日志文件副本并不能预防原始日志文件被删除。
- B. 为了让服务器和应用程序正常运行，写访问必须禁用。
- **C. 审计日志的访问权限仅授予系统管理员和安全管理员可减少删除这些文件的可能性。**
- D. 频繁备份审计日志并不能预防日志被删除。

15. A. 动态主机配置协议给笔记本电脑用户提供了方便（一种优势）。
- B. 防火墙的存在可作为一种安全措施，通常不会起关注。
- C. 有限数量的互联网协议地址可以通过网络地址转换或通过增加分配给特定子网的 IP 地址数量来解决。
- **D. 对网络端口的实际访问不受限制，允许未经授权的个人连接到内部网络。**

16. A. 异常报告属于检测性控制，用于指示何时在无授权的情况下执行数据库管理员活动。
- **B. 适当的职责分离是一种预防性控制，可以将 DBA 的活动限制为由数据所有者授权的活动。SoD 可通过要求一个以上的人参与完成任务，以限制 DBA 所能进行的活动。**
- C. 审查访问日志是为了检测 DBA 进行的活动。
- D. 管理层监督 DBA 活动是为了检测哪些 DBA 活动未获得授权。

17. A. 虽然任何存储设备都可用于窃取数据，但恶意软件可对企业造成广泛而严重的损害，这是更大的风险。
- B. 虽然设备的驱动程序可能不兼容并造成用户 PC 崩溃，但恶意软件可对企业造成广泛而严重的损害。
- C. 虽然可能会有不适当的内容，但恶意软件可对企业造成广泛而严重的损害。
- **D. 任何存储设备都可能是向其他计算机传染恶意软件的工具。一些设备在工厂制造过程中被发现受到了感染。应采取控制，禁止员工将任何存储介质设备连接到企业配发的 PC。**

18. A. 虽然可能需要联系执法部门，但第一步应通过断开计算机与网络的连接停止数据流动。
- B. 第一步是断开计算机与网络的连接，以避免泄露任何其他数据。然后使用适当的取证技术获取存放在临时文件、网络连接信息、加载到内存的程序的信息和电脑上的其他信息。
- **C. 最重要的任务是通过断开计算机与网络的连接来预防进一步的数据危害和保留证据**
- D. 将电脑保持在最佳取证状态，除将其断开网络连接外不要做任何变更。否则切断 PC 电源或更新 PC 上的软件会销毁证据。存储于临时文件中的信息、网络连接信息、加载到内存中的程序以及其他信息可能丢失。

19. **A. 数字签名旨在为电子邮件和其他传输提供身份认证和不可否认性，但不足以保护机密性。此实施不足以解决以上年度的发现。**
- B. 数字签名不加密消息内容，因此，截获消息的攻击者可阅读消息。
- C. 虽然在记录发现前搜集更多信息始终是好步骤，但在本例中，实施的解决方法不提供机密性。
- D. 数字水印用于保护文档的知识产权，而不是用于保护电子邮件的机密性。

20. A. 宽带通信的安全使用取决于该网络是否与其他人共享、数据是否加密和网络中断的风险。
- B. 基带网络是一种通常与许多其他用户共享并要求流量加密的网络，但攻击者仍然可以进行某些流量分析。
- C. 拨号线路因为是私有连接，所以相当安全，但因太慢而不会被当今的大多数商业应用程序考虑。

D. 专用线路供特殊用户或组织使用。由于没有共享线路或中间进入点，所以拦截或中断电信消息的风险相对较低。

21. A. 为遵守要求，信息系统审计师必须首先知道有哪些要求。每个司法管辖区的要求都不相同。IT基础设施与要求的实施相关。
    B. 企业的政策应遵守法律要求，应在核对法律要求后对其合规情况进行检查。
    C. 为确保企业遵守隐私问题，信息系统审计师首先应确保满足法律和监管要求。要符合法律和监管要求，企业必须采用合适的基础架构。了解法律和监管要求后，信息系统审计师应对组织的政策、标准和程序进行评估，以确定其完全满足隐私要求，然后再审查对这些具体政策、标准和程序的遵守情况。
    D. 信息系统审计师只有确信政策、标准和程序符合法律要求后，才可检查其合规性。

22. A. 更改无线网络的密码不能预防未经授权访问企业网络，特别是在每周一次的密码变更间隔之前访客可随时访问无线局域网。
    B. 状态检测防火墙将甄别从无线网络进入企业网络的所有数据包；但需要审计防火墙的配置，还可能产生防火墙泄露（虽然不太可能）。
    C. 将无线网络与企业网络物理隔离是保护企业网络免受入侵的最佳方法。
    D. 入侵检测系统将检测入侵，但不阻止未经授权个人访问网络。

23. A. 从节点列表验证节点是在网络图审查之后。
    B. 审查验收测试报告是在从节点列表验证节点之后。
    C. 为正确审查局域网的实施，信息系统审计师首先应验证网络图以识别风险或单点故障。
    D. 用户列表是在验收测试报告之后审查。

24. A. 如果政策记录了不同程序的目的和批准，那么信息系统审计师只需要记录关于观察和测试是否遵守程序的信息。
    B. 如果程序根据批准的政策得到遵守，则这种情况不算异常。

C. 采用不同设置具有充分的理由作为支撑；因此，在研究企业政策和程序之前，审计师通常不会建议做出更改。
    D. 尽管审查日志可能会是不错的补偿性控制，但确定政策是否得到遵守却是更为重要的行动步骤。

25. A. Web应用必须在端口80打开的情况下运行，而安全超文本传输协议必须在端口443打开时才能运行。
    B. 为了存放客户订单，必须在服务器中保存一些数据。而只读服务器上无法存放客户订单。
    C. 执行Web应用程序安全审查是必要的，能发现可能被黑客利用的安全漏洞。
    D. 限制互联网协议地址可能适用于某些类型的Web应用程序，但并不是最佳解决方案，因为新客户只有在防火墙改变规则允许其进行连接时才能下订单。

26. A. 盲测也称黑箱测试。指测试中不向渗透测试人员透漏任何信息，并迫使其依靠公开信息。此测试将模拟真实攻击，但目标组织知道这是在进行测试。
    B. 针对性测试也称为白箱测试。指测试中向渗透测试者提供信息，并且目标组织也知道在进行测试活动。在某些情况下，还会向测试人员提供一个权利受限的账户作为操作起点。
    C. 双盲测试也称为零知识测试。指测试中不向渗透测试人员透漏任何信息，也不向目标组织发出任何警告——双方都对测试一无所知。这是测试响应能力的最佳方案，因为目标会像受到真实攻击一样作出反应。
    D. 外部测试指渗透测试人员尝试从目标网络外部（通常是互联网）向目标的网络边界发起攻击。

27. A. 使用虚拟本地网对网络电话通信进行划分能有效保护VoIP基础设施免受基于网络的攻击、潜在窃听和网络通信问题（有助于确保正常运行时间）。
    B. 在VoIP终端使用数据包缓冲区是保持呼叫质量的方法而不是安全手段。
    C. 如果假设建筑的物理安全性以及以太网交换

机和 VLAN 的安全性都足够充分，则仅在使用互联网（而不是局域网）传送 VoIP 呼叫时才需要加密。
   D. 与确保所有设备都受应急电源保护相比，网络设计和 VLAN 的正确实施更重要。

28. A. 拒绝服务攻击旨在限制资源的可用性，其特点是具有大量需要获得资源（通常为网站）响应的请求。这会使目标花费大量资源响应攻击请求，而无暇顾及合法请求。此种攻击通常发起于受害计算机网络（僵尸网络），并可能从多台计算机同时袭击。
   B. 冒充是一种模仿形式，指一台计算机企图使用另一台计算机的身份。当来自外部网络的攻击使用内部网络地址时，攻击者最有可能是通过伪装（或冒充）工资服务器的内部网络地址来绕开防火墙和其他网络安全控制的。攻击者可通过伪装成工资服务器来访问敏感的内部资源。
   C. 端口扫描是一种侦查技术，可在发起更猛烈的攻击之前，搜集有关攻击目标的信息。端口扫描可用来确定工资服务器的内部地址，但通常不会创建一个日志条目指明来自内部服务器地址的外部通信。
   D. 中间人攻击是一种主动窃听，其中攻击者会拦截双方计算机化的对话，然后向双方转播相应的数据使对话继续，同时监控经过攻击者通道的相同数据。此类攻击不会注册为来自工资服务器的攻击，相反，它可能旨在劫持工作站和工资服务器之间的已授权连接。

29. A. 数据加密标准容易受到穷举攻击并被公开破解过，因此使用 DES 加密数据不能保证数据免遭未经授权的泄露。
   B. 消息摘要 5 这一算法可用于生成数据的单向哈希（某一固定长度值），来测试和验证数据的完整性。MD5 不能对数据进行加密，而是会使数据历经一个不可逆转的数学过程。因此 MD5 不能用来加密 USB 驱动器上的数据。
   C. 高级加密标准的加密最强，并能为数据提供最好的保护。通常认为，恢复被 AES 加密的数据在计算上是不可行的，因此 AES 是加密敏感数据的最佳选择。

   D. 安全壳协议可用来建立安全、加密的命令行壳会话，通常用于远程登录。尽管 SSH 可以加密会话期间传输的数据，但不能加密静态数据，包括 USB 驱动器上的数据。因此 SSH 不适于此种情况。

30. A. 网络电话的使用不会带来与设备故障有关的任何特有风险，且可通过冗余来解决网络故障的问题。
   B. 分布式拒绝服务攻击有可能中断该企业办事处之间的通信，并带来最大的影响。在传统的语音网络中，DDoS 攻击只影响数据网，不影响语音通信。
   C. 资费欺骗是指有人破坏电话系统并进行未经授权的长途呼叫。虽然资费欺骗会花费企业资金，但服务中断是更严重的风险。
   D. 社会工程通过搜集敏感信息来发起攻击，可以作用于任何类型的电话通信。

31. **A. 内容过滤代理服务器能有效地监控用户对互联网站点的访问并阻止其访问未经授权的网站。**
   B. 当客户端 Web 浏览器向互联网站点提出请求时，这些请求会从企业网络出站。反向代理服务器可用于实现企业站点的安全远程连接，但不能控制员工的 Web 访问。
   C. 防火墙用于阻止未经授权的入站和出站网络流量。有些防火墙可用于阻挡或允许对特定站点的访问，但防火墙是个通用词汇，有许多种防火墙，它不是本题的最佳答案。
   D. 虽然客户端软件实用工具可用于阻止不当内容，但与在大量 PC 上安装和维护额外的软件相比，通过单一集中的代理服务器控制访问更加有效。

32. A. 尽管通用网关接口未经测试可能导致最终用户 Web 应用程序受损，但不可能致使其他用户无法使用系统。
   B. 未经测试的 CGI 脚本程序并不一定会导致恶意软件暴露。
   C. 未经测试的 CGI 可能具有安全弱点，由于 CGI 通常在面向公众开放的互联网服务器上执行，因此可能允许未经授权访问专用系统。

219

D. 尽管 CGI 未经测试可能导致最终用户 Web 应用程序受损，但不可能严重影响系统完整性。

33. A. 虽然没有为移动设备设定密码保护存在一定风险，但这并没有不安全的网络设备风险大。
    B. **在上述情况下，最重大的风险即为没有变更重要网络设备的出厂默认密码。这样任何人都可以变更网络设备的配置。**
    C. 使用 Web 代理服务器是一种良好实践，但根据企业的不同，可能不需要使用代理服务器。
    D. 加密可以很好地控制数据的安全性，但由于成本高昂且比较复杂，因此不适合对所有通信线路均进行加密。

34. A. 数据保留、备份和恢复是重要的控制；但它们并不能保证数据保密。
    B. **审查第三方协议时，关于数据保密问题，最重要的考虑因素是有关在合同结束时退还或妥善销毁信息的条款。**
    C. 网络和入侵检测有助于保护数据，但其本身并不能保证由第三方提供商存储的数据的机密性。
    D. 修补程序管理流程有助加固服务器，并可禁止未经授权的数据披露；但它并不影响数据的机密性。

35. A. 服务等级协议可能有提供访问的条款，但其并非控制，仅能定义访问需要。
    B. **最有效的控制是保证按需要提供的服务授予临时访问权，而且每个唯一 ID 有到期日期（自动到期最佳）。使用身份管理系统可实现用户的临时或永久访问，同时保证了对其活动的适当问责性。**
    C. 供应商可能只在服务时间的某个有限时间段内要求管理员访问权限。但需要保证根据最低权限授予访问级别，且此期间的访问受到监控。
    D. 在工作完成后删除用户 ID 很有必要，但如果不是自动的，则很可能会忘记删除。只能按工作所需的访问级别授予访问权限。

36. A. 未经授权的用户使用共享 ID 的可能性大于使用个人 ID，但对他人 ID 的乱用始终是一种风险。

B. 使用共享 ID 不会因访问管理工作费时导致风险上升。
C. 共享用户 ID 的密码不一定就很容易被猜出。
D. **当一个用户 ID 被多人使用时，无法判断是谁通过这个 ID 访问了系统，因此也不可能向任何人追究责任。**

37. A. 虚拟私有网络软件通常提供安全隧道，以便执行远程管理功能。这不是个问题。
    B. 生物特征识别扫描器最好安装在限制区域以防篡改，但视频监控是可以接受的缓解性控制。最大的问题是在扫描器和访问控制系统之间没有安全加密隧道。
    C. **生物特征识别扫描器和访问控制系统之间传输数据应当使用安全加密隧道，以保护生物特征识别数据的机密性。**
    D. 生物特征识别风险分析应当定期进行，但三年前进行的分析并不一定是值得担心的理由。

38. A. 采用传统方式无法监管 IT 安全人员，除非主管去监控工作站上的每次按键输入，这是不现实的。
    B. 保留交易日志记录备份无法预防文件在备份之前遭到未经授权的修改。
    C. 日志文件本身是证明存在未经授权变更的主要证据，这是一种充分的检测性控制。而保护日志文件不被修改需要预防性控制，如安全地写入日志。
    D. **允许 IT 安全人员访问交易日志记录常常是不可避免的，因为他们需要有系统管理员权限才能执行工作。在本例中，避免交易日志记录受到未经授权修改的最佳控制是将交易日志记录实时写入"一次写入多次读取"驱动器介质。需要注意的是，只将交易日志记录备份到驱动器是不够的，因为数据可能在执行日常备份作业之前（通常是夜间）遭到修改。**

39. A. 操作系统访问控制功能通常都包括记录用户活动、事件等。查看这些日志可能会发现用户执行了本不应被允许的活动。
    B. 验证系统用户授权是数据库字段级和应用程序级访问控制的功能，不适用于操作系统。

C. 审查数据通信访问活动日志属于网络控制功能。
D. 定期审查更改数据文件与变更控制流程有关。

40. **A. 网络电话系统使用标准网络布线，并且每部电话通常都通过从安装网络交换机的配线柜引出的网络电缆供电（以太网供电）。如果局域网交换机没有备份电源，一旦发生电力中断，电话将断电，并可能无法进行紧急呼叫。**
B. 尽管布线不适当可能带来可靠性问题，但在本案例中，更严重的问题是缺乏电源保护。
C. VoIP 电话系统的优势是，它们和标准 PC 连接使用相同类型的电缆和相同的网络交换机。因此，这不是个问题。
D. 如果电源和电话设备相互分离，这就不是重大风险。

41. A. 密码不应共享，但这没有保证对密码文件进行加密重要。
B. 评估软件安全性的技术方面时，未经加密的密码代表最大的风险，因为如果假定是通过不可信网络进行远程访问，密码可以被发现。
C. 检查冗余的登录 ID 很重要，但这没有保证密码加密重要。
D. 可能存在使用具有系统访问权限的承包商之类的业务要求，因此这不值得关注。

42. A. 加密全部外发电子邮件非常昂贵，不是常用的做法。
B. 始终存在员工忘记在主题栏中键入某些字词的人为错误风险。组织应为处理受保护医疗信息的员工所外发的电子邮件设置自动加密，以保护敏感信息。
C. 禁用屏保功能会增加敏感信息被其他员工看到的风险；但是，风险不及将信息暴露于组织外的未经授权人员。
D. 尽管每年更换密码是个问题，但风险不及将信息暴露于组织外的未经授权人员。

43. A. 根据数据所有者设定的要求，在应用程序内实施信息安全是数据保管员的责任。
B. 定义信息资产的关键性（和敏感性）级别是其所有者的责任。
C. 根据数据所有者设定的要求，实施访问规则是数据保管员的责任。
D. 为数据提供物理和逻辑安全是安全管理员的责任。

44. A. 竞态条件入侵涉及两个事件的时序和导致某个事件发生时间晚于预期的操作。给定情景不是竞态条件入侵的示例。
B. 特权升级攻击通过各种方法获得较高级系统授权。在本示例中，任务计划程序服务以管理员权限运行，而安全漏洞允许通过任务计划程序启动的程序以相同级别的权限运行。
C. 缓冲溢出涉及利用应用程序或系统的内存使用方式中存在的缺陷所进行的操作。存储机制过载后，系统会以意想不到的方式运行。给定情景不是缓冲溢出入侵的示例。
D. 模拟攻击涉及特权用户身份识别方面的错误。给定情景不是这种入侵的示例。

45. A. 应当让最终用户知晓事故报告程序，但这不可能影响与违规有关的数据完整性。该信息系统审计师应当更关注组织的政策是否存在并规定正确的证据处理方式。
B. 将日志服务器安装在单独的网络上也许是个好主意，因为确保日志服务器数据的完整性很重要。但更重要的是要确保监管链政策到位。
C. 尽管没有有效的备份是个问题，但更重要的问题是缺少监管链政策。通常不从备份中寻找数据违规的证据。
D. 组织应当具有适当的政策，用来指导员工在搜集可能在法庭中使用的证据时遵循某些程序。监管链涉及记录获得、加工、处理、存储和保护数字证据的方式，以及证据处理人员和原因。如果没有适当的政策，则不可能确保员工在任何数据违规调查中维护监管链。

46. A. 建议实施强制访问控制不正确，因为由数据所有者对低风险应用程序实行自主访问控制更合适。
B. 使用 DAC 可能并非异常情况，除非得到确认，否则不应作为问题上报。
C. 虽然信息系统审计师可以询问数据所有者该访问是否属于正常允许，但信息系统审计师不应依赖被审计人来决定这是否是个问题。

D. DAC 允许数据所有者修改访问，这是正常程序，也是 DAC 的特点。

47. A. 尽管强磁场可能擦除某些存储介质，但终端设备通常设计为限制这些辐射，因此这通常不值得关注。
    B. 电磁辐射不会造成中央处理器运行中断。
    C. 多数电磁辐射的水平很低，不会造成显著的健康风险。
    D. 辐射可以被精密的设备检测到并显示出来，这样未经授权的人员就会访问到数据。TEMPEST 是指对无意中携带敏感信息的信号的泄露发射进行调查和研究方面的术语，如果截取和分析该信号，就会造成信息的泄露。

48. A. 安全管理程序需要具有访问控制表的写入访问权限，以便根据授权的业务要求来管理并更新权限。
    B. 安全管理程序需要具有安全日志文件的只读访问权限，以确保这些日志在生成后不会被修改。日志可提供证据并跟踪可疑的交易和活动。
    C. 还需要具有日志记录选项的写入访问权限，以便管理员可以对交易和用户活动进行监控、获取、存储、处理和报告的方式进行更新。
    D. 安全管理员一般负责面向用户的问题，例如管理用户角色、配置文件和设置。这要求管理员拥有只读访问以上的权限。

49. A. 数据所有者负责数据的访问和使用。用户获得计算机化信息访问权限的书面授权应该由数据所有者出具。经所有者批准的安全管理可设置访问规则，规定有权访问数据或文件的用户或用户组及其权限级别（例如读取或更新）。
    B. 编程人员会开发监管用户访问数据（更新、读取、删除等）方式的访问控制软件，但编程人员不负责决定谁可访问数据。
    C. 系统分析师与所有者和编程人员一起根据所有者设置的规则来设计访问控制。
    D. 程序库管理员执行提供给他们的访问控制程序，但不决定谁有访问权。

50. A. 数据分类是根据按需执行和按需知密原则来定义访问规则时的必备步骤。数据所有者负责定义访问规则；因此，确立所有权是数据分类的第一步。
    B. 关键性分析需要根据数据的分类，决定数据保护的适当等级。
    C. 访问规则是依据数据分类制定的。
    D. 数据字典的输入来自数据分类流程的结果。

51. A. 用户必须先注册才能使用生物特征识别设备；因此，信息系统审计师应首先审查这一阶段。
    B. 该设备可获取人类的身体或动作图像，并识别独有的特征，然后使用算法将其转换成以模板形式存储的一串数字，以便用于匹配过程。
    C. 申请访问的用户是根据存储的注册值进行验证的。
    D. 生物特征识别存储的是敏感的个人信息，因此存储必须安全。

52. A. 社会工程以通过对话、拜访和询问等方式透露私人信息为基础，用户可能会在此过程中草率地泄露他们自己或他人的个人数据。
    B. 嗅探器是用于监控网络流量的计算机工具。
    C. 后门是黑客留在电脑内寻觅系统漏洞的计算机程序。
    D. 特洛伊木马是伪装成正常程序的计算机程序；因此，该程序的功能未经授权，而且通常是恶意程序。

53. A. 审计轨迹必须记录日志中的活动涉及的人员或流程的标识，以实现问责。
    B. 将管理员权限限制为只读可保护审计文件不被变更。
    C. 应在日志中记录日期和时间戳，以便在多个系统中重建或关联事件。
    D. 如果审计轨迹的详细信息可以修改，则该审计轨迹无效。

54. A. 观察反应机制应在通知相关人员之后执行。这允许信息系统审计师检查响应体系的实际可用性和有效性。
    B. 在大多数情况下，信息系统审计师既无权也不能从网络中清除病毒。
    C. 检测到病毒后，信息系统审计师应做的第一件事是提醒组织病毒的存在，然后等待他们的回应。

D. 信息系统审计师不应对被审计的系统做出任何改动，而确保病毒被删除是管理层的职责。

55. A. 实施访问控制的第一步是信息系统资源的清单，这是分类的基础。
    B. 只有先确定资源的分类，才能完成资源的标记。
    C. 只有资源的分类有意义，才能创建访问控制列表。
    D. 实施访问控制的第一步是建立信息系统资源的清单，这是确立所有权和分类的基础。

56. A. 使用两道防火墙不代表有效的纵深防御，因为同一攻击可绕过这两者。通过使用两种不同的产品，会减少这两种产品具有相同漏洞的可能性。
    B. 纵深防御是指使用不同类型的安全机制，做到相互备用。网络流量无意中越过防火墙时，逻辑访问控制可形成第二道防御。
    C. 在计算机中心建筑外没有任何标识是一种通过只让极少人知道来取得安全的单一安全措施。
    D. 并行使用两道防火墙检查各种入站流量可提供冗余，但它是一种单一的安全措施，因此，与使用一道防火墙检查所有流量是相同的。

57. **A. 数据所有者拥有正式建立访问权限的权利和责任。然后应由信息系统管理员在所有者的指示下实施或更新用户授权表。**
    B. 所有者设置访问规则和条件。最好在实施这些表前取得批准。
    C. 数据所有者可与信息系统经理协商设置访问控制规则，但仍由数据所有者负责正确的访问控制。IT 部门应在所有者的指示下建立访问控制表。
    D. 数据所有者一般不管理授权表的更新。

58. **A. 社会工程利用人性的弱点来获取信息和访问权限。通过增强员工的安全意识，可能会减少社会工程事故的数量。**
    B. 在大多数情况下，社会工程事故并不需要入侵者亲自出现。因此，增加物理安全措施无法预防入侵。
    C. 电子邮件监控政策会告知用户组织中的所有电子邮件都受到监控；但这并不能预防用户不受到潜在的安全事故和入侵的影响。
    D. 入侵检测系统用于检测不规范的或异常的流量模式。

59. A. 骑肩跟入法是指未经授权的人员通过物理或虚拟方式尾随授权人员进入限制区域。启动屏保程序并要求用户重新输入密码，可预防有人跟踪授权人员。
    B. 此政策只提到用户的电脑，没有提及垃圾搜寻（在组织的垃圾中寻找有价值的信息）。
    C. 肩窥是指当用户在屏幕上输入/查看敏感数据时观察用户。这可能使观察者能够获取登录信息或其他敏感信息。
    D. 模拟是指有人冒充员工试图检索所需信息。

60. A. 政策是适当的，不需要更改。改变政策不会确保合规性。
    B. 要求定期更改密码是良好的做法，应包括在密码政策中。
    C. 使用自动化密码管理工具是一种预防性控制。该软件会预防语义重复并强制实行语法规则，从而提高密码的可靠性。它还提供了一种方法，确保密码会经常更改并预防同一用户在指定时间段内重复使用旧密码。
    D. 安全意识培训不能强制用户遵守政策。

61. A. 数字化签名是对签名的扫描（与数字签名不同），与数字版权管理无关。
    B. 哈希可创建消息哈希或摘要，用于确保消息的完整性；哈希通常被视为加密算法的一部分。
    C. 解析是出于分析的目的分割连续字符流的过程，广泛应用于编程语言设计或数据条目编辑。
    D. 信息隐藏图像是一种将消息或信息内容隐藏在另一则消息中的技术。一种日渐普遍的重要隐写术就是数字水印技术，即在数据中隐藏数据（例如，将版权信息以编码方式加入图像或音乐文件中而不影响图像或音乐的视听质量）。

62. **A. 骑肩跟入法是指未经授权的人员通过物理或虚拟方式尾随授权人员进入限制区域。此政策解决了在为陌生人开门时遇到的礼貌行为问**

题。如果每名员工必须在每个控制门进行访问识别卡读取，则未经授权的人员就无法进入敏感区域。

B. 实施此政策不能预防肩窥（越过别人肩膀看到屏幕或桌面上的敏感信息）。

C. 垃圾搜寻，即通过翻查组织的垃圾箱获取有价值的信息，可在企业的物理边界外完成；因此，此政策无法应对这种攻击方法。

D. 模拟是指未经授权人员冒充员工试图检索所需信息。某些形式的社会工程攻击会将模仿攻击和骑肩跟入法结合实施，但是此信息安全政策无法应对模仿攻击。

63. A. 尾随是尾随授权人员通过安全门的行为，可通过使用双门安全系统预防该行为。逻辑骑肩跟入法是指尝试通过具有权限的某人获取访问权限（例如通过电子方式连接到授权的电信链路，以尽可能截获传输信号的行为）。可通过加密信息预防该行为。

B. 病毒是指植入其他可执行代码的恶意程序代码，它能够自我复制并在计算机之间传播，传播的途径包括共享计算机磁盘、电信线路上的逻辑转换或与被感染的计算机直接连接。可使用防病毒软件保护计算机不受病毒侵害。

C. 数据欺骗涉及在将数据输入计算机之前对其进行更改。由于不需要多少技术知识并且发生在计算机安全系统保护数据之前，因此被大量滥用。对于数据欺骗，只有一些补偿性控制手段。

D. 可通过直接（在线）或间接（拨号线路）连接到计算机的终端设备或微型计算机启动应用程序的关闭操作。只有具有高级登录 ID 和密码的个人能够启动关机过程，并且只有存在适当的访问控制时，此安全措施才有效。

64. **A. 哈希以单向方式工作——通过将哈希算法应用到消息，创建消息哈希/摘要。如果将相同的哈希算法应用到消息摘要，并不会生成原始消息。因此，哈希是不可逆的，而加密是可逆的。这就是哈希与加密之间的基本区别。**

B. 哈希创建的固定长度的输出一般比原始消息小，而加密创建的输出一般与原始消息的长度相同。

C. 哈希可用于验证消息的完整性，但并不解决安全问题。可在发送端和接收端使用相同的哈希算法，以生成并验证消息的哈希/摘要。

D. 加密可在发送端和接收端使用不同的密钥或逆向过程来加密和解密。

65. A. 相对于对称算法，非对称算法需要更多处理时间。

B. 对于较长的非对称加密密钥，计算机的处理时间会增加，并且这种增长是不成比例的。例如，一个基准测试显示 RSA 密钥的长度增加一倍（从 512 位增至 1024 位），会造成解密时间增加近 6 倍。

C. 哈希的长度一般短于原始消息，因此如果对哈希而非消息进行加密，所需的开销更少。

D. 作为对称式加密密钥来使用的密钥通常很小，并可用于加密用户数据。

66. A. 渗透测试应仔细计划和执行，但最重要的是得到适当的批准。

B. 在黑箱渗透测试中，进行测试的组织不了解测试环境。

C. 黑箱渗透测试假定事先对待测试的基础架构并不了解。测试人员模拟不熟悉系统的人员发起的攻击。管理层知道测试流程非常重要，以便在监控系统识别出该测试时，可快速确定操作的合法性。

D. 测试的安排必须使影响重要操作的风险减到最小；但这是与组织的管理层合作的内容。

67. A. 尽管这确实是一项风险，但未加密设备被盗的风险更大。

B. 由于 USB 驱动器通常都非常小，因此很容易被盗或丢失。这是企业面临的最大风险。

C. 将 USB 驱动器用于个人用途违反了企业政策，但这并不是最大的风险。

D. 良好的一般 IT 控制将包括在将 USB 驱动器插入计算机后对其进行恶意软件扫描。在可靠的环境中，恶意软件的风险不如设备丢失或被盗的风险大。

68. A. 证据的分析很重要，但不是与取证调查中的证据相关的首要关注点。

B. 评估很重要，但不是与取证调查中的证据相关的首要关注点。
C. 供执法人员和司法当局审查的证据的保存和存档，是调查时的首要关注点。未能妥善保存证据将影响到法律诉讼中证据能否被接受。
D. 泄露很重要，但不是信息系统审计师在取证调查中的首要关注点。

69. A. 吊销和暂停以及发布和分配用户证书是用户证书生命周期管理流程中的职能，必须由认证机构执行。
B. 生成及分配 CA 公钥是 CA 密钥生命周期管理流程的一部分，因此无法授权。
C. **在申请实体及其公钥之间建立关联是注册机构的职能。该职能不一定要由 CA 履行；因此可以将该职能授权给其他机构。**
D. 发布和分配用户证书是用户证书生命周期管理流程中的职能，必须由 CA 执行。

70. A. 穷举攻击是典型的文本攻击，其针对加密密钥和密码穷举所有可能的键组合。
B. **使用 Ping 命令发送大小超过 65 KB 的数据包且没有加入分段标志会造成拒绝服务。**
C. 跳步攻击是指在一台或多台主机中使用远程网络技术以逃避攻击源地址被跟踪的行为，其使用通过非法手段从某主机中取得的用户 ID 和密码信息对另一台主机进行攻击。
D. 否定应答是一种渗透技术，它利用了操作系统不能适当处理异步中断的潜在脆弱性，使在这类中断发生时该系统处于无保护状态。

71. A. **与 RSA 加密相比，椭圆曲线加密算法的主要优点是其计算速度。部分原因是 ECC 算法使用的密钥比 RSA 小得多。**
B. 这两种加密方法都支持数字签名。
C. 这两种加密方法都用于公钥加密和分配。
D. ECC 和 RSA 都支持消息完整性控制。

72. A. **传输层安全被许多电子商务应用程序用来建立安全的通信通道，通过公钥和对称加密的结合使用确保机密性，通过哈希消息验证码确保完整性。**
B. 入侵检测系统可记录网络活动，但不用于保护通过网络的流量。
C. 公钥基础设施与安全套接字层一起使用来提供安全的通信，如电子商务和电子邮件。
D. 虚拟私有网络是对提供机密性、完整性和身份认证（可靠性）的通信通道的通用术语。VPN 可在开放式系统互连堆栈不同层上工作，不一定都是与加密一起使用。SSL 可称为一种 VPN。

73. A. 密码掩码是必要的预防性控制，但并非确保应用安全的最佳方法。
B. **在给出的选项中，教会开发员编写安全代码是确保应用程序安全的最佳方法。**
C. 加密将保护数据，但由于编码过程中的其他缺陷可能损害应用和数据，因此并不足以确保应用安全。确保用安全的方法设计应用程序才是保护应用程序的最佳做法。需要通过确保开发员经过适当的安全编码实务教育才能做到这一点。
D. 漏洞测试可能有助确保应用程序的安全性；然而，最佳的预防性控制是开发员教育，原因是从一开始就创建安全的应用程序更加有效。

74. A. 有效的防病毒方案必须是基于服务器、网络和边界的扫描和保护的综合。
B. **控制病毒蔓延的一个重要方式是，在整个企业范围内部署可在许多点上对流量进行监控和分析的防病毒解决方案。这样可提供一个多层次的防御模型，它检测出恶意软件的可能性更大，无论恶意软件是如何进入组织的——通过 USB 或可移动存储、网络、被感染的下载或恶意 Web 应用程序。**
C. 只在工作站检查病毒不够，因为恶意软件也可感染许多网络设备或服务器。
D. 因为恶意软件可通过多种途径进入企业，只在边界对恶意软件进行检查不足以为企业提供保护。

75. A. 在企业的内部网中，应具有一些安全政策和控制来检测并停止使用内部计算机作为临时平台的外部攻击。
B. 备用站点上的计算机因为遵守企业的安全政策，因此不属于高风险计算机。
C. **虚拟私有网络实施的风险之一是允许高风险水平的计算机出现在企业的网络中。允许进入**

虚拟网络的所有计算机都应遵守相同的安全政策。第三方（供应商）员工的家庭计算机极少遵守企业的安全政策，因此属于高风险计算机。一旦某台计算机被黑客攻击并侵占，任何信任该计算机的网络都将处于危险之中。网络上的所有计算机都位于企业环境时，更易于实施并遵守企业安全政策。

D. 企业远程办公室网络中的计算机，可能由对安全具有不同理解的不同信息系统员工和安全员工进行操作，此类计算机的风险要高于主办公室或备份站点的情况，但显然比家庭计算机的风险低。

76. A. 数字签名不能解决信息的机密性。
    B. 数字签名可提供完整性，这是由于已签名消息（文件、邮件、文档等）的数字签名在每次文档的单个位发生变化时就会随之更改；因此无法修改已签名的文档。数字签名可保证消息的完整性、不可否认性和来源证明。
    C. 可用性与数字签名无关。
    D. 一般而言，正确性与数字签名无关。数字签名可保证数据完整性，但不能确保签名数据的正确性。

77. **A. 网络安全威胁/漏洞可分为被动攻击和主动攻击。被动攻击是监控或截取网络流量的攻击，但不会以任何方式修改、插入或删除流量。被动攻击的示例有：网络分析、窃听和流量分析。**
    B. 因为伪装通过修改数据源修改了数据，所以属于主动攻击。
    C. 因为拒绝服务攻击用流量淹没网络或在网络上发送伪造的数据包，所以属于主动攻击。
    D. 因为电子邮件欺骗修改电子邮件头，所以属于主动攻击。

78. **A. 关于安全事故管理，证据的保留是最重要的考虑因素。如果数据和证据搜集不适当，则可能丢失宝贵的信息，并且如果企业决定提起诉讼，法庭将不予采信。**
    B. 系统违规通知是个重要方面，并且在许多情况下，甚至需按法律法规要求提供；但安全事故不一定是一种违规，并且通知程序可能不适用。
    C. 向当地警方或处理网络犯罪的专门机构等外部机构的升级程序很重要。但如果没有适当的监管链程序，则可能丢失重要的证据，并且如果企业决定提起诉讼，法庭将不予采信。
    D. 尽管具有恢复丢失数据的程序很重要，但关键是要确保证据得到保护，以确保跟进和调查。

79. A. 实施生物特征识别系统的一个重要的考虑因素是处理每个用户所需的时间。如果系统处理太慢，则会影响生产率并导致不满。但这不是衡量准确性的标准。
    B. 注册时间是在系统中对用户进行登记所需的时间。它不是衡量准确性的标准。
    C. 保留生物特征识别信息的文件大小根据所选择的生物特征识别方案的类型而不同。它不是衡量准确性的标准。
    D. 共有三种主要的准确性衡量手段可用于生物特征识别解决方案：错误拒绝率、交叉错误率和错误接受率。FRR 用于衡量拒绝有效用户的次数。FAR 用于衡量接受无效员工的次数。CER 用于衡量错误拒绝率等于错误接受率的次数。

80. A. 记录和评估是评估控制的充分性、效率和有效性的第二步，而且以对使这些控制成为必需的系统的风险为基础。
    B. 第三步是测试访问路径，以便判断控制是否能够正常运行。
    C. 只有在确定风险并记录控制之后，信息系统审计师才能通过对书面政策的审查、对实际情况的观察并将之与相关的最佳安全实践比较评估安全环境。
    D. 评估逻辑访问控制时，信息系统审计师应首先通过审查相关文档、询问以及进行风险评估来了解信息处理所面临的安全风险。这对于信息系统审计师确保控制足以应对风险是必要的。

81. A. 组织的战略、政策和标准用于更好地理解价值创造中使用的核心流程和支持性业务流程，以便改进或取代它们。
    B. 应理解组织的法律、法规和合同承诺，以了解其如何创造和维护利益相关方的价值。
    C. 理解组织的层次结构、角色和职责有助于了解不同实施者如何为价值创造和保护作出贡献。

D. 业务流程驱动的企业架构通过了解核心业务流程、其组成部分以及支持其逐步重新设计和替换的技术来改进业务。

82. A. 环境审查检查的是物理安全，例如电源和物理访问。它不要求对路由器访问控制列表进行审查。
    B. 网络安全审查包括审查路由器访问控制列表、端口扫描、系统的内部和外部连接等。
    C. 业务连续性审查保证业务持续计划保持最新、能为组织提供充分保护、经过测试，而不要求对路由器访问控制列表进行审查。
    D. 数据完整性审查验证数据的准确性，预防不当更改，而不要求对路由器访问控制列表进行审查。

83. A. 分析器接受来自传感器的输入并决定是否存在入侵活动及其类型。
    B. 管理控制台是入侵检测系统的管理界面组成部分。
    C. 用户界面使管理员可与 IDS 互动。
    D. 传感器负责搜集数据。传感器可连接到网络、服务器或其他位置，可从许多点搜集数据用于以后的分析。

84. A. 虽然有些电子邮件应用程序依靠公共密钥基础设施发行的证书来实现不可否认性，但 PKI 的目的是提供个人身份认证和建立个人与其私钥的关联性。认证机构一般不创建用户的私钥。
    B. PKI 主要用于确保受保护的数据或服务的来源合法。通过链接到数字证书/公钥来保证用户身份的有效性是十分严谨的。
    C. 个人详细信息并不存储在 PKI 的组件中，也不由其提供。
    D. 操作系统和应用程序内的身份认证服务可能基于 PKI 发布的证书，但 PKI 并不提供用于对象访问的身份认证服务。

85. **A. 计算出的消息摘要包括在数字签名中，用于证明该消息未发生改变。随消息一起发送的消息摘要的值应与根据收到的消息重新计算的摘要相同。**
    B. 消息摘要不定义算法；其目的是保证完整性。
    C. 消息摘要不能确认用户的身份；其目的是保证完整性。
    D. 消息摘要不是要以数字格式传输消息；其目的是保证完整性。

86. A. 注册机构是可选实体，负责注册相关于认证机构颁发证书之标的最终实体的管理任务。
    B. CA 维护数字证书的目录，以供认证的接收方参考。它管理证书的生命周期，包括证书目录的维护以及证书撤销清单的维护和发布。
    C. CRL 是一种工具，用于检查 CA 负责的证书的持续有效性。被 CRL 收录的证书不再可信。
    D. 认证实施细则是一套详细的规则，用于管理认证机构的运营。

87. **A. 具有互联网协议安全的隧道模式可为整个 IP 数据包提供加密和身份认证。要实现这一目的，可以嵌套身份认证头和封装安全有效载荷服务。这称为 IP 安全。**
    B. 采用 RSA 的数字签名可提供身份认证和完整性，但不能提供机密性。
    C. 采用 RSA 的数字证书可提供身份认证和完整性，但不能提供加密。
    D. 传输控制协议服务不提供加密和身份认证。

88. A. 如果发送者用公钥对消息加密，则可提供到拥有私钥的接收方的保密传输。
    B. 数字签名的目的是向接收方证实数据完整性和发送者身份。数字签名标准基于发送者用其私钥对消息摘要加密，接收方用公钥验证消息。
    C. 非对称式密钥加密都需要密钥对。因此用公钥加密的消息只能用私钥打开。
    D. 如果发送者和接收方拥有的都是私钥，则无法验证数字签名。

89. A. 数据完整性是指对纯文本消息做出更改将导致接收方无法计算出相同的消息哈希值。
    B. 由于只有声称的发送者拥有用于创建数字签名的私钥，因此身份认证可确保消息由声称的发送者发送。
    C. 完整性、身份认证、不可否认性和重放保护都是数字签名的特点。不可否认性确保声明的发送者以后无法否认生成并发送了消息。

D. 重放保护是接收方可用来检查消息是否受到拦截和重发（重放）的方法。

90. A. 在可能时拷贝内存内容是正常的取证程序。如果谨慎，拷贝内存内容不会损坏证据。
    B. 适当的取证程序要求创建两份系统镜像用于分析。哈希值可确保这两份都是正确的。
    C. 重新启动系统可能导致系统状态的改变，并可能导致存储在内存中的文件和重要证据丢失。
    D. 在调查系统时，建议将其与网络断开以最大程度地减少外部病毒感染或访问。

91. A. 证书过期会导致阻止访问网站，造成不必要的停机。但不会丢失数据。因此相对风险较低。
    B. 自签名的数字证书未经认证机构签名，任何人都可以创建。因此，攻击者可用它们来冒充网站，进而可能导致数据失窃或进行中间人攻击。
    C. 使用相同的数字证书不是一种重大风险。可为多个子域网站使用通配符数字证书。
    D. 56 位数字证书可能需要用来连接旧版操作系统或浏览器。尽管其强度不如 128 位或 256 位数字证书，但自签名证书的相对风险更高。

92. A. 用户 ID 和用户权限的授予所定义的是政策。这种管理控制可以预防入侵，但不能检测入侵。
    B. 自动退出登录是阻止通过无人值守的或不活动终端设备访问的方法，但不是检测性控制。
    C. 未成功登录尝试是预防入侵的方法，而不能检测入侵。
    D. 通过主动监控和审查未成功的登录尝试来检测入侵。

93. **A. 每日过期的可更新用户 ID 是良好的控制方式，因为它能确保无线访问每天自动终止并且不会在未经授权的情况下被使用。**
    B. 尽管建议在供应商员工进行系统工作时监控供应商活动，但这是一种检测性控制，因而不如预防性控制强大。
    C. 用户 ID 格式不会改变无线连接的总体安全。
    D. 与无线网络加密相关的控制固然重要；但网络访问问题更加关键。

94. A. 对系统资源使用情况访问日志的维护是一种检测性控制。应先使用预防性控制。

    B. 授予对系统资源（网络、服务器、应用程序等）的访问权限之前对用户进行授权和身份认证是电信访问控制审查最重要的内容，因为它是一种预防性控制。如果此级别的控制较弱，可能会影响安全的所有其他方面。
    C. 通过加密或其他方法对正被存储在服务器的数据进行充分保护是保护存储信息的一种方法，而不是网络访问问题。
    D. 问责制和识别访问系统资源的任何终端设备的能力与通过识别试图连接到网络的终端或设备来控制访问权限有关。这称为节点身份认证，它没有对该节点的用户进行身份认证好。

95. A. 信息系统审计师应遵循组织的事故响应流程。审计师无权关闭系统。
    B. 向管理层报告可疑事故有助于启动事故应对程序，这是最恰当的行为。管理层负责决策以采取适当的应对。在审计过程中，信息系统审计师不负责对事故做出应对。
    C. 信息系统审计师无权开始调查或暂停可疑账户。信息系统审计师应向管理层报告事故。
    D. 管理层负责制订并遵循事故管理计划，这不是信息系统审计师的责任。

96. A. 公钥和私钥总是配对使用的——如果用公钥加密信息，则必须用对应的私钥进行解密。
    B. 用私钥加密会提供来源证明，但不能提供信息安全性或机密性。
    C. 公钥加密（也称为非对称密钥加密）使用公钥来加密消息，而使用私钥进行解密。
    D. 非对称加密不可能使用两个私钥。

97. **A. 封装或隧道是用于加密流量负载的技术，让流量可以在不安全的网络中安全地传输。**
    B. 包装是将原始数据包封装在另一个数据包中，与安全没有直接关系。
    C. 转换或改变通信状态不用于安全。
    D. 虚拟私有网络使用哈希验证是为了保证消息的完整性。

98. **A. 对数据加密是保护机密数据免于泄露的最安全的方法。**
    B. 回叫系统用于保证用户只从一个已知的位置登录。它不能有效地预防传输数据被截取。

C. 消息验证用于证明消息的完整性和来源，而非机密性。
D. 与共有网络相比，截取专用租用线路中传输的流量难度更大，但真正能保护数据机密性的唯一方法是加密。

99. A. 使用欺骗攻击可以使一方的行为看起来像另一方。
B. 使用数据修改攻击可修改某些交易的内容。
C. 使用密码嗅探攻击可获得存储专有信息系统的访问权限。
D. 拒付交易可造成账单系统和交易处理协议出现重大问题。

100. A. 代理服务器是一种类型的防火墙装置，是过滤和控制内外之间流量的中介。
B. 虽然防火墙装置是主要的防御线，但需要加密和虚拟私有网络来保证远程访问流量的安全。
C. 隔离区是用于在不完全受信任的环境中允许外部人员访问特定企业信息的一种隔离网络。DMZ 可托管 web 服务器或其他面向外部的服务。进入 DMZ 的流量一般不加密，除非这些流量的最终目的地是位于 DMZ 内的 VPN。
D. 保护远程访问安全的最佳方法是使用加密的 VPN。它可让远程用户安全地连接到主系统。

101. A. 生物特征识别不用于数字签名或公钥加密。
B. 计算所传输数据的哈希值或摘要或者对其进行加密需要客户端（发送者）的私钥，称为消息签名或数字签名。接收方对接收到的消息计算哈希值，再用发送者的公钥对数字签名解密后，将计算出的哈希值与接收到的哈希进行比较。如果哈希值相同，则说明所收到的数据是完整的，其来源得到验证。使用发送者的私钥加密哈希值这一概念提供了不可否认性，因为只能使用发送者的公钥解密哈希值，而接收方并不知道发送者的私钥。简言之，在使用密钥对的情况下，可通过发送者的公钥进行解密的任何数据必然经过其私钥加密，这样可确认发送者（即不可否认性）。
C. 用客户公钥对哈希进行加密是不正确的，因为接收方需要客户的私钥才能对数字签名解密。
D. 扫描客户的签名称为数字化签名，而非数字签名，而在本例的情景中几乎或完全没有价值。

102. **A. 网络的接线图和概要图对于执行网络审计来说必不可少。信息系统审计师需要知道网络中使用了什么设备、配置和寻址规则，才能对网络设置进行审计。**
B. 对网络设置进行审计时，用户列表没有价值。
C. 审计网络配置不需要应用程序列表。
D. 备份和恢复程序很重要，但不如了解网络布局重要。

103. A. 信息系统审计师并不担心编程人员具有应用程序源代码的访问权限，因为编程人员需要源代码的访问权限才能完成他们的任务。用户验收测试环境与生产环境是分开的，未经事先授权，变更不能移入生产环境。
B. 识别出职责分离冲突时，应当实施辅助控制以便缓解风险。尽管信息系统审计师会审查辅助控制，但在本案例中，更大的担忧是编程人员具有生产数据库的访问权限。
C. 信息安全官不大可能批准所有应用程序更改，因此信息系统审计师并不关注这一项。
D. 编程人员访问生产数据库被认为是职责分离冲突。

104. A. 事故响应计划通常会涉及可能发生的众多问题。虽然在企业内适当沟通不良事件很重要，但主要目标是减少事故的影响。
B. 有效的事故响应计划可以最大限度地降低给企业造成的损失，进而最大限度地降低成本，但事故响应计划的主要目的是最大限度地降低损失。可能的损失包括非财务损失，例如企业声誉受损。
C. 尽管事故响应计划包括何时以及如何就重大事故联系客户等要素，但该计划的主要目的是最大限度地降低影响。
D. 事故响应计划有助于最大限度地降低事故的影响，因为它提供了对事故的可控响应。该计划包括以下阶段：规划、检测、评估、遏制、根除、上报、响应、恢复、报告、事后审查和经验教训审查。

105. **A. 通过使用发送者私钥来签署消息，接收方可使用发送者公钥来验证其真实性。用接收方的公**

钥加密可提供机密性。
B. 只能用发送者的私钥进行签名。
C. 发件人没有接收方的私钥。
D. 通过使用接收方公钥来加密消息，只有接收方可以使用自己的私钥来解密消息。接收方私钥是保密的，因此，发送者并不知道。使用发送者私钥加密的消息可以被任何人使用发送者公钥来读取。

106. **A. 应用程序级网关是预防黑客攻击的最好方法，因为可以配置详细规则，这些规则描述了允许或不允许的用户或连接的类型。该网关将对每个数据包进行包括开放式系统互连模型中一到七层的详细分析，这意味着每个高级协议（超文本传输协议、文件传输协议、简单网络管理协议等）的命令都会被审查。**
B. 对于远程访问服务器，在进入网络前，会有一个设备（服务器）要求输入用户名和密码。这在访问专用网络时很有用，但该设备可从互联网映射或扫描到，而产生安全风险。
C. 代理服务器可提供很好的保护，但对流量的检查可能不如应用程序级网关有效，具体根据代理类型而定。代理服务器需要有经验的人员来管理它们。应用程序可以对程序的不同部分使用不同的端口。
D. 端口扫描用于检测漏洞或开放网络端口，而不是用来尝试控制来自互联网的内容或控制所有可用端口。例如，可以封锁用于回应 Ping（回应请求）的端口，因此互联网协议地址可用于应用程序和浏览，但不会对 Ping 做出响应。

107. **A. 最安全的方法是虚拟私有网络，其使用加密、身份认证和隧道来将数据安全地从专用网络传送到互联网。**
B. 专用线路价格很高，只有在满足特殊机密性和可用性需求时才使用。
C. 租用线路是一种价格高但可专用的选择，但如今一般不是一种好选择。
D. 综合服务数字网没有加密，需要有额外的安全措施才可选择。

108. **A. 动机不良的人可将便携式计算机连接到网络。**如果个人知道有效的用户 ID 和密码，不安全的连接点会使未经授权的访问成为可能。其他选项是用于预防未经授权网络访问的控制。
B. 如果入侵者无法轻易得到系统密码，他们必须进行猜测，这就产生了一个额外的因素，而且需要时间。
C. 系统密码可预防对位于不安全位置的终端设备的未经授权使用。
D. 监督在用于监控对小型操作单元或生产资源的访问时是非常有效的控制。

109. **A. 虚拟私有网络通过隧道技术向网络中的嗅探器隐藏信息。它的原理是对敏感流量的封装和加密。**
B. VPN 虽然支持与安全通信相关的安全政策，但其主要目的是保护传输中的数据。
C. VPN 不检查数据包的内容，因此无法检测滥用或错误。
D. VPN 不用于控制访问。用户可能必须登录后才能使用 VPN，但这不是 VPN 的目的。

110. A. 数字签名不对消息加密，所以不提供机密性。
B. 数字签名不对消息加密，所以不提供安全性。
C. 数字签名是用发送者的私钥对消息的哈希签名。这样便提供了消息的完整性（通过哈希）和来源证明（不可否认性）。
D. 数字签名不提供机密性。

111. A. 使用单一认证机构很常见。CA 不需要在地理上分散。
B. 使用公钥基础设施与认证可让许多设备进行灵活、安全的通信。
C. CA 一般向备份数据中心提供冗余和故障转移能力。
D. 如果 CA 属于同一企业，则会带来风险。CA 的管理必须以可信、安全的程序为基础。如果企业没有制定控制以管理认证的登记、分发和取消，则可能使认证泄露并失去信任。

112. A. 数字签名用于身份认证和完整性，但发送者的身份也通过数字证书来确认。
B. 非对称加密（如公钥基础设施）看起来可用于验证发送者，但容易受到中间人攻击。
C. 数字认证由可信的第三方颁发。消息发送者附

加证书，接收方可通过证书库来验证其真实性。
D. 消息验证码用于消息完整性验证。

113. A. 安全培训方案可能是经过精心设计的，但项目的实施结果取决于员工意识。
B. 询问安全管理员并不能体现安全意识和培训方案的效果，因为此类方案的目标对象不仅仅是管理员。
C. 与一部分受过培训的员工面谈是确定安全意识和培训方案效果的最佳方法，因为必须确定全局意识，并且安全性是否有效取决于个人。审查安全培训方案不是确定意识培训效果的最终指标。
D. 审查对员工的安全提醒也不是了解培训意识效果的最佳方法，因为发送提醒可能对实际意识不起什么作用。

114. A. 尽管应该通知信息系统审计部门，但这不应该是最先采取的行动。
B. 更改数据库管理员账户名称可能会对生产数据库服务器造成影响，因此不是一个好办法。
C. 暂停 DBA 账户可能影响生产数据库服务器，而且如果有多个 DBA 账户共用同一个数据库密码，暂停账户可能无效。攻击者有可能猜出其他 DBA 的账户名。
D. 由于无法知道密码是否已泄露，所以应立即更改密码。

115. **A. 路由器配置和规则不当会导致拒绝服务攻击。**
B. 内部网络的不当设计可能导致 DoS 攻击，但没有路由器错误配置的风险高。
C. 路由器软件的更新曾经导致过 DoS 攻击，但这是路由器配置和规则的一个子集。
D. 如果测试禁用了系统或应用程序，则审计测试和审查技术会导致 DoS 攻击，但这不是最有可能发生的风险。

116. **A. 传输层安全使用对称密钥进行数据和信息加密，并使用非对称密钥建立会话。**
B. 消息验证码用于确保数据完整性。
C. 哈希函数用于生成消息摘要以提供消息完整性；它不用于消息加密。
D. TLS 使用数字签名证书进行服务器验证和建立会话。

117. **A. 验证要浏览的站点是 Web 认证的主要目的。**
B. 用户身份认证是通过密码实现的，不使用网站认证。
C. 网站认证既不能阻止黑客活动，也不会验证个人身份。
D. 网站证书可用于与数字证书相同的目的，但证书的目的是身份认证。

118. **A. 在执行详细的网络评估和访问控制审查时，信息系统审计师应该首先确定系统的入口点，并相应地审查入口点是否存在适当的控制。**
B. 评估用户的访问授权是对入口点进行适当控制的实施问题。
C. 评估用户的身份和授权是对入口点进行适当控制的实施问题。
D. 评估域控制服务器的配置不是需要首先审查的内容。对它的审查是在网络入口点确定之后。

119. **A. 由于入侵检测系统技术的配置和运行方式，运行 IDS 的主要问题是对那些实际上不是安全事故的事件的识别（检测），即误报。信息系统审计师需要注意这一点，并应检查相关控制（如 IDS 调整）的实施情况和事故处理程序（如筛选过程），以查明事件到底是安全事故还是误报。**
B. 可能需要了解供应商特定的协议或与 IDS 交互的命令，但是大多数供应商都提供相关的文档和培训，合格的 IT 人员能很快掌握。
C. 有必要定期更新检测签名，但大多数现代 IDS 都有内置模块，提供自动化和安全的更新。
D. 阻止可疑连接是入侵防御系统的一个特点，入侵防御系统是不同类型的网络安全系统。

120. **A. 虚拟化提供通过拥有管理访问权限的管理接口创建或销毁虚拟机。尽管开发人员不可能撤除生产服务器，但管理控制台将授予其这样做的能力，这是一种重大风险。**
B. 如果配置适当，虚拟服务器主机的管理控制台不允许个人绕过来宾操作系统的身份认证访问服务器。在本例中，尽管开发人员有可能启动、停止甚至撤除生产 VM，但他们无法获得通过管理接口访问访客 OS 的高级权限。

C. 尽管可能存在软件开发人员使用资源密集型应用程序，从而给虚拟主机带来性能问题的情况，更大的风险是撤除 VM 的能力。

D. 如果配置适当，虚拟服务器的管理控制台不允许个人绕过来宾 OS 的身份认证访问服务器；因此，不必担心可能安装未经授权的软件。

121. A. 开发人员可能为执行工作而需要具备有限的生产数据更新访问权限，当这种访问权限经过管理层的批准和审查后，即使确实有风险，但也是可以接受的。

B. 调试工具逐步显示程序的执行情况，并允许用户在执行过程中修改数据。在生产中使用此类工具可能会导致对生产数据进行未经授权的修改。

C. 如果在变更控制和开发活动之间有适当的职责分离，变更控制团队知道应用程序 ID 密码则不会引起关注。变更控制团队在生产环境下需要使用应用程序 ID 时，可能会出现这种情况。

D. 尽管缺少强密码政策和配置可能会导致账户不安全，但在应用程序 ID 密码存在安全隐患时风险还是比较低的，因为应用程序 ID 密码不可追溯。

122. A. 利用入侵检测系统报告发生的事故属于安全方案的实施，在制定安全意识方案时没有作用。

B. 强制使用密码是一项政策决定，不是意识问题。

C. 安装有效的用户日志系统不属于意识方案的内容。

D. 定期培训是安全意识方案的重要部分。

123. **A. 基于主机的入侵防御系统可预防未经授权修改主机。如果恶意软件攻击企图安装 rootkit，未经管理员同意，IPS 将不允许其安装。**

B. 基于网络的入侵检测系统依赖基于已知入侵和攻击模式的攻击特征。如果 IDS 不及时更新最新特征，或攻击者能够创建或访问 IDS 未知的入侵，由无法进行检测。通过 Web 应用本身进行的 Web 服务器入侵,如结构化查询语言注入攻击，不会表现为对基于网络的 IDS 的攻击。

C. 防火墙本身不保护 Web 服务器，因为必须在防火墙中开启用户访问 Web 服务器所需要的端口。Web 服务器攻击通常在为正常的 Web 流量开启的同一个端口上进行。因此，防火墙无法保护 Web 服务器。

D. 安装操作系统修补程序会使得攻击者更加难以和更不可能入侵服务器。但对 Web 应用和服务器 OS 成功进行攻击的原因可能与服务器漏洞未进行修补无关。基于主机的 IPS 可以检测出任何意图修改服务器文件的行为，无论其拥有哪种访问权限。

124. A. 提供通信基础架构不是认证机构的活动。

B. 用于认证的密钥不会在 CA 存档。

C. CA 有助于通信伙伴之间的相互验证，但 CA 本身不会参与通信活动。

D. CA 的主要活动是颁发认证。CA 的主要作用是检查拥有证书的实体身份和确认所颁发证书的完整性。

125. A. 在针对性测试中，渗透测试人员会获得与目标和网络设计相关的信息，并且测试目标的 IT 团队也知道有测试活动。

B. 内部测试指尝试从边界对目标进行攻击并规避控制，系统管理员通常知道有测试活动。

C. 在双盲测试中，渗透测试人员对目标系统了解得很少或很有限，而且目标站点人员也未获知要执行测试。由于目标位置的管理员和安全人员不知道有测试，所以能够有效地评估系统管理员的事故处理和响应能力。

D. 外部测试这一通用术语是指尝试从目标系统外部对目标进行攻击并规避控制。系统管理员可能知道有测试活动，也可能不知道，所以这不是正确答案。（请注意：注册信息系统审计师考生应理解各类渗透测试之间的区别，而不应只关注特定术语。）

126. A. 入侵检测系统首先采取的措施是创建一条日志记录，然后向相关人员报警。

B. 在日志中创建一条记录是网络 IDS 首先采取的措施。IDS 还可配置为向管理员发送一次警

报，向防火墙发送一条备注，甚至配置为记录可疑的数据包。

C. 内部网络通信未从邮件网关开始说明防火墙 1 没有正常运作。这可能是由黑客攻击造成的。IDS 在记录可疑流量后，可向防火墙 2 发送关闭的信号，以预防对内部网络的破坏。关闭防火墙 2 之后，可以对防火墙 1 进行故障调查。防火墙 2 的关闭应由 IDS 自动触发，或通过手动干预来实现。在 IDS 检测到异常和系统管理员响应之间可能丧失宝贵的时间，黑客在此期间还可攻破防火墙 2。

D. IDS 一般只关闭防火墙 2 来保护内部网络，而不会关闭面向外部的防火墙 1。

127. **A. 在以太网交换机中有一个称为地址解析协议缓存的数据表，其中存储着介质访问控制与互联网协议地址之间的映射关系。在正常运行期间，以太网交换机只允许定向通信在参与会话的端口之间流动，没有其他端口能看到该通信。但是，如果 ARP 缓存被 ARP 投毒攻击有意破坏，则一些以太网交换机便会放任定向通信淹没交换机的所有端口，这样攻击者就可以监控平常对其连接端口不可见的通信，并借此窃听网络电话通信。**

B. VoIP 系统不使用虚拟交换机，而缺乏管理员安全控制也不是问题。

C. VoIP 数据在局域网环境中通常无须加密，因为虚拟本地网的安全控制很充分。

D. 包嗅探器等软件工具大多不能更改 LAN 设备，如用于 VoIP 的以太网交换机的 VLAN 配置。因此，使用此类软件实用工具并不会造成风险。

128. **A. 如果在防火墙和组织网络之间布置一个基于网络的入侵检测系统，就可以检测出防火墙无法识别的攻击尝试。**

B. 位于互联网和防火墙之间的基于网络的 IDS 会检测所有的攻击尝试，无论这些攻击是否被防火墙注意到。

C. 将 IDS 放在 Web 服务器之外可以识别针对 Web 服务器的攻击，但不能发现防火墙漏掉的攻击。

D. 将 IDS 放在 Web 服务器之后可以识别穿过 Web 服务器的攻击，但不能说明防火墙是否能够检测到攻击。

129. A. 紧急断电按钮问题很值得关注，但生命安全是最重要的。

B. 灭火系统的主要目的是保护设备和建筑物。缺乏日常维护值得关注；但这并不表明系统无法按要求运转。更重要的问题是紧急出口，因为生命安全是最重要的。

C. 数据中心内部缺乏安全摄像头很值得关注；但更重要的问题是紧急出口门被阻塞。

D. 生命安全始终是最重要的；因此，阻塞紧急出口是最严重的问题。

130. A. 尽管了解如何保护数据很重要，如果不太了解数据分类方案，则可能无法适当应用这些控制。

B. 在实施数据分类过程中，最重要的是，数据所有者或保护人要了解包括数据分类方案在内的企业政策和标准，这样才能进行适当分类。

C. 尽管自动化数据泄露防护工具可提高生产率，应用用户仍需了解有哪些分类方案。

D. 关于如何保护数据，最终用户的数据需求是关键，但如果数据所有者不了解有哪些数据分类方案，则数据所有者可能授予不适当的敏感数据访问权限。

131. A. 日志记录是一种检测性控制，一般是在因为技术问题或成本原因不能实施预防性控制的情况下，退而求其次的建议。

B. 最强的控制是在整个系统内的自动化的预防性控制。编制额外的访问配置文件能够保证系统根据其工作职责来限制用户特权，并且可以对用户操作进行审计追踪。

C. 虽然实施密码政策也是一种预防性控制，但是从用户移除非执行工作职责所必需的过多访问权限更有效。

D. 在这种情况下，访问权限审查没有帮助，因为所有配置文件都有类似的访问权限集。

132. **A. 数据类型及其敏感性是主要考虑因素，因为可能存在与数据托管及其保护级别（如个人信息、银行信息、健康信息）相关的法律义务。**

B. 成本是企业在迁移到云计算过程中需要考虑

的一个重要因素，但是最大的风险是违反数据隐私法。
C. 供应商在市场上的声誉是企业在迁移到云计算过程中需要考虑的一个重要因素，但是最大的风险是违反数据隐私法。
D. 因使用共享服务导致应用程序性能下降是企业在迁移到云计算过程中需要考虑的一个重要因素，但是最大的风险是违反数据隐私法。

133. A. 密钥分配中心是适用于机构大型团体内部通信的 Kerberos 实施的一部分，它会为每个会话分配对称密钥。
B. 认证机构是受信任的第三方，能够确保证书所有者的真实性。这对于大型团体和正规通信很有必要。
C. 信任网是适用于小组通信的密钥分配方法。它被优良保密协议等工具使用，采用在组内分配用户公钥的方法。
D. Kerberos 身份认证系统扩展了密钥分配中心的功能，它通过生成许可证来定义各个用户有权访问的联网计算机设施。

134. **A. 最好是在事故之前就建立事故响应团队和程序。第一步是启动事故响应团队，遏制事故并保持业务的运转。**
B. 当怀疑发生网络安全事故时，应动用网络取证调查员来建立警报、抓获网络入侵者，并通过互联网对其进行追踪和跟踪。只有在确认事故后才可动用网络取证专家。
C. 从网络事故中恢复时，最重要的目标是保持业务的运转，但大多数攻击不要求启动或使用业务持续计划。
D. 企业的主要目标是保持业务运行。在非刑事调查中，这甚至可能导致证据丢失。

135. A. 战争拨号技术是指通过拨打定义范围内的电话号码，以期收到调制解调器的应答来访问计算机或网络。
B. 社会工程技术用于搜集可帮助攻击者对数据或资源进行逻辑或物理访问的信息。社会工程利用的是人性的弱点。
C. 战争驾驶技术是指在建筑周围驾驶或步行来定位和访问无线网络的技术。

D. 密码破解工具指通过尝试各种组合和词典单词来猜测用户密码的工具。在识别无线设备后，即可用密码破解工具来尝试破解。

136. **A. 基于统计的入侵检测系统依赖于对已知和预期系统行为的定义。由于正常的网络活动有时会包括非预期行为（例如，多个用户突然大量下载），这些活动就会标记为可疑。**
B. 基于签名的 IDS 仅局限于其预定义的检测规则集，就像病毒扫描程序一样。基于签名的系统传统上误报率很低，但检测新型攻击的能力不强。
C. 神经网络将基于统计和基于签名的 IDS 相结合，创建出性能更佳的混合系统。
D. 基于主机的系统是另外一种 IDS，但不用于监控网络活动。

137. A. 电压调节器可以预防短期电源波动。
B. 电压调节器在供电受到中断或失去时不能保持完整性。
C. 即使在主电源中断时，不间断电源仍可提供持续的电力。
D. 电压调节器可以预防短期电源波动。

138. A. 第一步是审查基准，以确保其能够恰当或充分地满足企业的安全要求。然后，信息系统审计师要确保基准的实施并衡量其遵守情况。
B. 在基准被实施前合规性无法衡量，但信息系统审计师必须首先确保实施的基准的正确性。
C. 在确定基准后，必须予以记录，信息系统审计师要在检查其实施前先审查基准的恰当性。
D. 信息系统审计师首先应确保满足安全要求的控制基准的充分性，从而对最低基准级别的定义进行评估。

139. **A. 电源线调节器可用于弥补电力供应的高峰和低谷，并将电力流量的峰值减小至机器所需的值。该设备中存储的电力可以消除谷值。**
B. 电涌保护设备用于防御高压脉冲。
C. 备用电源的目的是用于较长时间的断电，通常与不间断电源等其他设备一起用于补偿电力损失，直至供电恢复。
D. 无论何时发生电源故障，间断电源都会导致设备无法使用。

140. A. 蒙特利尔协议允许保留现有的卤烃装置，而有些国家的法律则要求移除。
  B. 在灭火行动中，保护人员的生命安全应始终放在第一位。CO_2 和卤化物都会降低空气中的氧气比例，从而带来严重的人身危险。在许多国家/地区，安装或灌注卤化物灭火系统是不允许的。
  C. CO_2 灭火器可用于大多数类型的火灾，适合在服务器机房使用。
  D. 尽管优先级略低，但是移走文档可能会降低一些风险。

141. **A. 骑肩跟人法（或尾随）可使物理访问控制失效。**
  B. 测试受控的访问在灾难恢复环境中无须多作注意。
  C. 复制访问识别卡或钥匙有技术性难度。
  D. 在访问的整个生命周期内，访问控制系统都应有管理用户访问权的易于遵守的程序。

142. **A. 错误接受率是将未经授权的人员接受为授权人员并在应拒绝时授予访问权限的频率。对于安全要求很高的企业，限制误接受的数量比错误拒绝率的影响更重要。**
  B. 相等错误率也称交叉错误率，是指错误接受率等于错误拒绝率的次数。它是衡量生物特征识别系统最佳准确性的指标，但在高安全性环境中，FAR 比 EER 更重要。
  C. FRR 是拒绝被授权人访问的次数，但没有 FAR 重要，因为拒绝被授权人访问要优于允许未获授权的人访问。
  D. 错误识别率是指已识别出授权人员但为其分配了错误 ID 的概率。

143. **A. 具有生产环境访问权限的应用程序开发人员承担最高的风险。由于专注于交付变更，他们往往会绕过质量保证控制，将有缺陷的变更安装到生产环境中。**
  B. 系统管理员可能需要完全的生产访问权限，以执行其管理职责；但应当对其进行监控，以防未经授权的活动。
  C. 业务用户可能不需要对数据库的完全访问权限。这类设置可能导致负面情景（欺诈），但拥有生产环境直接访问权限的开发人员更值得关注。
  D. 数据恢复团队将需要完全访问权限，以确保可以恢复整个数据库。

144. A. 错误拒绝率只衡量授权人员被拒绝的次数。
  B. 错误接受率只衡量未经授权的人被当作授权人接受的次数。
  C. 较低的相等错误率是低 FRR 和低 FAR 的综合结果。以百分比表示的 EER 是对 FRR 和 FAR 相等次数的衡量。EER 越低，说明生物特征识别控制设备更有效。
  D. 估计错误率不是有效的生物特征识别术语。

145. **A. 陪同访客能够最有效地确保访客有权访问数据处理设施的指定区域。**
  B. 要求访客佩戴证章是一种良好实践，但不是一种可靠的控制。
  C. 要求访客登记是一种良好实践，但不是一种可靠的控制。在访客进入建筑物之后，登记流程就不能再阻止其进入未经授权的区域。
  D. 当访客身在现场时应始终有人陪同，而不是仅在其接近数据处理设施时才加以控制。

146. **A. 注册机构负责验证请求证书的对象所提供的信息，并验证请求者代表自身或其组织请求认证的权力。**
  B. 完成信息验证后，颁发证书的是证书颁发机构而不是注册机构。
  C. 消息签名由控制其私钥的发送者进行，不是注册机构。
  D. 注册签名消息也不是注册机构负责执行的任务。

147. A. 通过介质访问控制地址过滤来限制可以访问网络的设备数量不是一种有效率的控制，不能解决会话加密的问题。
  B. 静态密钥加密是指在长时间内使用相同的密码，这会导致密钥被破解的风险。
  C. 在使用动态密钥时，加密密钥会经常改变，因此可以降低密钥被破解和消息被解密的风险。
  D. 连接设备（便携式计算机、智能手机等）上的数据加密针对的是设备数据的机密性，而不是无线会话。

148. A. 防御主机是用于托管服务的经过强化的系统。

它不提供与攻击有关的信息。

B. 入侵检测系统和入侵防御系统旨在检测和应对进行中的攻击，并尽快使其停止。

C. 设计蜜罐的目的是让它引诱黑客，并提供有关黑客所用方法和策略的线索以及应对此类攻击所需的资源。蜜罐允许攻击继续进行，以获得有关黑客策略和方法的信息。

D. 入侵防御系统旨在检测和应对进行中的攻击，并尽快使其停止。

149. A. 浏览审查是评估事故响应计划时良好的第一步，但从事故中吸取的教训有助于获得更有意义的长期收益。

B. 模拟演练用于查找实际事故响应流程中的不足和缺点，有助于随时间逐渐改善流程。

C. 对用户和事故响应团队的成员进行培训能提高团队的有效性，但从之前事故的教训中学习会取得最大的收益。

D. 对所有事故进行记录对于之后的分析和审查很重要，但分析的结果更重要。

150. A. 虽然误报数是严重问题，但可以辨别该问题并予以纠正。

B. 如果仅分析一小部分网络流量，则可能无法及时识别网络安全攻击。

C. 入侵检测系统可能会降低整体网络性能，但在这种情况下它是次要风险。

D. 将 IDS 设置自定义为特定网络边界是一种良好实践，但是由于网络覆盖不足，更有可能错过攻击。

151. A. 逻辑炸弹是用于在未来某一特定事件或时间摧毁或修改数据的程序。

B. 网络钓鱼是伪装为授权用户或组织请求信息的一种攻击，一般通过电子邮件进行。

C. 间谍软件是通过复制 PC 驱动器中的内容从中拣选信息的程序。

D. 僵尸网络是指若干连接到互联网的设备，每个设备均运行一个或多个自动运行型木马。僵尸网络可用于执行分布式拒绝服务攻击、窃取数据、发送垃圾邮件，并允许攻击者访问设备及其连接。

152. **A. 已验证的电子签名基于认证机构创建的资格证书，使用的技术标准要求确保密钥在合理时间内不被强行使用或复制。这种证书只能在通过身份证明后，经由注册机构获取。在电子邮件通信中使用强签名，可以确保不可否认性和追踪发件人。收件人可以配置自己的电子邮件服务器或客户端，从而自动删除来自特定发件人的电子邮件。**

B. 对于机密性问题，必须通过加密来解决，而不是签名。

C. 如果未直接在邮件网关服务器上应用任何过滤器来阻挡不具备强签名的通信，服务器的工作量不会增加。直接在网关服务器上使用过滤器将比使用防病毒软件产生更少的开销。

D. 数字签名只有几个字节大小，不会大幅削减带宽。即使网关服务器要检查证书取消清单，开销也是非常小的。

153. A. 互联网协议安全的两种模式，身份认证头和封装安全有效载荷均提供无连接完整性。

B. AH 和 ESP 都能认证数据源。

C. IPSec 所使用的时间戳可预防重放攻击。

D. 只有 ESP 协议可通过加密来提供机密性。

154. A. 端口扫描一般以企业的外部防火墙为目标。使用无线不会对此有影响。

B. 后门是软件中植入或留下的接口，让攻击者可以不经授权地进入系统。

C. 中间人攻击截取消息后会读取、替换或修改消息。

D. 战争驾驶使用无线以太网卡（设置为混杂模式）和大功率天线，从外部渗透进无线系统。

155. A. 尽管点对点计算确实会增加感染病毒的风险，但数据泄露的风险更为严重，尤其是在其中包含专有数据或智慧财产时。

B. 点对点计算可以通过互联网共享用户硬盘上的内容。与其他方共享敏感数据云的风险是最大的问题。

C. 点对点计算可能需要更多网络带宽，因此可能会造成性能问题。但数据泄露是更为严重的风险。

D. 点对点计算可能会被用于下载或共享未经授权的软件，让用户得以将其安装在 PC 上，除非采用其他控制阻止此种行为。但数据泄露是更为严重的风险。

156. **A. 可靠性和服务质量是需要首先考虑的问题。语音通信要求一致的服务水平，可以通过 QoS 或服务等级控制来实现。**
   B. 该企业当前具有虚拟私有网络；已通过 VPN 隧道实施了身份认证。
   C. 声音传输的隐私性由 VPN 协议保证。
   D. 该企业当前具有 VPN；数据和网络电话流量的机密性均已由使用隧道的 VPN 实现。

157. A. 每次在消息中遇到关键字时，基于规则的过滤都将触发误报警报。
   B. 基于校验和过滤的优点是，它让普通用户帮助识别垃圾邮件，而不仅仅是管理员，因而大大增加了垃圾邮件斗士的池。缺点是，垃圾邮件发送者可以在每条消息的中间插入独特的、不可见的无意义数据（称为哈希破解程序），从而使每条消息都是唯一的，并具有不同的校验和。这会导致校验和软件的开发人员与垃圾邮件生成软件开发人员之间的竞赛。
   C. 启发式过滤是一种在经典方法太慢时更快地解决问题的方法，或者在经典方法找不到任何精确解决方案时找到近似解决方案的方法。这是通过交易最优性、完整性、准确性或速度精确性来实现的。在某种程度上，它可以被视为一种捷径。
   D. 统计过滤分析消息中每个词的频率，然后再整体评估消息。因此，如果整条消息在正常范围内，则将忽略可疑的关键字。不过，统计过滤很容易出现误报。

158. A. 证书取消清单是在预定截止日期前已被撤销的证书列表。
   B. 认证实施细则是基于政策的公共密钥基础设施中使用的指引文档。
   C. 证书政策设置的要求随后由电子认证业务规则实施。
   D. PKI 公开声明涵盖了担保、时效和义务等多个法律上束缚各方的关键条目。

159. **A. 剩余生物特征（如留在生物采集设备上的指纹）可能被攻击者重新用于获取未经授权的访**

问权限。
   B. 穷举攻击包括为生物识别采集设备提供大量不同的生物识别样本。
   C. 密码攻击是对算法或加密数据进行的。
   D. 在模拟攻击中，攻击者重新生成与登记用户特征相似的特征（如，伪造签名或模仿声音）。

160. A. 如果补偿性控制到位，具有访问特权的用户数量过多不一定会带来问题。
   B. 信息系统审计师应在报告中说明这一情况前搜集其他信息。
   C. 对程序的更新不会解决逻辑安全中的潜在弱点问题，如果个人需要拥有这种权限来开展工作，这种方法或许不可行。
   D. 信息系统审计师应在将这一问题报告给高层管理层之前搜集其他信息。

161. A. 拒绝服务攻击与身份认证没有关系。
   B. 中间人攻击与骑肩跟入法的相似之处在于攻击者先伪装成合法目标，在身份认证得到承认后，重新发送授权用户发送过的内容附加其他交易信息。许多银行欺诈的事例用的就是这种手法。
   C. 击键日志记录可绕过单因素认证，但不能绕过双因素认证。
   D. 穷举攻击虽然可以绕过单因素身份认证，但对双因素认证无效。

162. **A. 通过对所有电子邮件消息执行数字签名，收件人将可以验证发件人的真实性。**
   B. 加密所有的电子邮件消息可以确保只有目标收件人能打开该消息，但不能确保发件人的真实性。
   C. 压缩所有的电子邮件消息可以减小该消息的大小，但不能确保发件人的真实性。
   D. 使用密码保护所有的电子邮件消息可以确保只有拥有密码的收件人才能打开该消息，但同样不能确保发件人的真实性。

163. A. 单点登录身份认证提供系统资源的单一访问点。它不是这种情况下的最佳答案。
   B. 尽管密码复杂性要求有助预防未经授权的访问，双因素认证是这种情况下更有效的控制。
   C. 多因素认证是提供安全连接的最佳方法，原因

在于它使用多因素，通常是"您有什么"（例如生成一次性密码的设备）、"您是谁"（例如生物特征识别）或"您知道什么"（例如个人识别码或密码）。只使用密码而不使用 1 个或多个其他因素不是这种情况下的最佳答案。

D. 互联网协议地址始终可以被更改或仿冒，因此不是该情景的最佳身份认证方式。

164. A. 密钥加密要求来源和目的地共用相同的密码，并且两端都涉及额外的数据加密和解密步骤。这不是这种情况下的可行解决方案。

B. 使用动态互联网协议地址和端口不是有效的控制，原因是攻击者可利用域名系统轻易找到新地址。

C. 尽管使用密码学哈希函数有助验证数据文件的完整性，但在本案例中，它对远程连接的支持团队没有用。

D. 由于 ABC 和 XYZ 通过互联网这种不可信的网络进行通信，建立加密的虚拟私有网络通道能最有效地确保信息传输是安全的。

165. A. 服务器上存储的保密文件的访问特权将通过数字版权管理软件加以控制。

B. 对内部网络上系统的潜在攻击通常通过入侵检测系统和入侵防御系统以及系统本身的安全控件加以控制。数据泄露防护系统重点关注流出企业的数据。

C. 控制哪些外部系统可以访问内部资源是防火墙而不是数据丢失防护系统的功能。

D. 运行 DLP 软件应用的服务器利用预先定义的衡量标准来检查是否有任何保密文件或数据流出内部网络。

166. A. 独立的实施后测试在这种情况下无效，因为在检测不出未记录功能的情况下，系统依然可能被最终用户所接受。

B. 对生产中程序的变更进行独立审查可发现编程人员投入生产中的潜在未经授权的变更、版本或功能。

C. 独立的用户要求审查也没有效果，因为系统可能满足了用户的要求，但仍然包括未记录的功能。

D. 独立的用户验收审查也无效，因为系统可能会被最终用户接受，而仍然不会检测到未记录的功能。

167. **A. 用户数据报协议使用简单的传输模型，没有隐式握手例程以提供可靠性、排序和数据完整性。所以，UDP 提供的服务不可靠，数据报到达也可能顺序混乱，出现重复和丢失的情况。**

B. UDP 的优势在于，没有错误检查会使延迟时间减少。时间敏感型应用程序（如在线视频或音频）通常使用 UDP，因为该协议的延迟较少。

C. UDP 与数据报广播（发送到本地网络上的全部用户）和多播（发送到全部用户）兼容。

D. UDP 假定应用程序中不需要错误检查和更正，因此也不会执行，从而避免了网络接口级的处理开销。

168. A. 双因素认证可提高登录人力资源管理系统应用时的安全性；但它无法针对登录后所进行的操作建立问责制。

B. 数字认证可最终验证登录应用的用户身份，提高登录安全性。但它无法建立问责制，原因在于，如果不使用审计轨迹，则不会捕获用户 ID 和交易详情。

C. 审计轨迹捕获哪个用户、在什么时候执行了交易等详情，这有助在应用用户中建立问责制。

D. 单点登录身份认证允许用户无缝登录应用，从而方便身份认证流程。但这同样不能建立问责制。

169. **A. 动态主机配置协议自动将互联网协议地址分配给任何接入网络的人。禁用 DHCP 后，必须使用静态 IP 地址，这需要管理员支持，或使用更高的技术来连接到网络访问互联网。**

B. DHCP 适合各种规模的网络，包括家庭网络和大型复杂组织。

C. DHCP 在禁用时不提供 IP 地址。

D. 禁用 DHCP 会增加利用无线加密协议为人熟知的弱点的难度。

170. **A. 虽然增强安全意识是一种预防性控制，但由于它能够促使相关人员识别和报告可能的安全违规情况，因此也可以将其作为检测性措施。报告事故意味着员工的行为是安全意识方案**

的结果。

B. 即使所有员工都签署了安全政策，也不能确保他们已了解并承担了安全责任。

C. 安全意识方案的目标之一就是告知员工，他们应该怎么做以及要承担哪些责任，但是了解这一点也不能确保员工就会以安全的方式执行相应活动。

D. 工作说明中描述的角色和职责并不能指示意识方案的效能。

171. A. 尽管两个网络的物理分离能够保证客户数据的安全，但这让授权的无线用户也不能访问数据了。

B. 尽管虚拟本地网可以实现两个网络的分离，但只要攻击者具备一定的知识，也能从另一个网络获得对其中一个 VLAN 的访问权限。

C. 在两个网络之间安装专用的路由器可以将两个网络分离；但没有安装防火墙安全。

D. 对于这种情况，防火墙可用作允许无线网络上的授权用户访问有线网络的强式控制。

172. **A. 信息在满足业务目标方面具有不同程度的敏感性和关键性。通过敏感性和关键性的类别或等级，管理层可以建立不同访问控制等级准则。最终用户管理人员和安全管理员将在各自的风险评估流程中使用这些分类，据此为每份资产分配一个类别或等级。**

B. 不是所有信息都需要通过访问控制来保护。过度保护数据的成本很高。

C. 信息分类一般以风险评估为基础，而不是相反。

D. 为资产投保是目的之一，但不是信息分类的主要目的。

173. A. 评估加密技术应在审查的稍后阶段进行。

B. 通常，客户端／服务器环境包含多个接入控制点并利用分布式技术，增加了未经授权访问数据和处理的风险。为了评估客户端服务器环境的安全性，所有网络接入点都应加以识别。

C. 审查身份管理系统应在审查的稍后阶段进行。

D. 审查应用程序级访问控制应在审查的稍后阶段进行。

174. **A. 互联网协议冒充将利用 IP 中的源路由选项。**通过启用此选项，攻击者可以插入一个伪造的源 IP 地址。包将按照源路由字段中的信息在网络中传输，绕过每个路由器中的逻辑，包括动态和静态路由。

B. 如果包带有广播目标地址，那么它就是可疑的，如果允许通过则该包将被发送到子网中的所有地址。这与 IP 欺骗无关。

C. 开启复位标记是终止传输控制协议连接的正常程序的一部分。

D. 使用动态或静态路由不能预防欺骗攻击。

175. **A. 租用线路可有效地将总部的局域网扩展到远程站点，当使用 Telnet 之类的不安全协议时，Telnet 链接通过租用的私有线路传送将降低安全风险。**

B. 在总部设置防火墙规则，只允许来自分配给该远程站点的互联网协议地址的 Telnet 连接，这将使连接比当前布置更安全，但专用租用线路是列出的最安全的选项。

C. 尽管双因素认证可提高登录的安全性，但无法阻止对传输信道的窃听，因此租用线路是更好的选项。

D. 对网络服务的攻击首先假定网络服务使用为该服务分配的标准传输控制协议/互联网协议端口号，其中，Telnet 的端口号为 23。可以通过重新配置主机和客户端来使用不同的端口。为服务分配非标准端口，可增大确定哪些服务在使用哪个端口的难度，因此是一种良好的安全做法；但在本案例中，创建连接远程站点的租用线路是更好的解决方案。

176. A. 确保所有失败的身份认证尝试都得到监控是一种非常好的实践，但并非预防性控制。

B. 审查日志文件可以增加检测到未经授权访问的可能性，但无法阻止未经授权的访问。

C. 确保禁用所有无人使用的账户非常重要，但未经授权的访问可能会通过定期使用的账户进行。

D. 强密码在任何环境中都很重要，但在单点登录环境中具有特殊的重要性，用户只需输入一次密码，然后就可以在整个环境中进行一般访问。在给定的选项中，只有强密码政策提供了广泛的预防效果。

177. A. 组织可以将传感器置于防火墙之外以检测攻击。将这些传感器置于高敏感区域和外联网中。
   B. 来自基于行为的入侵检测系统的误报数量过多表明需要进行额外的调整。误报无法完全消除，但忽略此警告标志可能会使负责监控其警告的人员确信报告的任何内容都是假的，从而否定系统的价值。
   C. 基于签名的 IDS 不足以抵抗新型攻击在预料之内，因为其只能识别之前已经确定的攻击。
   D. IDS 无法检测加密流量内的攻击，但可能有充分的理由检测加密流量的存在，例如，当下一代防火墙配置为在边界终止加密连接时。在这种情况下，检测流经防火墙的加密数据包可能表明配置不正确，甚至可能危及防火墙本身。

178. A. 对通过网络传输的信息进行加密是安全服务器的职责。
   B. 目录服务器向应用程序提供其他用户的认证。
   C. 促进密码政策的实施与公钥基础设施无关。
   D. 存储证书取消清单是安全服务器的职责。

179. A. 湿管系统可能损坏计算机设备，但对人是安全的，并且其破坏性不如 CO_2 系统。
   B. 如果保持安全控制，租借的机架空间就不值得关注。多数组织都在租借机架空间。
   C. CO_2 系统不应在有人的区域使用，因为其功能在发生火灾时会导致窒息。控制应当首先考虑人身安全。
   D. 根据不同的系统，从容关机只需几分钟时间。但 CO_2 系统对人是有危险的。

180. A. 当 IT 治理得到改善时，其所有组成部分也会得到改善，包括战略、政策和程序。
   B. 有效且改进的 IT 治理指导管理及其流程、程序等，以帮助企业实现其目标。
   C. 嵌入 IT 治理中的质量管理战略和政策概述了如何随时间推移和组织变化来维护、使用和改进 IT 战略、政策、流程、程序和标准。
   D. 当 IT 治理得到加强时，企业 IT 标准和框架就会随着时间的推移得到维护和改进。

181. A. 相对于未经授权的访问，更新组的相关数据不是最令人担忧的状况。
   B. 尽管定期检查用户账户是不错的做法，但这是一种检测性控制，不如提前阻止未经授权的访问更加可靠。
   C. 如果没有所有者对组的用户访问进行批准，则未经授权的个人有可能在组的权限内访问任何敏感数据。
   D. 取消离职用户的访问权限是对正常终止流程的补偿性控制，也是一种检测性控制。

182. A. 衡量和评估成熟度水平支持利益相关方清楚地识别信息系统的优势和有待改进之处。
   B. 在了解需要首先关注信息系统的哪些部分之后，才能确定改进措施的优先顺序。
   C. 在衡量成熟度水平、识别改进领域并确定改进措施的优先顺序后，才能获得高级管理层的支持。
   D. 使用成熟度模型的主要目的是支持利益相关方在评估当前的成熟度水平后清楚地识别信息系统的优势和有待改进之处，并在获得高级管理层的支持前确定改进措施的优先顺序。

183. **A. 在安装期间，网络中入侵检测系统的正确定位是最重要的步骤。位置不当的 IDS 可能使网络的关键区域不受保护。**
   B. 网络 IDS 监控的是网络流量，而基于主机的 IDS 监控的是主机上的活动，但不能预防拒绝服务攻击。
   C. 配置 IDS 会有一些挑战，因为需要让 IDS 学习哪些是正常活动，但安装中最重要的是把它放在正确的位置。
   D. IDS 只是一种监控设备，不会拒绝流量。拒绝错误会发生在生物特征识别设备上。

184. A. 高级管理层对信息资产的意识水平和关心是评价他们对这些资产及其保护的重视程度的标准，但不如在工作说明中要求所有员工对信息安全负责有意义。
   B. 将安全责任纳入工作说明中是表明安全方案成熟度的一个重要因素，有助于确保员工和管理层了解其在信息安全方面所担任的角色。
   C. 资金很重要，但有资金不能确保安全方案的有效性和充分性。
   D. 所发生的事故数量是用来评估风险管理方案

的充分性的一项标准,但不是评估安全方案的标准。

185. A. 通过使用数字签名获得的不可否认性,可以预防发送者之后否认曾生成并发送了消息。
 B. 加密在创建用于提供不可否认性的数字签名时起到了作用,但加密也用于其他目的,而不可否认性则完全涉及确保特定行为可以通过合理怀疑之外的方式跟踪到特定实施者。
 C. 要建立各通信方的身份证明,需要身份认证,但在所描述的场景中不起中心作用。
 D. 完整性保证了交易的准确性,但不会提供客户的身份证明。

186. A. 针对 VoIP Web 应用程序细化访问控制并不能扩展到企业级系统,因为这种方法主要基于个人用户身份及其特定技术权限。
 B. 在本例中,通过基于角色的访问控制技术可最好地解决授权问题。RBAC 根据岗位角色或职能来控制访问。RBAC 易于管理,并能在大型 Web 环境(包括 VoIP 实施)中执行强大而有效的访问控制。
 C. 针对网络电话 Web 应用程序的访问控制列表并不能扩展到企业级系统,因为这种方法主要基于个人用户身份及其特定技术权限。
 D. 网络/服务访问控制可实现 VoIP 可用性,但不能解决应用程序级访问或授权问题。

187. A. 未经授权的用户使用共享 ID 访问系统的风险不比未经授权的用户使用唯一用户 ID 访问系统的风险大。
 B. 对于共享 ID 的访问管理没有什么不同。
 C. 当单一用户 ID 被多人使用时,无法判断是谁通过这个 ID 访问了系统,因此也更难以向某个特定的人追究责任。
 D. 共享用户 ID 的密码不一定就很容易被猜出。

188. A. 保护访问控制服务器可预防账户更改或锁定,但不是针对拒绝服务攻击的主要保护方式。
 B. 会话边界控制器提高访问网络和核心部分的安全性。在访问网络中,该控制器隐藏用户的真实地址,并提供一个受管理的公共地址。可以对此公共地址进行监控,从而最大限度地减少扫描和 DoS 攻击的机会。会话边界控制器在维护防火墙效能时,允许对防火墙内的客户端进行访问。在核心部分中,会话边界控制器保护用户和网络。该控制器隐藏网络拓扑和用户的真实地址,也可以监控带宽和服务质量。
 C. 主干网关是隔离的,黑客不能直接访问,所以不是 DoS 攻击的目标。
 D. 入侵检测系统会监控流量,但不能提供针对 DoS 攻击的保护。

189. A. 密码本身只是一种单因素身份认证,可以被猜出或破解。
 B. 限制用户只使用特定终端设备对于在线应用程序而言不现实,因为会有用户需要从多种终端登录。
 C. 多因素认证需要两个或更多独立的方法来建立身份和特权。这些因素包括用户知道的内容(如密码)、用户拥有的内容(如令牌)和用户具有的特征(生物特征识别特征)。要求提供两个或更多因素可使身份盗用更加困难。
 D. 定期审查访问日志是一种检测性控制手段,并不会预防身份盗用。

190. A. 加密电子邮件账户将保障被发送信息的安全,但无法阻止员工向未经授权的个人发送信息。
 B. 培训和意识可能会影响员工的行为,但在处理故意暴露时并不能有效地作为预防性控制。
 C. 活动监控是一种检测性控制,无法阻止数据流出网络。
 D. 数据丢失防护是一种自动化预防工具,可阻止敏感信息流出网络,同时记录违规者。这是一个比依靠培训和意识更好的选择,因为当有人想要窃取数据时,它同样有效。

191. A. 入侵检测系统是检测性控制。
 B. 当入侵者尝试探查一个模拟的目标时,蜜罐可获取入侵者的活动或让其落入陷阱。
 C. 入侵防御系统是部署在网络或主机中的内联设备,可以检测和阻止黑客攻击。
 D. 网络安全扫描程序能识别漏洞,但不会进行修复。

192. A. 在调查阶段,可以将易失性存储器数据转储到磁盘中,但此操作不会对进行中的攻击进行控制。

B. 要以故障-安全模式运行服务器，需要关闭服务器。

C. 第一步措施是断开该 Web 服务器与网络的连接，从而保护需要调查的设备、对损害进行控制并预防攻击者采取更多行动。

D. 关闭服务器可能清除取证调查（或制定策略以预防将来发生类似攻击）需要的信息。

193. A. 入侵检测系统可获取网络或主机流量以用于分析，也可能检测出恶意活动，但对预防网络钓鱼攻击无效。

B. 评估安全性不会减轻该风险。网络钓鱼以社会工程为基础，一般通过电子邮件传播。

C. 网络钓鱼攻击的方式有多种，经常通过电子邮件进行；强双重身份认证不能减轻大多数类型的网络钓鱼攻击。

D. 减轻网络钓鱼风险的最好方法是教育用户，让其注意可疑互联网通信，并且在得到验证之前不要相信这些通信。由于威胁实施者的手段和方法不断变化，用户可能需要定期接受培训，以识别可疑网页和电子邮件。

194. A. 在最后一个雇用日之前安排与 HR 面谈也很必要，但这与取消开发人员的系统访问权相比处于次要地位。

B. 如果与指定员工的交接流程能够在最后一个雇用日完成，便不存在任何问题。

C. 为保护 IT 资产，管理层确认此员工离职的明确意图后，首先应终止其对 IT 资源的逻辑访问，这也是最重要的措施。

D. 确保管理层办好离职手续固然重要，但与终止 IT 系统的访问相比，便显得无足轻重。

195. A. 消息修改包括获取消息、执行未经授权的更改或删除、更改顺序或延迟已获取消息的传输。修改数据的攻击是主动攻击。

B. 伪装是一种主动攻击，这种情况下入侵者使用的身份并非其原始身份。

C. 拒绝服务仅在连接到互联网的计算机遭受必须处理的数据和/或请求淹没时才会发生。它是一种主动攻击。

D. 流量分析允许监控威胁实施者以确定定义的主机之间流量的性质，这可能允许威胁实施者在未发挥积极作用的情况下猜测发生的通信类型。

196. A. 社会工程侧重于人类行为。

B. 从根本上说，社会工程是从某人那里获得一种无法保证的信任。

C. 通常情况下，社会工程攻击不需要大量专业知识；攻击者通常并不精通信息技术或系统。

D. 技术可以促进社会工程，但它从根本上来说是为了获得人类的信任。

197. A. 尽管入侵检测系统可安装在本地网络上，以确保系统不会遭受内部攻击，但企业的公共 Web 服务器通常不安装在本地网络上，而是在隔离区中。

B. 将网络 IDS 安放在防火墙之外，只是为了监控到达防火墙的流量，这种情况并不少见，但这不是专门用来保护 Web 应用的。

C. 基于网络的 IDS 通过监控网络流量来检测攻击企图。公共 Web 服务器通常安放在被称为 DMZ 的受保护网络分段。安装在 DMZ 中的 IDS 检测和报告起源于互联网以及内部网络的恶意活动，进而允许管理员采取行动。

D. 基于主机的 IDS 将安装在 Web 服务器上，但基于网络的 IDS 则不然。

198. **A. 此配置中要测试的最重要的控制是强化服务器配置。生产前修补已知漏洞并禁用所有不需要的功能至关重要，尤其当生产架构与开发和测试架构存在差异时。**

B. 最大风险与测试环境和生产环境之间的差异相关。保证物理资源的可用性是相对较低的风险，并容易解决。

C. 虚拟机通常用于优化编程和测试基础设施。在此情形中，开发环境（VM 架构）与生产基础设施（三层物理架构）不同。因为 VM 与生产中的 Web 应用程序无关，系统管理员没有熟悉虚拟环境的需求。

D. 因为 VM 只用于开发环境而不用于生产环境，灾难恢复计划可能不必要包含 VM。

199. **A. 哈希函数的目的是产生可用于确保完整性和身份认证的数据指纹。密码哈希函数也能提供对尝试访问资源的用户或流程的身份认证。**

B. 哈希函数不用于标识。它们用于验证身份的真实性。
C. 哈希函数通常不用于提供授权。授权通常在确立身份认证之后提供。
D. 哈希函数不对数据进行加密。

200. **A. 拥有的互联网协议源地址不属于网络内部 IP 范围的传出流量是无效的。在大多数情况中，这表示拒绝服务攻击由内部用户或之前已受到侵害的内部机器发起；在这两种情况下，应用此过滤器会阻断攻击。**
B. 拒绝传入通信不能阻止内部机器参与对外部目标的攻击。
C. 传入通信根据流量类型会带有 IP 选项设置。这是正常状况。
D. 拒绝到内部主机的传入通信会阻止合法的流量。

201. **A. 用双门安全系统控制对计算机设备访问的主要是预防骑肩跟入法。**
B. 单个自动关闭关即可预防有毒气体进入数据中心。
C. 单个自动关闭关即可隔离氧气以防火。
D. 在某些情况下（如火灾时），可能需要快速撤离。

202. A. 除非组织的工作站被废弃，否则升级不会成为软件即服务（SaaS）模型的一个问题，这是因为大多数作为运行的应用程序采用了通常的技术，允许用户在不同的设备上运行软件。
B. 降低软件购置成本是 SaaS 的好处之一。
C. SaaS 提供商一般不为企业提供现场支持。
D. SaaS 提供商一般不为企业提供现场支持。因此，企业及其提供商之间的事故处理程序对于事故的检测、沟通和解决非常重要，包括有效的沟通渠道和上报流程。

203. **A. 该用户的数字签名仅受密码保护。一旦密码泄露，签名便会遭人利用。这是最严重的风险。**
B. 使用其他用户的私钥对消息进行数字签名说明消息是来自不同的人，因此真实用户的凭据不会被伪造。
C. 模仿公钥需要修改认证机构颁发的证书。而这十分困难，可能性也不大。

D. 替换其他用户的私钥不起作用，因为数字签名需要用原始用户的公钥来验证。

204. **A. 安置活动地板的主要目的是能将通风系统、电源缆线和数据缆线安装在此地板下面。这有助于消除由于电缆散落在敞开式地板上而导致的安全与损坏风险。**
B. 机房中确实应该避免产生静电，但特制的地毯或鞋子等措施比活动地板更能有效预防静电。
C. 设置活动地板并不能应对地震产生的冲击。要应对地震，需要建立防震结构框架。
D. 计算机设备应注意防水。但如果高架水管漏水，活动地板便无法保护计算机了。

205. A. 本题属于用户权限问题，而不属于身份认证问题，因此添加更加强大的身份认证并不会改善这种局面。
B. 这是应用程序与数据库通信的正常流程。因此，最好的控制是控制对应用程序的访问和保证基于用户角色进行数据访问授权的流程。
C. 让用户输入访问 ID 和密码属于一种较好的控制，因为这样一来数据库日志便可以识别出活动的发起者。但这样做效率低下，因为每个交易都需要一个单独的身份认证流程。
D. 为密码设定失效日期也是一种较好的做法。然而，这对于从程序中自动登录的 ID 来说不太现实。因此这类密码通常会设定为永不失效。

206. A. 工具的选择对于保证有效测试和预防系统故障很重要，但所有者的批准更重要。
B. 信息系统审计师持有认证与否与测试的有效性无关。
C. 应告知数据所有者与渗透测试和测试时间安排相关的风险、要执行哪种测试以及其他相关细节。
D. 渗透测试不需要入侵检测系统。

207. A. 更加准确的信息资产库存是一种优势，但并非所列选择的最大好处。
B. 明确定义的数据分类流程的一个重要好处是，确保根据数据的敏感性应用适当的控制，从而降低保护数据的成本。如果没有适当的分类框架，有些安全控制也许会比根据数据分类所需要的更强，并因此提高成本。

C. 数据分类也许有助减小不适当访问系统的风险，但这并非最大的好处。
D. 提高监管合规性是一种好处；但实现成本降低的好处更大。

208. A. 独立的时间戳是日志记录中的关键要求。这是确保日志完整性的一种方法；但这并不能预防篡改信息。
B. 具有多个日志记录资源能有效确保冗余；但增加冗余对提高日志信息的可信度也许没有太大价值。
C. 加密算法的强度可提高数据机密性；但这并不一定能预防篡改数据。
D. **确保日志信息在某个时间点存在并且未被篡改很重要。因此，若有证据表明没有人篡改过信息，则可提高可用作证据的日志信息的可信度，这通常是通过维护一个记录的监管链来实现的。**

209. A. **战略和政策是嵌入 IT 治理质量管理的首要组成部分。**
B. 首先要定义政策，然后再辅以适当的流程和程序。
C. 职能、服务及其流程应根据相关战略和政策进行管理和指导。
D. 角色和责任根据战略、政策、流程和程序加以阐明。

210. A. **电子付款系统可能是欺诈活动的目标。未经授权的用户可能输入虚假的交易。通过监控交易，付款处理器可以根据典型的使用模式、货币金额、购买物理位置及交易流程的其他数据识别潜在的欺诈性交易。**
B. 使用安全套接字层有助确保安全传输出入用户 Web 浏览器的数据，并有助确保最终用户到达正确的网站，但这并不能预防欺诈性交易。
C. 在线交易不一定受密码保护；例如，信用卡交易不一定是受保护的。使用强身份认证有助保护系统用户免遭猜测密码的攻击者的欺诈，但交易监控是更好的控制。
D. 在 Web 表单上输入验证检查对确保攻击者无法损坏网站很重要，但交易监控是最好的控制。

211. A. 如果没有个人识别码，对令牌进行访问毫无价值；二者缺一不可。
B. 如果没有 PIN，对令牌进行访问毫无价值；二者缺一不可。
C. 只要 PIN 足够机密，便不需要是随机的。
D. **如果用户将 PIN 记录在纸条上，则拥有相关令牌、纸条以及计算机的个人可以访问企业网络。令牌和 PIN 是一种双因素认证方法。**

212. A. 日志文件的定期审查在完成部署之后才开始。
B. **规则集错误可致使防火墙无效或不安全。因此，测试并验证规则是确保成功部署的最重要因素。**
C. 如果通过中央位置管理防火墙，则不必培训本地管理员。
D. 拥有多名管理员虽然是一个好主意，但这并不是成功部署最重要的因素。

213. A. 篡改证章阅读器无法打开门，所以此项不相关。
B. 系统配置不会频繁更改，因此无须经常备份。
C. **最大的风险来自可进入数据中心的未经授权个人，无论其是否为员工。因此，拥有并遵循停用已丢失或被盗证章的流程十分重要。**
D. 保留进入尝试日志记录很重要，但更重要的是在证章丢失或被盗后尽快停用。

214. A. **虚拟私有网络是一项成熟的技术；要破坏 VPN 设备非常困难。但是，启用远程访问时，远程客户端的恶意代码可能传播到企业的网络中。其中一个问题是，当 VPN 在网络内部终止时，加密的 VPN 流量可通过防火墙。这意味着防火墙不能对流量进行充分的检查。**
B. 安全的 VPN 方案会使用双因素认证来预防冒充。
C. 嗅探加密流量通常不会为其未经授权的解密提供攻击途径。
D. 如果 VPN 网关配置不当或实施不好，则易受攻击，但如果位于安全的子网内，则风险大大减小。

215. A. 一次性密码生成器不是使用数字签名的要求。
B. 数字签名可提供消息的完整性和来源证据，但不能解决机密性问题。

C. 使用数字签名可验证发送者的身份。
D. 数字签名不能保证消息的机密性。

216. **A. 成功的攻击从搜集目标系统的相关信息开始。通过事先完成信息搜集，攻击者得以了解目标系统，以及在攻击时可以利用的潜在漏洞。**
B. 一旦攻击者通过信息搜集发现了潜在的漏洞，就会试图获取访问权限。
C. 拒绝服务一般是攻击者实施攻击的最后一步。
D. 当攻击者取得访问权，且可能使用恶意程序工具包（rootkit）感染了目标后，会删除审计日志并采取其他步骤来隐藏其踪迹。

217. **A. 提供安全意识培训是缓解通过社交网站披露机密信息的风险的最佳方式。切记用户可能会通过其他方式（例如手机和家庭计算机）访问这些服务，因此提供安全意识培训是最重要的。**
B. 要求用户签署可接受使用政策可以是一种非常好的控制，但如果用户没有意识到这种风险，则此政策可能会失效。
C. 通过可跟踪用户访问网站的代理服务器监控社交媒体的使用并不是一种有效的控制，因为用户可能会通过其他方式（例如手机和家庭计算机）访问这些服务。
D. 通过网络控制阻止使用社交媒体并不是一种有效的控制，因为用户可能会通过其他方式（例如手机和家庭计算机）访问这些服务。

218. A. 入侵防御系统可阻止攻击，但最好是完全限制会议室的电脑访问企业网络。
B. 如果能够在会议室访问企业网络，则未经授权的用户可能连接到企业网络；因此，应通过防火墙或从物理上隔离这两个网络。
C. 单点登录解决方案用于访问控制，但无法减轻未经授权人员以物理方式访问企业网络的风险。
D. 防病毒软件能够降低潜在病毒的影响，但未经授权的用户仍然可以对企业网络进行访问，这才是最大的风险。

219. A. 渗透测试报告是一种敏感文件，因为列出了目标系统的漏洞。
B. 在复杂的信息系统中找到所有可能的弱点是不可能的。
C. 测试结束后，必须将系统恢复至其原始状态。在进行测试时，可能对防火墙规则进行过变更、创建了用户 ID 或上传错误的文件。这些变动在测试结束前必须清理。
D. 所有的更改都需要记录，但最重要的问题是保证在测试的最后将这些更改复原。

220. A. 尽管程序员了解安全问题非常重要，但是在项目计划中对安全要求做出正确说明更为重要。
B. 系统管理员可能已对控制作出变更，但审计师应该会在实施前一周按照设计执行系统审查，所以管理员还没有对系统进行过配置。
C. 如果信息系统审计师发现重大安全问题，首先需要弄清楚的问题就是项目计划中的安全需求是否正确。计划中是否包含相关要求会影响审计师的建议。
D. 随着时间的推移，安全需求可能会根据新的威胁或漏洞而变更，但如果缺少关键控制，则表明设计是有缺陷的，因为其所依据的要求不完整。

221. A. 个人防火墙在防御策略中的位置更靠后，位于终端上。
B. 防病毒程序会安装在终端和网络上，但防火墙之后的下一道防御是入侵检测系统/入侵防御系统。
C. IDS 是防火墙之后的下一道防线。该系统可以检测网络/服务器活动中的异常情况，并尝试检测犯罪者。
D. 虚拟本地网配置的目的不是接替被攻破的防火墙。它们是架构上的良好实践。

222. A. 用户登记和密码政策不能缓解域欺骗攻击，因为不能预防对域名系统记录的操控。
B. 用户安全意识不能缓解域欺骗攻击，因为不能预防对域名系统记录的操控。
C. 使用入侵检测系统/入侵防御系统不能缓解域欺骗攻击，因为不能预防对 DNS 记录的操控。
D. 域欺骗攻击是利用 DNS 服务器的漏洞将流量重定向到未经授权的网站。为了避免这种攻击，需要消除可能会造成 DNS 中毒的所有已知漏洞。DNS 的旧软件版本易受此类攻击，

应进行补丁处理。

223. A. 选择更可靠的算法可以增强安全性；但与中间人攻击相比时，其风险缓解并不那么重要。
　　 B. 基于质询应答的身份认证容易受到会话劫持或中间人攻击。安全管理层应了解此点，而且应在采用该技术时进行风险评估和控制设计，例如定期进行身份认证。
　　 C. 经常更改密码也是不错的安全做法；但通信通道中潜在的暴露可能造成更大风险。
　　 D. 增加身份认证字符串的长度不能预防中间人或会话劫持攻击。

224. **A. 要测试完整的代码，需要进行白箱测试。**
　　 B. 如果代码不完全可见，则可能会错过错误条件或其他代码；灰箱测试是不合适的解决方案。
　　 C. 如果代码不完全可见，则可能会错过错误条件或其他代码；黑箱测试是不合适的解决方案。
　　 D. 使用针对实时代码运行的动态测试，可能会因代码部分未暴露于典型使用环境而导致漏测。

225. A. 设备身份认证和数据源身份认证互相验证对方的无线终端以预防中间人攻击和伪装。
　　 B. 无线入侵检测和入侵防御系统能够检测配置错误的设备和非法设备，以及检测特定攻击类型并可能将其阻止。
　　 C. 计算无线通信的加密哈希允许接收设备验证所接收的通信未在传输过程中发生更改。这样可以预防伪装和消息修改攻击。
　　 D. 仅凭数据包头和包尾不能保证内容未被修改，因为攻击者可以同时修改数据和包尾。

226. A. 有线等效加密可在数分钟内被破解。WEP 使用的静态密钥需要与所有授权用户进行通信，因此难以管理。此外，如果不定期更改静态密钥，将存在更大的漏洞。
　　 B. 基于介质访问控制授予访问权限这一做法也不能解决问题，因为攻击者可以通过伪造介质访问控制地址获得网络的访问权限。
　　 C. 禁用服务集标识符广播不是有效的访问控制，因为许多工具可检测到没有广播的无线接入点。
　　 D. Wi-Fi 网络安全存取协议 2 实现了 IEEE802.11i 标准的大多数要求。WPA2 中使用的高级加密标准可提供较佳的安全性。另外，WPA2 还支持可扩展身份认证协议和预共享密钥身份认证模型。

227. A. 配置防火墙的隐式拒绝规则是常见的做法。
　　 B. 大多数设备（包括操作系统）的默认设置通常是公开的，而会为入侵者提供可预测的配置信息，从而使系统更容易受到危害。为了降低这种风险，应将防火墙软件安装在使用功能有限的增强型操作系统的系统上，从而只提供支持防火墙软件所必需的服务。
　　 C. 防火墙应配置为根据政策来允许或拒绝访问。
　　 D. 防火墙一般配置为虚拟私有网络终端。

228. A. 很多误报可能增加管理员的工作量，但这种风险相对较小。
　　 B. 入侵防御系统不会产生任何影响网络性能的流量。
　　 C. 入侵防御系统将根据其自身的特定事故反应设置方式来阻止连接或服务。如果 IPS 根据定义错误的或非标准行为来触发，则有可能会阻止重要的内部系统的服务或连接。
　　 D. 配置 IPS 需要数月时间来学习哪些是可接受的行为，哪些不是，但这不需要有特殊的技能。

229. A. 没有注册机构时，认证机构可承担相应责任。
　　 B. 如果证书取消清单不是最新的，则可能存在未废除的数字证书被用于非授权或欺诈的活动。
　　 C. 包含用于加密消息的公钥并用于对数字签名进行验证的数字证书不会构成风险。
　　 D. 用户向 CA 报告密钥泄露也不存在风险，因为向 CA 报告此信息后，CA 可以采取相应措施。

230. A. 消息摘要必须由发送者和接收方计算，以确保消息的完整性。
　　 B. 接收方需要计算所接收到的消息的摘要，以验证接收到的消息的完整性。
　　 C. 数字签名是个人或实体的电子标识。通过使用非对称加密进行创建。为了验证数据的完整性，发送者会对整个消息应用加密哈希算法，创建一个随消息一起发送的消息摘要。在收到消息时，接收方会使用同一算法重新计算哈希。

D. 认证机构颁布的证书将公钥与其所有者关联起来。CA 不计算收发双方之间传输消息的摘要。

231. A. 由于密码是用户与系统本身之间的共享密钥，因此被视为是一种较弱的身份认证方式。
B. 用接收方的公钥对交易加密可提供信息的机密性，但不能验证其来源。
C. 使用可移植文档格式可保护内容的完整性，但不一定能证明其来源真实性。
D. 数字签名是使用公钥算法创建的个人电子标识，用于供接收方验证交易来源的真实性及其内容的完整性。

232. A. 使用强制网络门户（在用户的 Web 浏览器中显示登录屏幕）是对访客进行身份认证的良好实践。但如果访客网络未与生产网络分离开来，用户可能会引入恶意软件，并可能造成对系统和信息的不当访问。
B. 这意味着访客可以访问企业网络。允许不受信任的用户连接到企业网络可能会引入恶意软件，并可能让这些用户对系统和信息进行不当访问。
C. 有些平台允许访客彼此之间进行交互。此外，可以警告访客仅使用安全的系统，并且可以制定涵盖访客间进行交互的政策。
D. 虽然多因素认证技术更好，但单因素身份认证如果正确实施也足够。

233. A. 哈希函数通常用于保护密码，但哈希并不是一种加密方法。
B. 使用高级加密标准是一种适用于对密码进行加密的安全加密算法。
C. 安全壳可以加密正在传输的密码，但不加密静态数据。
D. 三重 DES 加密是一种有效的加密方法，但 AES 是一种更强大、更新型的加密算法。

234. **A. 通过认证和鉴定的系统经过了安全合规性的技术评估，确保其可以在特定环境和配置上运行。**
B. 认证可测试安全功能，包括必要的加密，但这不是认证和鉴定过程的主要目的。
C. 认证过的系统经过评估确定可以在特定环境中运行。
D. 瀑布模型是一种软件开发方法，而不是执行 C&A 过程的原因。

235. A. 窃听属于被动攻击，通过这种方法入侵者能够搜集到流经网络的信息，进而获取消息内容以供个人分析或供第三方使用。加密的流量通常可以预防窃听。
B. 冒充是一种主动攻击。欺骗是指用户接收的电子邮件看似来自一个源，但实际上来自另一个源。
C. 通过流量分析这种被动攻击，入侵者可判断出目标主机间流量的性质，并且通过会话长度、频率和消息长度的分析，入侵者能够猜测出所发生通信的类型。如果消息被加密并且窃听不到任何有意义的结果，则通常会采用该技术。
D. 伪装是指入侵者使用的身份并非其原始身份。它是一种主动攻击。

236. A. 数据完整性是数据整体的准确性、完整性和一致性，是数据认证的一部分。
B. 数据机密性是指保护数据免遭未经授权的访问，但并不具有最高优先级。完整性目标是信息安全中最重要的目标，尤其是对于商业企业及其金融交易来说，这是数据认证的一部分。
C. 数据认证是确认数据源和完整性的过程。企业必须能依赖于通过系统接口交换的数据的来源和完整性。
D. 数据可用性是衡量企业数据可供授权方使用的频率的指标，但不具有最高优先级。

237. A. 相等错误率最高的生物特征识别系统最无效。
B. 生物特征识别系统的 EER 表示错误接受率等于错误拒绝率（FRR）的情况所占的百分比。EER 最低的生物特征识别系统最有效。
C. 对于任何生物识别系统来说，都存在一种量度标准为 FRR 等于 FAR 的情况。这就是 EER。
D. 拒登率是 FRR 的综合衡量。

238. **A. 智能卡是用户拥有的物品，而与卡配对的个人识别码是用户知道的内容。这是一种双因素认证。**
B. ID 和密码均为用户知道的内容，所以不管复杂程度如何，这种配对都提供单因素用户身份认证。

C. 虹膜扫描和指纹扫描都是用户的特征，因此这种配对不是双因素用户身份认证的基础。

D. 磁卡和感应证章都是用户拥有的物品，因此它们不足以进行双因素认证。

239. **A. 保障物理安全旨在监控哪些人进入了受保护区域，因此识别所有个体的身份至关重要。仅凭 不认识的外部人员在无法提供任何证据（例如，身份证、驾驶证）的情况下写下他们声称的名字，便相信他们的身份并不足够。**

B. 将企业的名称和地址标在访问识别卡上可能会有问题，因为恶意获得者可利用丢失或被盗的卡进入企业的场所。

C. 将发卡同技术权限管理分离开来可以确保职责分离得当，这样单个人便无法制作出可以正常使用的卡，进而进入企业驻地内受限区域。准备时间过长是有不便，但不是严重的审计风险。

D. 对卡进行编程的计算机发生系统故障一般并不意味着读卡器不再工作了。这意味着无法发放新卡，所以此选项与身份识别不当所带来的威胁相比微不足道。

240. A. 在扇区级别覆写硬盘可将数据、目录、索引和主文件表完全擦除。由于所有内容均已破坏，因此不必进行重新格式化。通过分析盘片表面特殊的磁性特点，某些取证措施能够重建新近覆写过的扇区在覆写之前的内容，但经过多次覆写之后这些措施便无能为力了。

B. 删除和格式化只会将包含文件的扇区标记为具有空闲空间。公开可用的工具足以让某人从以这种方式准备的硬盘中重建数据。

C. 虽然打孔并不会删除文件内容，但硬盘也便无法继续使用了，特别是在磁头驻留区和零轨道信息受到破坏时。由于所有的分析必须在清洁的房间环境下执行，所以此时重建数据会极为昂贵，而且必须在短时间内或在盘片表面受到腐蚀前进行。

D. 无法对已粉碎的硬盘进行数据重建，特别是当碎片与其他金属成分混杂在一起时。如果盘片运输有专门人员保驾护航，并且能证明盘片如选项中所述进行了破坏，则可以认为处理方法

有效。

241. A. 只要经过管理层批准，为满足业务需求，可以不执行安全政策；安全经理无权拒绝偏离。

B. 安全经理可以同意偏离政策，但此决定应当基于风险评估和补偿性控制。偏离本身应当根据既定的例外处理流程获得批准。

C. 在批准任何例外之前，安全经理应当首先检查补偿性控制并评估偏离可能带来的风险。

D. 更新或修订基准指标配置与偏离请求无关。

242. A. 状态检测防火墙对过滤 Web 流量没什么帮助，因为它无法用于审查网站的内容，也不会将站点分类考虑在内。

B. Web 内容过滤器可根据配置的规则接受或拒绝 Web 通信。为帮助管理员正确配置此工具，企业和供应商已经建立了包含几百万个网站的统一资源定位符黑名单和分类。

C. Web 缓存服务器旨在提高检索最常见或最近访问的网页的速度。

D. 代理服务器也不正确。因为代理服务器是一种通过将客户端请求转发给其他服务器来回应该请求的服务器。许多人将代理服务器误认为是 Web 代理服务器的同义词，但也不是所有的 Web 代理服务器都具有内容过滤功能。

243. **A. 事故响应计划用于确定对诸如系统和/或网络受到网络攻击等事故做出的信息安全响应。此计划建立的程序能够使安全人员确定和减少恶意计算机事故（例如，对系统或数据的未经授权访问、拒绝服务或对系统硬件或软件的未经授权变更）以及从这些事故中恢复。**

B. IT 应急计划针对的是 IT 系统中断问题，并且建立了从主要应用程序或一般支持系统故障中恢复的流程。该应急计划提供了从意外故障中恢复的方法，但无法确定或预防网络攻击。

C. 业务持续计划针对的是各种业务流程，并提供了从重大中断事故中恢复时维持基本业务运营的程序。当网络攻击严重到需要采用 BCP 时，可以使用 IRP 来确定应采取的措施，包括停止攻击的措施以及在受到攻击后恢复正常运营的措施。

D. 运营连续性计划针对的是企业最重视的一部

分任务，并且描述了短时间内在备用站点维持这些功能的程序。

244. A. 哈希函数保证消息的完整性；用密钥加密可提供机密性。
  B. 使用发送者的私钥标记消息能够保证其不可否认性和真实性。
  C. 消息的真实性由数字签名提供。
  D. 如果哈希值总和与预期不同，则说明消息被修改过。这是一个完整性测试。

245. **A. 企业的计算机安全事故响应团队应向用户公布最近出现的威胁、安全准则和安全更新，可帮助他们了解可能出现错误和遗漏的安全风险。但这样做也可能带来风险，用户可能会利用此信息发动直接或间接攻击。信息系统审计师应确保 CSIRT 主动与用户沟通，协助用户降低安全故障带来的风险，并预防同一威胁所引发的其他安全事故。**
  B. 转发安全警报不会对企业造成伤害。
  C. 实施各自的解决方案可能性不大，也无效率，但不是一种严重的风险。
  D. 用户无法了解威胁也不是非常严重的问题。

246. **A. 最重要的指标是每次安全事件对财务方面的影响。可能无法完全预防事故，但团队应能够通过有效预防、检测和响应来尽可能降低事故的成本。**
  B. 修补安全漏洞很重要，但不是算机安全事故响应团队的直接责任。
  C. 保护系统不是 CSIRT 的责任，是安全团队的责任。
  D. 渗透测试的数量衡量的是安全团队和修补程序管理流程的有效性，而不是 CSIRT 的有效性。

247. A. 虽然之前的审计报告有助于了解过去某个时间点的风险或缺陷，但它们可能无法准确反映当前的风险状况。
  B. 了解业务战略可以帮助审计师识别可能影响业务的风险类型，但不能用于确定审计目标。
  C. 审计目标和覆盖范围应始终基于风险。基于风险的审计规划方法有助于审计师确定测试类型的范围和性质。风险评估报告最有助于审计师了解企业面临的风险。
  D. 审计交付成果是审计的输出，而不是在初始规划中使用的内容。

248. A. 无盘工作站作为预防性控制，在预防用户通过网络访问非法软件方面完全无效。
  B. 定期检查硬盘对于发现加载到网络上的非法软件包最为有效。
  C. 防病毒软件不一定能发现非法软件，除非该软件包含病毒。
  D. 政策中是提出有关加载软件规则的预防性控制，但无法检测实际发生情况。

249. A. 对称式密钥加密法使用单一通关短语来加密和解密消息。尽管这种加密类型很强大，但它却面临需要以安全方式共享通关短语这样一个固有的问题，而且不能解决完整性和不可否认性的要求。
  B. 数字签名可提供消息的完整性和不可否认性，但不提供机密性。
  C. 消息摘要算法是一种设计哈希运算以验证消息/数据完整性的方法。消息摘要算法不能提供机密性和不可否认性。
  D. 数字证书由公钥及其所有者的标识信息组成。相关的私钥由所有者机密地持有。这些证书一般由值得信任的机构验证，目的是将个人身份与公钥关联起来。电子邮件的机密性和完整性以公钥和私钥加密实现。由受信第三方验证数字证书即可保证发送者的不可否认性。

250. A. 如果用户账户在多次尝试失败后未被锁定，则可以使用穷举攻击获取对系统的访问权限。尽管这确实是一个风险，但与管理员相比，一般用户只拥有有限的系统访问权限。
  B. 重复使用密码确实是一个风险，但管理员使用共享登录凭证的风险更严重。
  C. 使用共享登录凭证会导致无法问责。对于特权账户，这是一种严重的风险。
  D. 如果密码不会自动过期，最有可能的是员工不会定期更改自己的密码。但这不如共享密码严重，并且管理员使用共享登录凭证是更为严重的风险。

251. A. 虽然存储区域网络的实施已经有了良好的控

制，但 SAN 管理员所担任的角色组合会带来风险。

B. 硬分区比软分区更加安全。

C. 通常应禁用未使用的端口以提高安全性。

D. 这种情况下的潜在风险由 SAN 管理员带来。存在单点故障应引起关注。由于只有一个管理员具有管理系统所需的知识和访问权限，因此企业容易受到风险的影响。例如，如果 SAN 管理员突然决定辞职，或由于其他原因无法工作，则企业可能无法充分管理 SAN。此外，如果像 SAN 这样的大型复杂系统只有一个管理员，也会产生职责分离的风险。该企业目前完全依赖 SAN 管理员来实施、维护和验证所有安全控制；这意味着 SAN 管理员可以在无人知情的情况下修改或删除这些控制。

252. A. 操作员一般需要有高级访问权才可执行其工作职责。如果这是一项风险，那么任何形式的非本地打印都会存在这种风险，并且与假脱机报告无关。

B. 在未经授权的情况下，要修改假脱机文件中的数据并不比任何其他文件更容易。

C. 除非存在作为补偿性控制的充分保护措施，否则用于离线打印的假脱机可以打印其他副本。

D. 如果数据在假脱机层面丢失，只需重新打印。

253. **A. 投资于 Web 和电子邮件过滤工具的主要原因是，这些工具可显著降低与病毒、垃圾邮件、邮件链、娱乐性上网和娱乐性电子邮件相关的风险。**

B. 最大限度地提高员工绩效在某些情况下可能是正确的（需要与意识方案一同实施，以便可显著提高员工绩效）。但主要的好处是保护企业免受病毒和与业务无关的活动的侵扰。

C. 保护企业形象是次要好处。

D. 预防法律问题很重要，但不是实施过滤的主要原因。

254. A. 屏蔽路由器和数据包过滤器工作在协议、服务和/或端口级别。这意味着它们分析的数据包来自第 3 层和第 4 层，而不是来自更高级别。

B. 数据包过滤器在通信栈中的层级太低，不能提供粒度控制。

C. 应用网关与电路网关相似，但其对于每个服务都使用特定代理。为处理 Web 服务，应用网关将超文本传输协议代理用作外部和内部之间的中介，但专门用于处理 HTTP。这意味着其不但会检查数据包的互联网协议地址（开放式系统互连第 3 层）及其转发到的端口（在此示例中为端口 80，或第 4 层），而且还检查每条 HTTP 命令（OSI 第 5 层和第 7 层）。因此，应用网关比其他选项具有更详细（有粒度）的工作方式。

D. 电路网关是用作外部和内部访问之间的中介的代理或程序。这意味着，在外部访问期间，与内部服务器之间不是建立单个连接，而是建立两个连接：一个从外部服务器到代理（与电路网关一致），另一个从代理到内部服务器。OSI 第 3 层和第 4 层（IP 和传输控制协议）以及更高级协议的一些通用功能用于执行这些任务。

255. A. 此工具提供的差异报告功能比较一段时间内的扫描结果。

B. 误报是指系统报告了原本没有的漏洞。此时控制有效但却将被评估为弱点，它表示要对控制进行重新检查。

C. 漏洞的误漏报告是指没有找出网络中的控制弱点，因此不能对其进行处理，致使网络易受攻击。

D. 粗略报告表示需要更多的工具或分析来确定是否存在漏洞及其严重性。

256. A. 只有已发布的修补程序能解决协议中的特定漏洞，安装最新修补程序才能改善这种情况。此外，在测试之前不应安装修补程序，因为修补系统可能会产生新的漏洞或影响性能。

B. 如果通过便携式媒体引入了蠕虫，则在边界阻止协议不能阻止其传播。

C. 阻止协议有助于减缓传播，但这也会阻止利用此协议的所有软件在网络段间工作。

D. 停止服务是阻止蠕虫传播最有效的方法，因为它在实际的最底层直接解决了传播方式。

257. A. 以发件人的私钥加密而以发送者的公钥解密可确保消息来自发送者；但是无法保证邮件机

密性。使用公钥基础设施以私钥加密的邮件必须以对应的公钥解密，反之亦然。
- B. 发件人没有接收方的私钥。
- C. 用发件人的私钥加密的信息无法使用收件人的私钥解密。
- **D. 用收件人的公钥加密然后用收件人的私钥对其进行解密可保证信息的机密性，因为只有预期的收件人才能使用正确的私钥来解密信息。**

258. **A. 屏蔽子网防火墙可以提供最佳保护。屏蔽路由器可以是商用路由器或具有路由功能且能够基于地址、端口、协议、接口等允许或拒绝网络间或节点间通信的节点。子网会将基于互联网的流量与公司网络的其他流量隔离开来。**
- B. 应用级网关是要进行通信的两个实体间的中介器，也称为代理网关。应用级（代理）不仅在数据包级工作，还在应用级工作。这是保护应用而不保护网络的最佳方案。
- C. 数据包过滤路由器检查在互联网和企业网络之间传送的每个数据包或数据的头。这属于低层级的控制。
- D. 电路级网关（如安全套接字服务器）以代理的形式为用户提供保护，但不是网络的最佳保护。

259. A. 神经网络本身是非线性的。
- B. 神经网络不适合解决不能获得大量一般培训数据组的问题。
- **C. 神经网络可用于解决需要考虑大量输入变量的问题。神经网络能捕捉到经常被其他统计方法漏掉的关系和模式，但其不能发现新趋势。**
- D. 神经网络没有假设任何曲线的形状是根据变量和输出之间的关系绘制的。

260. **A. 椭圆曲线加密算法仅需有限的带宽资源，适用于对移动设备进行加密。**
- B. 与高级加密标准相比，数据加密标准消耗较少的处理能力，但 ECC 更适用于对移动设备进行加密。
- C. AES 采用的是对称算法，存在密钥管理和分发的问题。ECC 是一种非对称算法，更适合移动环境。
- D. 使用 Blowfish 算法会消耗过多的处理能力。

261. A. 使用发送者的私钥加密消息摘要可确保身份认证和不可否认性。
- B. 使用发送者的公钥加密会话密钥使消息仅对发送者可访问。
- C. 使用接收方私钥加密的消息可以被任何人使用接收方公钥来解密。
- **D. 使用接收方的公钥对会话密钥进行加密，可确保只有使用接收方所保留的私钥才能获取会话密钥。**

262. **A. 垃圾搜寻用于窃取未适当丢弃的文档或计算机介质。应让用户了解草率丢弃敏感文档或其他物品的风险。**
- B. 如果用户不了解适当的安全技术，则可能无法适当地使用碎纸箱。
- C. 制定介质处置政策确实是一个好主意，但如果用户不了解该政策，则该政策可能会失效。
- D. 如果用户不了解适当的安全技术，则可能无法适当地使用碎纸机。

263. A. 将安全套接字层用于防火墙管理非常重要，因为用户和供应链伙伴的角色及配置文件的改变具有动态性。
- B. 按需维护防火墙政策是正确的做法。
- C. 阻止所有未经允许的入站流量是一种谨慎的做法。
- **D. 当在商用操作系统之上实施防火墙时，最需要关注的是可能出现破坏防火墙平台安全性的漏洞。多数情况下，当商用防火墙遭到破坏时，是由底层 OS 中的漏洞助长破坏的。保持系统上所有安装选项可用会进一步增加漏洞和利用漏洞的风险。**

264. **A. 保证接入点（如无线路由器）的物理安全能够预防盗窃，降低恶意人员篡改设备设置的风险。如果可以在物理上接触到接入点，那么要恢复弱式默认密码和加密密钥，或是从网络完全取消身份认证和加密机制往往很容易。**
- B. 不应使用服务集标识符来标识企业，因为黑客会将无线局域网与已知企业关联起来，这会增加他们的攻击动机，可能还会给他们提供这样做的信息。
- C. 原始的有线等效加密安全机制已被证明有大

量可被利用的弱点。最近开发的 Wi-Fi 网络安全存取协议和 WPA 2 标准代表了更加安全的身份认证和加密方式。

D. 在无线接入点安装简单网络管理协议会增加安全漏洞。如果确实需要 SNMP，则应部署有更强身份认证的 SNMP V3，而不是之前的版本。

265. **A. 生产程序用于处理企业的数据。对生产程序变更的控制必须十分严格。缺乏此方面的控制会导致应用程序被修改，进而使数据遭到篡改。**

B. 缺少变更控制是一种重大风险--但如果变更的只是对供应商软件安装供应商提供的补丁，则风险很小。

C. 操作支持人员对批量计划执行的变更只会影响批量的安排，除非工作运行顺序错误，否则不会影响实时数据。

D. 数据库管理员需要对数据结构实施更改。这是重组数据库所需的操作，以便添加、修改或删除数据库中的字段或表格。

266. **A. 如果数据没有加密，未经授权的外部人员可下载企业的敏感信息。**

B. 虽然用电子邮件传送登录信息有可能被截取，但数据应已加密，这样即使窃得数据也无法打开。

C. 咨询公司的某些员工会获得敏感数据，所以必须要有程序对数据进行保护。

D. 与敏感数据泄露相比，追查问责属于小问题。

267. A. 互联网连接始终应有防火墙；但是否允许活跃模型需要根据模块的来源确定。

B. 安全 Web 连接提供机密性。安全 Web 连接和防火墙都不将可执行文件视为友好文件。

C. 应基于已建立的信任接受这些机制。控制在于仅当知道来源然后才允许接受小程序。恶意小程序可以来自任何地方。

D. 将网站作为企业的一部分托管是不切实际的。如果将参数设置为接受此程序，客户端将接受此程序。

268. A. 奇偶校验（也被称为垂直冗余检查）也涉及在传输过程中为每个字符添加一个位（称为奇偶位）。在这种情况下，如果存在错误群（传输速率很高时产生噪声脉冲），奇偶校验的可靠性概率约为 50%。在传输速率较高时，这一局限性很明显。

B. 回送检查是通过将数据重新传输到发送设备以与原始传输进行比较来检测命令行错误。

C. 块总和检验是奇偶校验的一种，可靠性低。

D. 循环冗余检测可以检查传输数据块。工作站生成 CRC 并将其连同数据一起传输。接收工作站计算 CRC 并将计算结果与传输的 CRC 进行比较。如果两者相等，则认为数据块没有错误。在这种情况下（例如，在奇偶错误或回送检查中），可以检测到多个错误。一般来说，CRC 可以检测所有的单位和双位错误。

269. A. 双绞线、同轴电缆和铜线中的流量都可用廉价设备予以监控。

B. 双绞线电缆是铜线的一种，虽然屏蔽提供一定程度的干扰保护，但它不能提高预防未经授权访问的安全性。

C. 经证明，光纤电缆比其他介质更安全、更难以接入。

D. 同轴电缆可以相对很容易地被监控。

270. **A. 审查参数设置可为比较现有配置与安全政策提供良好的基础，并且可提供审计证据记录。**

B. 与防火墙管理员面谈不能保证防火墙的配置就是正确的。

C. 审查实际程序也不错，但不能保证防火墙规则就是正确的，而且符合政策。

D. 近期的攻击可说明防火墙存在的问题，但不能保证防火墙的正确配置。

271. A. 网络电话系统利用企业的局域网（LAN）设施进行通信，这样可以节约布线成本和简化电话系统的安装与支持。利用共享基础设施是 VoIP 的优势之一，因此不值得关注。

B. VoIP 利用企业的 LAN 基础设施进行通信，通常利用以太网连接将单个电话接入系统。多数企业的主要服务器和系统都有备份电源，但通常没有 LAN 交换机专用的不间断电源单元。一旦发生短暂的断电现象，如果所有网络设备都没有备份电源，则不可能拨打或接听电话，这是令人担心的问题，尤其是在呼叫中心。

C. VoIP 设备通常不加密本地网络上的语音流量，因此不值得关注。VoIP 电话系统通常接入电话企业的语音电路，这种电路通常不加密。如果系统使用互联网进行连接，则需要加密。

D. VoIP 电话系统利用企业的 LAN 基础设施进行通信，因此该基础设施的支持与维护人员默认负责数据和语音两个网络。因此，这不是个问题。

272. **A. 替代路由可以确保在通信服务中断或链接中断时能够继续使用网络，因为可以自动重新路由消息。**

B. 系统备份不能为网络故障提供保护。

C. 维修合同几乎总会导致时间损失，也不如永久性的替代路由有效。

D. 在连接断开时，备用服务器无法确保连续性。

273. A. 尽管这一应用可能对可用性有严格的要求，但人们认为服务等级协议将包含这些相同的要素；因此，这不是问题。

B. 拥有审计权条款固然很好，但对云服务提供商如何解读这一要求方面存在限制。在跨国云服务提供商处审查和评估所有控制是否到位，这一任务可能极为昂贵耗时；因此，这类要求可能价值有限。

C. 因为 SLA 一般会指定正常运行时间要求，达到这些目标（包括提供商的具体灾难恢复计划能力）的方法一般没有由客户深度审查，一般也没有在 SLA 中明确。

D. 在多个国家设有数据中心最受关注，因为 HR 应聘人数据包含个人可识别信息。如果这些数据存储在数据隐私方面法律规定不同的国家，则可能引发合规性问题。尽管企业会受到所在地隐私法的约束，但如果数据泄露发生在相同法律不适用的管辖地，则该组织可能会没有合法的追索权。

274. A. 删除客户锁定条款并不能保证存储在云计算环境中的系统资源的可用性。

B. 与服务提供商拟定合同时，理想的做法是删除客户锁定条款。对客户而言，保证其系统资产的可迁移性（即从某个供应商转移到另一家供应商的权利）可能很重要。

C. 敏捷性是指让企业能够更快地响应业务需求的解决方案效率。这是云计算的良好品质。

D. 可伸展性是云计算的一种优势，它可以根据不断变化的业务环境调节服务等级。因此，这不是最佳选项。

275. A. 在面向对象的系统中，对象被其他模块调用并从调用模块继承数据。这不影响安全性。

B. 动态仓储与面向对象技术的安全性无关。

C. 封装是对象的一个属性，可以阻止对之前未被定义为公开的属性或方法进行访问。这表示对象任何行为的实施都无法访问。对象会定义一个外部通信接口，仅可以访问属于该接口的对象行为。

D. 多态性是会依据输入而作出不同行为的不同对象的创建原则。这不是安全特性。

276. **A. 峰值达到 96% 可能由一次性事故造成，例如，某用户下载大量数据；因此，在建议购买大容量线路前应进行分析，以便确定此现象是否属于一种常规模式，并确定造成此现象的原因。**

B. 96%的峰值流量接近极限水平，审计师不应在此时或为可预见的未来假定容量的充足性。需要进一步的调查。

C. 如果确定出现峰值属于一种常规现象，并且也没有其他任何办法可以使此情况得以缓解（使用带宽预留协议或其他有关网络流量优先顺序划分的协议），则应该更换线路，因为流量接近 100%时存在服务丢失的风险。此时需要进一步的调查。

D. 如果峰值流量负荷是很少见的一次性现象，或流量可以被重组转移至其他时间段，则可以考虑对用户进行指导。这需要进一步的调查确定。

277. A. 冗余路径可最大程度地减少信道通信故障的影响，但不能解决服务器故障的问题。

B. 通过群集可使两个或更多个服务器形成一个单元共同作用，其中一个服务器出现故障时，另一个服务器可以接管。

C. 拨号备份线路旨在尽量降低信道通信故障而非服务器故障的影响。

D. 备用电源在出现电力故障时可提供替代电源，

但不能解决服务器故障的问题。

278. A. 时钟不同步则不会发生交易遗漏或重复的情况。
B. 数据传输与时间戳无关。
C. 尽管电子邮件上的时间戳可能不准确，但这不是严重问题。
D. 在事故调查期间，审计日志被用作证据，其中的时间戳信息非常有用。如果时钟不同步，调查将更加困难，因为无法轻易确定不同系统中发生的事故时间线。

279. A. 了解网络中的设备后，应审查使用设备的良好实践以确保配置中无异常。
B. 只有在审查并了解网络拓扑结构以及在网络中部署设备的良好实践后，才能确定缺少哪些组件。
C. 第一步是了解在企业网络拓扑中网络设备的重要性和角色。
D. 只有在审查并了解网络拓扑以及设备部署的良好实践基础上，才能确定哪些子组件使用不适当。

280. A. 为执行职责分离，管理员不得具有对日志文件的访问权限。这主要有助于保证机密性而非完整性。
B. 捕获日志信息的方法有很多，如通过应用层、网络层、操作系统层等。然而，在操作系统层捕获事件并不具备日志完整性方面的益处。
C. 如果是极其关键任务的信息系统，则最好采用双日志模式来运行系统。如果将日志存储在两个不同的存储设备上，则主要会对保证日志信息的可用性而非完整性非常有帮助。
D. 建立专用的第三方日志服务器并在其中记录事件是保持防火墙日志完整性的最佳程序。如果充分保持对日志服务器的访问控制，则将减小未经授权日志修改所带来的风险，从而提高日志信息的完整性。

281. A. 如果双方的合同中未规定对供应商站点中的控制进行评估，信息系统审计师就无法进行评估工作。
B. 云计算的管理需要通过 Internet 完成，并会有多个实体参与其中。云计算环境中的每个合作伙伴均有责任处理好各自环境中的安全问题。如果存在安全漏洞，则该漏洞的责任方应予以识别并对此漏洞负责。如果服务等级协议中未规定各合作伙伴在出现安全漏洞时的责任划分，便无法确定责任方。
C. 信息系统审计师应保证合同中解决企业和供应商所在国家/地区的不同法律法规的问题，但不同法律和法规不是问题。
D. 信息系统审计师可以建议被审计实体使用适合的修补程序或改为使用较安全的浏览器，然后审计师可对措施的执行情况进行跟踪。

282. **A. 文件标题记录可以保证使用正确的数据文件，并便于自动检查。**
B. 尽管版本使用可以保证使用正确的和版本，但不便于自动检查。
C. 奇偶校验是一种数据完整性验证方法，通常用于数据传输程序。尽管奇偶校验可以帮助确保成功传输数据和程序文件，但不能确保使用正确的数据或程序文件。
D. 文件安全控制不能保证使用正确的数据文件，也不便于自动检查。

283. A. 数据输入的准确性可以通过数据验证控制（例如选择列表、交叉检查、合理性检查、总数核对控制和允许的字符检查等）来实现。
B. 校验和或数字签名是通常用于验证所下载程序或其他所传输数据的完整性。
C. 加密的充分性取决于要保护数据的敏感度以及决定用多长时间才能破解特定加密方法的算法。
D. 数据传输块（例如从硬盘传输的数据）的准确性由循环冗余检测验证。

284. **A. 在此例中，第一步是通过审查和分析网络流量来找到问题。使用协议分析器和审查相关交换机或路由器的日志文件能确定是否有配置问题或硬件故障。**
B. 尽管可能需要增加互联网带宽，但如果性能问题是因不同的问题或错误状况导致的，则不需要增加互联网带宽。
C. 尽管创建基准和贯彻服务质量将有助于确保关键应用程序具有适当的带宽，但在这种情况下，性能问题可能与配置错误或设备故障有关。

D. 尽管实施虚拟本地网可能是确保适当性能的良好实践，但在这种情况下，问题可能与配置错误或设备故障有关。

285. A. 记录生产库的变更是一种良好实践，但因为管理员可能更改日志，所以这种控制不充分。

B. 尽管最好能遵守职责分离和招聘更多员工，但对于小型企业来说，此举不一定可行。

C. 信息系统审计师必须考虑推荐更好的流程。信息系统审计师应该对生产的源及目标代码变更的管理和检测过程（如代码比较）提出正式的变更控制建议，这样更改才可以由第三方定期审查。这属于补偿性控制流程。

D. 要求第三方进行变更在可能没有其他人具备充分专长的小型企业中可能不切实际。

286. A. 盘点本身并不能提供充分的信息，以评估与关键功能相关的风险。

B. 审计风险取决于审计师对固有风险（假定没有相关的内部控制，审计领域发生错误的可能性，且错误可能具有实质性）、控制风险（内部控制无法预防或发现实质性弱点的风险）和检测风险（实质性测试无法发现错误的风险，且错误可能具有实质性）的评估水平。

C. 在规划审计时，审计师将决定他们愿意接受的审计风险级别。审计工作越有效、越广泛，遗漏漏洞的风险就越小。了解企业的关键系统及其运行的近实时程度将有助于确保审计师拥有做出风险决策所需的信息。

D. 并非所有系统都需要在审计计划中占有一席之地；一些非关键系统的优先级可能高于关键系统。当采用基于风险的方法时，影响业务的关键系统应在审计计划中得到优先考虑。

287. A. 将内部审计与企业整体风险管理框架联系起来是实施基于风险的审计的好处之一，但不是主要好处。基于风险的审计是指企业的风险管理框架。

B. 对风险、响应和行动进行分类和报告并不是主要好处；而是基于风险的审计的结果之一。

C. 识别不符合风险偏好的残余风险是基于风险的审计的结果，而不是其主要好处。

D. 实施基于风险的审计的主要好处是根据审计结果向高级管理层保证风险管理流程的有效性。管理层正在监控风险管理流程，包括响应的有效性和行动的完成情况，以确保其继续有效运营。

288. **A. 如果审计师无法获得实现审计目标所需的充分或适当的审计证据，则应按照既定程序向审计管理层披露这一情况，并在必要时向负责审计治理的人员披露。在沟通审计结果时，还应说明审计范围和审计目标的实现受到的限制或局限。如果欺诈迹象十分明显，足以建议展开调查，审计师还应通知企业内的主管部门。因此，即使现有事实不能证明存在违规行为，审计师仍有义务采取行动。审计师应披露其已知的所有重大事实和发现，如果不予披露，可能会使审计活动报告失实。**

B. 在有充分证据之前，不应向外部实体报告非法活动；然而，对这些活动的怀疑应向企业内的相应高管披露。

C. 审计师有义务在审计沟通中报告审计工作的结果。

D. 审计结果和报告中应披露对实现审计目标的限制，并应向有关企业主管部门披露可能存在的违规行为。

考试样卷

　　如想了解自己的强项和弱项,您可以进行学后测验。考试样卷从第256页开始,考试样卷答案从第276页开始。

　　您可根据第276页的参考答案,对照您的考试样卷答案给您的学后测试打分。

1. 以下哪项是控制自我评估方法的特性?

   A. 广泛的利益相关方参与度
   B. 审计师是主要的控制分析人员
   C. 员工参与度有限
   D. 政策驱动

2. 以下哪个选项能够向企业确保存在与第三方所提供服务相关的有效内部控制?

   A. 当前服务等级协议
   B. 最近的独立第三方审计报告
   C. 当前的业务持续计划程序
   D. 最近的灾难恢复计划测试报告

3. 信息系统审计师应使用以下哪种报告来检查以确定遵守了服务等级协议对正常运行时间的要求?

   A. 使用情况报告
   B. 硬件错误报告
   C. 系统日志
   D. 可用性报告

4. 在审查业务持续计划时,信息系统审计师应**最**关注以下哪一项?

   A. 灾难级别的确定以受损职能的涉及范围为基础,而不以持续时间为基础
   B. 低级别灾难和软件事故之间的区别不明确
   C. 虽然记录了整体BCP,但并没有具体说明详细的恢复步骤
   D. 未识别宣告灾难的职责

5. 当对某组织的台式计算机软件合规性进行审查时,安装的软件存在以下哪种情况时**最**需要信息系统审计师给予关注?

   A. 已安装,但没有记录到IT部门记录中
   B. 由没有对其使用经过适当培训的用户使用
   C. 没有列于批准软件标准的文档中
   D. 许可证将在15天后到期

6. 在正式结束审查前,与受审方举行会议的**主要**目的是:

   A. 确认审计师没有忽略任何重要问题
   B. 就审计发现达成一致意见
   C. 就审计程序是否充分听取反馈意见
   D. 测试最终陈述的结构

7. 某企业指定了通过控制自我评估定期验证IT资产的政策。对于企业信息系统审计师而言,以下哪项是**最佳**方法?

   A. 信息系统审计师应积极参与CSA以验证资产
   B. 信息系统审计师应建议企业为CSA活动制定激励措施
   C. 信息系统审计师应审查CSA结果,并寻找其他适当的内部控制
   D. 信息系统审计师应以工作重复/冗余为由回避CSA活动

8. 以下哪个选项中的信息与积极加强安全设置**最**相关?

   A. 防御主机
   B. 入侵检测系统
   C. 蜜罐
   D. 入侵防御系统

9. 以下哪个选项**最**有助于定义灾难恢复战略?

   A. 年预期损失和暴露因子
   B. 可承受的最大停机时间和数据丢失
   C. 现有服务器和网络冗余
   D. 数据备份和异地储存要求

10. 以下哪个选项是实施政策对IT员工兼职就业设置条件的**最佳**原因?

    A. 预防滥用公司资源
    B. 预防利益冲突
    C. 预防员工绩效问题
    D. 预防IT资产遭到窃取

11. 某组织正在将内部开发的薪资管理程序替换为一个商业企业资源规划系统的相关子系统。以下哪项表现出的潜在风险**最高**？

    A. 某些项目变更的批准未记录
    B. 历史数据从旧系统到新系统的迁移出错
    C. ERP 子系统标准功能的测试不完整
    D. 新 ERP 子系统上的现有薪资管理权限重复

12. 在评估软件开发实务时，一名信息系统审计师发现，开源软件组件用在了为客户设计的应用程序中。关于开源软件的使用，该审计师**最**关注什么？

    A. 客户不为开源软件组件付费
    B. 组织和客户必须遵守开源软件许可条款
    C. 开源软件具有安全漏洞
    D. 开源软件对商业用途不可靠

13. 谁**最终**负责数据分类和保护？

    A. 数据管理员
    B. 数据保管员
    C. 数据所有者
    D. 数据控制者

14. 在安全专员的帮助下，由谁来负责授予数据的访问权限：

    A. 数据所有者
    B. 编程人员
    C. 系统分析师
    D. 程序库管理员

15. 执行电讯访问控制审查的信息系统审计师应主要关注：

    A. 对各种系统资源使用情况访问日志的维护
    B. 在授予对系统资源的访问权限之前对用户的授权和身份认证
    C. 通过加密或其他方法对服务器上存储的数据的保护是否充分
    D. 问责制和识别访问系统资源的任何终端设备的能力

16. 一项应用程序开发工作外包给了离岸供应商。以下哪一项应是信息系统审计师的**最大**担忧？

    A. 合同中未包括审计权利条款
    B. 未建立业务案例
    C. 没有源代码第三方托管协议
    D. 合同中没有变更管理程序

17. 要使无线局域网中传输数据的机密性得到**最佳**保护，会话应：

    A. 仅限于预定义的介质访问控制地址
    B. 使用静态密钥加密
    C. 使用动态密钥加密
    D. 从具有加密存储的设备启动

18. 某信息系统审计师要为渗透测试选择一个服务器，并且该测试会由技术专业人员执行。下面哪个选项**最**重要？

    A. 用来进行测试的工具
    B. 信息系统审计师持有的认证
    C. 服务器数据所有者的批准
    D. 启用了入侵检测系统

19. 在审查一个进行中的项目时，信息系统审计师注意到由于预期收益有所减少且成本有所增加，因此业务案例不再有效。信息系统审计师应建议：

    A. 中断项目
    B. 更新业务案例并采取可行的整改措施
    C. 将项目退回项目发起人进行重新批准
    D. 继续完成项目，日后再更新业务案例

20. 在某组织中对软件开发实务进行评估期间，信息系统审计师注意到质量保证职能部门向项目管理人员汇报。信息系统审计师**最**关心的问题是：

    A. QA 部门的有效性，因为 QA 职能部门应是项目管理和用户管理间的桥梁
    B. QA 职能部门的效率，因为 QA 职能部门应与项目实施团队进行交互
    C. 项目经理的有效性，因为项目经理应与 QA 职能部门进行交互
    D. 项目经理的效率，因为该 QA 职能部门需要与项目实施团队进行沟通

21. 以下哪项对应用程序系统的成功实施影响**最**大？

    A. 原型设计应用程序开发方法
    B. 符合适用的外部要求
    C. 整体组织环境
    D. 软件再工程技术

22. 以下哪一线路介质可为电信网络提供**最佳**安全性？

    A. 数字传输宽带网络
    B. 基带网络
    C. 拨号
    D. 专用线路

23. 在审查客户端的数据库日志时，信息系统审计师需要验证其在云上的冗余备份。以下哪项是**最佳**策略？

    A. 向云服务提供商告知所需的验证，并获取云日志
    B. 忽略云上的备份，因为它已经是逐字副本
    C. 在审计的下一阶段考虑云备份
    D. 向客户告知对原项目计划进行修改的建议

24. 实施以下哪一项可以**最**有效地预防未经授权访问 Web 服务器系统管理账户？

    A. 在服务器上安装主机入侵检测软件
    B. 密码到期和锁定策略
    C. 密码复杂性规则
    D. 双因素认证

25. 以基于风险的方法制订审计计划时，审计师应考虑哪一个**最**重要的步骤？

    A. 盘点企业中使用的信息系统并对其进行分类
    B. 评估哪些风险会影响系统，及其对业务影响的严重程度
    C. 确定哪些系统影响关键企业职能，及其运行的近实时程度
    D. 根据风险评估对系统进行排序，并决定审计优先级、资源、时间表和频率

26. 在针对外包 IT 处理的可行性分析过程中，下列哪一项对信息系统审计师审查供应商的业务持续计划很重要？

    A. 评估供应商可在突发情况下提供的服务级别是否充分
    B. 评估服务单位的财务稳定性及其履行合同的能力
    C. 审查供应商员工的经验
    D. 测试业务持续计划

27. 开发 IT 框架的企业治理**主要**是为了帮助组织的领导者：

    A. 负责任地使用资源并管理信息系统风险
    B. 实现效益并管理实务和流程的绩效
    C. 为利益相关方提供价值，并保护所创造的价值
    D. 建立问责制并管理信息安全风险

28. 某信息系统审计师正在审查某数据中心的物理安全控制，并发现有几个领域值得关注。以下哪个领域**最**重要？

    A. 紧急断电按钮盖不见了
    B. 未执行预定的灭火系统日常维护
    C. 数据中心没有安全摄像头
    D. 紧急出口门被阻塞

29. 对于信息系统审计师来说，执行以下哪项测试能够**最**有效地确定对组织变更控制程序的遵守情况？

    A. 审查软件迁移记录，并验证批准
    B. 识别所做的变更，并验证批准
    C. 审查变更控制记录，并验证批准
    D. 确保只有相关员工才能将变更迁移到生产中

30. 以下哪一项是执行并行测试的**主要**目的？

    A. 确定系统是否具有成本效益
    B. 实现综合单元及系统测试
    C. 找出含文件的程序接口中的错误
    D. 确保新系统满足用户要求

31. 与没有灾难恢复计划相比，有 DRP 时持续运作的成本**最**有可能：

    A. 增加
    B. 减少
    C. 保持不变
    D. 无法预测

32. 以下哪项控制能够**最**有效地检测入侵？

    A. 通过授权的程序来授予用户 ID 和用户权限
    B. 工作站在特定时间段内不活动会自动注销
    C. 在失败尝试达到指定次数后，系统自动注销
    D. 由安全管理员监控未成功的登录尝试

33. 某信息系统审计师正在审查一家企业的 HR 数据库实施情况。信息系统审计师发现：为获得高可用性而群集数据库服务器，所有默认数据库账户已移除，并且已保留数据库审计日志并每周审查一次。为确保适当保护数据库的安全，信息系统审计师还应检查哪些其他领域？

    A. 限制数据库管理员访问 HR 数据
    B. 数据库日志经过加密
    C. 数据库存储的程序经过加密
    D. 数据库初始化参加适当

34. 以下哪一项**最**能促进成功实施与 IT 相关的框架？

    A. 记录与 IT 相关的政策和程序
    B. 确保在信息技术框架中适当体现业务
    C. 遵循最新的行业最佳实践来实施框架
    D. 成立委员会来监督框架的实施

35. 如果已将服务外包，下列哪一项是 IT 管理层要执行的**最**重要的职能？

    A. 确保为提供商开具发票
    B. 与提供商一同参与系统设计
    C. 重新商谈提供商的酬金
    D. 监督外包提供商的表现

36. 一个 IT 灾难恢复措施已经实施到位并且进行了多年定期测试的中等规模组织刚刚制订了一个正式的业务持续计划。已经成功进行了基本的 BCP 桌面演练。要验证新 BCP 的充分性，信息系统审计师接下来应建议进行以下哪项测试？

    A. 全面测试（将包括 IT 部门在内的所有部门转移到应急站点）
    B. 对一系列预定义情景（涉及所有关键人员）进行的浏览审查测试
    C. IT 灾难恢复测试（测试关键应用程序时涉及业务部门）
    D. 情景功能测试（有限 IT 人员参与）

37. 当审查入侵检测系统时，信息系统审计师应**最**关注以下哪一项？

    A. 大量误报
    B. 网络流量覆盖率低
    C. 网络性能下降
    D. 默认检测设置

38. 在设计业务持续计划期间，业务影响分析确定关键流程和支持的应用程序。这将主要影响：

    A. 维护 BCP 的责任
    B. 选择恢复站点提供商的标准
    C. 恢复战略
    D. 关键人员的责任

39. 数据挖掘和审计软件工具应该实现哪项主要需求？该软件工具应该：

    A. 与各种类型的企业资源规划软件和数据库具备接口
    B. 准确地捕捉来自企业系统的数据，而且不产生过多的性能问题
    C. 将审计钩引入企业财务系统，以支持持续审计
    D. 具有可定制性并且支持加入定制编程以便帮助调查分析

40. 在实施后审查期间，应执行以下哪项活动？

    A. 用户验收测试
    B. 投资回报率分析
    C. 激活审计轨迹
    D. 更新企业架构图的状态

41. 在评估电子数据交换应用程序的控制时，信息系统审计师应该**主要**关注以下哪种风险？

    A. 交易周转时间过长
    B. 应用程序接口故障
    C. 交易授权不当
    D. 批量处理总数未经验证

42. 一名信息系统审计师正在审查企业的传输层安全网站。以下哪一项风险**最高**？

    A. 过期的数字证书
    B. 自签名的数字证书
    C. 为多个网站使用相同的数字证书
    D. 使用56位数字证书

43. 以下哪一项**最**有可能确保灾难恢复工作取得成功？

    A. 进行桌面演练
    B. 完成数据恢复
    C. 批准恢复程序
    D. 承诺适当的人力资源

44. 以下哪一项**最**有助于信息所有者对数据进行适当分类？

    A. 了解保护数据的技术控制
    B. 企业政策和标准培训
    C. 使用自动化数据泄露防护工具
    D. 了解哪些人需要访问数据

45. 在新开发的系统中实施控制之前，管理层**主要**应当确保这些控制：

    A. 满足解决某项风险的要求
    B. 不会降低生产力
    C. 以成本收益分析为基础
    D. 具有检测性和纠正性

46. 在对抽样异常交易报告进行审查时，以下哪一项是信息系统审计师从符合性测试转向实质性测试的**最**合适指标？

    A. 控制文档
    B. 日志分析
    C. 系统要求规格
    D. 数据流图

47. 信息系统审计师获得充分恰当的审计证据的**最**重要目的是：

    A. 遵守监管要求
    B. 为得出合理结论提供依据
    C. 确保审计覆盖范围完整
    D. 根据定义的范围执行审计

48. 以下哪项是控制自我评估的**主要**优点？

    A. 管理层在支持业务目标的内部控制方面的所有权得到了强化
    B. 如果评估结果是外部审计工作的输入，审计费用会降低
    C. 欺诈检测会有所改进，因为企业内部人员参与了测试控制
    D. 内部审计师可通过使用评估结果转向咨询式的方法

49. 在新系统的设计过程中建立停止点或冻结点是为了：

    A. 预防对进行中的项目进行进一步变更
    B. 指示要完成设计的点
    C. 要求对该点后的变更评估其成本效益性
    D. 为项目管理团队提供对项目设计的更多控制权

50. 通常，黑客使用以下哪种方式调用互联网站点上的分布式拒绝服务攻击？

    A. 逻辑炸弹
    B. 网络钓鱼站点
    C. 间谍软件
    D. 僵尸网络

51. 某个组织刚刚完成了年度风险评估。关于业务持续计划，信息系统审计师应该建议以下哪个选项作为该组织的下一步骤？

    A. 审查并评估 BCP 的充分性
    B. 执行 BCP 的完整模拟
    C. 对员工进行有关 BCP 的培训和教育
    D. 通知 BCP 中的关键联系人

52. 许多 IT 项目会由于开发时间和/或资源需求估计不足而遇到问题。在估计项目持续时间时，以下哪项技术可提供**最大程度**的协助？

    A. 功能点分析
    B. 计划评审技术图
    C. 快速应用程序开发
    D. 面向对象的系统开发

53. 审查硬件维护方案时，信息系统审计师应评估：

    A. 所有计划外维护的时间表是否得到了维护
    B. 是否符合历史趋势
    C. 是否获得了 IT 指导委员会的批准
    D. 方案是否根据供应商的规范进行了校验

54. 以下哪项是预防员工意外造成数据丢失的**最**有效方法？

    A. 阻止对所有外部网站和电子邮件域的访问
    B. 加密企业内所有存储设备上的所有敏感数据
    C. 定期开展用户意识培训计划
    D. 实施严格的访问控制，以限制员工对敏感数据的访问

55. 审查局域网的实施时，信息系统审计师应**首先**审查：

    A. 节点列表
    B. 验收测试报告
    C. 网络图
    D. 用户列表

56. 某信息系统审计师正在审查组织的软件质量管理流程。**第一个**步骤应当：

    A. 核查组织对标准的遵守情况
    B. 确定并报告现有控制
    C. 审查质量评估指标
    D. 要求获得组织采用的所有标准

57. 以下哪种系统或工具可以识别出信用卡交易**更有**可能因信用卡失窃引起，而不是由信用卡持有人所为？

    A. 入侵检测系统
    B. 数据挖掘技术
    C. 状态检查防火墙
    D. 数据包过滤路由器

58. 在信息系统审计期间，所收集数据的范围应根据以下哪个选项确定？

    A. 关键和必需的信息的可用性
    B. 审计师对环境的熟悉程度
    C. 受审方查找相关证据的能力
    D. 正在执行的审计的目的和范围

59. 信息系统审计师使用数据流程图可以：

    A. 确定关键控制
    B. 突出显示高层数据定义
    C. 以图形方式汇总数据路径和存储
    D. 分步描绘数据生成的详细信息

60. 以下哪一网络组件的**主要**安装目的是作为一种预防在不同网络分段间进行未经授权通信的安全措施？

    A. 防火墙
    B. 路由器
    C. 第 2 层交换机
    D. 虚拟本地网

61. 以下哪个选项能够成为保证业务和 IT 之间策略一致性的**最佳**促成元素？

    A. 成熟度模型
    B. 目标和指标
    C. 控制目标
    D. 执行人、责任人、咨询人、被通知人图

62. 某企业正在开发一种新的采购系统，但进度落后于预定计划。因此，有人提议将测试阶段的原定时间缩短。项目经理向信息系统审计师询问如何降低测试时间缩短可能带来的风险。以下哪种风险缓解策略较为合适？

    A. 测试并发布功能被简化的试用系统
    B. 针对最严重的功能性缺陷进行修复及重新测试
    C. 取消开发团队计划进行的测试，直接进行验收测试
    D. 使用一种测试工具自动进行缺陷跟踪

63. 信息系统审计师在一名员工的电脑上发现了一个加密货币矿机，该矿机与其账户相关联。这违反了 IT 政策。以下哪项**最**有助于企业更快地发现这些问题？

    A. 审查计算机资源可用性和活动报告
    B. 实施软件认证政策以控制软件安装
    C. 定期为用户举办 IT 政策意识研讨会
    D. 使用自动日志监控解决方案监控应用程序日志

64. 以下哪项最能保证服务器操作系统的完整性？

    A. 在安全的位置放置的服务器
    B. 设置启动密码
    C. 强化服务器配置
    D. 实施活动日志记录

65. 以下哪项是集成测试设施的优点？

    A. 使用实际主文件或虚拟数据，信息系统审计师不必审查交易的来源
    B. 定期测试不需要单独的测试流程
    C. 它可验证应用系统，并确保系统的正确运行
    D. 无须准备测试数据

66. 以下哪一项是信息系统审计师在审查组织的风险战略时**最**感兴趣的？

    A. 所有风险均得到有效缓解
    B. 实施控制后的残余风险为零
    C. 所有可能的风险均已确定并评级
    D. 组织使用既定的风险框架

67. Web 和电子邮件过滤工具对组织是有价值的，主要是因为：

    A. 保护企业免受病毒和非业务材料的侵扰
    B. 最大限度地提高员工绩效
    C. 保护企业形象
    D. 帮助企业预防法律问题

68. 以下哪个选项可被执行审计的信息系统审计师评估为预防性控制？

   A. 交易日志
   B. 前后图像报告
   C. 表格查找
   D. 跟踪和标记

69. 以下哪项**最**准确地描述了信息系统审计师在审计企业架构时的重点？信息系统审计师应该：

   A. 遵循总体 EA 并将其作为主要的信息来源
   B. 使用 EA 组织要求作为审计标准，以评估 EA 是否符合这些要求
   C. 确保信息系统符合 EA 并满足企业目标
   D. 审查 EA 文档，以评估 EA 是否符合企业要求

70. 某信息系统审计师在审查数据库控制时发现，在正常工作时间内对数据库所做的变更是通过一套标准程序处理的。但是，在非正常工作时间，只需采用简单的几步便可进行变更。在这种情况下，可将以下哪项看作一套充分的补偿性控制？

   A. 只允许使用数据库管理员用户账户进行更改
   B. 在授予了普通用户账户的访问权限之后再对数据库进行更改
   C. 使用 DBA 用户账户进行更改、对更改进行记录并在第二天查阅更改日志
   D. 使用普通用户账户进行更改、对更改进行记录并在第二天查阅更改日志

71. 评估新会计应用采购的业务案例时，以下哪一项考虑因素**最**重要？

   A. 应用的总拥有成本
   B. 实施所需要的资源
   C. 企业的投资回报率
   D. 安全需求的成本和复杂度

72. 为了进行适当协调，以下哪项业务持续计划测试需要危机管理/响应团队的相关成员的参与？

   A. 桌面测试
   B. 功能测试
   C. 全面测试
   D. 案头检查

73. 为确定供应商满足关于某关键 IT 安全服务的服务等级协议要求的能力，信息系统审计师**最**好参考以下哪一项？

   A. 主合同合规性
   B. 商定的关键绩效指标
   C. 业务连续性测试的结果
   D. 独立审计报告的结果

74. 信息系统审计师发现业务用户的密码控制的配置设置得比 IT 开发人员更严格。信息系统审计师**最**应采取以下哪项行动？

   A. 确定是否违反政策并进行记录
   B. 记录观察到的异常情况
   C. 建议全部使用相同的密码配置设置
   D. 建议定期审查 IT 开发人员访问日志

75. 指导委员会应该：

   A. 成员包括来自不同部门的各级员工
   B. 确保信息安全政策和程序已正确执行
   C. 维护委员会的会议记录，并及时向董事会汇报
   D. 由供应商在每次会议上对新趋势和产品做简短介绍

76. 下列哪一项通常是首席信息安全官的责任？

   A. 定期审查和评估安全政策
   B. 执行用户应用程序、软件测试及评估
   C. 授予和撤销对 IT 资源的用户访问权限
   D. 批准对数据和应用程序的访问

77. 某信息系统审计师发现，实施了未经指导委员会批准的多个基于 IT 的项目。该信息系统审计师**最**需要关注什么？

   A. IT 部门的项目资金不足
   B. IT 项目不遵循系统开发生命周期流程
   C. IT 项目未必一直得到正式的批准
   D. IT 部门未朝着共同的目标而努力

78. 信息系统审计师在客户站点执行漏洞评估时发现了潜在的零日漏洞。以下哪项是信息系统审计师应采取的**最佳**方法？

   A. 对发现进行注释，并在审计报告中正确记录
   B. 立即联系客户端系统管理员以更改防火墙规则
   C. 立即联系客户端开发人员以对系统进行修补
   D. 立即与受审方的管理层讨论发现和证据

79. 观察业务持续计划的完整模拟时，信息系统审计师注意到组织设施内的通知系统可能会因为基础设施损坏而受到严重影响。信息系统审计师可向组织提供的**最佳**建议是确保：

   A. 对抢修团队进行通知系统使用方面的培训
   B. 通知系统具有备份恢复功能
   C. 在通知系统中构建冗余
   D. 将通知系统存放在保险库中

80. 当组织的灾难恢复计划中包含互惠协议时，应采用以下哪项风险处置方法？

   A. 转移
   B. 缓解
   C. 避免
   D. 接受

81. 某批量交易作业在生产中操作失败；在用户验收测试中，同一作业却未出现问题。生产批量作业分析显示，它在 UAT 后经过修改。哪种控制可以缓解该风险？

   A. 完善回归测试案例
   B. 针对发布后的有限时间段启用审计轨迹
   C. 执行应用用户访问审查
   D. 实施职责分离政策

82. 具有明确定义的数据分类政策和程序的**最大**好处是：

   A. 信息资产库存更加准确
   B. 降低成本并改善控制
   C. 减轻不适当访问系统的风险
   D. 提高监管合规性

83. 以下哪个选项是与 IT 员工相关的预防性控制的示例？

   A. 站在服务器机房门口的保安人员
   B. 入侵检测系统
   C. IT 设施的证章进入系统
   D. 服务器机房的灭火系统

84. 与 RSA 加密相比，以下哪项是椭圆曲线加密的优点？

   A. 计算速度
   B. 能够支持数字签名
   C. 更简便的密钥分配
   D. 消息完整性控制

85. 审查与服务供应商签订的新外包合同时，缺少以下哪项**最**需要信息系统审计师给予关注？

   A. 规定"审计权限"（针对服务供应商进行审计）的条款
   B. 对绩效不佳的罚款进行定义的条款
   C. 预先定义的服务级别报告模板
   D. 有关供应商责任范围的条款

86. 以下哪一项最准确地描述了控制自我评估的功能?

    A. 质量控制
    B. 质量评估
    C. 质量规划
    D. 质量保证

87. 制定风险管理方案时,首先执行以下哪项活动?

    A. 威胁评估
    B. 数据分类
    C. 资产清单
    D. 关键性分析

88. 用于检测来自用户工作站的未经授权输入的信息最好通过哪种方式提供?

    A. 主机控制台日志打印输出
    B. 交易日志
    C. 自动暂记文件列表
    D. 用户错误报告

89. 要确保维持有效的应用控制,以下哪个选项最重要?

    A. 异常报告
    B. 管理层监督
    C. 控制自我评估
    D. 同级审查

90. 以下哪种渗透测试可以模拟真实攻击并可用于测试目标的事故处理和响应能力?

    A. 盲测
    B. 针对性测试
    C. 双盲测试
    D. 外部测试

91. 以下哪一项对战略性 IT 举措的决策过程最有价值?

    A. 项目管理流程的成熟度
    B. 监管环境
    C. 以往审计发现
    D. IT 项目组合分析

92. 一名信息系统审计师正在审查一家大型企业的 IT 项目,并且想确定在指定年份实施的 IT 项目是否已被该企业指定为优先级最高的项目,以及是否会创造最大的商业价值。以下哪一项最相关?

    A. 能力成熟度模型
    B. 组合管理
    C. 配置管理
    D. 项目管理知识体系

93. 某信息系统审计师发现,用户被偶尔的授权,更改系统数据。这种系统访问权限的提升对业务经营的平稳运转是有必要的。该信息系统审计师最有可能建议采取以下哪一种控制来长期解决这一问题?

    A. 重新设计与数据授权有关的控制
    B. 实施额外的职责分离控制
    C. 对政策进行审查,以查明正式的例外流程是否有必要
    D. 实施额外的日志记录控制

94. 以下哪一项是在开发在线应用程序系统的过程中嵌入审计模块的主要目的?

    A. 在处理交易的过程中搜集证据
    B. 降低定期进行内部审计的要求
    C. 识别和报告欺诈性交易
    D. 提高审计职能的效率

95. 下列哪项是自上而下的软件测试方法的优点?

    A. 及早发现接口错误
    B. 可以在所有程序完成之前便开始测试
    C. 比其他测试方法更有效
    D. 可以很快检测到关键模块中的错误

96. 实施风险管理方案时,应首先考虑以下哪一项?

    A. 了解组织中存在的威胁、弱点及风险预测
    B. 了解风险暴露和潜在的危害后果
    C. 确定基于潜在后果的风险管理优先级
    D. 足以使风险所产生的后果保持在可接受水平的风险缓解策略

97. 对风险评估流程进行审计的信息系统审计师首先应该确认：

    A. 已确定对信息资产的合理威胁
    B. 已分析技术与组织漏洞
    C. 已对资产进行标识和等级划分
    D. 已对潜在安全违规的影响进行评估

98. 在审查 IT 项目与项目管理的优先次序和协调事宜时，对信息系统审计师而言，**主要**考虑因素是什么？

    A. 项目与组织战略相一致
    B. 识别的项目风险得到监控和缓解
    C. 与项目规划和预算编制相关的控制是适当的
    D. 准确报告 IT 项目指标

99. 在审查 IT 资源能力和性能的持续监控流程时，信息系统审计师应当**主要**确保该流程重点关注：

    A. 充分监控 IT 资源和服务的服务水平
    B. 提供数据，以确保能够及时规划能力和性能要求
    C. 提供有关 IT 资源能力的准确反馈
    D. 正确预测 IT 资源的性能、能力和吞吐量

100. 一名信息系统审计师被分配执行一项测试：比较作业运行日志与计算机作业计划表。该信息系统审计师**最**需要关注以下哪一项？

    A. 紧急变更的数量增加
    B. 存在某些作业没有按时完成的情况
    C. 存在某些作业被计算机操作人员覆盖的情况
    D. 有证据显示仅运行了预先计划的作业

101. 某人力资源企业在使用通用用户 ID 和密码进行身份认证后，为其访客提供无线互联网访问。通用 ID 和密码可从接待处申请。以下哪项控制能**最**好地解决此问题？

    A. 每周更改一次无线网络的密码
    B. 在公共无线网络和企业网络之间使用状态检测防火墙
    C. 将公共无线网络与企业网络物理隔开
    D. 在无线网络中部署入侵检测系统

102. 控制自我评估成功与否很大程度取决于：

    A. 直线经理承担部分控制监控责任
    B. 将控制构建责任分派给管理层
    C. 执行严格的控制政策和规则导向控制
    D. 执行职责分派控制的监督和监控

103. 为确保企业遵守隐私要求，信息系统审计师首先应审查：

    A. IT 基础设施
    B. 组织的政策、标准和程序
    C. 法律和监管要求
    D. 对组织政策、标准和程序的遵守情况

104. 对于希望将业务应用程序移至供应商提供的外部云服务的企业来说，以下哪项是**最**重要的安全考虑事项？

    A. 应用程序处理的数据分类和类别
    B. 在内部与外部托管应用程序的成本
    C. 供应商在市场上的声誉和客户的反馈
    D. 因使用共享服务导致应用程序性能下降

105. 经初步调查，信息系统审计师有理由相信可能存在欺诈行为。信息系统审计师应该：

    A. 扩大工作范围，判断是否有必要开展调查
    B. 将该事件报告给审计委员会
    C. 向管理层报告欺诈的可能性
    D. 与外部法律顾问进行磋商，确定应采取的行动方案

106. 为了帮助管理层实现 IT 与业务保持一致性的目标，信息系统审计师应当建议使用：

    A. 控制自我评估
    B. 业务影响分析
    C. IT 平衡计分卡
    D. 业务流程再造

107. 在一家小型企业中，某位员工负责计算机操作，并在必要情况下，还负责修改程序。考虑到 IT 环境中缺乏职责分离，信息系统审计师应向 IT 管理层建议以下哪项措施来降低风险？

    A. 自动记录对开发库的更改
    B. 增加员工，从而实现职责分离
    C. 实施相关流程，确保仅执行经过批准的程序变更
    D. 设立访问控制以预防操作员修改程序

108. 审计轨迹的主要目的是：

    A. 改善用户响应时间
    B. 确立已处理交易的问责制度
    C. 提高系统的操作效率
    D. 为想要跟踪交易的审计师提供信息

109. 在应用程序审计期间，一位信息系统审计师收到请求，为数据库参照完整性提供保证。应对以下哪项进行审查？

    A. 字段定义
    B. 主表定义
    C. 复合键
    D. 外键结构

110. 从风险管理的角度看，实施庞大而复杂的 IT 基础设施时**最好**的方法是：

    A. 概念验证后进行大规模部署
    B. 原型设计和单阶段部署
    C. 根据已排好顺序的各阶段执行部署计划
    D. 部署前对新基础设施进行模拟

111. 在有效的信息安全治理的情况下，价值交付的主要目标是：

    A. 优化安全方面的投资，以支持业务目标的实现
    B. 实施一套标准的安全做法
    C. 制定基于标准的解决方案
    D. 建立一种持续改进的文化氛围

112. 考虑以下图：

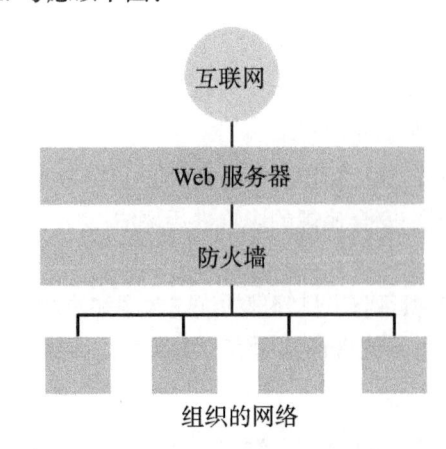

    要检测防火墙无法识别的攻击尝试，信息系统审计师应建议将网络入侵检测系统安置在：

    A. 防火墙和组织网络之间
    B. 互联网和防火墙之间
    C. 互联网和 Web 服务器之间
    D. Web 服务器和防火墙之间

113. 某信息系统审计师在审核 IT 政策时发现，一些政策并未经过管理层的批准（政策要求须经审批），但员工却严格遵守这些政策。信息系统审计师首先应该做什么？

    A. 忽视管理层未批准这一事实，因为员工遵守了这些政策
    B. 建议将这些政策立即提交管理层审批
    C. 强调管理层批准的重要性
    D. 提交报告，指出缺少批准文件

114. 在对一个内部开发的 Web 应用程序进行审计期间，信息系统审计师确认，所有的业务用户共享同一访问配置文件。以下哪项建议对于预防未经授权的数据修改风险**最**有用？

    A. 对用户操作进行详细的日志记录
    B. 根据工作职责自定义用户访问配置文件
    C. 对所有账户强制实施强密码政策
    D. 实施定期访问权限审查

115. 在审查业务持续计划时，信息系统审计师注意到，某种情况被宣告为危机的临界点尚未进行定义。与此相关的**主要**风险是：

    A. 过早启动响应和恢复行动
    B. 在危机期间，延迟启动适当的响应和恢复行动
    C. 危机局势可能被低估或忽视
    D. BCP 可能会变得过于僵化

116. 如果信息系统审计师发现并不是所有员工都了解公司的信息安全政策。信息系统审计师可断定：

    A. 缺乏该知识会导致员工无意中泄露敏感信息
    B. 信息安全不是对所有职能都很重要
    C. 信息系统审计应对员工进行安全培训
    D. 审计发现将导致管理层对员工进行持续培训

117. 一名信息系统审计师受聘请对电子商务的安全性进行审查。信息系统审计师首先执行的任务是检查现有的每个电子商务应用程序，从而确定是否存在漏洞。信息系统审计师的下一个任务是什么？

    A. 立即向首席信息官和首席执行官报告风险
    B. 检查正在开发的电子商务应用程序
    C. 确定威胁和发生概率
    D. 检查可用于风险管理的预算

118. 一名具有强大技术背景且管理经验丰富的长期 IT 员工申请了信息系统审计部门的空缺职位。除个人经验外，还**最**应该根据以下哪项来确定该职位是否雇用这个人？

    A. 工龄，因为这有助于确保技术能力
    B. 年龄，因为进行审计技术培训可能不实际
    C. IT 知识，因为这将增强审计职能的可信度
    D. 作为信息系统审计师，独立于现有 IT 关系的能力

119. 信息系统审计师会使用下列哪一项来判断生产程序是否进行过未经授权的修改？

    A. 系统日志分析
    B. 符合性测试
    C. 取证分析
    D. 分析性审查

120. 在判断控制措施是否能准确地支持交易处理的运营有效性时，以下哪项审计实践**最**为有效？

    A. 控制设计测试
    B. 实质性测试
    C. 检查相关文档
    D. 实施关于风险防范的测试

121. 要确保结构化灾难恢复，**最**重要的是业务持续计划和灾难恢复计划：

    A. 存储在备用位置
    B. 已传达给所有用户
    C. 定期测试
    D. 定期更新

122. 以下哪种类型的防火墙提供了**最高**等级和粒度的控制？

    A. 用于扫描的路由器
    B. 数据包过滤器
    C. 应用网关
    D. 电路网关

123. 认证机构可委任外部机构处理的工作是：

    A. 吊销及暂停用户的证书
    B. 生成及分配 CA 公钥
    C. 在申请实体及其公钥之间建立关联
    D. 发布及分配用户证书

124. 某信息系统审计师正在审查合同管理流程，以确定一个关键业务应用程序的软件供应商的财务能力。信息系统审计师应确定被考察的供应商是否：

    A. 能够交付即期合同
    B. 与组织的财务状况相似
    C. 有巨大的财务责任可能为组织带来不利因素
    D. 能为组织提供长期支持

125. 一名信息系统审计师执行应用程序维护审计时，将审查程序变更日志，以便了解：

    A. 程序变更的授权情况
    B. 当前目标模块的创建日期
    C. 程序的实际改动量
    D. 当前源程序的创建日期

126. 以下哪一项对于信息系统审计师访问和分析数字数据以从不同的软件环境中搜集相关审计证据**最**有用？

    A. 结构化查询语言
    B. 应用程序软件报告
    C. 数据分析控制
    D. 计算机辅助审计技术

127. 在测试数据中使用清理过的实时交易的优点是：

    A. 包含所有交易类型
    B. 可以测试每一个错误条件
    C. 评估结果无须使用特殊例程
    D. 测试交易是典型的实时处理

128. 对一家全球企业的灾难恢复计划进行信息系统审计期间，审计师注意到，某些远程办公室的本地IT资源极为有限。以下哪项观察结果对于信息系统审计师**最**重要？

    A. 尚未进行测试，无法确保在从灾难或事故中恢复时本地资源可以保持安全性和服务标准
    B. 企业的业务持续计划未对远程办公室中的系统进行准确记录
    C. 企业的安全措施尚未纳入测试计划中
    D. 尚未进行测试，无法确保远程办公室中的备份可供使用

129. 以下哪种数据库控制可确保在在线交易处理系统的数据库中保持交易的完整性？

    A. 身份认证控制
    B. 数据规范化控制
    C. 日志的读写访问权限控制
    D. 提交和复原控制

130. 在制定绩效指标时，以下哪一项是IT管理层要考虑的**最**重要因素？

    A. 风险管理和监管合规
    B. 关键IT流程，包括解决方案和服务交付
    C. 业务贡献，包括财务贡献
    D. 关键流程到位以满足客户要求

131. 以下哪种方法是对分配给供应商员工的访客无线ID的**最佳**控制？

    A. 分配一个每日过期的可更新用户ID
    B. 采用一次性写入日志来监控供应商的系统活动
    C. 使用类似于员工使用的用户ID格式
    D. 确保无线网络加密得到正确配置

132. 在审查与外部IT服务提供商的服务等级协议时，信息系统审计师**最**需要考虑的是：

    A. 付款条款
    B. 正常运行时间保证
    C. 赔偿条款
    D. 违约的解决办法

133. 发现共享用户账户时，信息系统审计师要采取的**最**适当措施是：

    A. 向审计委员会告知潜在的问题
    B. 审查有问题ID的审计日志
    C. 记录审计发现并说明使用共享ID的风险
    D. 要求从系统中删除这些ID

134. 某企业的 IT 总监已批准在会议室中安装无线局域网访问点，使顾问团队可以通过便携式计算机访问互联网。预防未经授权访问公司服务器的**最佳**控制是要确保：

    A. 在访问点上启用加密
    B. 会议室网络位于独立的虚拟本地网上
    C. 顾问的便携式计算机中的防病毒签名和修补程序级别是最新的
    D. 在公司服务器上禁用默认的用户 ID 并设置强密码

135. 在审查企业对其远程系统的逻辑访问安全时，信息系统审计师应**最**关注以下哪项？

    A. 共享密码
    B. 使用未经加密的密码
    C. 存在冗余的登录 ID
    D. 第三方用户具备管理员访问权限

136. 某信息系统审计师正在审计某 IT 灾难恢复计划。该信息系统审计师应当**主要**确保该计划涵盖：

    A. 恢复能力强的 IT 基础设施
    B. 备用站点信息
    C. 记录在案的灾难恢复测试结果
    D. 业务功能的分析与优先级分配

137. 一名信息系统审计师正在审查某组织灾难恢复计划的实施情况。该项目按时完成，并且没有超出预算。审查期间，该审计师发现了几个值得关注的地方。以下哪一项带来了**最大**的风险？

    A. 没有测试 DRP
    B. 灾难恢复战略中没有指定使用热备援中心
    C. 执行了业务影响分析，但是没有使用其结果
    D. 负责实施计划的灾难恢复项目经理最近离开了组织

138. 编制审计报告时，信息系统审计师应确保审计结果得到下列哪项支持？

    A. 信息系统管理层的声明
    B. 其他审计师的工作底稿
    C. 组织控制自我评估
    D. 充分恰当的审计证据

139. 以下哪种抽样方法**最**适合测试自动发票授权控制，以确保不会对特定用户进行例外处理？

    A. 变量抽样
    B. 判断抽样
    C. 分层随机抽样
    D. 系统化抽样

140. 在判断自上次进行授权的程序更新后是否存在未经授权的程序变更时，下列哪项审计技术将**最大程度**地帮助信息系统审计师？

    A. 测试数据运行
    B. 代码审查
    C. 自动代码比较
    D. 代码迁移流程审查

141. 业务影响分析的主要目的是：

    A. 定义恢复战略
    B. 确定备用站点
    C. 改善恢复测试
    D. 计算年预期损失

142. 当应用程序开发人员想要使用前一天的生产交易文件副本来做容量测试时，信息系统审计师的主要担忧是：

    A. 用户可能更愿意在测试时使用编造的数据
    B. 可能导致敏感数据遭到未经授权的访问
    C. 错误处理和信誉检查可能没有充分验证
    D. 未必能测试新程序的全部功能

143. 从长期看，以下哪项对改善安全事故应对流程最具潜力？

    A. 对事故应对程序执行浏览审查
    B. 由安全事故响应团队执行的模拟演练
    C. 不断地对用户进行安全培训
    D. 记录对事故的响应

144. 信息系统审计师审查服务等级协议时，应对以下哪个问题**最为**关注？

    A. 异常报告导致的服务调整需要一天的实施时间
    B. 用于服务监控的应用程序日志过于复杂，导致审查非常困难
    C. SLA 中未包含关键绩效指标
    D. 文档每年更新一次

145. 以下哪项用于区分业务影响分析和风险评估？

    A. 关键资产盘点
    B. 发现漏洞
    C. 制定威胁列表
    D. 确定可接受的停机时间

146. 以下哪一项是确保事故响应活动与业务连续性管理要求相一致的**最佳方式**？

    A. 起草并发布企业级事故响应的明确做法
    B. 成立跨部门工作组以分享观点
    C. 设定场景并执行结构化的浏览审查测试
    D. 制订用于端对端灾难恢复测试的项目计划

147. 执行计算机取证调查时，对于搜集到的证据，信息系统审计师**最**应关注的是：

    A. 分析
    B. 评估
    C. 保存
    D. 披露

148. 组织要求员工每年进行强制性休假**主要**是想要确保：

    A. 在各职能部门之间进行充分的交叉培训
    B. 通过提高士气，建立有效的内部控制环境
    C. 通过临时替换发现潜在的处理违规
    D. 降低发生处理失误的风险

149. 一家组织在业务连续性规划中完成了业务影响分析。流程中的下一步是制定：

    A. 业务连续性策略
    B. 测试和练习计划
    C. 用户培训方案
    D. 业务持续计划

150. 实施基于风险的审计的**主要**好处是什么？基于风险的审计方法：

    A. 将内部审计与企业整体风险管理框架联系起来
    B. 确保风险、风险响应和行动得到正确的分类和报告
    C. 有助于识别与风险偏好不符的残余风险，以便采取适当的行动来处理风险
    D. 支持审计师向董事会保证风险管理流程正在根据风险偏好有效地管理风险

考试样卷答题纸

考题编号	密文	考题编号	密文	考题编号	密文
1		36		71	
2		37		72	
3		38		73	
4		39		74	
5		40		75	
6		41		76	
7		42		77	
8		43		78	
9		44		79	
10		45		80	
11		46		81	
12		47		82	
13		48		83	
14		49		84	
15		50		85	
16		51		86	
17		52		87	
18		53		88	
19		54		89	
20		55		90	
21		56		91	
22		57		92	
23		58		93	
24		59		94	
25		60		95	
26		61		96	
27		62		97	
28		63		98	
29		64		99	
30		65		100	
31		66		101	
32		67		102	
33		68		103	
34		69		104	
35		70		105	

106		121		136	
107		122		137	
108		123		138	
109		124		139	
110		125		140	
111		126		141	
112		127		142	
113		128		143	
114		129		144	
115		130		145	
116		131		146	
117		132		147	
118		133		148	
119		134		149	
120		135		150	

考试样卷参考答案

考题编号	密文	参考 #	考题编号	密文	参考 #	考题编号	密文	参考 #
1	A	1-137	36	D	4-217	71	C	3-26
2	B	4-85	37	B	5-150	72	A	4-218
3	D	4-23	38	C	4-125	73	B	2-91
4	D	4-232	39	B	1-7	74	A	5-24
5	C	4-4	40	B	3-12	75	C	2-152
6	B	1-63	41	C	1-75	76	A	2-114
7	C	1-162	42	B	5-91	77	D	2-19
8	C	5-148	43	B	4-214	78	D	1-161
9	B	4-177	44	B	5-130	79	C	4-174
10	B	2-6	45	A	3-28	80	B	4-52
11	B	3-10	46	B	1-159	81	D	4-82
12	B	4-49	47	B	1-69	82	B	5-207
13	C	2-154	48	A	1-6	83	C	1-136
14	A	5-49	49	C	3-22	84	A	5-71
15	B	5-94	50	D	5-151	85	A	4-3
16	B	3-27	51	A	4-127	86	D	4-2
17	C	5-147	52	B	3-20	87	C	1-74
18	C	5-206	53	D	4-96	88	B	3-29
19	B	3-104	54	C	2-161	89	C	1-141
20	A	1-66	55	C	5-23	90	C	5-26
21	C	3-30	56	D	2-10	91	D	2-72
22	D	5-20	57	B	5-4	92	B	3-21
23	D	1-158	58	D	1-24	93	C	4-216
24	D	5-9	59	C	4-12	94	A	1-144
25	C	5-286	60	A	5-6	95	A	3-105
26	A	2-21	61	B	2-151	96	A	2-109
27	C	4-94	62	A	3-120	97	C	1-135
28	D	5-129	63	A	2-162	98	A	2-3
29	B	4-51	64	C	5-5	99	C	4-17
30	D	3-55	65	B	3-9	100	C	4-37
31	A	4-223	66	C	2-136	101	C	5-22
32	D	5-92	67	A	5-253	102	A	1-142
33	D	5-11	68	C	1-143	103	C	5-21
34	B	2-153	69	C	2-164	104	A	5-132
35	D	2-62	70	C	4-50	105	A	1-70

106	C	2-90	121	C	4-175	136	D	4-215
107	C	5-285	122	C	5-254	137	C	4-19
108	B	5-3	123	C	5-69	138	D	1-65
109	D	4-7	124	D	2-140	139	C	1-77
110	C	3-103	125	A	4-84	140	C	1-64
111	A	2-110	126	D	1-76	141	A	4-176
112	A	5-128	127	D	3-53	142	B	3-54
113	D	2-2	128	A	4-22	143	B	5-149
114	B	5-131	129	D	4-128	144	C	4-21
115	B	4-126	130	D	2-163	145	D	4-95
116	A	2-50	131	A	5-93	146	C	4-204
117	C	2-69	132	B	2-107	147	C	5-68
118	D	1-8	133	C	1-26	148	C	2-1
119	B	4-24	134	B	5-10	149	A	4-83
120	B	1-23	135	B	5-41	150	D	5-287

参考编号是指问题所在的领域和在该领域中的问题编号。例如，参考编号 1-1 指的是领域 1、问题 1。

首字母缩略词

以下是《CISA®考试复习手册》中广泛使用的常用缩略语表。为清晰起见，这些用语可能在正文中进行了定义。

4GL 第四代语言

ACL 访问控制列表

AES 高级加密标准

AH 身份认证头

AI 人工智能

AICPA 美国注册会计师协会

ALE 年预期损失

API 应用程序编程接口

ARP 地址解析协议

ASCII 美国信息交换标准码

ASIC 专用集成电路

ATDM 异步时分多路复用

ATM 异步传输模式

ATM 自动提款机

B-to-B 企业对企业

B-to-C 企业对消费者

B-to-E 企业对员工

B-to-G 企业对政府

BCI 业务连续性协会

BCM 业务连续性管理

BCP 业务持续计划

BCP 业务持续计划

BDA 业务依赖性评估

BI 商业智能

BIA 业务影响分析

BIMS 生物信息管理和安全

BIOS 基本输入/输出系统

Bit 二进制位

BLP 旁路标签处理

BNS 主干网络服务

BPR 业务流程再造

BRP 业务恢复计划

BSC 平衡计分卡

C-to-G 消费者对政府

CA 认证机构

CAAT 计算机辅助审计技术

CASE 计算机辅助软件工程

CCK 补码键控

CCM 构造性成本模型

CCTV 闭路电视

CDDF 调用数据分发功能

CDPD 蜂窝数字分组数据

CEO 首席执行官

CERT 计算机紧急事件响应组

CGI 通用网关接口

CIA 机密性、完整性和可用性

CIAC 计算机事件咨询能力

CICA 加拿大特许会计师协会

CIM 计算机集成制造

CIO 首席信息官

CIS 连续和间歇模拟

CISO 首席信息安全官

CMDB 配置管理数据库

CMM 能力成熟度模型

CMMI 能力成熟度模型集成

CNC 计算机数值控制

COCOMO2 构造性成本模型

CODASYL 数据系统语言协会

COM 组件对象模型

COM/DCOM 组件对象模型/分布式组件对象模型

COOP 运营连续性计划

CORBA 公共对象请求代理架构

CoS 服务类别

COSO 全美反舞弊性财务报告委员会发起组织

CPM 关键路径法

CPO 首席隐私官
CPS 电子认证业务规则
CPU 中央处理器
CRC 循环冗余校验
CRL 认证吊销列表
CRM 客户关系管理系统
CSA 控制自我评估
CSF 关键成功因素
CSIRT 计算机安全事故响应团队
CSMA/CA 载波侦听多路访问/冲突避免
CSMA/CD 载波侦听多路访问/冲突检测
CSO 首席安全官
CSU-DSU 通道服务单元/数字服务单元
DAC 自主访问控制
DASD 直接访问存储设备
DBA 数据库管理员
DBMS 数据库管理系统
DCE 数据通信设备
DCE 分布式计算环境
DCOM 分布式组件对象模型（Microsoft）
DCT 离散余弦变换
DD/DS 数据字典/目录系统
DDL 数据定义语言
DDN 数字划分网络
DDoS 分布式拒绝服务
DECT 数字增强型无绳通信标准
DES 数据加密标准
DFD 数据流程图
DHCP 动态主机配置协议
DID 直接向内拨号
DIP 文档图像处理
DLL 动态链接库
DMS 磁盘管理系统
DMZ 隔离区

DNS 域名系统
DoS 拒绝服务
DRII 国际灾难恢复协会
DRM 数字权限管理
DRP 灾难恢复计划
DRP 灾难恢复计划
DSL 数字用户线路
DSS 决策支持系统
DSSS 直接序列扩频
DTE 数据终端设备
DTR 数据终端设备就绪
DW 数据仓库
EA 企业架构
EAC 完成时估计值
EAI 企业应用集成
EAM 嵌入式审计模块
EAP 可扩展身份验证协议
EBCDIC 扩展二进制编码的十进制交换码
EC 电子商务
ECC 椭圆曲线加密算法
EDFA 企业数据流架构
EDI 电子数据交换
EER 相等误差率
EFT 电子资金转账
EIGRP 增强内部网关路由协议
EJB Enterprise java beans
EMI 电磁干扰
EMRT 应急响应时间
ERD 实体关系图
ERP 企业资源规划
ESP 封装安全负载
EVA 挣值分析
FAR 错误接受率
FAT 文件分配表

FC 光纤通道
FDDI 光纤分布式数据接口
FDM 频分多路复用
FEA 联邦企业架构
FEMA 美国联邦应急管理协会
FER 拒登率
FERC 美国联邦能源监管委员会
FFIEC 美国联邦金融机构检查委员会
FFT 快速傅里叶变换
FHSS 跳频扩频
FIPS 联邦信息处理标准
FP 功能点
FPA 功能点分析
FRAD 帧中继组合器/分解器
FRB 美国联邦储备委员会
FRR 错误拒绝率
FTP 文件传输协议
GAS 通用审计软件
GID 组 ID
GIS 地理信息系统
GPS 全球定位系统
GSM 全球移动通信系统
GUI 图形用户界面
HA 高可用性
HD-DVD 高清晰度/高密度数字视频光盘
HDLC 高级数据链路控制
HIPAA 美国健康保险流通与责任法案
HIPO 层级输入-处理-输出
HMI 人机界面
HTML 超文本链接标示语言
HTTP 超文本传输协议
HTTPS 安全超文本传输协议
HW/SW 硬件/软件
I&A 标识和身份认证

I/O 输入/输出
ICMP 互联网控制消息协议
ICT 信息和通信技术
IDE 集成开发环境
IDEF1X 信息建模的集成定义
IDS 入侵检测系统
IETF 互联网工程任务组
IMS 集成制造系统
IP 互联网协议
IPF 信息处理场所
IPL 初始程序加载
IPMA 国际项目管理协会
IPR 知识产权
IPS 入侵防御系统
IPSec IP 安全协议
IPX 网间包交换
IR 红外
IRC 互联网中继聊天
IrDA 红外数据协会
IRM 事故应对管理
IS 信息系统
IS/DRP 信息系统灾难恢复计划
ISAKMP/互联网安全关联和密钥 Oakley 管理协议/Oakley
ISAM 索引顺序访问方法
ISDN 综合业务数字网
ISO 国际标准化组织
ISP 互联网服务供应商
IT 信息技术
ITF 集成测试设施
ITIL 信息技术基础架构库
ITSM IT 服务管理
ITT 招标
ITU 国际电信联盟

IVR 交互式语音响应
JIT 适时
KB 知识库
KGI 关键目标指标
KPI 关键绩效指标
KRI 关键风险指标
L2TP 第二层隧道协议
LAN 局域网
LCP 链路控制协议
M&A 兼并和收购
MAC 强制访问控制
MAC 消息验证码
MAC 地址介质访问控制地址
MAN 城域网
MAP 制造会计和生产
MIS 管理信息系统
MODEM 调制解调器
MOS 停机维护
MPLS 多协议标签交换
MRP 制造资源计划
MSAU 多站访问部件
MTBF 平均故障间隔时间
MTS Microsoft 事务服务器
MTTR 平均修复时间
NAP 网络访问点
NAS 网络访问服务器
NAS 网络连接存储
NAT 网络地址转换
NCP 网络控制协议
NDA 保密协议
NFPA 美国国家消防局
NFS 网络文件系统
NIC 网络接口卡
NIST 美国国家标准与技术研究所

NNTP 网络新闻传输协议
NSP 名称服务器协议
NSP 网络服务供应商
NTFS NT 文件系统
NTP 网络时间协议
OBS 对象分解结构
OCSP 联机认证状态协议
ODC 按需计算
OECD 经济合作与发展组织
OEP 场所应急计划
OLAP 在线分析处理
OOSD 面向对象的系统开发
ORB 对象请求代理
OS 操作系统
OSI 开放系统互连
OSPF 开放式最短路径优先
PAD 数据包组合器/分解器
PAN 个人局域网
PC 个人计算机/微型计算机
PCR 程序变更请求
PDCA 计划-实施-检查-处理
PDN 公用数据网
PER 软件包驱动的再造
PERT 计划评审技术
PICS 互联网内容选择平台
PID 进程 ID
PID 项目启动文档
PIN 个人标识码
PKI 公钥基础设施
PLC 可编程逻辑控制器
PMBOK 项目管理知识体系
PMI 项目管理协会
POC 概念证明
POP 拥有性证明

POS 销售点（或销售点系统）
PPP 点对点协议
PPPoE 基于以太网的点对点协议
PPTP 点对点隧道协议
PR 公共关系
PRD 项目要求文档
PRINCE2 可控环境 2 下的项目
PROM 可编程只读存储器
PSTN 公共交换电话网络
PVC 永久虚拟电路
QA 质量保证
QAT 质量保证测试
RA 注册机构
RAD 快速应用程序开发
RAID 廉价磁盘冗余阵列
RAM 随机访问内存
RAS 远程接入服务
RBAC 基于角色的访问控制
RDBMS 关联数据库管理系统
RF 射频
RFI 信息申请
RFID 射频识别
RFP 需求建议书
RIP 路由信息协议
RMI 远程方法调用
ROI 投资回报率
ROLAP 关联式在线分析处理
ROM 只读存储器
RPC 远程程序调用
RPO 恢复点目标
RSN 可靠安全网络
RST 重置
RTO 恢复时间目标
RTU 远程终端设备

RW 可重写
S/HTTP 安全超文本传输协议
S/MIME 安全多功能互联网邮件扩展
SA 安全关联
SAN 存储区域网络
SANS 系统管理员、审计、网络、安全
SAS 审计标准声明
SCOR 供应链运作参考
SD/MMC 安全数字多媒体卡
SDLC 系统开发生命周期
SDO 服务交付目标
SEC 美国证券交易委员会
SET 安全电子交易
SIP 服务改善计划
SLA 服务等级协议
SLIP 串行线路互联网协议
SLM 服务水平管理
SLOC 源代码行
SMART 明确性、可衡量性、可实现性、相关性和时限性
SME 主题专家
SMF 系统管理设施
SMTP 简单邮件传输协议
SNA 系统网络架构
SNMP 简单网络管理协议
SO 安全官
SOA 面向服务的体系结构
SOAP 简单对象访问协议
SOHO 小型办公-家庭办公
SOW 工作说明书
SPI 安全参数索引
SPOC 单一联络点
SQL 结构化查询语言
SSH 安全外壳

SSID 服务集标识符
SSL 安全套接字层
SSO 单点登录
SVC 交换式虚拟电路
SYSGEN 系统生成
TACACS 终端设备访问控制器访问控制系统
TCO 总体拥有成本
TCP 传输控制协议
TCP/IP 传输控制协议/互联网协议
TCP/UDP 传输控制协议/用户数据报协议
TDM 时分多路复用
TELNET 电传网络
TES 终端设备模拟软件
TFTP 普通文件传输协议
TKIP 临时密钥完整性协议
TLS 传输层安全协议
TP 监控交易处理监控程序
TQM 全面质量管理
TR 技术报告
UAT 用户验收测试
UBE 非请自来的大量电子邮件
UDDI 通用描述、发现和集成
UDP 用户数据报协议
UID 用户 ID
UML 统一建模语言
UPS 不间断电源
URI 统一资源标识符
URL 统一资源定位符
URN 统一资源名称
USB 通用串行总线
VLAN 虚拟本地网
VoIP 语音 IP
VPN 虚拟专用网络
WAN 广域网

WAP 无线应用程序协议
WBS 工作分解结构
WEP 有线等效加密
WLAN 无线局域网
WML 无线标记语言
WORM 一次写入多次读取
WP 工作包
WPA Wi-Fi 保护访问
WPAN 无线个人局域网
WSDL Web 服务描述语言
WWAN 无线广域网
XBRL 可扩展业务报告语言
XML 可扩展标记语言
XOR 异或
Xquery XML 查询
XSL 可扩展样式表语言